两希文明哲学经典译丛

包利民 章雪富 主编

九章集
（上册）

[古罗马] 普罗提诺 著

石敏敏 译

Philosophical Classics of Hellenistic-Roman Times

中国社会科学出版社

图书在版编目(CIP)数据

九章集：全2册／（古罗马）普罗提诺著；石敏敏译．—北京：中国社会科学出版社，2018.2（2024.10重印）

（两希文明哲学经典译丛／包利民 章雪富主编）

ISBN 978-7-5161-9913-8

Ⅰ.①九… Ⅱ.①普…②石… Ⅲ.①古希腊罗马哲学—研究 Ⅳ.①B502.44

中国版本图书馆CIP数据核字（2017）第042625号

出 版 人	赵剑英
责任编辑	凌金良 陈 彪
责任校对	石春梅
责任印制	张雪娇

出 版	中国社会科学出版社
社 址	北京鼓楼西大街甲158号
邮 编	100720
网 址	http://www.csspw.cn
发 行 部	010-84083685
门 市 部	010-84029450
经 销	新华书店及其他书店
印刷装订	环球东方（北京）印务有限公司
版 次	2009年10月第1版 2018年2月第2版
印 次	2024年10月第2次印刷
开 本	650×960 1/16
印 张	53.75
插 页	2
字 数	743千字
定 价	169.00元（全2册）

凡购买中国社会科学出版社图书，如有质量问题请与本社营销中心联系调换
电话：010-84083683
版权所有 侵权必究

2016年再版总序

我们对哲学的认识无论如何都与希腊存在着关联。如果说人类的学问某种程度上都始于哲学的探讨，那么也可以说，在某种程度上我们都是希腊的学徒。这当然不是说希腊文明比其他文明更具优越性和优先性，而只是说人类长时间以来都得益于哲学这种运思方式和求知之道，希腊人则为基于纯粹理性的求知方式奠定了基本典范，并且这种基于好奇的知识探索已经成为不同时代人们的主要存在方式。

希腊哲学的光荣主要是与苏格拉底、柏拉图和亚里士多德联系在一起的。这套译丛则试图走得更远，让希腊哲学的光荣与更多的哲学家——伊壁鸠鲁、西塞罗、塞涅卡、爱比克泰德、斐洛、尼撒的格列高利、普卢克洛、波爱修、奥古斯丁等名字联系在一起。在编年史上，他们中的许多人已经是罗马人，有些人在信仰上已经是基督徒，但他们依然在某种程度上或者说他们著作的主要部分仍然是在续写希腊哲学的光荣。他们把思辨的艰深诠释为生活的实践，把思想的力量转化为信仰的勇气，把城邦理念演绎为世界公民。他们扩展了希腊思想的可能，诠释着人类文明与希腊文明的关系。

这套丛书被冠以"两希文明哲学经典译丛"之名，还旨在显示希腊文明与希伯来文明的冲突相生。希腊化时期的希腊和罗马时代的希腊已经不再是城邦时代的希腊，文明的多元格局为哲学的运思和思想的道路提供了更广阔的视域，希腊化罗马时代的思想家致力于更具个体性、时间性、历史性和实践性的哲学探索，更倾心于在一个世俗的世界塑造一种盼望的降临，在一个国家的时代奠基一种世界公民的身份。在这个时代并且在后续的世代，哲学不再只是一个民族的事业，更是人类知识探索的始终志业；哲学家们在为古代哲学安魂的时候开启了现代世界的图景，在历史的延续中瞻望终末的来临，在两希文明的张力中看见人类更深更远的未来。

十年之后修订再版这套丛书，寄托更深！

是为序！

包利民　章雪富

2016年5月

2004年译丛总序

两希文明哲学经典译丛总序西方文明有一个别致的称呼，叫作"两希文明"。顾名思义，西方文明有两个根源，由两种具有相当张力的不同"亚文化"联合组成，一个是希腊—罗马文化，另一个是希伯来—基督教文化。国人在地球缩小、各大文明相遇的今天，日益生出了认识西方文明本质的浓厚兴趣。这种兴趣不再停留在表层，不再满意于泛泛而论，而是渴望深入其根子，亲临其泉源，回溯其原典。

我们译介的哲学经典处于更为狭义的"两希文明时代"——这两大文明在历史上首次并列存在、相遇、互相叩问、相互交融的时代。这是一个跨度相当大的历史时代，大约涵括公元前3世纪到公元5世纪的八百年的时期。对于"两希"的每一方，这都是一个极具特色的时期，它们都第一次大规模地走出自己的原生地，影响别的文化。首先，这个时期史称"希腊化"时期；在亚历山大大帝东征的余威之下，希腊文化超出了自己的城邦地域，大规模地东渐教化。世界各地的好学青年纷纷负笈雅典，朝拜这一世界文化之都。另一方面，在这番辉煌之下，却又掩盖着别样的痛楚；古典的社会架构和思想的范式都在经历着巨变；城邦共和体系面临瓦解，曾经安于公民德性生活范式的人感到脚下不稳，感到精神无所归依。于是，"非主流"型的、非政治的、"纯粹的"哲学家纷纷兴起，企图为个体的心灵宁静寻找新的依据。希腊哲学的各条主要路线都在此时总结和集大成：普罗提诺汇总了柏拉图和亚里士多德路线，伊壁鸠鲁—卢克来修汇总了自然哲学路线，怀疑论汇总了整个希腊哲学中否定性的一面。同时，这些学派还开出了与古典哲学范式相当不同的但是同样具有重要特色的新的哲学。有人称之为"伦理学取向"和"宗教取向"的哲学，我们称之为"哲学治疗"的哲学。这些标签都提示了：这是一个在巨变之下，人特别关心自己的幸福、宁静、命运、个性、自由等等的时代。一个时代应该有一个时代的哲学。那个时代的哲学会不会让处于类似时代中的今人感到更多的共鸣呢？

另外，东方的另一个"希"——希伯来文化——也在悄然兴起，逐渐向西方推进。犹太人在亚历山大里亚等城市定居经商，带去独特的文化。后来从犹太文化中分离出来的基督教文化更是日益向希腊—罗马文化的地域慢慢西移，以至于学者们争论这个时代究竟是希腊文化的东渐还是东方宗教文化的西渐。希伯来—基督教文化与希腊文化是特质极为不同的两种文化，当它们终于遭遇之后，会出现极为有趣的相互试探、相互排斥、相互吸引，以致逐渐部分相融的种种景观。可想而知，这样的时期在历史上比较罕见。一旦出现，则场面壮观激烈，火花四溅，学人精神为之一振，纷纷激扬文字、评点对方，捍卫自己，从而两种文化传统突然出现鲜明的自我意识。从这样的时期的文本入手探究西方文明的特征，是否是一条难得的路径？

还有，从西方经典哲学的译介看，对于希腊—罗马和希伯来—基督教经典的译介，国内已经有不少学者做了可观的工作；但是，对于"两希文明交汇时期"经典的翻译，尚缺乏系统工程。这一时期在希腊哲学的三大阶段——前苏格拉底哲学、古典哲学、晚期哲学——中属于第三大阶段。第一阶段与第二阶段分别都已经有了较为系统的译介，但是第三阶段的译介还很不系统。浙江大学外国哲学研究所的两希哲学的研究与译介传统是严群先生和陈村富先生所开创的，他们长期以来一直追求沉潜严谨、专精深入的学风。我们这次的译丛就是集中选取希腊哲学第三阶段的所有著名哲学流派的著作：伊壁鸠鲁派、怀疑派、斯多亚派、新柏拉图主义、新共和主义（西塞罗、普鲁塔克）等，希望向学界提供一个尽量完整的图景。同时，由于这个时期哲学的共同关心聚焦在"幸福"和"心灵宁静"的追求上，我们的翻译也将侧重介绍伦理性—治疗性的哲学思想；我们相信哲人们对人生苦难和治疗的各种深刻反思会引起超出学术界的更为广泛的思考和关注。此外，这一时期在希伯来—基督教传统中属于"早期教父"阶段。犹太人与基督徒是怎么看待神与人、幸福与命运的？他们又是怎么看待希腊人的？耶路撒冷和雅典有什么关系，两种文明孰高孰低？两种哲学难道只有冲突，没有内在对话和融合的可能？后来的种种演变是否当时就已经露出了一些端倪？这些都是相当有意思的学术问题和相当急迫的现实问题（对于当时的社会和人）。为此，我们选取了奥古斯丁、斐洛和尼撒的格列高利等人的著作，这些大哲的特点是"跨时代人才"，他们不仅"学贯两希"，而且"身处两希"，体验到的张力真切而强烈；他们的思考必然有后来者所无法重复的特色和原创性，值得关注。

这些，就是我们译介"两希文明"哲学经典的宗旨。

另外，还需要说明两点：一是本丛书中各书的注释，凡特别注明"中译者注"的，为该书中译者所加，其余乃是对原文注释的翻译；二是本译丛属于教育部哲学社会科学创新基地浙江大学基督教和跨文化研究中心项目成果。我们希望以后能推出更多的翻译，以弥补这一时期思想经典译介之不足。

包利民　章雪富
2004 年 8 月

目 录

（上 册）

2016年再版总序　| 1
2004年译丛总序　| 1
导言（一）　| 1
导言（二）　| 1

普罗提诺的生平和著作顺序　| 1

第一卷
1. 什么是生命物，什么是人？　| 30
2. 论美德　| 41
3. 论辩证法　| 49
4. 论福祉　| 54
5. 福祉是否随时间而增加　| 69
6. 论美　| 73
7. 论至善以及其他诸善　| 84
8. 论恶的本性和恶的起源　| 87
9. 论超脱躯体　| 101

第二卷	1. 论天（论宇宙）	104
	2. 论天体运动	113
	3. 论星辰是否是原因	117
	4. 论质料	133
	5. 何谓潜能地存在，何谓现实地存在	150
	6. 论实体，或论性质	156
	7. 论完全混合	160
	8. 论视力，或者远处的事物何以显得小些	164
	9. 驳诺斯底主义者	166

第三卷	1. 论命运	192
	2. 一论神意	201
	3. 二论神意	224
	4. 论分派给我们的守护灵	232
	5. 论爱	240
	6. 论无形体之物的不可灭性	253
	7. 论永恒和时间	281
	8. 论自然、凝思和太一	302
	9. 多种考虑	316

（下　册）

第四卷	1. 一论灵魂的本质	321
	2. 二论灵魂的本质	325
	3. 一论灵魂问题的难点	326
	4. 二论灵魂问题的难点	361
	5. 三论灵魂问题的难点，兼论视力	408

6. 论感知觉和记忆 | 420
  7. 论灵魂的不朽 | 425
  8. 论灵魂坠入躯体 | 443
  9. 是否所有灵魂都是同一的 | 452

第五卷
  1. 论三个原初的本体 | 457
  2. 论本原之后产生的存在者的起源和秩序 | 472
  3. 论认识本体和超越者 | 474
  4. 本原之后的东西如何产生于本原，兼论太一 | 496
  5. 论可理知者不外在于理智，并论至善 | 500
  6. 论超越是的东西不思，兼论什么是首要的和次要的思的原理 | 515
  7. 是否有关于个体的理念 | 520
  8. 论可理知的美 | 522
  9. 论理智、形式和是 | 538

第六卷
  1. 一论是的种类 | 551
  2. 二论是的种类 | 584
  3. 三论是的种类 | 607
  4. 论是、一与同无论何处皆显为整体 | 637
  5. 再论是、一和同是否无论何处皆显为整体 | 655
  6. 论数 | 666
  7. 论形式的多样性如何形成，兼论至善 | 689
  8. 论自由意志和太一的意志 | 737
  9. 论至善或太一 | 763

附录 | 779

译名对照表 | 787

修订版后记 | 793

3

导言（一）

普罗提诺(Plotinus, 公元 204 — 270)在他那个时代里就被称为"我们时代的哲学家",[1]他是晚期希腊哲学中的无可争议的大师级人物。从各种不同角度看，人们都认为他堪称整个古代希腊哲学伟大传统的最后一个辉煌代表。当代学者对普罗提诺更是推崇有加：

> 他是一位富有原创性的哲学天才，是晚期希腊思想史中唯一能达到柏拉图和亚里士多德水准的哲学家……[2]
> 普罗提诺是亚里士多德与奥古斯丁之间 700 年中最伟大的哲学家。[3]

普罗提诺继承了希腊哲学的创造性的、积极的、肯定的那一方面传统，在许多方面得以深化与系统化，开创出这一传统的最后一个富于哲学思辨深度与广度的博大体系，为希腊思想史画上了圆满的、令人无憾的终止符。同时，他的思想中已经闪动着西方文化史中新的因素乃至现代的因素。

---

[1] 坡菲利(Porphyry)：《普罗提诺生平及著作编定》(下简称"生平")，见《九章集》(洛伊伯古典丛书)第 3 页。
[2] 阿姆斯庄(A. H. Armstrong)：《剑桥晚期希腊与早期中世纪哲学史》，Cambridge University Press, 1967, 第 195 页。
[3] 格什·罗伊德(G.Loyd)编：《剑桥普罗提诺导读》, Cambridge University Press, 1996，扉页。

普罗提诺身处西方文化两大类型（希腊文化与基督教文化）的交汇、汇通、交替之际。这两种类型的文化当时密切地相互影响、渗透。普罗提诺的著作在他去世30年后出版（公元300年左右）。不久，基督教在整个西方世界的统治地位就由于君士坦丁大帝的米兰敕令而得到确立。于是西方文化的另一种类型的千年繁荣——中世纪基督教思想——取代希腊文化而全面进入历史前台。然而希腊型思想一直或隐或显地影响着基督教思想史；柏拉图主义无疑在这一影响中占据主要地位，而影响中世纪的"柏拉图主义"实际上大都为经过以普罗提诺为代表的新柏拉图主义影响下的柏拉图理论体系。

一 普罗提诺生平与《九章集》编定

1. 普罗提诺生平

普罗提诺的生平主要通过他的弟子坡菲利（Porphyry）在编定出版其遗著时所撰写并同时发表的传记——《普罗提诺的生平和著作顺序》（简称《生平》）——而传于后世。《九章集》全集译出了这一传记。我们应当庆幸这篇传记记载了不少事情，使我们对于普罗提诺的人格、思想、生活原则等有对不少其他古代哲学家所没有的栩栩如生、印象深刻的了解。不过，从近代史家的角度看，这篇"传记"也有其不足，因为它很明显地留有坡菲利根据自己的原则进行取舍、详略的痕迹。最令史家不满者，可能是坡菲利甚至没有提供传主的基本信息：国籍、出生地、家庭背景、生活经历。实际上坡菲利对于普罗提诺28岁之前几乎没谈什么事。目前学者们大致推定普罗提诺可能是埃及人，但不知道他究竟是希腊化埃及人，还是定居埃及的希腊人。不过，可以肯定他的文化背景完全是希腊的。他对埃及文化几乎没什么真正的知识。据坡菲利记载，普罗提诺28岁时突然对哲学产生了很大兴趣（那么他28岁之前应当不在专门从事哲学工作——但也可能读过哲学），于是来到当时东西方文化汇集的亚历山大里亚，遍访名师，攻读哲学。亚历山大里亚虽然云集各派哲学教师，普罗提诺一次次求教的结果却总是令他失望。后来经友人介绍，投入阿摩尼乌斯(Amonius)门下，方感到振奋不已："这正是我要找的人。"结果一学就是十一年。①

这十一年的学道生涯又是一个谜。阿摩尼乌斯究竟教了普罗提诺什么东西无法得知。阿摩尼乌斯从来没有写过什么东西，学生圈子也很小，学生们还相约不泄露老师的教义。据记载，这位神秘人物出生于基督教家庭，后来背离了自己的基督教教育，转向一般哲学。他似乎想调和柏拉图与亚里士多德，主张一切实在源于神；区分神、天界、灵魂等三层存在。他在亚历山大里亚建立了一个学校，其学生包括普罗提诺、奥利金(不是基督教的奥利金——那是同时代的另一位著名学人)、厄莱尼乌斯(Erennius)和朗基努斯(Longinus)(朗基努斯是当时雅典柏拉图主义的领袖。普罗提诺的著名弟子如坡菲利、阿美利乌斯等人都曾从学于朗基努斯，并在后来从普罗提诺学习后还不断给这位先前的老师寄去普罗提诺的作品)。也许，阿摩尼乌斯所教的哲学有东方色彩，因为普罗提诺在从学十一年后日益感到有必要去波斯、印度进一步了解那些地方的思想。

公元243年，罗马皇帝革提安三世(Gordian Ⅲ，公元238－244)组织东征，普罗提诺认为这是一个去东方亲身学习的机会，便去参加了。但这次东征很快流产：革提安被手下叛军杀死。普罗提诺自己也历经艰险才回到西方。他回来后并没有回亚历山大里亚，而是去了罗马。这时他已经40岁。从此之后，在罗马，他讲授哲学并在此度过了25年下半辈子的生涯。

普罗提诺哲学上的博大深沉，人格上的纯洁坚定，待人的热心真诚等，使他在那个独特的时代氛围中被"修道"的学生们视为具有常人所

---

① 《生平》第三节。

没有的灵异力量。① 有一位也曾短期从学于阿摩尼乌斯的亚历山大里亚的哲学家，叫奥林庇乌斯(Olympius)，出于妒忌和竞争的动机而攻击普罗提诺，甚至想用占星术魔法来诅咒他。普罗提诺感觉到了，告诉学生说自己的身体"抽紧"了。但是由于他的灵魂力量的强大，魔咒最终伤不到他，却返弹到发咒者自己身上。坡菲利记述此事后说："普罗提诺必定天生具有某些别人所没有的东西。"②

普罗提诺本人对于魔法巫术的看法是：这些东西在低层面上确实有一定效果，因为宇宙在低层存在上有一种普遍的相互感应(universal sympathy)。然而对于高层的、精神性的领域，它们就无效了，而真正重要的、有价值的领域恰恰是精神性的领域。哲学家应当关注这样的领域。普罗提诺自己从来不去参加魔法巫术活动。他的学生阿美利乌斯热衷于参加各种星宿崇拜，有一次邀他同去，他的回答却是："应该他们来见我，而不是我去见他们。"学生们被如此口气的回答震住了，虽不能理解老师的话的意思，但也不敢再问。③

在普罗提诺的哲学中，真正的神圣者是值得敬畏的，但那并不是"星宿"，也不是外在礼仪、宇宙，更不是操纵星宿众灵为此世一己物利服务的心向。真正的神圣者是超越物质世界(包括天体界)的精神性本体，是哲学的、理性的内在探求能把握的太一、理智、灵魂。

普罗提诺66岁时身患重病，他说的最后的话是："我已经等了你很长时间了。""务必把我们里面的神带回到大全里面的神中！"④

---

① 这方面有过许多讨论，如见道茨(ER Dodds)《希腊人与非理性》，University of California Press, 1951，附录。
② 《生平》第十节。
③ 《生平》第十节。
④ 《生平》第7页。

2. 普罗提诺著作的编定

普罗提诺留传至今的著作是其学生坡菲利编定的《九章集》。这是一部9篇1组，共6组54篇的书。然而普罗提诺当初写作时大约从未想到会得出这么一本"结构完美"、"体系谨然"的严整哲学专著。

普罗提诺在罗马教授哲学的头十年里，没有写任何东西。十年后，年届五十，他才开始将他对在课堂讨论中激起的各种问题的深入思辨写成一篇篇文字。这样的文字都是以问题为中心的，而非分门别类的教科书。普罗提诺对文字的态度也持怀疑态度。他似乎认为讲说、讨论更适用于哲学；文字则易引起误解。所以虽然他的讲课面向公众开放，他的文章反而限于在少数"入门"弟子之间传看。当然，普罗提诺的写作风格也容易引起误解或难解。由于眼疾，他书写极快，从不回看。他的思想大于语言，尤其是灵感充满时，短短词语中意义饱满丰盛。他在与人谈话时，也没有中断思考。所以一旦谈完，他可以立即回到写作中，从谈话时停下的地方往前写。①

坡菲利等曾把普罗提诺的文字送给雅典当时的柏拉图学园派首领人物朗基努斯。朗基努斯对普罗提诺盛赞不已，认为他是真正的哲学家，同时抱怨送来的普罗提诺文字的抄本不好，有许多错误。坡菲利却回答，这些都是"正确的"抄本。问题出在普罗提诺与众不同的表达方式上。今日学者认为：普罗提诺的希腊语很有"个性"，但并非有意晦涩。对其理解上的困难主要不是由于作者的表达不清，而是由于他的思想之抽象。尽管普罗提诺有不少任意之处，其语言是合乎希腊语法规则的，绝不是什么神秘主义者的喃喃独白。应当把他的写作视为一种努力表达无法表达者的理智上的创新尝试。② 普罗提诺从50岁起写作，到了60岁时，十年里共写下了21篇文字。这时，坡菲利投入他的门下，并将与他一起度

---

① 《生平》第29页。

② 参看阿姆斯庄《剑桥晚期希腊与早期中世纪哲学史》第219－220页所引用的史维策(Schwyzer)看法。

过他的最后六年余生。坡菲利这时30岁,是一位勤于思考,也富有激情的哲学青年。他与普罗提诺的另一位重要学生阿美利乌斯一起催促老师写下自己的思想。结果普罗提诺加快了速度,在之后的六年中又写出了24篇。当普罗提诺65岁时,坡菲利由于陷入忧郁而考虑自杀,后来在听了普罗提诺的劝告后到西西里岛住一段时间散心。在那里他收到老师在生命的最后一年里写下并寄来的9篇文字。普罗提诺于公元270年病逝,去世前指定坡菲利为自己的文字编定出版。坡菲利于老师去世后三十年(公元300年前后)编定出版了老师遗著,并写了《普罗提诺的生平和著作顺序》一文作为前言,阐发了自己的编定原则。

在这篇前言中,坡菲利一方面详尽列下了普罗提诺这几十篇文字的写作时间顺序,另一方面又说他不打算按时序出版它们。他仿照当时各派哲学"编辑"出版著作时流行的办法,按"主题门类"出版。这样,他就把普罗提诺的所有文字编成九篇一组的六组文字("九章集"Enneads一词的希腊字源义是enneas,意即"九个一组")。这六组文字的主题分别是:

第一组 伦理的(人事的)

第二组 物理的(自然界的)

第三组 物理的

第四组 灵魂

第五组 理智

第六组 太一

这样,从人事到天体,再从天体到神圣本体,最后到最高原理太一,这就排成了一个由低到高,由具体到抽象的上升梯级(坡菲利还说:第1组到第3组构成第一部,属于非本体界;第4组到第5组构成第二部,是神圣本体中较低部分;第6组构成最后一部,是最高神圣本体)。①

如果从当代的眼光看,这种"完美结构"有不少问题。它们虽然使

---

① 《生平》第73—85页。

普罗提诺的几十篇文字有了某种秩序，而且，坡菲利打乱这些文字的时序也没什么大的伤害——因为普罗提诺开始写作时已经50岁，思想再没经历什么大的变化；但是，这种编排法并不是普罗提诺的本义。他的内心深处虽然有完整的哲学体系，但他在写作时并不打算把自己的思想"体系化"。他心灵开放，欢迎讨论，总是重新从新的角度入手深思。坡菲利的这种"完成式"系统容易把普罗提诺写作中那种"进行时式"的、直觉的、天才的、出声思考的、辩驳与自我辩驳式的文体变成凝固的、教条化的教科书。再者，普罗提诺并没有一篇文章就一个主题写过"本体论"、"认识论"、"伦理学"之类的东西。他的每篇文章都涉及他体系的各个方面。比如说，人们不能当真只在第一组九章集中找其"伦理学说"，在第二组九章集中找其"物理学说"，等等。为了研究普罗提诺思想中的任何一个方面，九章集的几十篇文字都要看。最后，坡菲利为了凑齐他所珍爱的"六"、"九"、"五十四"等神圣数字，把普罗提诺的某些文章一篇切成两三篇，排成"关于……之一"，"关于……之二"。最大胆的是他把普罗提诺的一篇长文切成四篇，组装到不同组之中 (38、58、55及29)。这显然令今日的研究者感到深为不安。

  当代西方对普罗提诺的研究呈现出繁荣景象。《九章集》是用希腊文写的，所以拉丁世界一般来说一直对其内容不甚熟悉。《九章集》的拉丁文译本是文艺复兴时的柏拉图主义者费齐诺 (Marsilio Ficino) 于1492年完成的，至今被学者们看重。德、法、英、意译本在19世纪末20世纪初也都已出现。值得一提的是英译本中的麦卡纳 (Mackenna) 译本，据普遍的评价说，它的"英文比希腊原文还要美"，能够传达出普罗提诺的哲学魅力，然而不属于逐字严格翻译。此书现在在"企鹅古典系列"中有一个节缩本。另外就是哈佛大学"洛伊伯古典丛书"中的英译本，这是由英国著名普罗提诺学者阿姆斯庄 (Armstrong) 历时多年完成的 (第一卷出版时间是1966年，第七卷出版时间是1988年)。该译本有希腊原文对照，公认属于严谨译本。另外，西方还有不少抽译本《九章集》，部头不大，重点突出，便于查阅。

从研究上看，对普罗提诺《九章集》既有相当专门化的针对其中几篇甚至一篇文字的评注专著，如劳拉(W. Laura)的《普罗提诺与自由：对〈九章集〉68的思考》(纽约，1990)，梅杰(P.A. Meijer)的《普罗提诺论至善或太一：〈九章集〉69》(阿姆斯特丹，1992)，佛里特(B. Fleet)的《普罗提诺〈九章集〉36：论非形体者的非被动性》(剑桥，1995)，阿金森(M. Atkinson)的《普罗提诺之〈九章集〉51：论三本体》(牛津，1983)；也有针对普罗提诺哲学当中的某个主题讨论的学术论文集。不少学者专攻一面而有成就，如布隆曼萨(Blumenthal)之于普罗提诺的"心理"学说，阿姆斯庄之于普罗提诺与基督教关系，等等。另外，还有一些思想家兼学者的研究者，以把握普罗提诺思想中仍然富于生命力的要素与体系为己任，写出了相当有深度、有时代感的专著，使普罗提诺的影响超出了狭窄的"晚期希腊哲学"的专业小圈子。如里士特(Rist)的《普罗提诺：通向实在之路》、哈德特(Hadot)的《普罗提诺，或纯一视界》以及施罗德(Shroeder)的《相与变相：普罗提诺哲学研究》。不少大学如英国利物浦大学和加拿大的多伦多大学、美国欧多明大学等都形成了有关研究中心与群体。国际会议与文集系列频频面世。1996年在剑桥著名哲学家导读系列中还出版了《剑桥普罗提诺导读》(*The Cambridge Companion to Plotinus*)，汇集十几位当代著名学者的论文，从各个领域对普罗提诺思想进行全面、系统的探讨。

二 《九章集》的基本思想

《九章集》是几十篇论文的汇总，没有一个明白清晰、条理分明的"体系"。但是后人在阐发时只能以这种或那种方式按主题进行，否则会陷入一篇篇文章而不拔；而且普罗提诺的心中确实有一个完整的思想体系，所以他的写作用现代学者常用的一句话说，就是"以非体系的方式写出的体系"。他处处、篇篇企图论证的,都是他的这一哲学体系。普罗提诺哲学体系的独特性是"一元多层"。这有两个意思。一是他的世界图景,尤其是他的本体领域,是多层的:太一、理智、灵魂。这是在此前哲学家如柏拉图、亚里士多德中所看不到的。二是这"多层"不是"多元"。并没有几个本体,本体只有一个。一元本体创化合并在一切。这又是此前哲学家中罕见的一元论者。怎么翻译普罗提诺对"本体"的称谓,一直是一个没有定论的问题。有的学者主张译为"实体",理由是普罗提诺自己的文章有"论三实体"(hypostasis)之说。但也有学者认为普罗提诺的文章标题都不是自己起的,而是学生起的。他自己极少在文章中用"hypostasis"去称"太一"。

而且,"实体"给人分立的、形体的意象,这又是普罗提诺所最反对的"本体"描述。所以,有的学者建议译为三种原理,即"太一原理","理智原理","灵魂原理"。这既可避免实物性暗示,又可指明这里讲的不是一般智性、灵魂,而是其本体、源泉。然而也有人会认为这么译过于"抽象化",反映不出普罗提诺本体的生动、活泼的一面。本译文把它译为"本体",也是一种选择。普罗提诺确实是把太一、理智和灵魂视为本体性的存在,然而需要指出的是,他并不是指本体是多元的,这只是他的一元本体论的特别用法。

1. 太一

创化万物而又超越万物的一元原理便是"太一"。

"太一"是什么?为什么要"设立"太一作为最终本体?首先,普罗提诺坚信一切事物之所以如此存在,必须要有其"原因"。像自然哲学认为的那样由于元素(如"原子")的偶然凑合就能产生林林总总的世界的观点,普罗提诺视其为荒谬,坚持反对。而且,原因必然"高于"结果,"先于"结果(当然,这些空间化的"高于"、"先于"概念都是非空间化的逻辑关系的比喻)。那么,万物之所以能如此存在的根本原因是什么呢?

是同一性或统一性。一事物唯有有统一性（是这一个事物）时，才能存在。那么，把各种各样的"多样性"组织成一个个"统一者"的统一性、"一性"本身，就是万物之因。

太一有几个特性。

(1) 太一的超越性。这也就是所谓普罗提诺的"否定神学"。普罗提诺清楚地意识到不同层次的范畴不能混同；不同质的事物不可置于同一水平上进行描述；超出下一层面者不会赋有下一层事物的任何属性——不可被误认为下一层集合中的一员，即使是"最强大的一员"。一切善者都由于分有"善"而成为"善的"，但这"善"本身则不可能是众善者之一（从而也不会是"善的"）。① 哲学必须谨防把后来的、下层的东西归于至高者，至高者居于其层级之上，是万物之因、之原，而非其中一员。普罗提诺在此表现出比柏拉图更严格的语义逻辑清晰性。这样的太一甚至不能说是"是"或"思考"。"太一"是"纯一"(simple)，而"是"或"思考"都会使单纯变为复多。"是"或"is"是典型的命题句式，而命题句式的本质就是复多（"x is y"），就是在单纯者身上又加上点别的东西。太一也不是思想——即使是自我思想，因为这里已经有了二分化：思想的主体与对象的区分。太一的本质是无限。作为无限者，任何对它的规定都必然是否定或限定。所以只能采取"否定规定"的方法去描述它，说它"不是 x，不是 y，不是 z"。当然，这些又显得是在否定地规定它，而它超出无论是肯定还是否定。所以更准确地说应是："它既不是 x，也不是非 x；既不是 y，又不是非 y；既不是 z，又不是非 z。"比如，严格地说它不是有限，但又不是"无限"，即不是那种"无限伸展、走出自身"的无限；既不是思想、知识，又不是无知，因为无知仍设主体与客体的二分以及主体不知客体。太一既存在，又不存在；② 既是行为，又不是行动；③ 既是

---

① 《九章集》6.5.13。
② 《九章集》6.7.38。
③ 《九章集》5.5.10。

自由的，又不是自由的；既不是生命，又是生命。①

　　普罗提诺这种违反一般语言、认识规则的言说方式是其整个哲学的一个显著特征；所谓"新柏拉图主义的神秘主义"与此紧密不可分。而且在后来受新柏拉图主义影响所形成的基督教神秘主义当中的"否定神学"中，我们也可以看到对这一特点的强调。对于这样一种远远超出我们的世界乃至理智世界的最高本体，语言无法表达："那么我们自己怎样谈论它呢？我们确实在说着什么，但我们肯定又没有言说它，因此我们对它没有知识也没有思想。②但是如果我们对它毫无知识，那是否就完全不拥有它呢？事实上，我们在这样一种意义上拥有它：我们谈论它，又没有谈论它。"③也就是说，在讨论 x 与揭示 x 之间还是有很大不同的。但是为什么我们还要进行这种无助于揭示对象的言说呢？史罗德与海瑟对此都有过讨论。史罗德认为普罗提诺的意思是，虽然我们关于太一的种种言说说不出太一的真相，但他可以把我们"引向太一"，正如普罗提诺所说："我们朝着它说与写过去。"这逼使我们自己的注意力趋向太一而非日常事物的努力，终会有助于我们达到太一。④海瑟则认为诸如"一"、"善"之类名字并非描述"它"的"谓述"，它们只是我们尽我们最大可能"指点"它的手段而已。"一"只是想表达一种否定的意思："它"并没有复多性⑤或分裂成部分。⑥如果我们当真把"一"当作一个肯定性的术语，那它与其会显明太一，不如说会遮蔽太一。⑦

---

① 《九章集》6.8.13。
② 又是对柏拉图《巴门尼德篇》142A1-5 的回忆。
③ 《九章集》5.3.14。
④ 史罗德 (F. M. Schroeder)：《相与变相：普罗提诺哲学研究》, McGill-Queens University Press, 1992, 第 78、89—90 页。
⑤ 《九章集》5.5.6。
⑥ 《九章集》6.9.5。
⑦ 《九章集》5.5.6。

（2）太一的创造性

这是普罗提诺的肯定的、积极的"神学"。这里回答的是本体与世界的关系，或一与多的关系问题。这一直是本体论的老问题：一为什么会产生多？一怎么能产生出多？普罗提诺知道这些问题"在古人中就出奇地困难"[①]。他提出了自己对这一问题的解答，这是一种与柏拉图的解答（"分有说"）十分不同的新思路，它受到了亚里士多德思路的影响。这就是普罗提诺的"流溢—回转"学说。这种学说贯穿于其整个体系当中，是每一层存在"派生"下一层存在的标准方式。所以我们可以在其最初表现——太一创造理智——中首先集中力量弄清其基本概念。

普罗提诺提出这一思路可以说是受两种矛盾冲突的观念的逼迫。一方面他认为完善者必然创造，最完善者必然最能创造。否则怎么体现完善即充沛创造力之本性？但另一方面，他又同意完善者不应当运动，不应当"向外"，没有任何"进一步"的需求，不可能具有创造次等事物的"目标"。

那么，这种创造就必须是一种完全不同于一般"手工制造"之类的有目的实践活动，而是一种全新的创造：它既能保证完善者"不动"之要求，又能够令完善者能"创造"。普罗提诺认为"流溢"就是这样一种创造。所谓"流溢"（或"流溢"），指完美者自身宁静地存在，不求不动，但是从其本质中就会漫渗出自己的"映像"包围在自己的周围。普罗提诺认为，这实际上是一种在各种事物中都可以观察到的普遍现象。

> 一切存在的事物，只要存留在是中，就必然根据各自当下的能力，从它们自己的实体产生出某种包围性的实在，并指向自身之外的东西，这就是由原型产生的一种影像。比如火生出热，热向外扩散；

[①] 盖提(M.L.Gatti)：《普罗提诺：柏拉图传统以及新柏拉图主义的基础》，见罗伊德《剑桥普罗提诺导读》，第28页。

雪生出冷，冷不只是贮存在雪自身里面（同时也向外弥漫）。①

流溢说除了能够表达"自身不动而生发万物"的意象外，它还比"分有说"更强调了原因与结果、创造者与被创物之间的质的差别。流溢者与溢出者既是连续的，又是断裂的。不错，流溢者也存在于溢出者之中，正如原形之在镜中映像中一样，这是其连续的一面；但"溢出"之意象显然更强调两者的"断裂"和"不同"。哲学家可以采用各种"创造"类型来思考、比拟他们所认为的本体创世关系。在各种创造模式中，"生育"也许最强调创造者与被创造者的本质相通，"制造"已经次之，"流溢"则最远。

严格地说，普罗提诺的完整"创造"学说不仅包括"流溢"，而且包括流溢之后(逻辑上的"后")的"回转"。也就是说，本体或高层源头对于派生者起两种"原因"作用。第一种是"动力因"的，即通过完善者自身宁静的现实本质活动而流溢出"不定之二"、"质料"、"潜能"。第二种则是这种次级存在"回转"，"观照"高级存在，从而获得形式、现实和确定性，从而进入现实存在。在此，原因作为"目的因"产生着次级事物。一切事物的"善"都是其生命之自然活动，是其更好部分之活动，这样的活动必然指向"善"本身。所以，"至善"是一切事物的自然活动的宁静的"源泉与原理"。万物依赖它，而它不依赖任何事物。②

2. 理智

"理智"是太一的第一个漫出者，是一元三层神圣原理中的第二层(the second hypostasis)，是最真实的"存在—生命—知识"之所在。普罗提诺用 nous 命名之。这很难翻译。不少译者如阿姆斯庄译之为

---

① 《九章集》5.1.6。
② 《九章集》1.7.1。

"Mind","Intellect";也有译为"Spirit"。汉译或可为"理智","心智","智性","智性原理","精神"。但各种译法都有不尽人意之处,如"心智"虽然强调了这一层本体的知识活动本性,却易误导人认为它只是人的主观认知活动,而它却是"客观的"甚至超出宇宙之上的神圣本体(之一层)。"智性"与"智性原理"避免了这一理解,但又过于着重其静止方面,不符合普罗提诺所强调的生命不息之特性。"精神"则难以传达这一层本体的理性方面。译为"圣智"和"纯思"可能比较好些,但是也有许多其他问题,例如"纯思"可能有过强的动感,而理智世界则是静止的。这里按照传统的看法,译为"理智",是出于慎重的考虑。读者们可以仔细思考各种译法。

理智作为太一的第一次造物,体现出既与太一不同又与太一最相近的双重特点。

首先,理智与太一极不相同。虽然理智在整个创造系列上位置离太一最近,但作为与太一之第一次不同者,应当突出地体现出巨大的质的裂变:在超越者与非超越者,统一性与多样性,无限与有限……之间,无论差别多么"小",都已然是本质不同了。太一是完全的现实,充沛无比的生命活动。理智则首先是太一流溢出的潜能、质料,也就是说,"纯粹异质性"和"运动本身"开始出现(movement 与 otherness 同时出现)。①这种不确定的潜能在回转向太一、反思太一时,获得了确定的形式,成为相和数,进入现实的智性活动。②

其次,由于理智比起以后的各层存在来说,又是与太一最近的溢出者,所以它是太一最佳的形象。在统一性、自足性、创造力等方面,它与太一最相似。"太一是永远完全者,因此它永恒地生产;它的产物与它相比,总是不完全的。那么我们该怎样谈论这完全者呢?它生产的东西必然仅次于它,是除它之外最伟大的。理智就是这样的东西。因为理智

---

① 《九章集》2.4.5。
② 《九章集》5.4.1。

只凝思太一，只需要太一；反过来，太一却并不需要理智。比理智更伟大之物所产生的只能是理智，理智是万物中的最大者，因为万物都在它之后。"①

这种"亚伟大性"可以从两个方面看。一方面理智拥有仅次于太一的极大的统一性，虽然这是多样中的统一。在各种(维度的)认识中，唯有理智是自我认识，这意味着认识的主体与客体实际上是一回事。任何认识都是企图建立主客同一性，而唯有自我认识才能够最好地建立之：

> 一物思考另一物与某物思考自身，这两者之间有一定区别，后者更可能避免成为二。前者也想避免成为二，也想思考自己，但力不从心，它确实把它所看的对象包含在自身里，但这对象仍然不同于它自身。而后者与自己的对象并没有实质上的区别，它始终保持与自身相伴，因此看见的是它自身。它既成为二，又保持为一。②

这种认识，不是从外面去步步逼近(逼远？)对象，而是从(自己)内部把握自己。所以这不需要推理，不需要经过分离的、外在的环节；而是"直觉"，即瞬间通体把握对象。理智是相的集合整体。这样，不仅理智与诸"相"之间圆通无碍，而且每个相也同时是所有其他相，甚至是理智整体。这一观念，主要是通过普罗提诺的"一切相皆一理智"和"相的逻辑推演"得出的。阿姆斯庄指出，普罗提诺与柏拉图的一个巨大不同是令每一个相都是一个"活生生的心智"。而根据亚里士多德心理学，心智就是其所思者。既然理智的每一部分都是一个现实的、积极活动的理智，它们便思着整体，从而就是整体。③

另一方面普罗提诺进一步认为，这样自足的理智是唯一真实的知识。

---

① 《九章集》5.1.6。
② 《九章集》5.6.1。
③ 阿姆斯庄：《剑桥晚期希腊与早期中世纪哲学史》，第248页。

由于理智是内在的、自我的知识，它不可能有错误，它是真理。这真理不是与外部什么东西符合，而是与自身符合。自己是自己的明证。真理作为内在的秘密的展开，正是希腊"真理"(Aletheia)的原本意义。在普罗提诺看来，不可想象用不完善的映象来"检验"完善原本，也不可想象用流变不真者去衡量永驻不变者。① 只要是理智，就意味着永真：

> 谁能说，理智，正确而真实的理智，会陷入错误，会相信非真实的东西？当然不能。它如果没有知识，怎能算是理智呢？这样说来，理智必然总是知道，永远不会忘记任何事物，并且它的知识不是粗浅的，模糊的，或者类似于从别人那里道听途说的东西。当然，它的知识也不可能依赖于证明。②

理智作为仅次于"太一"的最大同一性，作为这种真理型知识，同时也就是充沛的存在、相、生命。阿姆斯庄曾注意到，普罗提诺对理智的描述十分强调其活生生的生命和活动。在其先驱——中期柏拉图主义者——那里，并没这种观点。中期柏拉图主义更多地把柏拉图的"相"仅看成"神的思想"，而不是看成一个个自足的神秘"生命"。

3. 灵魂

> 理智模仿太一，以同样的方式连续不断地发出多种能力——这是它的一个相——就像它的本原产生出它一样。这种产生于理智实体的活动就是灵魂，在灵魂生成的同时，理智则保持不变，就像理智生成之后，理智生成者保持不变一样。③

---

① 《九章集》5.5.6。
② 《九章集》5.5.1。
③ 《九章集》5.2.1。

这是第二次流溢。所流溢出者仍然是一个本体性原理，本义译为"灵魂"。灵魂作为理智之产出者，宛如从理智中送下的使者，是理智与世界的中介，它将生命(有秩序的生命)赋予世界。所以，"生机原理"、"生命源泉"等也许能表达出此处"灵魂"一词的本义：

灵魂有何等之存在？如果它既非物质形体又非身体性的属性，而是活动与创造，是多样存在的源泉，那它就必然是与形体存在不同的另一类实存，是"真正的存在"。一切形体者只是生成，而非存在。①

当然，灵魂作为结果，低于它的"原因"即理智。理智是多中统一，其多与一尚十分难以区分：它静止不动，自足自存，其内部当然充满生命。它无所不包，但它毫无外超之动机。实际上它处处皆在，瞬间一切通畅无阻，所以是超出时间之永恒。与此相比，灵魂的特点则是活动和不安分。它也观照理智之完满相，但它不能满足于静观之喜，它要把所观知之伟大实在运移到别的地方，复制出"映像"。

宇宙的一切是静止的，而灵魂从外面倾入，如光普照一切，赋予海洋、空气、大地生命，唤醒了沉寂死睡者。"而天宇，在灵魂的明智引导下，进入永恒的运动，成为一个幸运的生命物，又因灵魂的进入安居而获得自身的价值。在未有灵魂之前，天宇不过是一具僵死的躯体，是土和水，或者毋宁说是质料的黑暗和非存在，就如一位诗人所说的，是诸神所憎恶的。"②

从以上讨论可以看出，普罗提诺的本体论是一种生命本体论。一切死的、凝固的、固定的、沉重的、呆板滞着的东西，在他看来都是价值上的负面者。一般人会以为这样的东西最实在，而精神性的事物反而是

---

① 《九章集》4.7.8。
② 《九章集》5.1.2。

虚无缥缈的东西。普罗提诺却将"本体"的标志倒了个个,进行了彻底的"价值重估"。普罗提诺说,在一般人看来,"形体的本性以及它们所基于的质料,怎么可能是非存在的呢?高山、岩石以及整个坚实的土地怎么能是非存在呢?[①]一切有硬度、有压力、受撞击的事物都证明它们是存在的。"而灵魂与理智既不能施压又不能抵抗,怎么能称为真正存在呢?然而普罗提诺认为:"那该怎样回答呢?我想,越是自足的形体就越少需要其他事物,就越少引起他物的痛苦,而越是沉重、属土的物体,相应的就越有缺乏,越易坠落,越是无法自我抬升,因为它们坠落是出于自己的弱点,是由于向下运动,重力引起碰撞。再者,无生命的物体更难以相处,因为它们可能会产生最猛烈的撞击,造成最大的伤害。而有生命的物体,因为分有是,因此更能与周围和谐相处,越是包含这样的物体就越有益处……只要没有障碍物挡路,还能聚合为一,但是属土的物体一旦分开,每一部分就永远处于分离状态。"[②]

总结起来,普罗提诺认为本体的根本特征是精神性的、内凝统一的。这种统一性又由高到低分为三个层次,所以是一元三层本体:

太一:统一(one and all)

理智:多中之一(one in many)

灵魂:多,然而统一(one and many)

"三个层次"的意象并不能完全表达出普罗提诺所认为的这三种本体的内在关系。他也用"同心圆"的意象来说明三者关系:"那理智是至善的第一个活动,第一个实体。至善始终停留在自身之中;而理智在它的活动中围绕着他(至善),好像也围绕着他而活。灵魂环绕着理智跳舞,同时朝向理智,凝思理智里面的东西,并透过理智观照到神。"[③]

[①] 这里普罗提诺很可能想到了柏拉图《智者篇》246A-B 的质料主义者。
[②] 《九章集》3.6.6。
[③] 《九章集》1.8.2。

4. 人的自我

一元三层的原理再往下"流溢",就会产生有形世界,即人生活于其中的个体世界。

作为本体的"灵魂"并不"下降"到身体中,甚至不"下降"到具体管理一个个个体的事物之中。在普罗提诺的体系中,本体大灵魂虽然为一,但向下还可分出既分离又统一的多个灵魂或个体灵魂,这包括每个人的灵魂与整个宇宙的灵魂。"理智不只是一,而且是既一又多——因此必然同时存在多个灵魂和一个灵魂,多个不同的灵魂源自于那一个灵魂,就像一个属包含许多的种,有些优良,有些低劣,有些富有理性,有些缺乏理性。"① 值得注意的是,"灵魂"(all soul, soul entire) 与"大全灵魂"(Soul of the All) 不应混同,前者是灵魂本体的最高状态,后者是其分殊化中的一个特例。前者显然具有远远超出后者的普适性与共性。不过,普罗提诺自己在一些说法中也没强调这一区分。所以造成的混乱是较多见的。② 严格讲来,在这一点上,普罗提诺的思想与斯多亚哲学的思想不一样。斯多亚派哲学认为个人灵魂并没有独立存在。整个宇宙唯有一个巨大的宇宙灵魂,它使宇宙成为一个巨大的生命体。我们个人之灵魂只不过是这"一整个灵魂"的部分或大火中的点点火星。普罗提诺则认为个人灵魂与宇宙灵魂分别有自己的独立存在。两者之间,不是隶属关系,而是并列关系。当然,大全灵魂作为"老大哥",比众多个人之灵魂要高明一些,比如它没有感性,没有思考,没有计划;其"质料"(天体)也是"高级"的;它对个人灵魂也有一定管辖(Providence)。但是,大全灵魂毕竟只是个人灵魂的"老大哥",而不是"父亲"。个人灵魂是独立的,各自是一个个整体。不存在着一切灵魂浑蒙为一体的状态。

普罗提诺对个体灵魂独立性的坚持,显然与他的整个哲学事业的落

---

① 《九章集》4.8.3。

② 参看 J. N. 戴克《自然,观照与太一》,University of Toronto Press, 1967, 第 33 页。

脚点是"人学"即人的灵魂的命运的学说有关。

在布隆曼萨的论普罗提诺之心理学理论的专著中，曾对普罗提诺划分的"灵魂各种官能"列出如下一个表，我们认为其颇为清楚有条理：

生长性	欲望	感性	推理	智性
营养、成长、再生	欲求，愤怒，冲动	外：五官感觉，共感 内：内感，想象，记忆，意见；意识	评判	理性

那么，在生长性、欲望、感性、推理、智性这从低到高的五个层面中，哪一层是我们人的"自我"呢？普罗提诺并没有一个确定的意见，毋宁说他在著述中给出了不同的说法。而且他认为人们取何者为"我"，全在于人自己的选择。人选择智性，则是"神"；选择与身体结合，则是"人"；选择感性、欲望，则堕为动物；选择"生长性"灵魂，则与植物乃至自然没有什么差别。

5. 回归

从太一流溢之后，经一系列下降阶段，直到"质料"，这就到达了宇宙进程的最低点。下一步似乎就应当讨论人在这样的宇宙中"怎么办"的问题。本体论之后，应当就是实践论。"回归"立足于肯定溢出，回转、观照上一层存在，并通过此而最终回转到最高本体太一。这样的回转也没有必要等到流溢过程达到最低点才开始，实际上每一层溢出者都应当回转。也就是说，每一层"创造"都可以说是"坏"——如果固执于溢出，追求独立，沉迷于映像。但每一层创造也可以说是"好"——如果每层存在都回转、凝神观照上一层存在。实际上，只有这样才能真正成为自己，实现自己的真实本性：并具有新的创造力量。①

里士特对普罗提诺所作所为之使命意识有一个精辟概括："这就是

---

① 《九章集》5.1.6。

普罗提诺从事教学的动机，他会认为这是哲学家能够提供的益处。教学因此是真正的慈善活动；至于关怀同胞的低层面需求则常常不过是无意义的感伤主义。"①

回归之路又可以分成几个环节："转向"(conversion)，净化与上升，跃入太一。

对于太一，"认知"完全没有用，主动追求也完全没有用。太一只可遭遇，不可强求。所以，在这最后阶段上，应当彻底放弃认识，放弃功利的、计算的、孜孜以求的主动心态。达到太一不能靠知识的累加，相反，要靠减法思维。

要虚空心灵，放松自己，不刻意用力，不运用理解力，静静地等待太一的降临，因为太一本身寂然无声。不知何时、何处，太一会自己一下充满我们：

> 其实我们不能追问它是从哪里来的，因为根本就没有这个"哪里"。它确实没有从哪里来或者到哪里去，它只是显现或者不显现。因此我们千万不可追寻它，只要静静等待它的显现，作好准备凝思它，就像眼睛期待太阳的升起一样；太阳升起在地平线（诗人们说，"从海里升起"），主动让眼睛看到它。那么太阳的原型（太阳是它的一个相）会从哪里升起来呢？它显现时所要爬上的地平线是什么呢？它必升到凝思它的理智之上。因为理智必是最先凝思它的，理智不看别的，只看至美者，集中一切力量倾注于它，一动不动，并且可以说蓄满力量，它首先看到自己变得更美，更亮了，因为它就在附近。但它并没有如我们所预料的那样出现，它的出现其实不是到来的出现，因为它之被看见，不是它到来被人看见；它没有到来，

---

① 里士特(J.M.Rist)：《普罗提诺：通向实在之路》，Cambridge University Press, 1977，第164页。

而是存在于万物之前，甚至先于理智的存在。来来去去移动的是理智，因为它不知道自己该待在哪里，也不知道他待在哪里，事实上它不在任何东西里。①

这种静悄悄的、安宁的、温馨的景象，与此前上升路上一路搏斗、号召、运动、痛苦，乃至惊见理智大美而震憾狂喜等相比，真有一种"灿烂之极而归于平淡"的禅意。这一境界消去了一切对立、对比、紧张；甚至理智领域中存在的主、客区分也不复存在。我们与太一不仅仅是"观照"关系，而且是"同一"；这"同一"虽然不是毫无区别，但也是最紧密地靠在一起。普罗提诺喜欢用众同心圆汇聚于太一这一"共同圆心"影像来比拟这种"同一"。

这种状态显然不是意识、思考，而是存在。任何思考与意识都不可避免二重化。唯有存在，才可能是非二元的。实际上，人们经常感受到类似的过程：首先是去无反思地生活、去存在、去享受。但是人们终于忍不住要去抓住这些美好瞬间，去固定它们，保存它们。可是它们恰恰都是在我们认为拥有它们时从我们中间跳开。哈德特曾作过一个比较：同样讲灵性之爱，柏拉图中有一种男性调子：骚动不安，进取，渴望行动，追求后代之产生；并且与教育及引导、国家管理组织有关。相比之下，普罗提诺讲的爱体现着一种女性隐喻，因为它是神秘的，它不是奋力追求，而是等待出神状态的临到。它要求停止一切活动，使灵魂处于完全宁静之中，忘却一切，只是为神圣降临作好准备。灵魂的最高状态是完全被动无为。②

---

① 《九章集》5.5.8。

② P. 哈德特：《普罗提诺，或纯一视界》，trans. M. Chase, The University of Chicago Press, 1993, 第 56 页。

三　普罗提诺与诺斯底派、基督教

1. 与诺斯底派思想的异同

"诺斯底派"(Gnostic)是一个用来概括当时许许多多准宗教小流派的广泛术语。这是一个跨度几个世纪(至少1世纪就产生，2—3世纪盛行，后来4世纪仍在摩尼教中发展)的思想运动。基督教教父把它视为基督教异端，但它实际上包括许多非基督教的流派，包括希腊思想。哈纳克(A.V. Harnack)把诺斯底派称为"基督教之剧烈希腊化"（换句话说，所谓正统基督教神学的缓慢有度发展便是基督教的"慢性希腊化"）。[①]对诺斯底派本质的这一描述在学术界流行颇广。当然，还有其他的"定性"描述，比如诺克(A.D. Nock)就称诺斯底主义是"柏拉图主义之失控化"。

各种诺斯底派的思想虽然不尽相同，但也具有一些共性。首先引人注目的是它们强烈的二元论特征：神绝对超世界，从未创造过此世界，神的本性与世界格格不入，完全相反；神是大光明，隐深而不可知，世界则是绝对恶，是大黑暗，是由邪恶势力创造的，否则不会充满如此之多的丑陋和灾难。诺斯底派常常把创造这么丑恶的世界的神与旧约犹太教的上帝和柏拉图的"创世者"(Demiurge)等同起来，说这样的神是为了自己的"虚荣"而创世，所以充满妒嫉与愤怒等不满情绪。这么一来，诺斯底派就可以在善(上界)与恶(下界)之间划出严格二元论的界限。[②]人的灵(pneuma)是从神性世界流落到这个世界中的异乡人，而人的身体与灵魂都是由此邪恶创世主所创，它们锁住了"灵"。摩西道德法典和命运都是为了锁牢人的灵而造出的。灵不仅身陷这重重枷锁之中，而且世界与真神之间隔着几百重天，每重天都有恶神守着，任务是阻断"灵"

[①] 参看约拿斯(H. Jonas)《诺斯底宗教》，Beacon Press, 2001, 第36页。
[②] 同上书，第224页。

的逃逸之路。可以说灵解脱自己的可能极小。但是，神会派遣使者来唤醒迷失于世界之中的灵，帮助他重返天界。只有少数人，能通过获得奥秘的灵性知识而得救。"灵知"是"诺斯底"一词的来源(gnostic)，它不仅仅是得救的手段，而且往往就是得救本身。它不仅是对神的隐秘本质的观照，而且意味着全身心地参与其中。

普罗提诺对于诺斯底派显得特别不能容忍，他专门写了"驳诺斯底主义"的文章(《九章集》2 9)。[1] 他自己的学生圈子中就有诺斯底派的人，而且他们即使从学于他之后也并不改变原先立场。普罗提诺撰文驳斥这种思想，并不是指望能改变这些人的信念，而是希望他们不会进一步影响其他人。[2]

普罗提诺的批评的总观点是：诺斯底派中的有价值的东西无非是抄袭了柏拉图主义；而它的如此之多的荒谬之处，则都是它自己的添加发明。这表明普罗提诺看到诺斯替思想中有与自己所代表的希腊精神哲学的、柏拉图主义的传统相近的一面。他说，诺斯底派从古老权威中承受了这样一些正确的东西："理智、不同于理智的创造主，以及灵魂，这源于《蒂迈欧篇》里的话……他们完全歪曲了柏拉图对创造方式的解释以及大量其他的事情，贬低了这位伟人的教义，连柏拉图和其他蒙福的哲学家都还没有参透的可理知的本性,他们却好像已经参透了似的。"[3] 在诺斯底思想和普罗提诺的新柏拉图主义之间确实可以看到不少相同的倾向，比如他们都把真正的价值置于灵性世界，普罗提诺把这一世界称为丰沛的生命、存在、相，亦即"理智世界"。而诺斯底派则把它称为"富足界"，由许许多多的永恒者组成。灵魂下降到身体世界，对于两种思想来说都是堕落、束缚。所以他们都号召从形体世界中解脱自己，从"多"

---

[1] 阿姆斯庄：《剑桥晚期希腊与早期中世纪哲学史》，第 205 页。
[2] 《生平》，第 45 页。
[3] 《九章集》2.9.6。

当中恢复"统一",逐步上升到纯粹状态。①

但是,他们之间也存在着不少分歧,这些分歧的来源是希腊精神与非希腊精神的不同。用普罗提诺的话讲,诺斯底派"不老老实实地"遵循柏拉图主义的古老光荣传统,却发明了许多新的"行话",这些都是不属于真理的画蛇添足了。②普罗提诺与诺斯底派的主要分歧有这样几个方面。

第一,在本体论上,诺斯底派倾向于把神人格化,繁多化。比如他们在理智之中又划分出静止的理智、活动的理智、对理智之活动进行反思的理智,等等。他们在天界中划分出三十个神(Aeons),互相配对,男女呼应。普罗提诺认为本体只应当划分成三层:太一、理智、灵魂。再作进一步的烦琐划分就失去理性了。③柏拉图主义应当是只承认这三层划分。至于想象理智界中有一大批成员,更是把理智界降到了感性世界的、低级世界的水平。"在可理知世界中,他们应该尽量减少数目,应该把一切都归于第一者之后的那个实在,从而避免复多性,因为它就是一切,是第一理智和实体,是第一本性之后产生的其他种种卓越。"④

第二,在世界论上,普罗提诺的希腊式一元论与诺斯底的东方式二元论的冲突显得尤其激烈。诺斯底派思想代表着对这个世界的极度失望。这个世界不使人有任何理由感到亲近,在它当中找不到任何生活的意义。"灵性"在这个世界中的生活是"麻木"、"沉睡"、"遗忘"。这忙忙碌碌的世界实际上是一个死者的世界。世上的人有待重生。⑤

作为希腊思想的最后一个杰出代表,普罗提诺坚决反对这股"新奇异说"。他认为说世界是"恶神"创造的,是十足的渎神。神怎么会为了"虚荣"而创世呢?这是把尘世之中的雕刻家的心态搬到天界本体身上了。⑥

---

① 约拿斯:《诺斯底宗教》,第 61 – 62 页。
② 《九章集》2.9.6。
③ 《九章集》2.9.1。
④ 《九章集》2.9.6。
⑤ 约拿斯:《诺斯底宗教》,第 68 页。
⑥ 《九章集》2.9.4。

如果神真认为世界创造得不好，他为什么不毁了它呢？[①]普罗提诺颇有深意地指出，诺斯底派对此世之所以如此失望，本身说明它对此世的期望太高，而这恰恰是不正确的价值态度，这对于以张扬"灵性价值"为己任的诺斯底派更不应该。普罗提诺认为，只要认清宇宙中是有高下之分的，世界本身就是作为不完美的、次级的东西而存在，那就不会由于在不完美中找不到完美而失望。况且，这个世界作为次级者，作为"映像"，应当说是最好的映像，它当中充满了反映理智之美的美。

2．与基督教思想的关系

普罗提诺与基督教思想的关系必须放在整个希腊的、柏拉图主义的思想与基督教思想的关系当中来看。柏拉图哲学中的基本教义精神对1世纪以来犹太教、基督教的思想发展的影响一直很大。普罗提诺的著作编订出版于公元301年。然而，早在1世纪，亚历山大里亚的斐洛思想中就已经存在着许多柏拉图理念。亚历山大里亚的基督教学校中的著名领袖如克莱门和奥利金的学说都可以说是柏拉图思想与基督教思想的综合。这些人或先于普罗提诺或与他生活于同时代，各自独立地受到柏拉图思想的影响。后世基督教会中有不少人对这些早期神学家思想当中体现出的柏拉图主义如逻各斯主义、分有说、宇宙乃至神之中的等级次序、三位一体思辨、用灵性主义贬低身体，等等，不无微辞，认为是用希腊思想损伤了正统基督教精神的原义。然而，不可否认的是，柏拉图主义思辨哲学对于把初生的基督教提升为具备宏大视野、超越关怀和理性水准的跨文化世界性大宗教是有一定帮助的。从奥利金等人的著作中可以看到，他们已经以主流哲学家姿态参与到公共话语之中，关心宇宙大事，探讨终极目的，号召从身体转向灵性，提倡一系列的超越：从地方性犹太教向世界大宗教，从律法到精神，从众神到一神，从表象到理性，从

---

① 《九章集》2.9.4。

急功近利地为当下政治服务到普遍关怀等的超越。这一点，从奥利金的《驳凯尔苏斯》等著作中就可以明显看出。

普罗提诺虽然在亚历山大里亚学习了十一年哲学，后来又定居罗马，但他似乎从未注意到过当时已经在这些地方十分流行的基督教思想。虽然他的大弟子坡菲利撰写过文章直接与基督教交锋，[①] 研究者们找不到普罗提诺与基督教接触的证据。他在《九章集》中也没有像批评诺斯底派那样撰文讨论或批评基督教学说。

普罗提诺对他之后不久的诸多基督教思想家的影响并没有一般想象的那么大。[②] 但是他影响了基督教思想史上的一些至关重要的人物，并通过他们而影响了整个基督教。这些人中有不少希腊教父，如卡帕多西亚教父(Cappadocians)、巴西尔(Basil)和两位格列高利(Gregories)，以及拉丁教父如波爱修、尤里金纳(Erigena)。当然，最明显受其影响的基督教思想家是奥古斯丁、托名狄奥尼修斯、维克多里努斯(M.Victorinus)等人。

著名的古代晚期与基督教早期思想史家布朗在其力作《奥古斯丁传》中对奥古斯丁所受新柏拉图主义影响有详尽描述。奥古斯丁一生当中的几次"转变"都与柏拉图主义有关。他的第一次人生转向(conversion)发生在20岁时(374年)，这是从此世生活转向哲学——哲学在当时被赋予了宗教性意义。当时他读了西塞罗的著作《荷滕西斯》(*The Hartensius*)，世俗生活中的追求一下变得毫无吸引力，对智慧的渴求燃烧起来。[③]

后来，奥古斯丁困惑于恶的普遍性，陷入了与诺斯底派一脉相承的二元论哲学宗教——摩尼教。过了一些年之后，他对摩尼教感到不满意，又短暂地陷入学园怀疑主义。最后，他经历了思想斗争，阅读了"柏

[①] 参看 R. J. Hoffmann, ed. and trans., Porphyry's Against the Christians: the Literary *Remains*, Prometheus Books, New York, 1994。

[②] 参看里士特《普罗提诺与基督教哲学》，见罗伊德编《剑桥普罗提诺导读》第398、401页。

[③] 布朗(P.Brown)：《奥古斯丁传》, University of California Press, 2000, 第40页。

拉图主义的书"后，在米兰转变为一个天主教徒。当他386年前后居住在米兰时，新柏拉图主义一时流行，奥古斯丁仔细读了不少著作，包括普罗提诺的著作（维克多里努斯的拉丁译本）。对于米兰当时的基督教界中"柏拉图主义盛况"怎么看，学者尚有不同看法。考塞拉(Pierre Courcelle)认为维克多里努斯发起了一个基督教的"米兰圈子"，哈德特在研究中也认为维克多里努斯是我们所知道的第一个在基督教神学中(至少拉丁神学中)使用新柏拉图主义范畴的基督徒。考塞拉认为，维克多里努斯学派还包括辛普里西安Simplicianus(他对奥古斯丁信仰转变的至关重要的影响是无可争议的)和安布罗斯(Ambrose)。当然，奥古斯丁不久也加入了这个米兰圈子，推动与推广这一已经发展的知识运动。其他学者则对这一"统一运动"的假设提出质疑，因为上述几位基督教思想家关注的领域极为不同。不过，奥古斯丁在下决心从摩尼教向基督教转变时，确实读了许多"柏拉图主义的书"。学者经研究指出，这些书的作者是普罗提诺及坡菲利。亨利(Paul Henry)认为是普罗提诺，德勒(Willy Theiler)认为是坡菲利；考塞拉认为是普罗提诺和坡菲利的结合；罗伊(Roy)认为先是普罗提诺,后是坡菲利。在奥古斯丁的《忏悔录》第七章中，可以看到这样的思路沿递：

（1）奥古斯丁的哲学不确定之处；他陷入罪恶问题的思考中；他在理解任何超出物质之外实在时的难以克服的困难。

（2）阅读"柏拉图主义的书"的影响；发现形而上的灵性论及内在论的"令人解放的震撼"；立即对作为中保的基督进行反思。[①]

很明显，奥古斯丁在新柏拉图主义哲学中受到了真正的、内在的启发。

奥古斯丁很善于吸收普罗提诺的思想，并且善于取来为己所用，所以他虽然不是专业哲学家，又不懂希腊语，却比许多自称"柏拉图主义者"

---

① 参看麦克夫伊(McEvoy)《新柏拉图主义与基督教：影响，综合或识别？》，载于费南等（Thomas Finan and V. Twomey)编《新柏拉图主义与基督教的关系》，Four Courts Press, 1992，第164－167页。

的饱学之士更深入地把握了普罗提诺的精神。在后来的生活中，他还曾苦读柏拉图主义著作。以至于到写作《上帝之城》时他仍然困惑于柏拉图主义的问题。[1]

普罗提诺在许多方面对奥古斯丁的帮助很大。比如"流溢"与"回归"的学说；"理智"作为太一与世界之间的必要中介（这与《约翰福音》中的"道"似乎正相呼应）。[2] 普罗提诺的思想还帮助奥古斯丁解决了灵性存在（神）如何既能普在一切，又不在任何一处的难题。在普罗提诺的启发下，奥古斯丁认为恶仅仅是"匮乏"，而且会有助于整体。[3] 不过，在恶的问题上，奥古斯丁是有变化的。一开始他接受普罗提诺的看法，认为罪恶来自灵魂下降入身。但后来他不认为身体本身是恶，于是在灵魂之中寻找恶的来源。他逐渐对灵魂的"内在神圣性"保持怀疑。[4] 而不像普罗提诺那么"轻信"。

布朗提醒人们说，如果仔细一点考察，就会发现奥古斯丁的整个《忏悔录》主题受普罗提诺思想的影响：灵魂离开神而流失于世中，关心外在之物；人们震惊于江河大山，但不惊于内心之灵性、神性之伟大。实际上，世界流变不息，人每刻都在死亡。应当向何处寻求稳固与永恒呢？[5] 唯有彻底实行灵魂的"转向"，从外在物质世界中收回自己，转向灵性的、神性的存在。

包利民
2009 年 10 月

---

[1] 布朗：《奥古斯丁传》，第 122、307 页。
[2] 同上书，第 98 页。
[3] 同上书，第 99－100 页。
[4] 同上书，第 327－328 页。
[5] 同上书，第 167、105、245－246 页。

导言（二）

一 普罗提诺生平、作品

普罗提诺约于公元203／204年出生于埃及的吕科（Lycon 或者 Lycopolis），269／270年卒于意大利的卡姆帕尼亚（Campania），享年65岁。

232—242年就读于亚里山大里亚（Alexandria），先是拜著名的哲学家为师，但是他们都不能满足他，后来投到名不见经传的麻袋搬运工阿摩尼乌斯（Ammonius Saccas）门下，其哲学中的柏拉图主义正是他所热衷的。

242—244年他参军跟随革提安（Gordianus）皇帝远征波斯，希望了解波斯哲学。然而这个目的没有实现，因为远征没有成功。

244年普罗提诺移居罗马，设立了一种非常重要的教学活动，吸引了很多听众。伽利厄努斯（Galienus）皇帝及皇后撒罗尼娜（Salonina）也很喜欢他的理论。然而试图在卡姆帕尼亚建立一个"柏拉图城"（也许基于已经建好的庞培城）的尝试失败了。

254年，普罗提诺刚好50岁，开始撰写自己的理论，把他给学生的演讲和传授的课程记载下来，这些课都有具体的主题。他写成了五十四个专题作品，包括部分谈话形式的作品。他的学生坡菲利，就是《普罗提诺的生平和著作顺序》的作者，把这些专题文章分成六卷出版，每卷由九篇组成（后来为这些作品取名为《九章集》，源于希腊词"enneas"，即"九"的意思）。六卷书每一卷都有一个主题，涉及伦理学、认识论、心理学和形而上学/神学。坡菲利在《生平》的篇头与篇尾都把所有作品一一列明，但两处的分类方法不同，篇末是根据写作年代排列的。年表对现代学者特别重要，因为他们对古代哲学家的哲学发展过程感兴趣，喜欢对之重构，就如他们对柏拉图和亚里士多德哲学那样。然而，这样的重构在普罗提诺这里不太可能，因为他到了晚年50岁的时候才开始撰写专著，写作的时间也相对较短，大约只有15年。而且，对同一主题的不同解释也并不必然是普罗提诺思想发展的结果，也可能是写作环境的不同所致。

二　普罗提诺理论的主要观点

1. 形而上学与自然哲学

普罗提诺哲学的主要方面当然是他的形而上学与自然哲学，特别倚重于柏拉图的《蒂迈欧篇》，因为《蒂迈欧篇》以某种神秘的形式引入神圣的得穆革（Demiurg）来解释宇宙的形成。柏拉图把善的相作为范型、模式，从先在的质料创建有形的宇宙。由于他认为这个宇宙是完全的生命存在物，所以他把善的相看作一切生命的源泉（原因）。他又在善的相与宇宙之间加上宇宙理智和宇宙灵魂作为中介，就如同人一样，理智通过灵魂的中介支配身体。普罗提诺从柏拉图的《蒂迈欧篇》接受了这整个世界的图式，又对它作了发挥。他正式用善的相或太一，宇宙—理智和宇宙灵魂作为第一、第二和第三个神圣"实体"（拉丁词"substantia"）。正如柏拉图（《理想国》第六卷）一样，普罗提诺把第一原理，也就是至善/太一描绘成"超实体的"（beyond the entity），意思是说，它不仅超越于这个宇宙的有形事物，还超越于本质、相，属于神圣理智领域。而且他对太一的界定——根据柏拉图（《巴门尼德篇》）——完全是以否定的形式界定，认为它是不同于一切经验事物及其确定属性的东西，唯有一点是肯定的，即它是一切事物的原因。事实上，第一原理之"超实体"

性并不是说它什么都不是，而是说它是一个超实体（super-entity），是存在本身，普卢克鲁斯（Proclus）称之为（hyparziz），就是不定式"to be"（hyparksein 的名词形式），以此表明它是最初的原因，一切实体都由它引起，从它产生。后来，中世纪经院哲学就用"ipsum esse"来作为一切存在之第一因的名称。普罗提诺把柏拉图《蒂迈欧篇》里的得穆革等同于宇宙理智是错误的，因为后者是由得穆革生出来的。而且，柏拉图用最高级的形容词来描述得穆革，说他是"最善者"、"万物之父"，以及诸如此类，甚至明确把他等同于至善本身。只是在比喻的意义上把神比作工匠，得穆革才显得不同于原型，即至善本身。事实上，柏拉图对得穆革为什么形成了有形宇宙这个问题的回答也表明得穆革就是至善，他回答说：因为得穆革是善，这善不会把任何嫉妒传给他者，他把自己看作摹本即有形宇宙的原型、范式。

2. 关于人及其灵魂、道德任务的理论

人的灵魂不仅有生长和感知的能力——它借这种能力理解身体，将这种能力当作工具——还有理智能力。人的灵魂就是通过理智能力支配身体和物质自然，完成认知过程，超越有形宇宙，指向宇宙灵魂，指向神圣的宇宙——理智领域的相，最后到达相的相，也就是至善，或者太一本身，第一神。因此人的灵魂是个复杂的统一体，由低级原理和高级原理构成。低级原理使它向下指向身体领域，高级原理使它向上指向神圣的理智领域。基于灵魂的本质结构，它面临着教化和道德任务：一方面，要观照身体，利用它的功能；另一方面，必须照顾自己，发展自己的理智能力，使它走向高级的神圣领域。事实上，灵魂本质上属于这一领域的相。这双重任务还包括灵魂的某种内在力量，这种力量推动它或者朝着它的本质属性发展，使它与自己和谐一致，或者朝着相反方向运动，与自己背道而驰。

3. 认识论

普罗提诺还像柏拉图一样教导，人的灵魂有一个认知的上升过程，从有形宇宙的经验事物的多样性出发上升到超越这个世界的太一。然而，相对于这个上升过程，普罗提诺还论到相反的下降过程，也就是一切存在之物从太一即神圣宇宙理智生发出来，并借它的中介宇宙灵魂，再借这中介的中介即有形宇宙，生出植物、动物和人的具体灵魂。普罗提诺讨论人的认知的上升过程时，使用了柏拉图的灵魂回忆说，认为它自身中有关于相的模糊知识，这是它先前在另一世界里所看见的。这些知识在灵魂认识这个世界过程中一直引导它，一步一步地从感觉认识到理性知识。关于这种认知过程，普罗提诺还应用了亚里士多德的抽象理论（the doctrine of abstraction），也就是说，刚开始时对相的领会很模糊，然后在理智的光照下变得越来越清晰。普罗提诺还进一步在最高层次即神秘的迷狂层次上对我们理智的认知模式提出了原创性的思考，那也是我们将来在另一世界的知识模式（《九章集》IV. 4）。这种知识是非时间性的（aksronos），没有关于过去的回忆，是直观性的，不是推论性的，能对一切实体及其每个部分都一览无余。处于狂喜状态的灵魂完全沉迷于所看见的神圣对象，不再有主体与客体之分，即使还有一种当下的自我意识，也完全没有对主体的反思，否则就会使它回到思维的状态上。至此，处于狂喜状态的灵魂达到了一个比常规的意识状态更高的统一状态。这种统一可以说是神圣的，但灵魂并不是靠自己的力量达到的。确切一点说，这是灵魂从所见的神圣实在中获得的，它"摆脱一切"之后，任由神"塑造"自己。

4. 关于美的理论

普罗提诺在讨论美时基本上遵循柏拉图《会饮篇》中所阐述的理论。他区分了不同程度的美，先是从物质事物、自然和人的美开始，然后上升到心灵和理智活动的美——艺术作品、演讲、美德以及诸如此类——

一直到神圣存在领域的美本身。在思考这一领域时，普罗提诺指出，感觉物体的美与心灵、理智实体的美相关，归根结底也与神圣存在相关，就如摹本与原型相关，光的反射与光源相关，被引起的存在物与引起的原因相关一样。

三 对普罗提诺一些作品的分析

前面对普罗提诺哲学作了全景式的分析，现在我们要开始具体分析他的一些作品，这样有助于触及作者本人。在选择作品的顺序上，我遵照坡菲利对《九章集》的分类法，不是按时间顺序，而是按主题，因为我对从早期到晚期重建普罗提诺的思想发展过程不感兴趣。事实上，非常明显，他的哲学的主要观点尽管是他后期作品的特点，但已经出现在他早期的作品中。何况，根据分析来看，普罗提诺风格中的某些东西还属于某个神秘的作者。其实，他给我们提供的并不是一个有系统、有结构的作品，有些部分的讨论更像是线形的，从具体问题到一般问题，从整个问题的偶性到本质。确切一点说，他给我们提供了许多文章，每一篇都有这样的图式，所有的作品放在一起就如同围绕同一个中心螺旋上升的线。起点往往是具体的话题或者问题，最后都达到一般、基本和本质的原理。

我们还可以说，与柏拉图的对话相比，《九章集》切入的问题大部分不是柏拉图的问题，而是普罗提诺时代亚里山大里亚以及其他地方的哲学家所讨论的问题。我们只举两个例子。柏拉图（在《斐多篇》中）讨论有形事物的本质，引出它们的形式之因，即所谓的"相"，他认为这是与事物相分离的。普罗提诺常常把柏拉图的相论看作理所当然的理论，所以他现在提出新的问题：它们为什么以多样性形式出现？它们是怎样从第一原理即太一产生的？它们与宇宙—理智的关系是哪一种（在《蒂迈欧篇》中）——因为它们不可能在宇宙—理智之外？等等。关于灵魂，柏拉图讨论它是质料的还是非质料的（不朽的）的问题。在普罗提诺看来，它的非质料性是已经确定无疑的，所以他要考察的问题是灵魂对身体有什么报告，灵魂如何构成为统一体——须知，它的两种倾向是相反的，一种向上，朝向神圣领域，一种向下，朝向身体。普罗提诺所提出的解决方案基本上是柏拉图意义上的，但也利用了其他学派的思想，尤其是中期柏拉图主义、新毕达哥拉斯主义以及逍遥派的柏拉图主义。所以，他超越了柏拉图理论，综合了其他理论，形成了一种新的哲学立场，就是所谓的"新柏拉图主义"。

今天的学者认为三实体论，尤其是宇宙—理智和宇宙—灵魂的理论是普罗提诺特有的。这似乎只是出于历史兴趣，因为它们以一种"实体化"的形式表明了人的灵魂和理智的状况。然而，如果我们对这种"实体化"进行抽象，留下来的就是普罗提诺对人的灵魂和理智问题非常重要的见解，是具有永恒的价值的。只要看一下关于灵魂的自我知识的思考，灵魂获得理智，又在理智中返回自身，这不就是西方反思哲学的源头吗？普卢克鲁斯根据普罗提诺的"hypostasized"，在他的《神学原理》（Elements of theology）里造出"epistrephein"这个词，即拉丁语的"反思"。这篇作品与著名的"Reditio animae ad seipsam"理论在中世纪同被认为是"liber de causis"。于是，"反思"这个词就进入了欧洲各种语言的日常词汇。

《九章集》I. 1：什么是生命物，什么是人？

这篇作品参考亚里士多德《论灵魂》I. 4的一个思想，即诸如悲伤、快乐、勇敢、畏惧这样的情绪肯定是活动，但灵魂自身应该没有被感动。我们不可说灵魂悲伤、快乐等，而应说有灵魂的人悲伤、快乐等，这些活动部分来自身体，部分来自灵魂本身。在这些思想基础上普罗提诺讨论情绪以及行为、思想、感知觉的主体是什么的问题。为了找到答案，普罗提诺借用了亚里士多德对灵魂作为整体与它的本质之间所作的分别。如果灵魂不同于它的本质，那么灵魂就有两个原理，一个使它在本质上成为自己,另一个使它转化为他物。前一个原理是理智原理,后一个是感性原理,受制于前一个,与身体相联。因此就情绪而言,正是在灵魂的这一与身体相联的部分里,来自身体的活动进来,来自灵魂的活动出去。主体是由身体与灵魂构成的人,不是灵魂本身,也不是它的本能,因为情绪产生于与灵魂相联的身体。"我们"这个词可以只代表理智,也可以代表整个人。根据灵魂的两个原理,即理智和感觉,"我们"可以有双重含义,或者是包括感觉的理智,或者是不包括感觉的理智。因此在我们的日常语言中就产生了这样的表达,我们的"动物性"以及我们的"内在人"。

《九章集》Ⅰ.2:论美德

根据柏拉图,避恶求善是人的道德任务,"与神同化"(homoiosis theoi)的目标应该通过美德来实现。然而,如果这意味着神拥有美德,就会产生一个问题,神不可能像我们一样拥有美德,因为他不像我们这样受制于生活条件。比如,他不需要勇敢的美德,因为他不会遇到任何危险。那么,如果神不拥有美德,如何理解与神同化?只要区分原因与结果,或者范型与它的摹本——必须用于神与人之间的关系——这个问题就迎刃而解。事实上,这种关系不是双向的,而是单向的(这种区分参见亚里士多德《形而上学》V.15)。因此神不必具有人的属性。因而他们之间唯有比喻意义上的相似性,并没有取消其实质上的不同。"公民美德"(civil virtues)概念是柏拉图和亚里士多德都有的,但"理智美德"(intellectual virtues)出自亚里士多德,他认为这类美德有两种,审慎与智慧,并把它们列在公民美德之上。柏拉图认为公民美德本身本质上就是实践科学,即审慎。普罗提诺把柏拉图理论与亚里士多德的理论结合起来。人不仅培养自己的公民美德——那是"情绪的界限或尺度",也培养自己的理智美德,也就是理智的完全活动。人不是靠公民美德,而是靠理智美德成为与神相似的。后者具有一种"洁净"作用,使理智摆脱一切情绪，使它变得与毫无情绪的神相似，更有甚者，使理智处于"如同神"的状态。然而普罗提诺明确指出，灵魂的这种状态不是靠它自己的力量获得的，而是由神引起的。

《九章集》I.5：福祉是否随时间而增加？

在讨论这个问题时，普罗提诺从我们的内在经验出发，指出人的福祉只存在于当下状态，不是对过去状态的回忆，也不是对将来状态的展望。因而回答是否定的，因为此时此刻是从时间之河中流淌出来的。亚里士多德在讨论快乐是不是一种运动时也是这样思考的，也作了否定的回答，因为运动也是在时间中展开的。普罗提诺指出，可以说，福祉浓缩并显现在此时此刻。它不依赖于行为，因为行为是运动的一种，而依赖于心灵、理智活动。没错，福祉在不同的时刻可以有大小之分，但它始终是一种生命活动，本身是完全的，没有增加或减少的变化或阶段。

《九章集》I.6：论美

在这篇论美之本质的作品里，普罗提诺也像柏拉图（《大希庇亚斯篇》）一样从有形世界具体的美开始，追问它们之所以美的原因。有人回答，原因就在于各部分与整体之间的和谐，但普罗提诺认为这种答案是不充分的，予以拒斥。正确的答案要通过区分有形世界的美与理智或神圣世界的美才能找到。有形世界的事物是"因他物而美"，而理智或神圣世界的事物是"因自身而美"。理智活动属于后者，进而言之，普罗提诺的相，即有形事物的形式因属于后者。事实上，美的理智活动是通过凝视相实现的。相以及它们之上的至善/太一的相是美的范型，是美的原因，在灵魂的美德里进而在身体上产生出它的摹本。灵魂本身属于相的世界，其本身就是一个相，是身体的原因，身体则反映灵魂的美。

《九章集》II.4：论质料

关于质料，普罗提诺事先就认定它是事物里接受形式的基质。但关于它的本性有不同的看法。一方只承认一种独特的实体是质料，是各元素之基础，并且认为万物及其形式都只是那唯一实体性质料的属性。另一方则相反，只承认一种非形体的质料。还有人认为质料有两种，一种是为形体预备的，另一种是为非形体（非物质性的）实体预备的"可知的"、"神圣的"质料。普罗提诺采纳了后一种观点，认为感觉事物的质料（亚里士多德的理论也这样说）从来不是没有形式 / 属性的。因而，就其本性来说，质料唯有通过理性才能概括出来，但它总是与某种形式一起被经验到，比如在四大自然元素（土、水、气和火）中就是那样。普罗提诺（还有柏拉图和亚里士多德）进而捍卫理智世界里理智质料的存在。它本质上不同于感觉质料。两者之间的关系是原型与影像的关系。因此，灵魂相对于理智中的形式 / 相来说就是理智质料，因为它接受它们。至于其他的，它与它们一同恒在。感觉事物里的质料就是元素，但归根结底还有一种"最初的质料"，没有质也没有量，严格来说也没有任何形体。普罗提诺这里基本上都遵循亚里士多德的理论（《论生成和消灭》第二卷）。

《九章集》II.9：驳诺斯替主义

在这篇作品里，普罗提诺与诺斯替主义针锋相对。他们在许多方面都与他的理论对立，包括实在整体统一秩序理论、第一实体即最高原理 / 太一到第二、第三实体即宇宙理智与灵魂理智，再到有形世界及其具体的灵魂、身体的理论。在普罗提诺，有形宇宙是宇宙灵魂的优质产物，宇宙灵魂作为生产力影响了自然事物、人的具体灵魂进而无生命事物的形式。因此有形世界本身是善的，是对三个神圣实体的反映。相反，诺斯替主义指责这个世界是恶的，造出它是宇宙灵魂一大错误。后者生出一个所谓的得穆革，但他形成之后却偏离母亲堕落了，一直落到最低级的实体，即质料。他所产生的一切都不是照着神圣范型造的，也不是出于宇宙灵魂的良善本性，而是照着他自己的计划，自己的"智慧"，而这一点正是普罗提诺猛烈抨击的。

《九章集》III. 7：论永恒与时间

这篇作品从柏拉图《蒂迈欧篇》的一些前提（37A 以下）出发。这些前提认为永恒属于理智事物，始终与宇宙理智的领域（事物的相、本质）一致，而时间属于有形事物，始终与形成领域（感性事物，包括人）一致。普罗提诺把时间描绘成永恒的一个形像，试图借助亚里士多德的理论（但没有引用他的话）比较明确地界定它。柏拉图教导说，神形成这个宇宙，把宇宙灵魂织入质料里，使它包含永恒生命，在天上进行永恒的环形运动，就如永恒本身的影像。普罗提诺讨论永恒是什么的问题，得出结论说永恒是"基于理智实体的完全生活"，并把它等同于知道万物之相／本质的神圣理智。永恒就是完全的生命，"环绕着太一"。普罗提诺的永恒定义回应亚里士多德的定义（《论文》第一卷第 9 章）：永恒是"一切生命的最终目的，在它之外没有任何本性之物"。整个宇宙的最终目的"包括全部时间和永恒"。这些界定与希腊词的词源一致，aion 这个词是从（如古人所理解的）（aei on）来的，意思就是"永恒存在"，指每个人的一生，也指神的生命。至于什么是时间的问题，普罗提诺用亚里士多德的定义回答说：它是"运动的尺度"（也参柏拉图《蒂迈欧篇》37D），认为它属于形成世界、运动世界。相反，永恒属于理智实体领域，而理智实体的存在就是生命。因而永恒就是它们全体的完全生命。

《九章集》IV. 8：论灵魂坠入躯体

人的灵魂在其生命中经历两个完全不同的阶段：在一个阶段，它集中于自己，集中于纯粹的理智活动，指向神圣领域，意识到要立足于这个领域，所以知道自己就是实体，依赖于自己。在另一阶段则相反，它感觉到自己是运动中的存在，指向身体领域，与感官相联。问题在于如何解释灵魂在身体里的状态。它是否有最终目的？前苏格拉底哲学家，比如赫拉克利特、恩培多克勒、毕达哥拉斯，都没有对身体与灵魂之间的关系做过清晰的解释。柏拉图解释得多一点，但似乎有点自相矛盾。有时候他说（《斐多篇》、《斐德若篇》）身体是灵魂的桎梏和坟墓，有时候（《蒂迈欧篇》）又赞美有形宇宙是完美的生命存在，因为赋有灵魂和理智。宇宙灵魂的插入是为了把宇宙理智（及相）与感觉形体领域连结起来。这里，动物灵魂与人的灵魂有非常积极的意义。

普罗提诺遵循后一种观点，讨论如何理解人的身体与灵魂的联系。或者（换言之）灵魂显现在身体里是为了什么目的，要实现什么目标。讨论的结论是，首先，灵魂本质上是一实体，安居于自身，但受命管理身体。唯有当灵魂把自己分散到身体领域（并"坠落"），身体才变成它的桎梏或坟墓，妨碍灵魂从事自己的活动。其次，这就产生了灵魂的双重任务，一方面，要照管身体，另一方面又要保守自己的本质，从事自己特有的活动，也就是沉思神圣领域。

《九章集》V. 1：论三个原初的本体

这篇作品阐述伦理任务，针对那些完全致力于地上的事物、无视理智之善、灵魂和神的人，引导他们转变方向，重新反思理智之善以及灵魂实体，最后，沉思第一神圣原理，太一以及至善本身。灵魂之所以离开神圣至善，原因在于它老想要成为什么，而不愿享受安然冷静。这诱导灵魂转向败坏，使自己分散在运动、变化、多样性之中。于是普罗提诺力图提出回归之路，那就是沉思宇宙灵魂在自然界和天上的充满定局的奇妙活动，继而完全集中于自己的父，就是宇宙理智，最后，集中于超越性原理，即神圣至善／太一这万物之父本身。普罗提诺强调，对这三大本体的沉思必然使人进入自己的内在性，继而超越自己走向那高于我们的内在理智的神。（就如在宏观宇宙里，神位于理智之上，同样，在人这个微观宇宙里，人的理智位于灵魂之上。圣奥古斯丁就用了这样的类比。）

《九章集》VI. 9：论至善或太一

这篇作品非常清晰而全面地描述了向第一超越性原理的形而上学意义上的上升过程：从这个世界的经验事物出发，根据它们的存在和统一的特点用归纳法追问它们之所以是/存在的根源，这根源就是一和善。

关于事物统一性原因的问题，首先是面对人制造的产品，比如船只、房子等产生的，要找到答案，只要指明用物质材料制造事物整体的工匠就行了。其次，问题指向自然事物，动物和人，为什么他们也是统一的。答案在于灵魂，是灵魂把物质元素理解为动物的生命机体。然而灵魂也表明自己是个复杂的统一体，是由不同的功能和原理构成的。于是又提出关于灵魂的统一性问题。答案在于最高原理，就人来说，这原理就是理智，其他原理和功能都服从于它，与它统合为一。然而，理智又发现自己里面有多种选择和认知功能，于是指向最高的超越性原理。因此关于理智的统一性问题必然指向这个原理，是这个高于人的理智的原理产生了理智的统一性。同样的思考也有利于对宇宙理智的理解。当普罗提诺把这种形而上学的上升过程引到这一最高点之后，指出这超越性原理超出了我们的理解范围，它不是可感之物，不是灵魂或理智，只能使用否定性的界定，这样我们的思维就有可能"陷入虚无"。但普罗提诺克服了这一难题，强调两点，首先，认识过程到达了第一原理之后，就不再需要论证，只要直观呈现出来的对象。事实上，神圣原理原本就呈现在我们的思维里，只是我们没有意识到。其次，认识上升必然伴随着同样的道德上升过程，也就是抛弃对有形之善的欲望，越来越热衷于理智之善。这尤其需要对神的宗教经验。如果每种知识都必须参考某种经验，那么对形而上学直观知识的适当经验，领会第一超越性原理的经验，就是宗教经验，也是神秘的狂喜经验。因而普罗提诺在这篇作品的最后部分论到他自己所经历的与神圣实在的神秘联合，并把它作为形而上学知识的补充来描述。这一文本的特殊价值在于，它不只是提供了神秘联合的描述，而且对它做过哲学上的阐释。在看者与被看者的神圣实体合一的神秘经验中，灵魂与神仍然是两个不同的实体，但像爱者与被爱者那样联合为一体，普罗提诺解释了这种方式，指出在狂喜时刻，看的理智模糊了自身与神之间，主体与客体之间的距离。这是因为神不再是其他事物中的一个客体，而是一切客体的第一因，就是主体本身。理智凝视这一原理，完全被它吸引，失去了自我意识。因此与神圣太一的合一（看者处于迷狂的极乐状态）不是本体论上的，而只是灵智论上（gnoseological）或者操作上的（operational）。

四　普罗提诺哲学的一些解释问题

1. 关于普罗提诺的哲学与宗教的关系

在对普罗提诺哲学的现代研究中，第一位全面阐述他的哲学的应该是 Emile Brehier（La philosophie de Plotin, Paris 1928），他集中研究解读普罗提诺作品的一个主要问题，关于他的哲学与宗教，尤其是形而上学与神秘主义的关系问题。事实上，关于这个问题争论早已存在。有些学者认为，普罗提诺哲学是以形而上学为基础的纯哲学，通过演绎论证，最后到达万物之因的第一超越性原理，就是第一实体，至善/太一。哲学论证总是包含一定的宗教语言，这些语言表达了普罗提诺的宗教信念，但并不是论证本身的构成部分。另一些学者持相反观点，主张普罗提诺首先不是形而上学家，而是埃及的宗教人士，通过反思希腊哲学来表达他的宗教经验。他们首先依赖于表达宗教信念的文本。普罗提诺从柏拉图继承而来的关于第一原理，太一/至善的形而上学，几乎被他在这些文本中所描述的与神神秘合一的宗教经验所替代。他确实有过这样的经验，这一点由他的学生坡菲利得到证实。Brehier 力图避免将这两种观点极端化，但似乎没有找到解决方案。

在我看来，这种冲突的原因在于近代以来过分精确地区分哲学知识与宗教（尤其是康德）。然而，我认为，我们可以从普罗提诺的作品中学习的正是哲学与宗教的关系，因为他避免了上述这种极端对立的观点，这对其他问题也有一定指导意义。一方面，我们不能否认，普罗提诺对柏拉图、逍遥学派、斯多亚学派作了深入研究，在此基础上提出了有说服力的哲学论证，如果我们抽出所插入的宗教语言，可以看出这种论证也是非常清晰的。宗教描述并不是论证本身的部分或前提。另一方面，宗教观点，包括对神秘的迷狂状态的描述，绝不只是一种偶然的点缀，而且是在形而上学推论中得出的完整有机的结论。

请允许我补充一点一般的认识论规则。在每个领域，学科要发展必然依赖于某种主观经验，最终达到客观、科学的（普遍、必然的）知识。作为哲学的科学规范的形而上学也一样。它最终获得的是关于一切存在之第一原理的普遍而必然的知识，但需要参考一定的主观经验，在普罗提诺这里，就是关于神的宗教经验，尽管形而上学知识靠的是客观、普遍、必然真理的概念范畴。

关于普罗提诺对灵魂与神神秘合一的解释，学者中间还有一种不同看法，其最终的目的是关于普罗提诺的体系是否一元论的问题。有些人，尤其是策勒 (E. Zeller)，在解读有关神秘合一的相关文本时，认为在这种合一中灵魂融入了"这一神圣实体的海洋"，如它先前脱离这个神圣实体那样。然而这种解释是站不住脚的。首先，普罗提诺宣称，灵魂与神圣实体处在统一之中，这是事实，因为主客体之间没有了界限（如上所解释的）。因而我们必须在灵智论而不是在本体论意义上理解这种统一。其次，普罗提诺使用了爱者与被爱者合一的比喻，表明灵魂与神还是两个实体。

2. 关于普罗提诺的形而上学是否是流溢论

普罗提诺用水从源泉流出的比喻来描述一切实体从神圣至上的太一的起源。一方学者认为这是一元论的比喻，也就是说，第二实体源于第一实体，第三实体源于第二实体，有形宇宙源于第三实体，这样，第一实体的实体性存在就从自身生出所有其他实体。另一方学者则相反，不这样直接理解，而是认为万物源于第一实体是作为新的东西生出来的，而第一实体保守自己不变，没有把自己的实体性传给其他实体。那么其他实体是如何从第一实体生出来的？相关文本通过区分原因与结果来解释。第一实体以非常强大的方式引发其他实体的产生，结果从它生出来的实体形成了一种自己的本质（hypostenai），变成了一种新的实体，当然这是低一级的实体。同样，第二实体生第三实体，第三实体生有形宇宙的具体理智灵魂的情形也是如此。生产的结果总是自我实体化，成为新的实体。

这种温和的解释预示了基督教教父的创世论（尤其是圣奥古斯丁的），保护了宇宙之内的事物的产生（generatio）——始于某种现存质料的时空过程——与创造（creatio）——宇宙整体藉此形成，没有任何时空过程，也不需要任何先在质料——之间的本质区别。圣经启示说，神一开口，万物就形成了。人的话语也会给听众留下一些影响，但不可能创造任何事物，与此不同，神的话语无比大能，一说出就实体化、变成世界的纷繁事物。水从泉源流出的比喻不能从流溢说或一元论的角度去理解，那是一种误解，其实它只是表明诸多结果如何从一个最高原因演化出来。另一比喻是太阳与阳光的关系，也同样说明多果与一因之间的关系。

3. 关于普罗提诺体系里心理学意义上的"动力论"（dynamism）

在普罗提诺的作品中，有很大篇幅是讨论、思考灵魂的，他从自己的内在体验以及对他人的敏锐观察出发对这个话题表达了深刻的洞见，以期解决争论中的诸多难题。有些难题涉及灵魂的对立欲望，这些对立欲望有时使它向下进入身体领域，有时使它向上朝向理智的神圣领域。于是普罗提诺就描述了灵魂在两种对立运动中的双重经验。对此学者中间又产生了不同的解释。一种解释认为灵魂所感受到的内在力量是普罗提诺形而上学的核心，因而不可认为是静态的实在体系。而另一种解释认为，普罗提诺形而上学主要特点就在于三实体的静态秩序，以及它们在有形宇宙和人的本质秩序中产生的结果，和人的理智的原初性，因为灵魂、情绪、本能、身体都受制于它。灵魂的内在力量紧紧地包围在这一秩序中。看起来，这两种解释都有一定道理，但如何把动态方面与静态方面联系起来的问题，可以按以下方式来解决：一方面，柏拉图已经教导说，灵魂处在运动中，要从有形领域"上升"到理智领域。再深入分析，这上升过程是双重性的，包括认知上和道德上的，得一步一步地从感知觉、回忆、再现到意见、经验，最后到达纯粹的理智知识。普罗提诺进一步完善柏拉图的上升理论，提出他自己的与上升相对应的灵魂的"下降"理论，也就是说，它离开天上的源头下降到地上的质料世界和形体暂居所。这一过程也是双重的，包括认知上和道德上，因为灵魂从孩提时代就必须认识这个世界并知道怎样正确地使用身体和物质之善。假若所受的教育是坏的，灵魂就不可能完成这个任务。现在普罗提诺开始思考灵魂在上升和下降过程中所完成的运动或者活动，认为这是"第二行为"，不同于在实体性意义上与灵魂共存的"第一行为"。这一点也是亚里士多德的看法。普罗提诺进而跟从亚里士多德，认为运动是从潜能向现实转化的过程。这意味着灵魂有两个原理，感性原理和理智原理。然而，这两个原理不再处于运动中，而是静止不动的，因为它们构成灵魂的实质。由此可以看出，普罗提诺是这样看待灵魂的动态方面和静态方面的关系的：就它的感性能力和理智能力的发展来看是动态的，就它的本质而言是静态的。事实上，灵魂本质上是身体生命的原因，把身体看作它自己的生命活动的器官。

Giuseppe Faggin（在他主编的 Plotino, Enneadi, Milano 1992 前言中）认为普罗提诺的灵魂观是动态的，因而不具有静态的本质。然而，他忽视了灵魂在"第二行为"中产生的动力不同于灵魂的第一行为/存在（如上所述）。另外，Faggin 还提出了一个问题：一方面，灵魂努力蓬勃向上，追求神圣理智中的相，以及理智背后的太一/至善；另一方面，它只遇到一个只有理论形式的"冰冷真理"，于是灵魂的充沛精力被"麻痹"了。然而在我看来，这个难题是可以避免的，只要我们在古典意义上理解"理论"，其实普罗提诺就是在这个意义上使用理论的，也就是说"理论"就是沉思，严格地说就是灵魂的最高活动，就是它带着蓬勃朝气努力追求的。与之相比，动态活动仍然是不完全的活动，一旦灵魂到达了完全的沉思状态，这种活动就终结了。因此，灵魂的动力没有被麻痹，也不是被压制了，而是在比它更高的活动形式即沉思中终结了。

4. 关于普罗提诺的"新柏拉图主义"中的柏拉图遗产

研究、阐释柏拉图作品这个传统始于所谓的中期柏拉图主义者，如普鲁塔克（Plutarchus）、阿提库（Atticus）、阿尔比努（Albinus），到了普罗提诺这里继续发扬广大。我们可以说，他对柏拉图理论的主要观点的解释是正确的。然而，在解释过程中他却成了"新柏拉图主义"的奠基者，因为他比中期柏拉图主义者更进一步把柏拉图理论与其他学派，尤其是亚里士多德主义的逍遥学派和斯多亚学派结合起来。而中期柏拉图主义者提供给我们的其实是一种"折中主义"，普罗提诺成功地把各种不同的理论融合成一种新的理论，当然其中柏拉图成分具有优先权。这首先可以从普罗提诺的形而上学理论中看到，这一理论显然是柏拉图学派即学园派与逍遥学派还有斯多亚学派的综合。第一实体，太一/至善是从柏拉图的学园派里取来的,第二实体,柏拉图的得穆革,他等同于神圣的宇宙理智(《蒂迈欧篇》),把它与亚里士多德的《形而上学》第十二卷中的认识自己的神圣本体/神结合起来。而且,普罗提诺还把柏拉图的相的王国放在这位神的理智中,他在自我认识中也思考所有相。关于第三实体,普罗提诺将之与斯多亚学派的宇宙灵魂联系,使具体灵魂从它而出,然后显现在有形宇宙的具体生命存在中,显现在动物和人身上。

  普罗提诺把神圣理智等同于亚里士多德的神,只把他列在第二实体的位置上,而不是第一实体,这是因为普罗提诺不同意亚里士多德把第一因,神定义为理智(nou enrrgeia)在自我认识(noesiz noeseoz)中的纯粹活动。普罗提诺错误地认为这是人的自我认识形式,在反思活动也就是使理智回归自我的活动中实现。我们说,普罗提诺把一切运动和二元性(主客体)从第一原理中剔除,让第一原理定居在理智的反思之中,主体如同客体回归自我,这是正确的。但他对亚里士多德的解释是错误的,因为后者所要表达的是,第一因或神圣存在、神完全是单一的,没有任何二元性和运动(《形而上学》第十二卷第9章)。至于其他,我们可以看到,亚里士多德没有说神是理智(nous),只说是理智的活动(noesiz),因为神圣理智直接就是完全的理智认识,与它的存在完全同一。相反,人的理智是一种认知能力,在它还没有实际认识某个事物之前,只能说潜在地认识一切。此外,人的理智的认知活动是在"第二行为"中完成的,而这"第二行为"不同于关于它的本体性存在的"第一行为"。

5. 普罗提诺对基督教神学的影响

  最后我想说的是,普罗提诺的哲学对基督教神学产生了巨大的影响。众所周知,圣奥古斯丁年轻时曾主张摩尼教,反对基督教,但后来读了西塞罗的《荷滕西斯》(Hortensius)（亚里士多德《Protrepticus》的拉丁版本）和普罗提诺的《九章集》——他以为是柏拉图的（在《上帝之城》(De civitate Dei)第八卷中称它们是"libri platonici"）——就皈依了基督教。事实上，《九章集》里的一些观点与基督教真理非常相似。当然，奥古斯丁是站在自己的立场使用普罗提诺理论的。比如，普罗提诺的三个神圣实体，作为不同层次上的存在、理智和生命，奥古斯丁把它们比作基督教上帝的同一个本体，在他，"存在、理智和生命是同一的"。值得注意的是，这与亚里士多德的理论（《形而上学》第十二卷第 7 章）一致，即第一因、神等同于纯粹理智活动、存在的纯粹活动以及全然幸福的生命。

此外，我们还可以评价中期柏拉图主义者（安提奥库、阿尔比努等）所做的尝试，以及在普罗提诺这里的完全实现，即把柏拉图和亚里士多德关于经验事物的本质的理论统一起来。柏拉图把本质称为"相"，以区分于事物，亚里士多德则把本质放在事物里。两者可以以下方式统一起来：一方面，亚里士多德说本质必须存在于事物自身，这是对的；另一方面，柏拉图关于理想本质的设想也是对的，只要把它们看作神圣理智中的相。基督教神学家将之与基督，神圣逻各斯联系起来，认为他是同一位上帝的神圣三位格里的一位格。

总而言之，我们可以说，普罗提诺及其开辟的新柏拉图主义对基督教神学的发展有很大贡献。事实上，后者最初就是为了捍卫基督教信仰、反对异端哲学家的抨击而建立的。因而基督教的护教必须使用哲学论证。

普罗提诺的理论在两个新柏拉图主义方向得到发展，一个是叙利亚学派，代表人物有坡菲利、阿那托利乌(Anatolius)、扬布里柯(Jamblichus)、苏帕提乌(Sopatius)；另一个是雅典学派，代表人物有普鲁塔克、叙利亚诺(Syrianus)、普卢克鲁斯（410—485）、伊西多鲁(Isidorus)、大马士革(Damascius)和辛普里丘(Simplicius)。公元 529 年查士丁尼皇帝

（Justinianus）关闭了雅典学派。新柏拉图主义哲学家对柏拉图和亚里士多德著作的大量注释传给中世纪伟大的神学家，供他们学习研究，比如圣托马斯·阿奎那就是其中一位，他为基督教启示提供了重要的自然基础。

Horst Secdle

2004 年 10 月

普罗提诺的生平和著作顺序

坡菲利（Porphyry）

1. 我们时代的哲学家普罗提诺似乎对自己住在躯体（σωμα）里深以为耻。正是出于这种心理，他从来不愿谈论自己的家族、父母或出生地。[①] 他还坚决反对坐着由画家画像或由雕塑家塑像，所以当阿美利乌斯（Amelius）[②]力劝他允许为他画幅肖像时，他说，"何必呢，自然已经把我们装在这个形像里，我们不得不带着它，难道这还不够吗？你又何必让我答应留下这像的像，在我死后长存呢，难道它真的那么值得一看吗？"考虑到他因这样的原因不愿坐在画师面前，阿美利乌斯便把他的一个朋友，当时最优秀的画家卡尔特里乌（Carterius）带来参加学派的聚会——当时这些聚会向所有人开放，凡愿意来的人都可以来参加——让他对普罗提诺不断深入地观察研究，根据所见所闻习

---

① 欧那比乌斯（Eunapius）说，普罗提诺来自埃及，他的出生地是吕科（Lyco）。大卫（David）在评论坡菲利的 *Eisagoge* 的前言中（第4页，91.23—92.1）称普罗提诺的出生地为吕科波利斯（Lycopolis，即吕科城），这可能是上埃及的一个城镇。但是这些资料的可靠性仍然值得怀疑。若说欧那比乌斯能得到原始材料而坡菲利却得不到，令人难以理解。

② 关于伊特鲁里亚的（Etruria）阿美利乌斯·盖提利亚努斯（Gentilianus），参看《生平》第3、7、10节（他致坡菲利的信）和18、20节。如《生平》中清楚指出的，他是学派的主要成员，似乎也是普罗提诺的主要助手（特别参看第18节）。他极其虔诚（第10节），是位论题宽泛而多产的作家。他在学派聚会时写下的百来篇记录无一幸存。

惯性地形成愈益清晰的心理图像。然后,卡尔特里乌就把留在记忆中的印象画成了一幅肖像,阿美利乌斯帮他润色,使它更像真人。由此,卡尔特里乌凭借他的天才,在普罗提诺一无所知的情况下,为我们留下了他的精美画像。

2. 普罗提诺常受一种肠病困扰,但他不愿意接受灌肠治疗,认为一个长者接受这种形式的治疗是不适宜的。他还拒绝吃含兽肉的药物,理由是他连家畜的肉都不吃,何况野兽。他一直远离公共浴室,只在自己家里让人每天按摩。后来瘟疫爆发,他的按摩师死了,他也就停止了这种治疗,不久就感染了严重的白喉病。我在他身边的时候,并没有出现过这种症状,但是在我离开他踏上旅程之后,他的病情不断加剧,严重恶化(正如我们的朋友,一直陪伴他至死的欧司托克乌斯(Eustochius)在我回来后告诉我的)。随着咽喉病的恶化,他的声音变得含糊不清,视力也变得模糊,手和脚都溃烂了。[①] 由于他好以言辞款待朋友,大家就尽量不去拜会他,于是他就离开这个城市去了康帕尼亚(Campania),住在他的一位已故老友泽修斯(Zethus)的房子里。他的生活所需部分由泽修斯的遗产提供,部分由卡司特里塞乌斯(Castricius)在明图尔奈(Minturnae)的财产提供。欧司托克乌斯原本一直住在浦泰俄利(Puteoli),后来来到普罗提诺身边。他告诉我们,普罗提诺在临死的时候说:"我已经等了你很长时间了。"然后又说:"务必把我们里面的神带回到大全里面的神中!"当一条蛇从他躺着的床底下爬过,消失在墙洞里的时候,他咽下了最后一口气。此时正值克劳狄乌斯(Claudius)统治的第二年年末,根据欧司托克乌斯记载,普罗提诺享年66岁。他死的时候,我,

---

[①] 弗米科斯·玛特努斯(Firmicus Maternus)对普罗提诺最后的病情作了更形象的描述,见于 Mathesis, I. 7. 14 以下。H. 奥伯曼(Oppermann, *Plotins Leben*, Heidelberg 1929, ch. 1)认为这是一篇独立的记叙,其资料来源是欧司托克乌斯附在他所编的普罗提诺集里的一则佚失的传记。亨利(Henry, *Plotin et l'Occident*, Louvain, 1934, ch. 1)则认为,它更可能是对坡菲利这里的描述作了修辞上的扩展而成的。不管怎样,两人都认为导致普罗提诺死亡的疾病实际上是象皮病(elephantiasis Graecorum),一种麻风病。

坡菲利正在利列俾阿姆（Lilybaeum），阿美利乌斯正在叙利亚（Syria）的阿帕米亚（Apamea），而卡司特里塞乌斯正在罗马，只有欧司托克乌斯在他身边。如果我们从克劳狄乌斯摄政第二年往回追溯六十六年，那么他的出生时间应该是塞维鲁斯（Severus）摄政的第十三年。① 但是他从未告诉过任何人他的出生日期，因为他不想有人纪念或庆祝他的生日，尽管他在柏拉图和苏格拉底的传统诞辰日里都要举行纪念活动并招待朋友们；在这些场合，他朋友中那些能胜任的人都得在大庭广众前宣读论文。

3. 不过，在这样的交谈中，他确实经常主动告诉我们一些他早年生活的趣事，大意如下。他到了8岁的时候，虽然已经上学了，但还是常常缠住乳娘要吃奶。一次，有人对他说，他是个令人讨厌的小东西，他感到羞耻，便不再吃奶了。28岁的时候，他突然产生了学习哲学的冲动，于是让人推荐到当时亚历山大里亚(Alexandria)最负盛名的一位教师门下。但不久他就非常沮丧、满心悲哀地逃课了，他把自己的困惑告诉了一个朋友。这位朋友理解他内心的渴望，便把他送到一位他从未接触过的哲学家阿摩尼乌斯(Ammonius)那里。② 他去听了阿摩尼乌斯的课，告诉朋友说，"这正是我要找的人"。从那天起，他就一直追随阿摩尼乌斯，在哲学上获得了非常完全的训练，他甚至产生一种渴望，想了解波斯人（Persian）和印度人的哲学教导。因此，当革提安（Gordian）皇帝准备进军波斯的时候，他参了军并随同远征。当时，他已经39岁，因为

---

① 即普罗提诺生于公元205年，死于270年。关于他的生平年表的讨论见舒维兹（Schwyzer），art. cit. col.472-4。

② 阿摩尼乌斯（约175—243）是自学成材的哲学家，没有写过任何作品。我们对他的学说知之甚少。舒维兹（Schwyzer），art. cit. col 477—81详细报告并讨论了仅有的证据。（亦见 E. R. Dodds, *Numenius and Ammonius* in Entretiens Hardt V）坡菲利并没有提到他的别号叫撒卡斯（Saccas），也没有提到他曾经为生计所迫在息奥多西亚（Theodoret）当搬运工的故事。坡菲利说，他由基督徒养大，但后来成了异教徒。这可能是真的，但是不能完全确定，正如不能视欧西比乌（Eusebius）的否定为当然一样（6.19.10.）。阿摩尼乌斯这个名字在埃及非常普遍，所以也可能与其他人有某种混淆。

3

他跟随阿摩尼乌斯学习已经整整十一个春秋。当革提安在美索不达米亚（Mesopotamia）被杀之后，普罗提诺克服重重困难才安全地回到了安提阿（Antioch）。菲利普（Philip）登基后，他到了罗马，此时已是40岁。厄莱尼乌斯（Erennius）、奥利金（Origen）和普罗提诺曾有过一个约定，不公开阿摩尼乌斯在课堂中教授给他们的任何理论。普罗提诺遵守了这个约定，尽管他与向他求学的人进行讨论，但对阿摩尼乌斯的理论始终保持缄默。厄莱尼乌斯首先违背了约定，然后是奥利金，不过，他只写过《论诸灵》(On the Spirits)和在伽利厄努斯（Gallienus）执政时写的《国王是唯一的创造者》(That the King is the Only Maker)[①]，没写其他。而普罗提诺在很长时间内没写任何东西，只是开始把他从阿摩尼乌斯的学习所得作为讲课的基础。因此，随后的整整十年间，他虽接纳人们跟他学习，却只字未写。由于他鼓励学生提问，因此课堂总是缺乏秩序，还有大量不得要领的闲聊，如阿美利乌斯告诉我们的。阿美利乌斯是在普罗提诺到罗马的第三年（就是菲利普执政第三年）来到他身边的，并一直跟随他直到克劳狄乌斯摄政初年，整整二十四年。阿美利乌斯此前受过吕西玛库斯（Lysimachus）学派的哲学训练，是普罗提诺所有学生中最勤奋的一个；他缮写并收集了努美尼俄斯（Numenius）的几乎所有著作，并且熟记了很大一部分内容。他为普罗提诺的学派聚会作记录，汇集了近

[①] 也可能是，"关于伽利厄努斯，写了《皇帝是唯一的诗人》"。但是，很难相信，一个普罗提诺尊敬的哲学家会写出如此令人作呕的谄媚之作，而且从上下文看，让人以为是一篇关于阿摩尼乌斯学说的论文。基督教作家奥利金也听过阿摩尼乌斯的课，但是很显然，对大多数研究过这个问题的人来说，这里所提到的奥利金与《生平》第14节和第20节中提到的是完全不同的人。在亚历山大里亚，奥利金是个普通的名字，从年表上看，很难把两个奥利金视为同一人。也没有任何证据表明，在迄今所知的基督徒奥利金的作品中有这里所提到的两篇。而且，最重要的是，《生平》中清楚地包含这样的意思，这里所提到的奥利金完全是一个标准的柏拉图主义者，与其他柏拉图主义者和普罗提诺本人关系友好，颇受尊敬。而在欧西比乌引用的段落里，坡菲利谈论基督徒奥利金时，用的完全是另外一种语调，是仇视的语调，这是古代最伟大的反基督教作家谈论伟大的基督教护教者，你能想象得出那该是怎样的语调。

百册这样的记录,把它们交给他的养子阿帕米亚的荷司底里阿努斯·赫绪基乌斯(Hostilianus Hesychius of Apamea)。

4. 伽利厄努斯十年,我,坡菲利与罗得岛(Rhodes)的安托尼乌斯(Antonius)一起从希腊来到罗马,发现阿美利乌斯虽然已经追随普罗提诺十八年了,但除了那些笔记,他自己没有写过任何东西,所整理的笔记也不足一百篇。在伽利厄努斯统治的第十年,普罗提诺大约59岁了。我和坡菲利,此时30岁,初次加入他的学派。伽利厄努斯统治初年,普罗提诺已开始写作,写作主题都是学派聚会提出来的问题。伽利厄努斯十年,当我首次认识他时,我发现他已经写了二十一篇著作,我还发现很少有人得到过这些作品的抄本。抄本的发行当时仍然是件困难而令人忧虑的事情,绝非简单容易;对那些得到这些作品的人,我们都作了非常仔细的调查。由于普罗提诺本人没给这些作品拟定题目,有好几篇作品,每个人提供的题目都不同。以下这些是最终流行的标题。我在这些作品前加了首词,便于辨认每个标题所指的是哪篇作品。①

(1) 论美(I. 6)
(2) 论灵魂的不朽(IV. 7)
(3) 论命运(III. 1)
(4) 论灵魂的本质(IV. 2)
(5) 论理智、形式和是(V. 9)
(6) 论灵魂坠入躯体(IV. 8)
(7) 本原之后的东西如何产生于本原;兼论太一(V. 4)
(8) 是否所有灵魂都是同一的(IV. 9)
(9) 论至善或太一(VI. 9)
(10) 论三个原初的本体(V. 1)

---

① 按照惯例,《生平》的译本都把这些首词删除,代之以《九章集》的参考章节。

（11）论本原之后的存在者的起源和秩序（V.2）

（12）论两类质料（II.4）

（13）多种考虑（III.9）

（14）论天体运动（II.2）

（15）论分派给我们的守护灵（III.4）

（16）论合理的离弃（I.9）①

（17）论性质（II.6）

（18）是否有关于个体的相（V.7）

（19）论美德（I.2）

（20）论辩证法（I.3）

（21）为何说灵魂是可分之是与不可分之是的中介（IV.1）②

当我和坡菲利首次来到他身边的时候，我发现他已经完成了以上这二十一篇作品。那时他59岁。

5. 事实上，我和坡菲利稍早于伽利厄努斯十年就已经到达罗马，那时，普罗提诺正在休暑假，只与朋友们作一般性的讨论。伽利厄努斯十年，这一年我与他在一起，再加上后来的五年，在这六年期间，学派聚会中有过许多讨论，阿美利乌斯与我一直督促他写作，于是他写下了：

（22）论是、一与同无论何处皆显为整体（VI.4）

（23）再论是、一与同无论何处皆显为整体（VI.5）

接着他又写了另外两篇，其中一篇是：

（24）论超越是的东西不思，兼论什么是首要的和次要的思的原理（V.6）

另一篇是：

（25）何谓潜能地存在，何谓现实地存在（II.5）

---

① 即本中译本第一卷第九篇《论超脱躯体》。——中译者注
② 即本中译本第四卷第一篇《一论灵魂的本质》。——中译者注

然后又有了：

（26）论无形体之物的不可灭性（III. 6）

（27）一论灵魂问题的难点（IV. 3）

（28）二论灵魂问题的难点（IV. 4）

（29）三论灵魂问题的难点，兼论视力（IV. 5）

（30）论自然、凝思和太一（III. 8）

（31）论可理知的美（V. 8）

（32）论可理知者不外在于理智，并论至善（V. 5）

（33）驳诺斯底主义者（II. 9）

（34）论数（VI. 6）

（35）论视力，或者远处的事物何以显得小（II. 8）

（36）福祉是否随时间而增加（I. 5）

（37）论完全混合（II. 7）

（38）形式的多样性如何形成，兼论至善（VI. 7）

（39）论自由意志（VI. 8）

（40）论宇宙（II. 1）

（41）论感知觉和记忆（IV. 6）

（42）一论是的种类（VI. 1）

（43）二论是的种类（VI. 2）

（44）三论是的种类（VI. 3）

（45）论永恒和时间（III. 7）

这二十四篇论文就是在我和坡菲利与他一起的那六年间写出来的。这些主题都是从学派的一次次讨论会中形成的，如我在几篇论文的概述中说明的。加上我来罗马之前他所写的二十一篇，总数达到了四十五篇。

6. 当我住在西西里（Sicily）的时候——我约于伽利厄努斯十五年到了那里——普罗提诺又写了五篇，并寄给我：

7

（46）论福祉（I. 4）

（47）一论神意（III. 2）

（48）二论神意（III. 3）

（49）论认识本体和超越者（V. 3）

（50）论爱（III. 5）

这些是他于克劳狄乌斯统治初年寄给我的。第二年年初，就在他不久于人世之前，他又寄来了以下这些论文：

（51）论恶的本性和恶的起源（I. 8）

（52）论星辰是否是原因（II. 3）

（53）什么是生命物，什么是人？（I. 1）

（54）论福祉（I. 7）[①]

这些，再加上第一组和第二组的四十五篇，总共有五十四篇作品。作品的力度因他写作的时期——早期、鼎盛期和患病期——不同而有变化。第一组二十一篇表明他的能力还略显单薄，还没有达到最富活力的程度。中期创作的文章显示他的能力处于巅峰状态，除了一些短篇外，第二组的二十四篇作品是最完美的。而写最后九篇时，他已经精力不济，比起前五篇来，最后四篇尤为明显。

7. 他有过许多听众，并且有些人之所以走到一起，完全是出于对哲学的真正热心。这些人中，有土斯卡尼的阿美利乌斯（Amelius of Tuscany），姓盖提利亚努斯，但是老师更喜欢把 L 换成 R，叫他阿美里乌斯（Amerius），认为从 amereia（不可分）比从 ameleia（无差别）取名更适合他。还有一位是来自西徐亚城（Scythopolis）的保利努斯（Paulinus）医生，阿美利乌斯喜欢叫他米卡罗斯（Mikkalos）——他总是把事情弄糟。还有另一位医生，亚历山大的欧司托克乌斯，他了解普罗提诺的一生，一直留在他身边，照顾他直到他去世。这位医生

[①] 该篇题目应是"论至善以及其他诸善"。——中译者注

全身心地致力于普罗提诺的思想，养成了一个真正哲学家的品质。批评家和诗人佐提库斯（Zoticus）也是普罗提诺的追随者之一；他校正了安提马库斯（Antimachus）的文本，还把"大西岛的故事"（Story of Atlantis）① 改编成一首非常优美的诗。后来他失明了，在普罗提诺逝世前不久就撒手西归。保利努斯也于普罗提诺之前去世。另一个追随者是阿拉伯人泽苏斯，他娶了阿摩尼乌斯的朋友塞奥多西乌斯（Theodosius）的女儿为妻。他也是医生，普罗提诺的密友，热衷于政治，对政务颇具影响力，但普罗提诺总是力图让他脱离这类事务。② 普罗提诺与他关系非同一般，常常到他那离明图尔奈六英里的乡下别墅逗留。这块地方本属卡司特里塞乌斯所有，他的别名叫菲尔姆斯（Firmus），是我们所有人中最伟大的爱美者，非常尊敬普罗提诺。他是阿美利乌斯的忠实仆人，对我也尽心尽意地帮助，满足我的一切需要，似乎我就是他的同胞兄弟。他选择了一种公共职务，是普罗提诺的仰慕者。大量元老院的成员也来听普罗提诺讲课，其中有玛尔塞鲁斯·奥戎提乌斯（Marcellus Orrontius）和撒比尼鲁斯（Sabinillus），他们非常刻苦地学习哲学。还有议员罗加提亚努斯（Rogatianus），他非常彻底地弃绝公共生活，为此抛弃了所有财产，遣散了全部仆人，又辞去了职位。如果他正要到公共场所，却发现有行政长官及其扈从莅临，他便拒绝露面，或者绝不与官员有任何关联。他甚至不愿意保留自己的居所，而是在朋友和熟人中巡回寄宿，吃在这家，住在那家（不过他隔天才吃饭）。由于拒斥、漠视生活的基本需要，结果，他患了非常严重的痛风，不得不坐在轮椅上。后来他恢复了健康，虽然不能伸直手指，却能比专业工匠更灵活地使用十指。普罗提诺对他推崇备至，经常把他树为榜样，叫所有践行哲学的人学习。另一位追随者是亚历山大的塞拉皮龙

---

① 可能就是柏拉图《克里底亚篇》里的大西岛故事。
② 或者可能是，"因为他喜欢它们，并且深谙政治家之道"。

9

（Serapion），他本来是个修辞学家，后来也开始学习哲学，但是在生活上他总是捉襟见肘，靠借贷度日。还有本人，推罗人坡菲利，是普罗提诺最亲密的朋友之一，受他委托编辑整理他的著作。

8. 普罗提诺一旦写了什么，就从不再仔细检查；对他来说，就是重读一遍也是不堪重负，因为他的视力很差，阅读很不方便。写作时，他并不看重字写得漂不漂亮，音节断得对不对，对拼写也毫不注意。他全身心地沉醉于思想之中；令我们所有人感动惊异的是，他一直保持这种状态到最后。他自始至终都在自己心里整理思路，所以写出来时就一气呵成，如同是在抄书，因为他已经在心里把思想理得井井有条了。即使是在与人交谈，参与持续的谈话，他也不放下自己的思路。他能够在交谈中把必要的部分充实完善，同时使自己的思想集中于正在思考的问题上，不受任何干扰。当原本一直跟他谈话的人走了，他也不检查已经写下的文章，因为正如我说过的，他的视力吃不消做修订工作。接着他就按着思路径直去做下面的事，似乎这期间不曾有过交谈。他就这样同时既面对着自己，也出现在别人面前，除了睡觉，他从不放松他那自我转向的注意力；即使睡觉，他也缩短时间，为此只吃一点点食物，经常连一片面包也不吃完，同时持续地专注于理智上的凝思。

9. 还有一些妇女也非常热衷哲学：他的房东格米娜（Gemina）和她同名的女儿格米娜，以及成为扬布里柯（Jamblichus）之子阿里斯（Ariston）同妻子的阿姆菲克丽（Amphiclea）。许多达官显贵在临死前都把他们的孩子——不论是男孩还是女孩——带到他面前，连同他们的所有财产一起托咐给他，认为他会是一位圣洁、如神一样的监护人。因此他家里挤满少男少女，波他蒙（Potamon）就是其中一个，普罗提诺极其重视他的教育，甚至会听他一次又一次地复习同一篇功课。当他们的财产受管人清点财产时，他总是耐心地在场，确保数目准确无误；他常常说，只要他们未对哲学产生兴趣，他们的财产和收入就必须安全保管、原封不动。尽管他要保护这么多人，使他们远离日常生活中的焦虑和烦恼，但是只要醒着，他从不放松对理智的沉思。他也是个温文尔雅的人，凡认识他的人，不管关系远近，都可以随意调遣他。尽管他在罗马呆了整整二十六年，并担当过许多纷争的裁决者，但是从未在政府官员中树过一个敌人。

10. 在那些自称哲学家的人中，有一个叫亚历山大的奥林庇乌斯（Olympius），他曾短期求学于阿摩尼乌斯，出于敌对心理，他对普罗提诺态度傲慢。此人不断攻击普罗提诺，甚至企图用魔术来让普罗提诺中风。但是，当他看到他的企图最终报应到了自己身上时，就对心腹说，普罗提诺的灵魂实在太强大了，甚至能把别人对他的伤害反攻到企图伤害他的人身上。其实，普罗提诺感受到了这种企图，他说当时他的四肢萎缩在一起，身体缩成一团，"就像钱袋吊在腰上一样。"奥林庇乌斯看到不可能伤害普罗提诺，倒是自己常常处于受伤害的危险中，便停止了攻击。普罗提诺必定天生具有某些别人所没有的东西。有个埃及祭司来到罗马，通过一位朋友认识了普罗提诺，他想炫耀一下他那超自然的智慧，要把普罗提诺的伴灵（companion spirit）显现出来，叫他看看。普罗提诺欣然同意。召灵仪式在伊希斯（Isis）庙举行[①]，这个埃及人说这是他在罗马找到的唯一洁净的地方。当他召灵的时候，却有一位神，而不是灵族里的灵出现了，埃及人就说，"你有福了，你的灵有一位神，而不是低级的伴灵"。然而，对这位神不可能询问任何问题，甚至不可能让他显现得长久些，因为参加显灵仪式的那个朋

[①] 坡菲利对这一奇异事件的详细解释见 E. R. Dodds, *The Greeks and the Irrational*, 附录 II, iii, *A Seance in the Iseum*. 既然坡菲利把《论分派给我们的守护灵》（III.4）与这一事件联系起来，那么这事必发生在他到达罗马并发现这篇作品已经完成之前，因此对它的解释必建立在道听途说的证据之上。坡菲利认为这篇论文是由这事激发的，其实它与这类巫术花招没有任何关系。因为在《九章集》里，普罗提诺经常把一种流行的宗教观念或者迷信作为出发点，然后把它纳入自己的哲学之中，使它变成完全不同的东西。

友不知道是出于嫉妒，还是因为担心什么，把为保护而盖住的鸟闷死了。无论如何，普罗提诺的伴灵是位更像神的灵，他一如既往地使他那灵魂的神圣之眼凝视这位伴灵。正是出于这个原因，他写了《论分派给我们的守护灵》，解释了伴灵之间的区别。当阿美利乌斯成为重仪派后，喜欢在朔月（New Moon）到处参观庙宇，参加诸神的节日，有一次他问普罗提诺是否愿意跟他一起去，普罗提诺说，"应该他们来见我，而不是我去见他们。"①这样高深的话里究竟蕴藏着什么意思，我们不明白，也不敢问他。

11. 他对人具有非凡的洞察力。一次，可敬的寡妇喀奥妮（Chione）带着孩子居住在他家里时，一条昂贵的项链被偷了。普罗提诺就把家里的仆人都叫到自己面前，仔细审视他们，然后指着一人说，"这个就是小偷。"此人受到鞭打，开始时还矢口否认，最后终于认罪，并返还了所偷之物。普罗提诺还常常预言与他住在一起的每个孩子的未来，比如预言波勒蒙（Polemon）是个多情薄命之人，结果确实如此。有一次，他注意到我有轻生的念头。当时我正待在自己的房里，他不期而至，对我说，这种轻生的念头并非出于坚定的理性决定，而是出于一种胆汁病，所以劝我离开这里去度假。我听从他的建议，去了西西里，因为我曾听说有个名叫普罗布斯（Probus）的名人就住在利列俾阿姆（Lilybaeum）附近。我最终抛弃了轻生的念头，却因此没能呆在普罗提诺身边到最后。

12. 伽利厄努斯皇帝②和他的妻子撒罗尼娜（Salonina）都非常尊敬

---

① 普罗提诺说这话时，如果除了叫阿美里乌斯不要打扰他之外，还有其他意思，那么可能就是对专注于祭品的那类灵的看法，如坡菲利的《论斋戒》II.37-43 中所表明的，也就是说，认为他们是 daimones，最低级的尘世之灵，而其中那些以活物祭品为乐的灵，则完全是邪恶的 daimones。我们这位哲学家，既生活在理智层次上，并有太一作为他的守护灵（III. 4, 6），自然就把这些低级的灵视为下属，所以他们的职责是侍候他，而不是相反，叫他去侍候他们。虽然在普罗提诺的世界里更有高级的神，但是无论是在这儿还是在《九章集》里，都没有迹象表明普罗提诺自视比它们优秀。

② 253—260 年与瓦伦利安（Valerian）联合执政，260—268 年单独执政。

并仰慕普罗提诺。于是他想充分利用他们的友谊。据说在卡姆帕尼亚（Campania）有一个已成废墟的哲学家之城，他请求他们重修这个城，并在重建之后再现城市周围地区的风貌；定居那里的人要根据柏拉图制定的法律生活[①]，所以它被称为柏拉图城。要不是一些弄臣出于嫉妒、怨恨或者诸如此类卑劣的动机进行阻挠，这位哲学家本来可能已经如愿以偿了。

13. 在学派聚会上，他充分显示了语言的驾驭能力，也非常善于发掘和思考与所论主题相关的问题，但是在某些词的拼写上总出差错，比如他把 anamimnesketai 说成 anamnemisketai，还有其他在写作中也常犯的差错。他讲话的时候，满脸都被理智之光照亮；他的外表原本就富有魅力，在讲话时就更显得动人心魄；他提问时和婉文雅又步步紧逼，慈爱之心溢于言表，回答问题时不但显示出对提问者的爱护，也展现了他卓越的理智能力。有一次，我连续三天问他灵魂与躯体的关系，他始终耐心地向我解释。一个名叫陶玛西乌斯（Thaumasius）的人走了进来，此人喜欢一般性的论述，他说他希望听到普罗提诺以定型的论文方式讨论，而不能忍受坡菲利这样的问和答。普罗提诺则说，"如果坡菲利提出问题时我们不解决他的困惑，那我们就根本不可能写出什么论文"。

14. 在写作中，他行文简洁，思想丰富。他能做到言简意赅；他总是在令人痴迷的灵感中表述自己的思想，叙述的是他自己有真切感受的，而非传统留传下来的问题。然而，他的著作处处隐含着斯多亚学派和逍遥学派的思想，尤其是亚里士多德的《形而上学》，体现得最为集中。他对几何学、算术、机械学、光学和音乐都有全面的了解，但是不喜欢在这些主题上作深入研究。在学派的聚会中，他常常让人读一些注释，可能是塞维鲁斯的、克洛尼乌斯（Cronius）的，或者是努美尼俄斯、盖乌

[①] 尽管英译中把法律译成了小写，但是几乎可以肯定，柏拉图城（Platonopolis）就是柏拉图的《法律篇》中所描述的"次好的城邦"，而不是指那虽然很理想，但在柏拉图自己看来也是不能实现的《理想国》中的理想城邦。

斯（Gaius）、阿提库斯（Atticus）的，也可能是逍遥学派中的阿斯帕西乌斯（Aspasius）、亚历山大（Alexander）和阿德拉斯图斯（Adrastus）的，或者其他能找得到的材料。①但是他并非简单地直接引用他们的著作，而是经过自己的思考，采取独特的思路，用阿摩尼乌斯的思想来影响正在进行的研讨。他能迅速把握所读材料的含义，寥寥数语就阐明某个深刻的研究主题，并发表自己的意见。当有人把朗基努斯（Longinus）的著作《论原理》（On Principles）和《古物爱好者》（Lover of Antiquity）读给他听时，他说，"朗基努斯是个学者，但肯定不是哲学家"。有次奥利金来参加他的学派聚会，他感到非常尴尬，想要停下不讲，但奥利金敦促他继续演讲，他就说，"一个人如果发现听众已经知道了他要讲的东西，那他的演讲热情也就消退了"。因此，讲了一会儿，他就宣布结束聚会。

15. 在柏拉图节上，我读了一首诗，"神圣的婚姻"；因为诗里用了许多神秘的表达，大量启示性的语言，有人就说，"坡菲利是个疯子"。普罗提诺却说——要让所有人都听到——"你已经表明自己既是诗人、哲学家，又是神圣奥秘的阐释者"。修辞学家狄奥法尼（Diophanes）读了柏拉图《会饮篇》中阿尔基比亚德（Alcibiades）的一则辩护，阿尔基比亚德声称，为了美德学习上的提高，即使老师对弟子的肉体有要求，弟子也应服从。普罗提诺几次站起来欲离开会场，但还是控制住了自己，演讲结束后他就交给我一个任务，写文章予以批驳。狄奥法尼拒绝把他

---

① 关于塞维鲁斯、克洛尼乌斯、努梅尼俄斯、盖乌斯和阿提库斯，见 John Dillon, *The Middle Platonists*（Duckworth, London, 1977）。阿提库斯是中期柏拉图主义者中反亚里士多德学派的主要代表。克洛尼乌斯和努梅尼俄斯通常被一起提到，属于毕达哥拉斯主义者，但是柏拉图主义者和毕达哥拉斯主义者之间的界限不明确，这里坡菲利很自然地把他们都归入柏拉图主义行列。努梅尼俄斯（2 世纪后期）是普罗提诺之前的那代人中最重要的哲学家之一，普罗提诺经常被指责剽窃了他的思想（见下面 17 节）。阿福罗狄西亚斯的亚历山大（3 世纪初阿撒乌斯（Atheus）的逍遥派领袖）是古代最伟大的亚里士多德解释者。阿斯帕西乌斯和阿德拉斯图斯是 2 世纪的亚里士多德思想解释者。这段话清楚地表明普罗提诺是一位既博又专的哲学家，虽然具有极强的原创性，但仍把自己的工作建立在广泛的学派传统的基础之上。

的手稿给我，我就凭记忆写了批驳文章。当我在上次聚会的听众面前宣读时，普罗提诺非常高兴，聚会时还时时引用，"如此当头一击，也使人眼前一亮"①。

柏拉图哲学的继承者欧布鲁斯（Eubulus）从雅典写信给他，寄来一些讨论柏拉图哲学问题的论文。普罗提诺把这些论文交给我，指示我评判它们，然后把我所作的评注交给他。

普罗提诺研究过天文学的规律，但是并没有深及数学层面，而是比较仔细地研究了星占学家的方法。当他发现他们所宣称的结果不可靠时，便毫不客气地抨击他们作品中的许多论述。②

16. 在他那个时代，有许多基督信徒、其他信徒，还有抛弃了古典哲学的宗派主义者，如阿德菲乌斯（Adelphius）学派和阿库利努斯（Aculinus）学派的人，他们拥有利比亚人亚历山大（Alexander the Libyan）、费洛科姆斯（Philocomus）、德谟司特拉图（Demostratus）、吕都斯（Lydus）等人写的大量论著，并炮制出佐罗亚斯特（Zoroaster）、佐斯特里亚努斯（Zostrianus）、尼扣忒乌斯（Nicotheus）、阿洛根尼（Allogenes）、美苏斯（Messus）等人的启示录③，他们自欺欺人，断言柏拉图并没有深入理智实在的深处。普罗提诺经常在演讲中批判他们的观点，还写了我们称为《驳诺斯底主义》的论著。④至于他没有论及的内容，就由我们来评判。阿美利乌斯写了四十篇作品批驳佐斯特里亚努斯的书。我也写了许多文章反驳佐罗亚斯特的书，证明所谓佐罗亚斯特的书完全是伪造的，是现代作品，那些宗派主义者编造出这些书是为了给人造成这样的印象：他们选择信奉的教义就是古代佐罗亚

---

① Iliad，《伊利亚特》，8.282。

② 参看《九章集》第二卷3章《星辰是否原因》。

③ 这些宗派主义者是诺斯底派的。很可能我们现在还有坡菲利这里所提到的一些著作。1945年在上埃及的Nag Hammadi发现诺斯底派文集，其中包括归于阿洛根尼（塞特（Seth）的诺斯底派名字）、佐斯特里亚努斯、美苏斯、佐罗亚斯特之名下的"启示录"。

④ 《九章集》II. 9。

斯特的教义。

17. 当希腊人开始谣传普罗提诺是在剽窃努梅尼乌斯的思想[1]，斯多亚主义者和柏拉图主义者特里风（Trypho）把此事告诉了阿美利乌斯，阿美利乌斯就写了《论普罗提诺与努梅尼乌斯理论之区别》（书名是我们加的）的著作。他以巴西来乌斯（Basileus）王的名义将此作献给我。事实上，巴西来乌斯就是我的名字，因为在我的母语里，我被叫做马库斯（Malcus）（我的姓），把马库斯译成希腊语就是巴西来乌斯。因此，当朗基努斯把他的《论刺激》题献给我，和克莱达姆斯（Cleodamus）的时候，他就在前言中写上，"给我亲爱的克来达姆斯和马库斯"。但是，阿美利乌斯把马库斯译成了希腊语巴西来乌斯，就如努梅尼乌斯把马克西姆斯（Maximus）译成了梅伽罗斯（Megalos）一样。

这是他给我的信：

"阿美利乌斯致意巴西来乌斯。你说那些人总是企图把我们朋友的理论归到阿帕米亚的努梅尼乌斯头上，这使你感到痛心疾首，但是你可以相信，为了他们自己的缘故，我从未对他们的崇拜非议过一句。因为很显然，他们只是出于沾沾自喜且乐此不疲的油嘴滑舌和随机应变的口才，才一会儿说他是个大傻瓜，一会儿说他是个剽窃者，一会又说他的基本原理都是最无价值的实在。[2] 他们这样攻击他显然只是为了嘲讽他。但是我同意你的观点，我们应该利用这个机会，以便于记忆的方式把我们所接受的理论阐述出来，使它们广为传播——尽管它们已经名闻遐迩了——从而提高杰出如普罗提诺这样的朋友的声誉。所以我答应过你的

---

[1] 事实上，就我们所知，从散布在后来著作者笔下的引文和参考文献来看，努梅尼乌斯的体系与普罗提诺的确有相似之处，尤其是三位神的渐次级别：第一善或心灵、第二心灵，以及作为得了灵魂的神性存在的宇宙。但是普罗提诺所构想的三大本体及其相互之间的关系，也有其至关重要的独特性，从我们所能得到的证据来看，阿美利乌斯和坡菲利声称他们的导师富有原创性是完全正当的。

[2] 这可能是因为他们对普罗提诺经常用来描述"太一"或"善"的极端否定性措词的误解（普罗提诺思想的现代阐释者中也存在着类似的误解）。

作品，现在就寄上，如你所知，这是用三天时间写成的。你须宽以待之，因为文中没有根据原始抨击的顺序作出选择和安排，只是根据我所能回忆的以前讨论的顺序记录下来，编纂成册。此外，我们的朋友——因与我们共有的这些观点而备受考验——的想法也不那么容易领会，因为他对同一主题，在不同地方便以不同的方法讨论。然而我相信，若是我对我们灵性家园的理论有何误述，你必会予以纠正。正如悲剧所说的[①]，我一定纠正并剔除，因为我是个忙碌的人，对我们老师的教诲也领悟得远远不够。因此，你能明白要圆满完成你的要求是何等艰难的事。再见。"

18. 我认为这封信值得一引，它证明普罗提诺时代的人们不仅以为他因剽窃努梅尼乌斯而出丑，而且把他看作一个大傻瓜而鄙视他，因为他们不理解普罗提诺的思想，也因为普罗提诺从不装腔作势，没有职业演说家的夸夸其谈，他的讲课就如同交谈，而且他不是让人立即就能明白他谈论中令人信服的内在逻辑。我第一次听他讲课时，就有这样的体会。结果我写了文章反驳他，试图表明思想的对象存在于理智之外。他让阿美利乌斯把这篇文章读给他听，听完后就笑着说，"阿美利乌斯，你来解答这些问题。他因为不知道我们的观点才会提出这些问题"。阿美利乌斯洋洋洒洒地写了一篇《答坡菲利的问题》，我对他所写的内容作出回应，他又答复了我的回应。到了第三次，我费尽九牛二虎之力才理解了这种理论，改变了主意，写了一篇认错文章，在学派聚会上公开宣读。从此以后，我对普罗提诺的作品深信不疑，同时想方设法激发老师本人的写作欲望，鼓励他整理自己的理论，并详尽地写下来，阿美里乌斯也激发了他写书的欲望。

[①] 阿美利乌斯这里似乎是指他使用了悲剧家们经常使用的词 euthunein（虽然不限于他们）。在随后的作品中，这是唯一具有悲剧色彩的措词。通观这封信，可见阿美利乌斯的风格极其华丽和夸张。

19. 朗基努斯①对普罗提诺的看法主要源于我写信告诉他的内容,我摘引他写给我的一封信的部分内容,从中可以看出他的观点。他请我离开西西里,到腓尼基(Phoenicia)来与他一起,并带上普罗提诺的作品。他说:

"随你什么时候把它们寄来,或者最好是随身带来。因为我会不断地请求你到我们这里来,把这里作为首选,就算没有别的理由——可以肯定,你不能指望来了能从我们这里学到智慧——也应考虑我们的老交情,还有这里的气候对你所说的疾病特别有好处。不论你认为会看到什么,不要指望我这儿有新的东西,就是你说你已经遗失的那些旧书,我这里也没有。这段时间我确实一直在全力整理编纂普罗提诺集,刚刚完成,但是这里严重缺少抄写员,我只有让我的抄写员放下他手头的其他工作,只做这一件事。据我所知,我收齐了普罗提诺的所有作品,包括你刚寄给我的;但是我只完成了一半,因为手抄本里的讹误实在太多了。我本以为我们的朋友阿美利乌斯可以纠正抄写员的错误,但是他有更紧急的事要做。因此,尽管我非常希望研究《论灵魂》②和《论是》③,但是我不知道该如何下手,因为这两篇是讹误最严重的。如果你能寄给我精确的抄本,我会很高兴,我只要求对照阅读一下就还给你,当然,我还是再三请求你最好不要寄,而是亲自来一趟,把这些以及阿美利乌斯可能遗漏的其他作品的更好抄本一起带来。我急

---

① 朗基努斯(约 213—272),学者,修辞学家,帕米拉(Palmyra)的泽诺比亚(Zenobia)首席长官。后来泽诺比亚沦陷,他被奥瑞里安(Aurelian)判处死刑。他曾是阿摩尼乌斯的学生,在哲学观点上与普罗提诺对立,尤其在柏拉图的形式或理念问题上与普罗提诺看法不一,后者认为理念在神的心智(Divine Mind)之外(参第 18、21 节)。普罗提诺说朗基努斯是个"学者,但不是哲学家"(14 节),意思可能是说,在解释柏拉图时他紧贴文本,反对普罗提诺只基于少量段落就张开思辨的翅膀。现代学者普遍认为(也许并没有很有说服力的理由),他不是现存的著名评论性专著《论崇高》(*On the Sublime*)的作者。

② 很可能就是今天所看到的《九章集》IV.3—5 的文章。

③ 可能指《九章集》VI.1—3("论存在者的种类"),坡菲利还整理了一个单行本。

切地得到了他带来的全部稿子。当然,我渴望拥有的是普罗提诺的著作,他配得上最高的荣耀和敬意。没错,无论是你在这里的时候,还是远离这里的时候,尤其是你待在推罗的时候,我都对你讲过,我对他的大部分理论不敢苟同,但是我非常敬佩并仰慕他的写作风格,缜密的思辨,以及研究问题的哲学方式,我想,凡是寻求真理的人都必须把他的作品归入最重要作品之列。"

20. 我详尽地插入我们时代这位最富洞察力的批评家的评论,——实际上,他对同时代的所有其他作品都作了一丝不苟的考察——以表明他对普罗提诺作出了怎样的结论,尽管刚开始时,由于其他人的愚鲁,他一度鄙视普罗提诺。对于阿美利乌斯所寄的手稿,他似乎作了错误的判断,因为他不理解普罗提诺惯用的表达方式。如果说有经过仔细校对的更准确的抄本,那就是阿美利乌斯的抄本了,他的抄本是从作者的原稿誊写出来的。我也必须插入朗基努斯在一本书里论到普罗提诺、阿美利乌斯和同时代其他哲学家时所说的话,来看看这位最杰出也是最严厉的批评家是如何评论他们的。这本书的题目就是《论末日——朗基努斯答普罗提诺和盖提利亚努斯·阿美利乌斯》。前言如下:

"玛尔塞鲁斯,我们这个时代,尤其是在我们的童年时代,曾经有过许多哲学家。我说'曾经有过'是因为我们目前正处于哲学匮乏之际。当我还是个孩子的时候,哲学大师为数不少,我可以一一见到他们,因为我从小就随父母游历许多地方;后来我也同样访问了很多民族,游历了大量城市,由此结识了当时还在世的那些人物。他们有些人把自己的理论写成著作,便于后人有机会从中受益,有些人则认为他们所要做的就是引导自己学派的成员领会他们的主张。第一类哲学家有柏拉图主义者欧几里得(Eucleides)、德谟克利特(Democritus)[①],住在特洛阿得(Troad)的普洛克利努斯(Proclinus)、普罗提诺和他的朋

---

① 这篇前言中所提到的与普罗提诺同时代的哲学家,我们只知其名。

友盖提利亚努斯·阿美利乌斯，他们如今仍在罗马公开讲授哲学；斯多亚学派的塞米司托克勒（Themistocles）和福比翁（Phoebion），以及刚过鼎盛时期的安尼乌斯（Annius）和梅狄乌斯（Medius）；另外还有逍遥学派哲学家亚历山大里亚的赫利奥多鲁斯（Heliodorus Alexandrian）。第二类哲学家中有柏拉图主义者阿摩尼乌斯和奥利金，很长一段时间我都在研究这两位智慧上远远超过同辈的哲学家。还有雅典[①]的继任者塞奥多图斯（Theodotus）和欧布鲁斯。这类哲学家中虽也有人写过一些东西，比如奥利金写过《论诸灵》(On the Spirits)，欧布卢斯写了《论菲利布斯、高尔吉亚和亚里士多德反对柏拉图的〈理想国〉》（On the Philebus and the Gorgias and Aristotle's objections to Plato's "Republic"），但这不足以使我们把他们归入哲学著作等身的人之列。他们的兴趣在教学而非写作上，他们没有把著书作为主要任务，只是偶有著述。属于这类人的斯多亚学派有赫尔米努斯（Herminus）、吕西玛库斯（Lysimachus），以及住在城里的[②]阿特纳奥斯（Athenaeus）和穆索尼乌斯（Musonius），逍遥学派的有阿摩尼乌斯和托勒密（Ptolemaeus），两人都是当时最伟大的学者，尤其是阿摩尼乌斯，在学识上无人能与之相提并论。但是他们没有写过任何哲学专著，只留下一些诗歌和演讲，而且我相信，把这些东西保存下来也并未征得他们的同意。他们既然不想用更严肃的专著形式把思想留传下来，就更不会愿意让后世通过这类作品知道他们。在那些著书立说的人中，有些只编辑整理了前辈创作的作品，像欧几里得、德谟克利特和普洛克利努斯，有些对古人的研究只记得一鳞半爪，就开始对同样的主题撰写论文，如安尼乌斯、梅第乌斯和福比翁，这最后一位决定以优雅的风格而不是思想的连贯超群出众。我们也可以把赫利奥多鲁斯归入这一类，因为他也只重述

---

① 指学园派。——中译者注

② εν αστει，大概是指雅典，朗基努斯可能想在用词上带点古风，显得文雅一点。在希腊化的埃及，这个词可能就指亚历山大里亚。

了前辈在讲课中已经说过的观点，对系统阐述哲学思想并无任何贡献。而普罗提诺和盖提利亚努斯·阿美利乌斯属于那种把他们所思考的大量问题一丝不苟地写下来，并具有原创性思维的哲学家。可以说，普罗提诺较他之前的任何人都更清楚地阐述了毕达哥拉斯学派的原理和柏拉图主义的哲学。同样的主题，努美尼俄斯、克洛尼乌斯、摩德拉图斯（Moderatus）以及色拉绪罗斯（Thrasyllus）的著作在准确性上根本无法与普罗提诺的相媲美。阿美利乌斯继承了普罗提诺的衣钵，基本上主张同样的理论，但在阐释中有所扩充，而且他那种迂回的阐释方式受到与普罗提诺相反的倾向引导。我认为，唯有他们的作品是值得注意的。有些人既没有提出自己的见解，甚至在论证上根本没有抓住主要观点，也未曾努力去做什么，只是一味地收集大多数人的意见，或者挑选出最好的意见，这样的人我们为何要去阅读他们的作品，而对作为他们作品的源泉的作者，反倒忽视不顾？

"我已在别处表达了我自己的观点，比如在回答盖提亚努斯关于柏拉图的正义时，在考察普罗提诺的《论相》时。[①] 考察理念是因为我的朋友，也就是他们的朋友，推罗人巴西来乌斯[②]——他更喜欢普罗提诺而不是我的指导，他本人也照普罗提诺的风格写过很多作品——试图在一篇论著中证明，普罗提诺的相论比我所主张的相论更好。我想我在回应中已极其透彻地表明他的思想变化是一个错误。我在那里和写给阿美利乌斯的信里还讨论了这两位哲学家的大量观点，致阿美利乌斯的长信就像一卷书，回答了他发自罗马的信中向我提出的许多问题，这封信他称为《论普罗提诺哲学的方法》。而我觉得给我的论文加个普通的题目就行了，名为《答阿美利乌斯的信》。"

21. 所以，朗基努斯当时就在这篇序言里承认，"在他同时代的所

---

① 可能指《九章集》VI.7。
② 即坡菲利，参看《生平》第17节。

有人中，普罗提诺和阿美利乌斯在许多问题的研究上都是出类拔萃的，有一种独特的原创性思维，绝非从努美尼俄斯剽窃而来，并认为在所有这些人的体系中，普罗提诺最先深思熟虑地阐述毕达哥拉斯的观点，而同样的主题，努美尼俄斯、克洛尼乌斯、摩德拉图斯以及色拉绪罗斯的著作在准确性上根本无法与普罗提诺的相媲美"。他谈到阿美利乌斯时说，"他继承了普罗提诺的衣钵，但在阐释中有所扩充，而且他那种迂回的阐释方式受到与普罗提诺相反的倾向引导"。同时，他还提到了我，那时我刚刚与普罗提诺结识，他说，"我的朋友，也是他们的朋友，推罗的巴西来乌斯……他本人也照普罗提诺的风格写过很多作品"。他这样说是因为他真正认识到我完全避开了阿美利乌斯那种非哲学的迂回曲折，把普罗提诺的风格作为我写作的准则。朗基努斯是且被公认为我们时代最杰出的批评家，一个了不起的人，他在这样的作品中对普罗提诺的评价足以表明，如果我能够应他之邀，早先与他交流，他就不会在对普罗提诺的理论未有足够准确的理解前动笔写作，这样就可避免写出意思相反的作品来。

22. 但是，正如赫西奥德（Hesiod）所说的，"我为什么要谈论橡树和岩石？"[①]如果有人想求助于智慧人的证明，有谁能比神更有智慧呢？那神曾说：

"我知道沙的数目，海的大小。

我明白聋子，听见他没有说出的话。"[②]

当阿美利乌斯询问阿波罗，普罗提诺的灵魂去了哪里，阿波罗谈到了苏格拉底，他说：

"苏格拉底是最智慧的人。"[③]

——请听，他在论到普罗提诺时说了何等伟大而高贵的神谕："我

---

① Theogony，《神谱》35。

② 希罗多德（Herodotus）I. 47。

③ 狄奥根尼·拉尔修（Diogenes Laertius）II.5.37。比较柏拉图《申辩篇》21A 6-7。

要敞开情怀，拨动琴弦，用最优美的音符，唱起不朽的歌曲，献给一位高贵的朋友。我呼唤缪斯，当你们和着荷马的诗句，带着神圣的启示聚在一起为埃阿基得斯（Aeacides）跳舞的时候，放开音喉，与我一起高唱胜利凯歌，宇宙旋律。来吧，神圣的缪斯们，让我们一起来把全歌唱完，我，有着浓密头发的福玻斯（Phoebus），就在你们中间歌唱。

灵虽曾经是人，如今却近乎更神圣的精灵，因为人的需要之绳已经为你松开，你意志坚强，从肉身咆哮的浪涛中迅速游到水流汹涌的岸边，① 远离邪恶一伙，坚定地走上纯洁心灵的轻松小径，在那里，神的荣耀之光照耀着你，神圣律法保持纯洁，不受无法无天的罪恶沾染。

同样，当你努力逃避这种茹毛饮血的生活的痛苦波涛，逃脱它那令人毛骨悚然的旋涡的时候，蒙福者（the Blessed Ones）总会在惊涛骇浪中向你指明近在咫尺的目标。当你的心灵被它自己的冲动推向弯路时，不朽者（the Immortals）总会把你带到直通天穹的神道，送来强大的光束，叫你在茫茫黑暗中能够看见。甜蜜的睡眠从未盖住你的双眼，而是拨开笼罩眼睛的乌云，让你在旋转中看到追求智慧的人难得一见的许多美景。

如今，你既已脱去了这帐棚②，抛弃了禁锢你属天灵魂的坟墓③，便随即来到天庭，那里吹着愉悦的风，那里的爱情和欲望吸引眼球，充满纯洁的欢乐，流淌着诸神的不朽之河，这些河流传送爱神的魅力、和煦

---

① 神谕充满了荷马式的韵味。这里我们想起《奥德赛》5, 399 中的 νηχε δ' επειψομενος，整段话似乎都在按寓意解释奥德赛在木筏沉没之后游向岸边的故事。关于把奥德赛的旅行解释为灵魂的旅行（盛行于古代晚期，并被基督徒采纳，对照《九章集》I.6.8。

② 在伪柏拉图作品 Axiochus 366 A1 中有一段充满悲观主义和二元论的话，用 ακηνος 一词来指肉身。

③ 指柏拉图《高尔吉亚篇》493 A3 中的双关语 σωμα-σημα（源于奥菲斯派），那里还说到肉身里的生命实际上就是死亡，灵魂的真正生命乃是脱离肉体。

的微风和高天上平稳的光辉。那里居住着弥诺斯（Minos）和拉达曼索斯（Rhadamanthus），伟大宙斯的黄金种族的兄弟；那里有公义的埃阿科斯（Aeacus）和神圣的权威柏拉图，有高贵的毕达哥拉斯，以及所有编排了不朽之爱的舞蹈并最终与最为有福的灵成为亲属的人们；那里，心灵沉浸在永恒的快乐之中。噢，有福的人，你忍受了如此多的争竞，如今终于行在神圣的灵中，以非凡的生命作冠冕。

缪斯啊，让我们继续歌唱，继续转出优美的舞姿，祝贺幸福的普罗提诺。我的金色弦琴如此诉说他的好运。"

23. 神谕说他是个性情中人，温文尔雅，富有魅力，而我们知道他就是这样的人。神谕还说，他警醒地保持灵魂的纯洁，不断地追求他全心热爱的神，尽一切努力获得释放，"逃脱这里茹毛饮血生活的痛苦波涛"。因此那既无形相，也无理智形式，超越理智和一切可理知者的神最先向这位神一样的人显现，他常常按照柏拉图《会饮篇》里所教导的方式①，在思想中自我上升到最初的、超然的神。我，已经68岁的坡菲利，在此宣称，我曾经与他相处甚密，还与他联合。"近在咫尺的目标"向普罗提诺显现出来，因为他的目的和目标就是靠近那超越万有的神并与之联合。当我在他身边的时候，他曾有四次到达那个目标，那是无法言喻的现实，而非只是潜能。神谕又说，诸神经常在他走弯路时纠正他，"送来连续的光柱"，意思是说，他在神的检验和监督下完成他所写的作品。② 由于他内外都保持警觉，所以神说："你看见许多美景"，而这些美景是研究哲学的人"难得一见的"。人的凝思肯定要比人的感情优秀，但是与神圣知识相比，虽然可能也是美好而精确的，

---

① 210-11，狄奥提玛（Diotima）的讲话"伟大的奥秘"的第二部分，其中描述了心灵上升到至美，与善合一的过程。

② 请注意，坡菲利把他老师的成就主要归功于神的启示和引导。这一点几乎无法从《九章集》中找到根据。普罗提诺通常认为哲学家不需要这种特殊的帮助就能到达神圣的境界。

却不足以达到诸神所理解的深度。当普罗提诺还在肉身中时,神谕就已经对他的活动和未来作了此番宣告。在他离开肉身后,神说,他就来到"天庭",那里有神激发的情感规则、欲望、快乐和爱,神的儿子弥诺斯、拉达曼索斯、埃阿科斯各就各位,如我们所知,他们都是灵魂的法官。神说,普罗提诺到他们面前不是去受审判,而是成为他们的伙伴,就如其他高贵的人那样。他们的伙伴有柏拉图、毕达哥拉斯,以及一切"编排了不朽之爱的舞蹈的人"。神说,那里最为有福的灵生育他们,使他们过着充满喜庆和欢乐的生活,这种生活永远长存,备受诸神的赐福。

24. 这就是我对普罗提诺生平的描述。他本人委托我整理编辑他的书籍,我在他生前答应了他,并向我们的其他朋友承诺要完成这个任务。因此,首先,我认为不能按发表时间排列书卷的顺序,那样的顺序是混乱的,我要仿照雅典的阿波罗多鲁(Apollodorus)[①]的做法,他把厄庇卡尔玛斯(Epicharmus)的喜剧作品编辑成十卷本,我也要仿照逍遥学派的安德罗尼柯(Andronicus)[②],他根据主题把亚里士多德和塞奥弗拉斯特(Theophrastus)的书分类编辑,把相关论题的作品放在一起。由于我手头有普罗提诺的五十四篇作品,我就把它们分成六卷,每卷九篇(九章集)。能找到六和九这样完数,我感到很高兴。在每卷九章集中,我都把相关的论文放在一起,先易后难。

第一卷九章集主要包括讨论道德问题的论文,篇目如下:

I.1 什么是生命物,什么是人?[③]

I.2 论美德

[①] 生于公元前 180 年,年代学家和学者,伟大的阿里司塔库斯(Aristarchus)的学生。

[②] 公元前 1 世纪罗得岛人。正是他编的版本(约公元前 40 年)使亚里士多德成熟的哲学著作重新得到广泛发行。

[③] 就如在按年代顺序排列的书目中那样,英译本都省略了论文的首词。

I.3 论辩证法

I.4 论福祉

I.5 福祉是否随时间而增加？

I.6 论美

I.7 论至善以及其他诸善

I.8 论恶的起源①

I.9 论超脱躯体

这些就是第一卷九章集里包括的作品，主要涉及伦理问题。第二卷九章集是讨论自然哲学这一主题的文集，包括论述天体宇宙和与此有关的论文：

II.1 论宇宙

II.2 论天体运动

II.3 星辰是否是原因？

II.4 论两类质料

II.5 论何谓潜能地存在，何谓现实地存在？

II.6 论性质和形式②

II.7 论完全混合

II.8 远处的事物何以显得小

II.9 驳那些说宇宙和它的创造主是恶的人③

第三卷九章集的内容仍然是有关天体宇宙的，它包括以下这些探索宇宙的文章：

III.1. 论命运

2. 一论神意

---

① 即前文的"论恶的本性"。——中译者注
② 即前文的"论性质"。——中译者注
③ 即前文的"驳诺斯底主义"。——中译者注

3. 二论神意

4. 论分派给我们的守护灵

5. 论爱

6. 论无形体之物的的不可灭性

7. 论永恒与时间

8. 论自然、凝思和太一

9. 多种考虑

25. 我们把这三卷九章集放在一起，编成单独一卷。我们把"论分派给我们的守护灵"放在第三卷九章集中，是因为这个主题在普遍意义上讨论，也是研究人类起源时人们所思考的问题之一。同样的考虑也适用于"论爱"一文。我们把"论时间和永恒"放在这里，因为它讨论了时间。把"论自然、凝思和太一"放在这里，是因为其中有一部分讨论自然。在论天体宇宙之后的第四卷九章集中，收集了讨论灵魂的文章，目录如下：

1. 一论灵魂的本质

2. 二论灵魂的本质

3. 一论灵魂问题的难点

4. 二论灵魂问题的难点

5. 三论灵魂问题的难点，兼论视力

6. 论感知觉和记忆

7. 论灵魂的不朽

8. 论灵魂坠入躯体

9. 是否所有灵魂都是同一的？

因此，第四卷九章集都是以灵魂本身为主题的论文。第五卷九章集包括讨论理智的作品，所有作品也都谈到那超越理智的事物和灵魂中的理智，以及理念。目录如下：

1. 论三个原初的本体

2. 论本原之后的存在者的起源和秩序

3. 论认识本体和超越者

4. 本原之后的东西如何产生于本原，兼论太一

5. 可理知对象不外在于理智，并论至善

6. 论超越是的东西不思，兼论什么是首要的和次要的思的原理

7. 论是否有关于个体的理念？

8. 论可理知的美

9. 论心灵、形式和是

26、我们把第四册和第五册九章集编为一卷。剩下的，就是第六册九章集编成另一卷，这样普罗提诺的所有作品就被分成三卷，第一卷包括三册九章集，第二卷包括两册九章集，第三卷包括一册九章集。第三卷即第六册九章集的文章有：

1. 一论是的种类

2. 二论是的种类

3. 三论是的种类

4. 论是、一与同无论于何处皆显为整体

5. 再论是、一与同无论于何处皆显为整体

6. 论数

7. 论形式的多样性如何生成，兼论至善

8. 论自由意志和太一的意志

9. 论至善或太一

我们以这样的方式把五十四篇作品分排成六册九章集。我们还时而加入对某些论文的注释，因为朋友们要求我们对他们希望弄清楚的问题作些说明。我们还为《论美》之外的所有作品加了题目，因为《论美》这篇论文，我们按发表的时间顺序没有找到。我们不仅为每篇作品加了

标题，而且对论点作了概述，也列为题头的一部分。① 我们将力图对全部作品进行全面修订，加上标点，校正字词的讹误，以及其他我们可能想到的事，目的就是使著作本身条理清楚。

---

① 现代学者试图找到坡菲利这里所提到的《九章集》文本中的注释、题头和简介，关于这方面的努力参看舒维兹（Schwyzer），art. cit., col. 495-499。一些手稿中出现的边页码可能是指已遗失的坡菲利的注释，参看 Henry, Etats du Texte de Plotin, 第 312—332 页，以及 Henry-Schwyzer I, 前言，第 37 页。阿拉伯文的《亚里士多德的神学》(*Theology of Aristotle*) 第二部分有个奇怪的"目录表"，可能译自坡菲利为 IV.4 的前 34 节所作的"标题"，比较 Henry-Schwyzer II, 前言，第 27—28 页。这些"标题"的英译文印于 IV.4, 1-34 正文下面。

第一卷

1. 什么是生命物,什么是人?

1.快乐和忧伤,畏惧和自信,渴求、厌恶以及痛苦,它们都属于谁呢?[①]它们或者属于灵魂,或者属于使用躯体的灵魂,或者属于由两者构成的第三物(这可以从两方面理解,其一指混合,其二指由混合产生的第三物)。同样的问题也适用于这些感受(情感)的结果,包括行为和意见两者。因此,我们必须研究推理和意见,以便明白它们的所属是否像感受一样,或者有些推论和意见的所属与感受一样,有些则不然。我们也必须思考理智的行为,看看它们如何发生,又属于谁或属于什么东西。我们要观察究竟是何种事物扮演着裁判者的角色,我们要对这些问题进行研究并作出决定。首先,感觉属于谁或什么东西?这是我们首先应当追问的,因为情感或者就是一种感觉,或者没有感觉就不会发生。

2. 首先,我们必须思考灵魂问题。灵魂与本质的灵魂(essential

---

① 讨论一开始似乎就引用了亚里士多德《论灵魂》(De Anima) A.4. 408b 1 ff. 中的一段话。亚里士多德在那段话里提出的问题是,当灵魂有这些情感时,它是否真的"被感动"。普罗提诺也可能记得(因为亚里士多德完全可能记得)柏拉图《法律篇》X897A关于灵魂运动的描述,说灵魂的运动先于并引起躯体的运动。比起 Henry-Schwyzer 在其 *apparatus fontium* 中引用的话(Republic《理想国》429C-D, 430A-B; Phaedo《斐多篇》83B,(他们也引用了亚里士多德的话),柏拉图的这个观点似乎与本篇讨论更具相关性。

soulness)①是两回事吗？若果真如此，灵魂必是一种复合物，那么它能接受并拥有这类情感（如果论证有赖于这一点），以及一般来说能够处于良性的或者恶性的状态中，也便不足为奇了。如若灵魂和本质的灵魂完全是一个东西，②那么灵魂必是一种形式，不会承受所有这些活动，相反它会把这些活动分予其他事物，自己则拥有一种本己的内在活动，不管我们的讨论将揭示那种活动是什么。若果真如此，那么我们完全可以说灵魂是不朽的——如果不朽的事物必是不受影响的，总要把自己的东西给予他物，但绝不从别的事物接受什么，它只拥有源自先于它的原理的东西，它从未与那些更高的原理分离开来。既然这样的事物（灵魂）不从外部接受任何东西，那么它怎么会畏惧呢？能被影响的事物才会畏惧。灵魂也不会感受自信。从未遇到过惊恐之事的人，怎么会感受自信呢？躯体吃喝排泄时所满足的欲求，灵魂怎么会有呢？因为吃喝排泄的事物与灵魂是不同的。灵魂如何可能接受混合呢？任何实体性存在都是非混合的。它又怎么可能有任何附加呢？如果有，它就会立刻不再是其所是。它也完全不会有痛苦；它怎么可能感到忧伤，它能为何事忧伤呢？凡本质单一的都自足，这是由于它固守着自己的本性。它既然不能被添加任何事物，甚至不能被添加良善之事，那么它怎会对增添感到快乐呢？它始终是其所是，而且不会有任何感觉，推论和意见也不会与它有任何关系，因为感觉就是接受某种形式，或者接受某种躯体性的感受，③而推论和意见则建立在感觉之上。我们须问它与理智的关系如何，我们是否要承认灵魂拥有理智。我们还要问，灵魂是否会独自经历纯粹的快乐。

---

① 即个体的灵魂与类的灵魂，参看 Stephen Mackenna and B. S. Page 译的 William Benton 版。——中译者注

② 参看亚里士多德《形而上学》（*Metaphysice*）H. 3. 1043 b. 3。"'灵魂'与'成为灵魂'是一回事，但是'成为人'与'人'却不同，除非无躯体的'灵魂'就可以被称为人。"（Ross）在这一点上，普罗提诺与亚里士多德是对立的，他认为理性灵魂是"真人，""内在之人"（10 节）；我们的低级本性是"另一人"，它依附于第一人，即我们的真我（VI. 4. 14）。

③ 这是亚里士多德的观点，参看《论灵魂》B. 12. 24a 18。

3. 当然，我们也得思考存在于躯体里面的灵魂（无论它实际上存在于躯体之前，还是在躯体之中），因为正是躯体与灵魂的结合"使完整的生命物得以形成"①。如果灵魂把躯体当作工具，那它就不必接受经由躯体而产生的情感；工匠不会受工具的情感影响。或许有人会说，如果使用工具必然伴随着对它受外部影响的方式的感知，那么它必然有感觉，比如使用眼睛就是看。而看就可能有伤害，它也可能产生忧愁、痛苦以及一般而言整个躯体可能产生的任何事物。同样，当灵魂寻求工具为它服务时，也会有欲求。那么源于躯体的情感是怎样到达灵魂的？躯体可以把自己的东西给予另一个躯体，但是躯体怎样把自己的东西给予灵魂？这无异是说，如果一物受影响，不同的另一物也必会受影响。因为一个是使用者，另一个是所使用之物。就此而言，它们是两个相互独立的事物。无论如何，如果有人说灵魂把躯体当作工具，他便将两者区分开来。但是，在通过哲学将灵魂与躯体分离之前，它们的关系是怎样的呢？那关系原是一种混合。如果有某种混合，那或者是一种交织，或者灵魂以某种方式"迂回通到"②躯体里面，或者灵魂如同未与质料分离的形式，或者如同操纵质料的形式，就像引航员引导船只，或者灵魂的一部分以一种方式与躯体相关，另一部分以另一种方式与躯体相关。我是说，灵魂的一部分，也就是使用躯体的部分，是独立的，而另一部分以某种方式与躯体结合，在一定程度上与它的使用工具结合。既然这样，哲学就应使这低级部分转向使用躯体的部分，再把使用部分从使用工具中剥离出来。只要这种联结并非绝对必然的，灵魂就不必始终使用躯体。

4. 我们不妨假定有一种混合。若果真如此，那么坏的元素即躯体

---

① 这句话引自柏拉图《斐德若篇》（Phaedrus）246C5；灵魂把肉体作为工具的观念来自于《阿尔基比亚德篇》（Alcibiades）129C-E。
② 因此，柏拉图把宇宙的灵魂描述为"迂回通到"它的躯体，《蒂迈欧篇》（Timaeus）36E2。

就会得到改善,另一元素灵魂则会变坏。躯体因分有生命而改善,灵魂则因分有死亡和非理性而败坏。但是,那无论如何都使自己的生命降低的事物,怎么会因此获得一种额外的官能即感知觉呢?事实恰恰相反。获得生命的是躯体,因此也是躯体分有感觉以及源于感觉的情感。同样,有欲求的也正是躯体——因为正是躯体将要享有欲求的对象;为自己担忧的也是躯体,因为是它终将失去快乐,终将朽坏。我们必须研究这种"混合"是怎样发生的,看看它是否并非真的不可能;谈论这二者的混合,就如同谈论绳子与白色混合,因为这是在讨论两种不同事物的混合。

"交织"(相互交织)这个观念并不意味着被交织的事物受到同样的影响。被交织的原理完全可能不受影响,灵魂虽穿梭于躯体中间,却完全可能不受其感受的影响,就像光一样,① 如果灵魂被交织于整个躯体中间,那就更是如此。这种交织不会使它受躯体之情感的影响。那么,灵魂在躯体中就如形式在质料中吗?首先,假设它是一种实体性的实在,那它应该如同可分离的形式,所以"使用者"的概念与它更为相称。但是,我们如果假设它与施加在铁上的斧子形状相似②(在这个例子中,正是质料和形式的结合,使斧子能发挥自己的功能,换言之,斧子是以这种特殊的方式成形的铁块,正是由于这样的形状,它才有这样的功能),那么我们不会把所有共同的情感归于一般的躯体,而要归于"一个具体类型的"、"自然形成的"、"易于为灵魂所使用的"和"具有潜在生命的"躯体。③ 亚里士多德说,④"谈论灵魂交织"是荒谬的,同样,谈论灵魂欲求

---

① 浸淫万物,却不受万物影响。——中译者注
② 这一比较出自亚里士多德《论灵魂》B. 1. 412b. 12。
③ 这些用语引自《论灵魂》B. 1. 412a. 27-8。下文的话可参看《论灵魂》A. 4.408b. 12-13,是引文中最关键的一段。普罗提诺这里把亚里士多德关于灵魂是躯体的内在(除理智之外,也是不可分割的)形式的思想作为基点,由此提出他自己的关于灵魂和躯体之关系的迥然不同的理论。
④ Stephen Mackenna and B. S. Page 译的 William Benton 版有注释指出,这里一般是指柏拉图。——中译者注

或忧愁也是荒谬的。我们毋宁把这些情感归于生命体。

5. 但是，我们必须规定，生命物或者就是这种特殊的躯体，或者是躯体与灵魂的共同体，或者是两者的产物。① 无论生命体是什么，灵魂要么不受影响，只是在其他事物身上产生影响，要么与躯体一起受影响。如果它受影响，那么它要么受到与躯体一样的影响，要么受到某种相似的影响。（例如，如果生命体以一种方式渴望，那灵魂中的渴求部分可能以另一种方式活动或受影响。）关于这种特殊的躯体，我们将在后面讨论。但是，躯体和灵魂的结合怎样生出忧伤（比如说）？是不是这样：躯体得到特定安排，它的情感渗透到感知觉，感知觉最后抵达灵魂？但这又留下一个模糊不清的问题：感知觉如何产生？或者另一个问题，即忧伤是否源于这样一种观点或判断：② 存在着某种对此人本人或者对属于他的某物有害的恶？这样的判断是否就导致躯体乃至整个生命物变得不愉快。但是观点是属于灵魂，还是属于两者的复合体，仍然是个晦暗不明的问题。此外，关于某人的不幸的观点并不包含忧伤的感受。一个人完全有可能持有某种观点，却不产生忧伤的后果。正如我们完全可能认为自己受到了藐视却并不愤怒，同样，我们判断有好东西存在，但并不激起我们的渴求，也是可能的。那么这些感受为何是躯体和灵魂共有的呢？是不是因为欲望属于灵魂的欲求部分，激情属于情欲部分，广而言之，向外趋向某物的运动属于欲望部分？但是，那样的话，它们就不再为躯体和灵魂共有，而只属于灵魂。或者它们也属于躯体，因为血液和胆汁必然亢奋，肉体必然处于某种激发欲望的状态，例如性冲动？无论如何，我们不妨承认对善的渴望并非是两者共有的感受，而只是灵魂的感受，其他感受也同样如此。经过一番缜密的考察之后，我们发现不能

---

① 这里提出的问题，《阿尔基比亚德篇》130A7-C7 里有讨论，普罗提诺似乎记得这段话（συναμφοτερον 一词被用来指躯体和灵魂的复合体 130A9）。

② 把情感看作判断或者意见，这观念来自斯多亚学派克律西普（Chrysippus）。参看 *Stoicorum Veterum Fragmenta* III. 459。

把它们全看作属于联合体的。当人产生性愉悦的欲求时，应该是人在欲求，但用另一种方式说，又可以视为灵魂中的欲求部分在欲求。这是怎么回事呢？难道是人开始欲求，然后灵魂的欲求部分相继为之？但是如果灵魂的欲求部分还未起动，人又怎能欲求呢？也许是灵魂的欲求部分先起动。但是躯体若不先已经处于某种相应状态中了，灵魂的欲求部分又从何开始？

6. 也许更好的说法是，一般而论，当灵魂的诸能力显现之后，依据这些能力行动的是这些能力的拥有者，能力本身未有变动，它们只是把行动的能力授与它们的拥有者。若果真如此，那么当生命体受影响时，那将自己给予复合体的生命之因①就可以不受影响，一切情感和活动都属于拥有者。②若是这样，那么生命并非完全属于灵魂，而是属于复合体。当然，复合体的生命不是灵魂的生命；不是感知觉的能力去感知，而是这种能力的拥有者感知。但是，如果感知觉是一种通过肉体抵达灵魂的运动，灵魂怎么会感知不到呢？只要感知觉能力存在，复合体就能感知这种能力范围内的任何事物。但是如果这能力不会被③推动，无论是灵魂还是灵魂—能力都不算为复合体的部分，那么进行感知的又怎会还是这复合体呢？

7. 我们不妨说，进行感知的就是复合体，灵魂并未因它出现于这一复合体中而以一种特定的方式被复合体或者复合体的另一部分（即躯体）所限定，而是从被限定的躯体和灵魂自身给出的某种光中形成了整个生命体的本性，这是又一种不同的本性，感知觉以及其他被归于生命体的感受都属于这一本性。那么，为什么是"我们"（WE）在感知呢？因为我们与如此限定的生物没有分离，尽管有比我们更高贵的其他事物也介入整个人本质的复合体中，这种复合体由多种元素组成。灵魂的感知

---

① 即灵魂。——中译者注
② 即生命体。——中译者注
③ 灵魂。——中译者注

觉能力并非感知着感觉对象,而是接受借着感觉烙印在生物上的印象。这些印象都已经是可理知的实体。因此,外在的感觉是灵魂的这种知觉的影像,灵魂的知觉本质上更真实,是对形式的独立沉思,不受任何影响。唯有灵魂从这些形式中领受了主宰生物体的权力,从这些形式中产生出推论、意见和直观的理解活动。这是"我们"真正之所在。在此之前的,①都还是"我们的",但是我们在主宰生物时,"我们"就是从此点开始往上伸展的那个部分。不过,把这整个事物称为"生物",也是可以的。它的较低部分是混合的事物,而从思想层面开始的那个部分,我认为是真人——那些较低部分就是"狮性"和"多头兽"。② 既然人与理性灵魂是一回事,当我们推论时,那就真的是我们在作推论,因为理性过程正是灵魂的活动。

8. 但我们如何与理智相关?我说的"理智"不是指灵魂的那种状态,即源于理智的各种事物之一的那种状态,我是指理智本身。我们也拥有它,不过是作为超越我们的事物而拥有。我们或者把它作为万物共有的事物拥有,或者作为我们特有的事物拥有,或者作为既共有又特有的事物拥有。说它是共有的,因为它没有部分,处处皆一;说它是我们所特有的,因为每个人都在自己的灵魂的原初部分中拥有它的整体。同样,我们也以两种方式拥有形式:一方面在我们的灵魂中,以展开和分别化的言说方式拥有;另一方面在理智中,以聚为一体的方式拥有。

那我们又怎样拥有神呢?他甚至高居于理智的本性和真实之上——那就是我们拥有他的方式。③ 从神数下来,"我们"列在第三位,因为诚

---

① 那是"下界的";感觉和情感属于肉体—灵魂的复合体,即"生命体";真正的自我在于思想,思想从哪里开始,自我就从哪里开始。

② 这里,普罗提诺所引的词汇出于《理想国》(*Republic*) IX 590A9, 588C7。"狮子"在柏拉图那里象征较高级的情感,"多头兽"(一种多头的龙)象征情欲和欲望。值得注意的是,灵魂中的这两个较低部分在性质和价值上有区别,这一点在《理想国》和《斐德若篇》的心理学中显得非常重要,但对普罗提诺却没什么意义。

③ "真实的实在"就是形式世界,等同于理智。神(太一或至善)则超越理智和实在。

如柏拉图所说的，我们是由那上界"不可分的事物"和"那在诸躯体中分立的事物"①而造成的。我们必须把灵魂的这一部分视为分在各个躯体中，换句话说，它根据每个生命物的大小，按比例陷入各种躯体中，因为尽管灵魂是一，但它陷入整个宇宙；或者它如同向躯体显现的影像，因为它照射到躯体里面，形成生命物，不是把它自身与躯体结合，而是保持自身不变，只把自己的形像给予各个躯体，就像一张脸在许多镜子里映出脸像。第一个形像就是组合体中的感觉能力，然后是被称为灵魂的另一形式的各种东西，它们相互生发。这一系列的最后者是生育和生长的能力，以及一般而言的创造并完善灵魂之外的其他事物的能力。灵魂是创造者，创造的灵魂自身始终指向它的造物。

9. 我们灵魂里高级部分的本性对人所行的恶事和所遭受的恶果不必承担任何责任，因为如前所说，这些恶只与生命物即组合而成的存在物有关。但是如果意见和推论属于灵魂，那它如何可能摆脱罪呢？因为意见是一个骗子，是许多恶行的原因。当我们受我们里面坏的东西——因为我们是具有多重性的事物——控制，比如欲望、激情或某种恶的影像，恶就出现了。我们所谓的思想谎言就是形成心理图像但不曾指望让推论能力来作评判——我们的行为受制于我们里面坏的部分，正如推论能力还未对感觉作出论断之前，联合体的感知在感觉中就可能看错。理智或者与活动有关，或者无关；若无关，便无罪。但是，我们应当更确切地说，我们或者与理智中的可理知者有联系，或者与它无联系——对我们自身中的可理知者一无所知，因为我们可能拥有它却没有使它成为可用的。②

---

① 普罗提诺再次引用了《蒂迈欧篇》35A 中柏拉图关于世界灵魂的描述，然后又根据自己的观点作了解释，把较低级的灵魂及其能力看成是较高级灵魂的流溢，后者通过光照、构成"陷入"躯体，使它们具有生气，同时保持自身不增不减，不受影响。

② 参《泰阿泰德篇》(Theaetetus) 198D7（柏拉图把心灵比作鸟笼，后来他对这个比喻不满意，弃之不用）。

这样，我们就区分了什么属于联合体，什么专门属于灵魂。属于联合体的，或者是躯体性的，或者不能无躯体；而活动中无须躯体的，则专属于灵魂。当推论对感觉所产生的印象作出判断时，它同时就是在凝思形式，并通过一种交感凝思它们——我是指真正属于真实灵魂的推论。因为真正的推论是理智的一种运作活动，并且外在的事物与内在的事物之间总有一种相似性和一致性。所以任尔东南西北风，灵魂始终宁静如一，面向自身，栖息在自身之中。正如我们说过的，我们身上的变化和骚动① 来自附在我们身上的东西，② 来自联合体的情感，不论这联合体究竟是什么。

10. 但是如果"我们"就是灵魂，而我们以这种方式受影响，那么以这种方式受影响的应当就是灵魂，同样，我们所做的也就是灵魂所做的。是的。然而我们说过，联合体是我们自身的一部分，尤其是在我们还未与躯体分离的时候，因为我们说，我们受那影响我们躯体的东西影响。因此，"我们"在两种意义上使用：或者包括那个野兽在内，或者指即使在现世生活中也已经超越了那个野兽。所谓"野兽"就是指被赋予生命的躯体。但是真正的人则不同，他剔除了这些情感。他拥有属于理智领域的美德，使美德真正地确立在独立的灵魂中，这灵魂即使在下界时也是独立且可分离的。（因为当它全然内收时，由它所光照的低级灵魂也随之内收。）但是，来自习惯和训练③ 而非来自思想的美德则属于联合体。恶习属于联合体，嫉妒、羡慕和同情都位居其中。那么我们的爱属于哪一个呢？部分属于联合体，部分属于内在的人。④

11. 当我们还是孩子的时候，复合体的力量非常活跃，只有少量来自高级原理的光线临到它的身上。但是当复合体的力量对我们不再活跃

---

① 关于身体的"骚动"，参《斐多篇》66D6,《蒂迈欧篇》43B6。
② 即附加在灵魂上的躯体。——中译者注
③ 参《理想国》518E1-2。
④ 在《理想国》589A7 中，"内在的人"就是理性，它在"狮子"的帮助下征服了"多头兽"，从而统治了整个人。

时，它们的活动便径直向上；而当复合体的力量处于中间状态时，它们的活动就指向我们。那么，"我们"难道不包括中间状态之前产生的东西吗？是的，但对此须有清醒的理解。我们并不总是能使用我们所拥有的东西，只有当我们将我们的中间部分引向高级原理或者它们的对立面时，或者当我们设法把潜能或状态发挥出来时，我们才能使用它们。

有生命的事物为何将残暴的野兽包括在内呢？若是如人们所说，[①] 野兽里面有人的罪性灵魂，那么灵魂的可分离部分不属于野兽，这一部分存在于那里但并非为它们存在。它们的意识包括灵魂的影像和躯体，我们可以说，野兽就是由灵魂的影像构成的被限定的躯体。但是如果人的灵魂未曾进入野兽里面，那么它依靠宇宙灵魂的光照，成为如此这般的一种生命物。

12. 如果灵魂无罪，那么它为何会受到审判？这种思想显然与诸如灵魂犯罪、灵魂公正地行动、灵魂在地狱（Hades）遭受惩罚、灵魂转世等所有这些论点相矛盾。我们可以接受我们喜欢的任何观点；或许我们还能找到一种观点使它们互不冲突。灵魂无罪论假设灵魂是全然纯一的事物，并把灵魂与本质灵魂等同起来；灵魂有罪论则把灵魂的另外形式加给灵魂，使灵魂与之交织，这种形式使灵魂受到惊人的影响。于是，灵魂本身就成了复合物，成了它的诸构成元素的产物，并作为整体而受影响。犯罪的其实是那复合物，柏拉图说的要受惩罚的事物指的就是这个，而非那个纯一的灵魂。因此，他说，"我们所见的灵魂，就像有人看见海神格劳科斯（Glaucus）一样"。但是他又说，如果有人想看见它的真正本性，就必须"剔除它的外层装饰"，"凝视它的哲学"，[②]

[①] 普罗提诺根据柏拉图，接受人的灵魂转移到动物体内的理论，但是这种理论对他关于人的本性和命运的思想并无重要影响。

[②] 这里普罗提诺引用了《理想国》X 611D-612A5 中的一段话，那段话非常清楚地表达了理性灵魂和躯体本性的二元论，这种二元论不时出现在柏拉图的灵魂论中（尽管不是灵魂论的全部内容）。普罗提诺借助亚里士多德和斯多亚学派的思想，根据柏拉图的这种二元论，提出了他自己的关于高级自我和低级自我的思想。

这样才能看见"它与什么原理相连接","与哪些实在密切相关而是其所是"。也就是说,存在另一种灵魂的生命,另一些活动,与那要受罚的完全不同。这种上升和分离不仅摆脱这个躯体,也摆脱任何添加的东西。添加是在生成过程中产生的;或者毋宁说生成完全属于灵魂的另一种形式。我们解释过生成过程是怎样发生的:它是灵魂坠落的结果,当灵魂有了向下的倾向,就有另外的东西从它产生形成。那么,灵魂是否放弃自己的影像?这种倾向为何不是罪?如果这种倾向是指向下界事物的光照,那就不是罪,正如投影不是罪一样;得到光照的事物负有责任,因为如果它不存在,灵魂就无处光照。说灵魂坠落或下倾,是指从它接受光的事物与它同在。如果附近无物接受它,它便放弃自己的影像。灵魂放弃影像并不是说影像被分割出去了,而是说它不再存在;而当整个灵魂凝视可理知世界时,影像就不再存在了。诗人①说赫拉克勒斯(Heracles)的影子在冥府,但他本人位列诸神之中,他这样说似乎把赫拉克勒斯本人与其影子分开了。② 关于赫拉克勒斯有两个传说,一个说他在冥府,另一个说他在诸神中,诗人要遵守这两个传说,就对他作了分离。但是,对这个故事看起来最合理的解释或许是这样的:因为赫拉克勒斯具有这种活跃的美德,又鉴于他的高贵品性,所以认为他配得神的称号——因为他是一个行动家,而非凝思者(否则,他就可能完全存在于可理知世界了),因此他虽然位列上界,却仍有一部分属于下界。

13. 作出这样一番研究的是谁呢?是"我们",还是灵魂?是"我们",不过是通过灵魂。那么"通过灵魂"又是什么意思,是说"我们"因为有灵魂所以从事研究吗?不,因为我们就是灵魂。那么灵魂会运动

---

① 指荷马。——中译者注
② 参看《奥德赛》11. 601-2。这段话(普罗提诺在下一句话里似乎承认)试图将两种传说结合起来,一种传说认为赫拉克勒斯是一位必死的英雄,另一种传说则认为他是一个成了神的人,在正统的希腊宗教世界中属于完全超乎寻常的一类存在者。

吗?[1] 是的。我们必须承认它有这种运动，不是躯体的运动，而是它自身生命的运动。智性活动就是我们的活动，换句话说，灵魂是智性的，智性活动是它的高级生命，只要灵魂合乎理智地运作，或者理智作用于我们。因为理智也是我们自身的一部分，我们就是要向着理智攀升。

2. 论美德

1. 因为这里就是恶存在的地方，"它们必然布满这个区域"，所以灵魂想要脱离恶，我们就必须逃离这里。那么，这逃离是什么呢？"成为像神一样的"，柏拉图如是说。"如果我们借助于智慧变得正义而圣洁"，并完全具备美德，那我们就像神一样。[2] 如果说美德可以使我们与某种事物一样，那么它可能使我们成为拥有美德的人。那么神会是什么呢，它岂不应当尤其被描述为一种拥有美德的事物吗？也就是说，它是宇宙的灵魂及其统治原理，自身中包含一种奇妙的智慧。由于我们就在它的宇宙之中，所以可以合理地认为，我们应该变得像这原理一样。

但是，首先，这原理是否具有一切美德？这是一个颇具争议的问题。比如，既然它无所畏惧，因为宇宙之外无物存在，它也无所缺乏，不会有什么东西吸引它，使它产生拥有或得到的欲望，[3] 那么它还是自制和勇敢的吗？然而，如果这原理处在渴求可理知实体的状态之中，这也是我们渴求的目的，那么显然，我们的良好秩序和美德也都来自可理知者。那么，可理知者有美德吗？无论如何，它不可能有所谓的"公民

---

[1] 这里，普罗提诺回到了亚里士多德在《论灵魂》中提出的问题，也是他开篇就提出的（对照本文第一节的注）。但是，他这里给出的回答则是柏拉图式的，而非亚里士多德式的；因为亚里士多德并不像柏拉图那样认为思想是一种运动。

[2] 普罗提诺这里引用的话出自柏拉图的《泰阿泰德篇》176 A-B。他在《九章集》I. 8.7 中，即讨论恶必然存在于这个低级世界时，又对此作了注释。

[3] 对照亚里士多德《尼各马可伦理学》(*Nicomachean Ethics*) X. 8. 1178b8-18.

的"美德，后者是与推论理性 (discursive reason) 有关的实践智慧，是与情感有关的勇敢，是在激情与理性之间建立协调与和谐的平衡控制，是使这些部分一致同意"在涉及到统治与被统治的事务上各自管好自己的事情"的公正。[①]这样说来，难道我们不是凭借公民美德成为像神一样的，而是凭借同名但更大的美德？如果不是凭借公民美德，那么公民美德是否就无所助益于这种相像？要是认为我们成为像神一样的，完全不是依靠公民美德，而是依靠更大的美德，这是不合理的——传统都肯定地把具有公民美德的人称为"像神一样的"，我们得说，他们多多少少靠这种美德变得与神相像。即使它们[②]不是同类美德，人们也有可能拥有两个层次的美德。如果我们承认，即使我们以不同的方式与不同的美德相关，我们也可以成为像神一样，那么即使我们没有因美德而成为与神相像，也没有任何东西可以阻止我们凭借自己的美德成为与不拥有这些美德的神相像。此话怎讲？可以这样理解：如果某物由于热量靠近而变热，那么释放热量的物体必然也变热了吗？如果某物通过靠近火而变热，那么火本身会因为靠近火而变热吗？在回答第一个问题时，你可以反驳说，火中有热。但由于热是火之本性的一部分，如果坚持这样的类比，这个观点就会使美德成为外在于灵魂的事物，成为本性的一部分，灵魂通过模仿获得它。在回答第二个问题时可以反驳说，这会使原理等同于美德，而我们认为原理高于美德。如果灵魂分有的事物等同于灵魂的源泉，那么这样的说法是正确的；但是事实上两者存在区别。可感知的房子不同于可理知的房子，尽管前者以后者为样式；可感知的房子有结构，有顺序，而在它的形成原

[①] 关于"公民"美德的描述基于柏拉图《理想国》IV 427E-434D 对理想城邦之美德的讨论

[②] 指公民的美德和神的美德。——中译者注

理中，没有任何结构、顺序或比例。①因此，如果我们分有源于那里上界的顺序、结构与和谐，它们就构成这里下界的美德；如果那里的原理不需要和谐、顺序或结构，那么它们也无须美德，然而我们还是要依靠美德才能成为与它们相像。这足以表明，我们要靠美德才能与那里的原理相像，但美德并非必须存在于那里。当然，我们必须使我们的论证令人信服，而非满足于别人的勉强认可。

2. 首先，我们必须思考美德——我们断定我们依靠它们而成为与神相像的美德——这是借以断定，以便发现我们以模仿的方式而拥有的这同一个实体就是美德，而它在作为原型存在于上界时，并不是美德。我们要注意，有两种不同种类的"相像性"，一种要求相像的事物中要有某种同的东西，这适用于那些从同一原理中同等地获得其相像性的事物。但是，如果相像的两物中一物是原初的，那么它与它的相像物就不具有交互关系，不能反过来说它像它的相像物，这里的相像性必须在不同的意义上理解。我们不能要求两种情形有同一种形式，既然相像性以不同方式产生，我们就应寻求不同的相像性。②

那么什么是一般的美德，什么是特殊的美德？如果我们首先分别讨论特殊的美德，我们对此的解释会更加清晰。因为这样一来，使具体的美德成为美德的共同特性就很容易澄清。我们上面提到过公民美德，它们对我们的欲望设定界限和尺度，把限度置于我们的一切经验，真正使我们井然有序，生活更好。它们通过那纯美的东西和界限摒弃错误意见，它们依据各自的尺度排除无限的和不定型的东西。就它们是塑造灵魂质料的一种尺度而言，它们是照着上界的尺度造的，有着上界至善的痕迹。

---

① 只有当形式"延伸"到质料中时，才会出现顺序、结构和比例，在可理知形式的原型统一体中是没有这些东西的，它们是这个统一体在低级层次上的表现。这是普罗提诺的艺术理论最重要的原理之一。对照 V. 8.1

② 很可能如 Brehier 所指出的，关于两种相像的思想是用来回应巴门尼德对下述观点的反驳：形式就是范型（柏拉图《巴门尼德篇》132D-133A）。

那全然无限定的东西是质料，它与上界的尺度迥然不同；但是就它分有形式而言，它也可以变得与无形的至善相像。距离越近的事物分有的越多。比起躯体来，灵魂要更接近它，③ 也与它更亲近，因此分有的也更多，以至于使我们迷惑，以为灵魂就是一位神，以为全部的神性都在这一相像性中。④ 那些拥有政治美德的人就这样变得与神相像。

3. 但是，柏拉图指出，那属于更大美德的相像性是不同的，因此我们必须谈谈这种不同的相像性。通过这样的讨论，公民美德的真正本质将变得清晰，我们也将理解那在真实本性上比公民美德更大的美德。总而言之，存在着不同于公民美德的另一种美德。当柏拉图谈到"相像"是从下界的此世"向神的飞跃"时，⑤ 他并没有把在公民生活中发挥作用的美德仅仅称为"美德"，而是加了定语"公民的"，但在别的地方，他把所有的美德称为"净化"。⑥ 柏拉图这么做就清楚地表明了，他设定了两种美德，并且不认为公民的美德能产生与神相似。那么，我们把这些别的美德称为"净化"又是什么意思呢？我们如何通过被净化而真正成为与神相似？既然灵魂一旦完全与躯体混合，分有躯体的经验，与躯体持有相同的观点，就成了恶的，那么当它不再分有躯体的意见而独立行动——这就是理解和智慧，当它不再体验躯体的经验——就是自我控制，当它不再惧怕从躯体脱离——就是勇气，当它由理性和理智统治，毫不抵制——这就是公正；这时，它便成为善的，拥有美德。如果有人把灵魂的这种状态称为"与神相像"，那真是一点也没错。在这种状态中，灵魂的活动就是理智的活动，它也由此摆脱了躯体的感受。因为神是纯粹的，它的活动具有这样的特征：凡仿效这一活动的必得智慧。那么，为

---

① 指至善。——中译者注
② 对普罗提诺来说，灵魂当然是一位神，尽管是最低级的神。我们不能相信的是，它就是神性的全部，或者是最重要的部分。
③ 这里是指第一节开头引用的《泰阿泰德篇》里的话。
④ 柏拉图在美德前加上描述语"公民的"，见于《理想国》IV. 430C，但是他并没有暗示有这里所说的这种区别。称美德为"净化"见于《斐多篇》，69B-C。

什么神自身不在这种状态中呢？它根本就没有什么状态，只有灵魂才有"状态"。灵魂的理智活动是不同的。对于那儿的实在，一个是以不同的方式思考，另一个则根本不思考。于是又引出一个问题："理智活动"是包括两种不同活动的共同概念吗？完全不是。它首先应当用在神上，其次才用在那些源生于它的事物上。正如说出的话语是对灵魂中的话语的模仿，同样的，灵魂中的话语也是对另外事物里面的话语的模仿。正如与灵魂里的话语相比，说出来的话语被分裂成诸多部分，同样的，与先于灵魂的事物①里的话语相比，灵魂里的解释话语也变为多。美德属于灵魂，而不属于理智或者超越理智的那者（That）。②

4. 我们必须研究净化是否等同于这种美德，或者先有净化，然后才是美德；以及美德是被净化的过程，还是获得净化的状态。处在净化过程中的美德不如已经得到净化的美德那样完全，因为已经得到净化的状态就是一种完全。但完全净化就是剥夺一切相异的事物，善却不是这样。如果善性存在于不纯粹之前，那么净化③就足够了。但是，即使如此，尽管净化就足够了，净化之后留下的将是善而非净化本身。我们必须询问那留下的东西是什么；也许那留下的本性决非真正的善，因为它如果是真正的善，就不会变为恶。我们是否可以称它为某种与善相似的事物？可以，但它不是一种能保持在真善中的本性，因为它的自然倾向具有双重性。因此，它的善就是与自己同类的东西为伴，它的恶就是与自己的对立物相伴。在净化之后，它必然达到了这种伙伴关系。它通过回转实现这一点。那么，净化之后它会转向自身吗？毋宁说，净化之后它就已经实现了转向。那么，这就是灵魂的美德吗？毋宁说，这是它回转所产

---

① 即，在理智中，就是刚刚提到的 το θειον。
② 普罗提诺在《九章集》中常用"That"指太一，我们将之译成"彼者"。——中译者注
③ Stephen Mackenna and B. S. Page 译的 William Benton 版英文为"善"。——中译者注

生的结果。那么这是什么呢？是对所见之物的视觉和印象,①嵌在灵魂中并在里面作用,就如看与其对象的关系。但是它此前难道并不拥有所见到的实在吗,还是它回忆不起来了？它当然拥有它们,只是并不活跃,被搁置一边,没有得到光照。如果它们得到了光照,而它也知道它们存在于它里面,它必会冲向赋予它光照的事物。它不拥有实在本身,但有它们的印象,因此它必然使印象与它们的实在一致。他们说,这或许就是灵魂的真实情况。理智并非与灵魂格格不入,尤其是当灵魂凝视它的时候。否则,即使理智在场,也是外在的。这就如同知识的不同分支,如果我们根本不使用它们,它们就不是真正属于我们的。

5. 当然我们必须说明净化的范围,这样我们就会知道我们变得与怎样的神相像和同一。问题的实质在于,净化如何处理激情、欲望及其同类,痛苦及其同类,它能脱离躯体多远？我们可以说,灵魂脱离躯体就是退回到它自己的地方,完全不受影响,只是在必要的时候让自己知道快乐,把它们当作治病的药物和减轻痛苦的安慰,防止它的活动受妨碍。它摆脱了痛苦,如若不能,就平静地承受,不因肉体的痛苦而痛苦,由此减轻痛苦。如果可能它就尽力彻底摆脱情欲；如若不能,至少它不会参与到情绪性的冲动中。偶然的冲动属于别的事物,也是渺小而软弱的。灵魂完全超越了畏惧,因为它无所畏惧——尽管这里也有本能的冲动——除非畏惧有矫正的作用。欲望呢？它显然不会对坏东西有欲望；它自身不会为了救济躯体而有饮食的欲望,当然也没有性愉悦的欲望。即便它真的有这些欲望中的哪一种,那么我想,它们必合乎自然,不包含任何偶然的冲动；如果它确有其他欲望,那么也只是由于想象,想象总是容易产生欲望。

在所有这些方面,灵魂都将是纯粹的,它还想使非理性部分也变得

---

① 灵魂所看见的,也就是它回转之后有意识地向它呈现出来并在它里面活跃的实在,它们是理智领域的存在,即形式。其实它们一直向灵魂显现,只是当灵魂还未洁净、还未回转时,它意识不到它们。

纯粹,免得这一部分骚动不安;或者即使有骚动,也不会很厉害,只是受到轻微的震动,相邻的灵魂能轻易使它平静下来。正如与贤人为邻,就能从贤人得益,或者变得像贤人一样,或者出于对贤人的万分尊敬,凡是这位善人可能不赞同的事,都不敢做。这样灵魂里就不会出现冲突,只要有理性就足够了。坏的部分对它尊敬有加,如果有什么骚动,甚至这坏的部分自身也会因为没有在导师面前保持平静而感到不安,会对自己的软弱严加指责。

6. 对人来说,这些事情中不存在罪的问题,只存在正确活动的问题。然而,我们关心的不是脱离罪,而是要成为神。如果灵魂中还有这种偶然冲动的因素,处于这种状态的人就将是双面的神或灵,或者毋宁说是在他之中还有一个具有不同美德的人。如果全然没有这些因素,他便是单纯的神,就是主神之后的诸神之一。① 因为他自己就是来自那里的神,如果他成了他原初来时的所是,他自己的真正本性就属上界。他来到下界之后,就与别的事物共居,他要尽其所能使这事物变得与他的真实本性相像,所以如若可能,这事物将脱离烦恼不安,不做它导师不赞成的事。那么,当人处于这种状态时的各种特殊美德是什么?智慧。无论是理论上的还是实践上的,都在于凝思理智所包含的内容;而理智是靠直接接触得到它。智慧有两种,一种在理智中,一种在灵魂中。上界的(理智中的)智慧不是美德,在灵魂中的智慧才是美德。那么上界的智慧是什么呢?就是它自身的行为,其真正之所是。美德来自上界,而以另外的方式存在于这里。绝对的公正或别的任何绝对道德本质都不是"美德",而是一种范型。美德乃是源自它而又存在于灵魂中的事物。美德是某人的美德。而理智中每一种特殊美德的范型都属于它自身,而不属于别的人。

---

① 这里指《斐德若篇》246E4 以下描述的诸神队伍。在柏拉图那里,主神宙斯是整个队伍的首领,跟在他后面的那些神就是哲学灵魂(250B7, 252E1);但是普罗提诺可能用柏拉图的词汇来表达他自己的思想,用主神指他自己的第一原理——至善,跟随其后的诸神则指理智领域的神圣者(divinities)。

若说公正是"关心自己的事务",这是否意味着公正的存在需要有多个部分?确实有一种公正需要存在于复多性中,它所归整安排的是多个部分。然而还有另一种公正,它完全只"关心自己的事务",即使这是统一性的事物。真正的绝对公正是统一性对自己的态度,这统一性当中没有任何差别的部分。①

因此,灵魂的高级公正就是指向理智的活动,它的自制就是内心转向理智,它的勇敢就是摆脱一切感受,因为它所凝视的神在本性上摆脱了一切感受。这种灵魂摆脱所有感受的自由来自美德,它可以防止灵魂沾染比它低级的同伴的感受。

7. 灵魂中的这些美德也相互彼此包含,就如理智中那些先于美德的典范(暂且这样称呼)一样② 上界的直观性思想就是知识和智慧,自我专注就是自我控制,它自己的专门活动就是"关心自己的事务",它与"勇敢"相对应的方面就是非质料性和保持自身的纯粹。在灵魂中,指向理智的看就是智慧,包括理论上的和实践上智慧。这些是属于灵魂的美德,因为它不像在上界里那样,自己就是智慧。其他各种德性的情况也是如此。如果所有美德都是净化,也就是说它们都是完全的净化过程产生的,那么这一过程必然产生它们全部,否则,如果它们并非全部都产生了,那么就没有德性是完全的。凡是具有大美德的人必然潜能地包含了小的美德,反过来则并非必然。以上我们描述了善人生活的主要特征。

拥有大美德的人是否在行动中或以其他方式拥有小美德?这个问题

---

① 这里,普罗提诺试图通过他的原理把柏拉图对公正所下的定义"关心自己的事务"(这段话出自《理想国》IV)用到他自己关于高级美德和低级美德的构想中,他的原理就是,低级复多性中的秩序和范型总是高级统一性的表现。

② 美德彼此相互包含的思想来自斯多亚学派。对照 *Stoicorum Veterum Fragmenta* III. 295, 299. 如 Brehier 在导论里指出的,普罗提诺在这篇论文里,借助他的高级美德和低级美德的观点调和斯多亚学派和亚里士多德的观点。斯多亚学派认为,贤者的美德就是神的美德,两者是一,不可分离,而亚里士多德则认为,美德是人独有的优点,不属于神,神在美德之上,正如兽在美德之下一样(对照《尼各马可伦理学》VII 1. 1145a 25-7)。

必须联系每个具体的美德来讨论。以实践智慧为例。如果其他原理都在使用之中,实践智慧怎么可能还在那里,甚至静止不动。如果一种美德本性上可以做到这么多,另一种可以做到那么多,一种自制起调节和限定作用,另一种则完全取消,那怎么能说实践智慧没有启动呢?一旦实践智慧的问题被提出来,也就是其他美德的问题。或许拥有美德的人会知道它们,知道能从中获益多少,他会根据具体情况选择某些美德行事。但是当他达到更高的原理和不同尺度时,他必会以这些美德为行为准则。比如,他不会再认为自制就是以前所遵循的尺度和限定,而是尽可能使自己完全脱离自己的低级本性,他也不会再过公民道德所要求的善人的生活。他将超越那种生活,选择另外一种生活,就是诸神的生活,因为我们的目标是要像神一样,而不是像善人一样。像善人一样只不过是同一主体的两种影像相互间的相像,而像神一样则是要与一种完全不同于我们自身的范型相像。

3. 论辩证法

1. 何种技艺,哪种方法或实践能带领我们去往那命定之地?这命定之地,我们可以一致地认为,就是至善,第一原理,这是经过多番论证确立的。而这论证本身就是我们前进道路的一种指引。那么,能被引向这上升之路的又是何等的人呢?当然是那已经看见过一切的人,或者如柏拉图所说的,"已经看见了大多数事物,第一次投生时进入婴儿体内,长大要成为哲学家、音乐家或爱美者的人"。[①]哲学家走向上升之路是出于本性,音乐家和爱美者则是出于本性的引导。那么,引导的方式是怎样的呢?是对所有这些人来说只有一种同样的方式呢,

---

① 引自《斐德若篇》248D1-4(略有改变)。"一切或大多数事物"指灵魂出生前在天国之旅中看见的形式(Forms)。

还是对不同的人有各不相同的方式？对所有人来说，这一旅程有两个阶段：一个阶段是他们正处在上升之中，另一个阶段则是已经到达上界。第一阶段引导人脱离下界，第二阶段则是为那些已经抵达可理知领域且已在上界获得立足之地的人预备的。当然，他们到达这个阶段之后还得继续上升，直至抵达这一区域的最高点。当你到达了可理知领域的顶点，那就是"旅程的终点"。① 这一点稍后再谈，现在让我们先来谈谈上升。

　　首先，我们必须区分这些人的特性。先说说音乐家的本性。我们一般都认为，音乐家容易受美感染，容易为美激动。不过，他不是能够感动于绝对的美，而是对美的形像能迅速作出反应，就如一个神经质的人对噪音十分敏感一样，音乐家对声音的节拍和包蕴其中的美特别敏感，他总是使乐曲和旋律避免不和谐与不一致，热切地追求节奏和条理，因此在引导他上升的时候，就必须把感官感知的这些声音、节律和形式作为起点。必须引导并教导他剥离这些事物中的质料因素，到达赋予这些事物各种比例并把它们组织起来的原理，到达这些原理中的美，明白可理知的和谐及其蕴含的美才是使他感动的真正原因，这是普遍的美，而不只是某种特殊的美。此外，他必须掌握根植于他里面的哲学思想，依靠这些思想他必然会对自己拥有的东西满怀信心，尽管对它一无所知。我们稍后会解释这些哲学思想是什么。

　　2. 爱美者（音乐家也会变成爱美者，然后或者停留在这一阶段，或者继续上升）拥有对美的某种回忆，但是他无法领会超越独立的美本身，他只是沉迷于各种可见的美，并为之激奋。因此，必须教导他不能墨守某一个形体（σωμα），并不能为形体激动，必须通过推论过程引导他去思考所有的物体，向他指明存在于一切形体中的美是同一的，这美是不同于形体的另外事物，必须认为它来自别的地方，而且

---

① 出自《理想国》VII（532E3）对辩证法的描述。"旅程的终点"就是看见至善。

向他表明它在其他事物中有更好的体现，比如在生活方式和法律中体现的美——这会让他适应非形体事物的美——以及存在于艺术、科学和美德中的美。① 然后，必须把所有这些美还原为美的统一体，指明这些美的源头。而从美德开始，他就可以一下子上升到理智，上升到是（being），② 然后必能走向更高的地方。

3. 而哲学家，我们可以说，他天生就有着灵敏的反应能力，并"长了翅膀"，③ 不像别的人那样需要（与下界）分离。他已经开始向更高的世界行进，只是缺乏引路人而已。因此必须以他自己的美好愿望为他指点迷津，使他得自由，其实他在天性上早已是自由的。必须让他学习数学，训练他的哲学思维，使他习惯于坚信非质料事物的存在——由于他天生就善于学习，所以必会轻而易举地掌握这些。他也是天生有德性的，因此必须完善他的美德。完成了数学学习之后，就要教导他辩证法，使他成为一个彻底的辩证法家。

4. 不论是前两类人还是哲学家，都必须学习辩证法，那么这辩证法是什么呢？④ 它是一门能论证充分、条理清楚地谈论万物的学问。它研

---

① 这就是《会饮篇》210A 以下描述的心灵上升到绝对美的视域。

② 关于 ov（being）的翻译，近来学术界有非常热烈的讨论。争论的焦点在于这个词究意应译为"是"还是"存在"，或者其他的诸如"实有"和"实是"，等等。提出译为"是"，主要考虑到 ov 的系词特征，以体现出它在句法的联结关系以及形而上学的规定性，也包括它的时间性特征。然而，即使译为"是"，在汉语中的时间性还是无法体现出来的。就普罗提诺而言，他并不认为时间性的存在物和各种相关主题是值得重视的，他关注的始终是理智的 ov。他也不关注逻辑句法的 ov，更从超验的自由的角度来描述 ov 的形而上学特征。因此，在翻译中，凡涉及与"规定性"相关的含义，或者与表述理智、太一和灵魂的自身单一性有关的原理，我们把 ov（being 或 Being）译为"是"，而表述可理知世界或者感觉世界的个体存在者的存在，即突出 ο ν 的个体性原理时，我们译为存在物或存在者。——中译者注

③ 在《斐德若篇》的神话中（246C1），完全的灵魂是"长了翅膀"的。

④ 以下对辩证法的描述完全是普罗提诺的措辞，似乎没有必要如 Brehier 那样推测斯多亚学派的影响。普罗提诺引用的柏拉图描述辩证法的主要段落见之于《理想国》531C-535A；《智者篇》253C-D（以及随后的长篇讨论），对划分法的描述见于《斐德若篇》265D-266A。

究事物是什么，与其他事物如何区别，同属的事物有什么共性，各处于什么地位，事物是否真的是它所是，有多少真正存在的事物，又有多少不同于真实存在者的非存在事物。辩证法讨论善与非善，以及归属于善的事物和归属于恶的事物，讨论永恒的事物和非永恒的事物，它提供的是关于事物的确定的知识，而非只是意见。辩证法不在感性世界徘徊，而是定居在理智世界。它关注自身，抛弃错误，在柏拉图所谓的"真理的原野"①放牧灵魂，用他的划分法分辨形式，决定每一事物的本质属性，找出原初的种类，通过理智把所有从原初种类中派生出来的事物联结起来，直至穿过整个可理知世界；然后，它又把那个世界的结构分解为各部分，并返回到自己的起点；再后，它就实现了统一，保持安静地沉思（因为它存在于上界，所以是安静的），不再忙碌。它抛弃了关于命题和推论的所谓逻辑活动，转向另一种技艺，就如它抛弃关于如何写作的知识一样。它认为逻辑学的某些东西是必要的，是一种基础，但是它使自己成为评判者，对逻辑学作出判断，就像判断其他事物一样，认为它的有些部分是有用的，有些是多余的，应该归到相应的学科。②

5. 那么，这门学科从哪里获得自己的原理呢？理智赋予灵魂明晰的原理，只要灵魂能够接受它们；然后，灵魂对各种原理进行联合和交织，分辨它们的因果，直至获得完全的智性。柏拉图说，辩证法是"思维和智慧的最纯粹部分"。③既然它是我们的智性能力中最宝贵的能力，那么它必然关涉真正的是和最重要的事物。作为智慧,它关涉真是,作为智性，它关涉超越是的彼者。那么，哲学肯定是最重要的事物吗？辩证法和哲学是一回事吗？辩证法是哲学中最有价值的部分。我们绝不能把辩证法

---

① 《斐德若篇》248B6，形式的象征性居所，灵魂在此找到真正的食粮。

② 普罗提若这里和第5节中所讲的逻辑学是一般意义上的逻辑学，既关系到亚里士多德的逻辑学，也牵涉到斯多亚学派的逻辑学。对他来说，逻辑学与辩证法的本质区别在于，逻辑学讨论字词、句子及其关系，而辩证法则分辨事物之间的关系，这些事物就是唯一真正的实在，即形式，辩证法家的心灵与形式是直接接触的。

③ 《斐利布篇》58D6-7。

看作哲学家使用的一种工具；它并不只是空洞的理论和规则，它还讨论事物，以真实存在者为自己活动的一种素材；它系统地分析它们，连同它的理论一起拥有真正的事物。顺便说一句，它知道谬误和诡辩是别的事物的产物，断定谬误与真理本身格格不入，不论谁提出辩证法，它都能认出与真理的准则相反的东西。因此，辩证法不了解命题——它们不过是文字而已——但是，在认识真理时候，它就知道了所谓的命题是什么。一般而言，辩证法知道灵魂的活动，知道灵魂肯定什么，否定什么，知道它所肯定的是否就是它所否定的，或者是其他事物，事物是彼此不同还是彼此相同；无论向辩证法呈现什么，它都凭着引导直觉感知，就像感知觉那样，但是它不管话语中并不重要的精确性问题，把它们留给专门研究这些问题的学科。

6. 因此，辩证法是哲学中最有价值的部分。哲学还有其他部分。哲学借助于辩证法考察物理世界的本性，就像其他技艺要借助于数学一样，[1]尽管自然哲学在语言使用上与辩证法的关系更密切。同样，道德哲学在沉思方面源于辩证法，当然还要加上德性和产生这些德性所必需的训练。理智美德几乎把从辩证法获得的原理视为它们的专有财产。尽管它们与质料打交道，但它们的大部分原理都源于更高的领域（可理知世界）。其他美德把推论用于特定的经验和活动，但实践智慧是一种更多地与普遍性相关的高级推论；它思考相互蕴含的问题，是控制行为更好（是现在控制还是以后控制），还是一种完全不同的过程更好等问题。辩证法和理论智慧以一种普遍而无形的形式为实践智慧提供一切可用的东西。

没有辩证法和理论智慧，低级美德能否存在？能存在，但只能不完全和有缺陷地存在。没有这些低级美德，人能成为智慧者和辩证法家吗？不可能。低级美德必然或者先于智慧，或者与智慧一起产生。人也许有

---

[1] 其他技艺依赖于数学的观点出于《理想国》VII. 522C 1-6。这里，普罗提诺赋予辩证法在自然哲学和道德哲学中的地位就同斯多亚学派赋予逻辑学的地位，比照第欧根尼·拉尔修（Diogenes Laerlius）VII. 83。

自然的美德，随着智慧的出现，这些自然美德就发展为完全的美德。因此，智慧在自然美德之后产生，然后完善人格；或者毋宁说，如果有自然美德存在，两者就共同提高，一起达到完全；因为一者进步，就使另一者完全。一般而言，自然美德无论在视觉上还是在特性上都不完全。因而，使我们获得自然美德和智慧的那些原理在这两者中都至关重要。

4. 论福祉[①]

1. 我们不妨假定善（美好）的生活和福祉完全是一回事，[②]那么我们是否得承认其他生命物也与我们人一样分有它们呢？如果它们能够合乎自己本性地生活，不受任何妨碍，[③]那么我们又怎能不说它们也处于善（美好）的生活状态呢？无论是人们认为善（好）的生活在于令人满意的经历，还是在于完成自己的专项工作，无论是哪种情形，它怎样属于我们，也怎样属于其他生命物。因为它们既可以有令其满意的经历，又在从事合乎它们本性的工作。比如有音乐天赋的动物，如果它们处境顺利，又能按合乎自己本性的方式歌唱，那么就是过着自己想要的生活。同样，我们也可以认为福祉是一种目的，[④]也就是自然欲望的最后阶段。纵然如此，我们仍然得承认，当其他生命物到达它们的最后状态时，它们也分有福祉，它们所到达的那一状态，就是它们本性的栖息之所，因为这本性贯穿它们的整个生命，它们的生命自始至终都是在实现这本性。但是，如

[①] 我把 ευδαιμονια 以及类似的词译成"福祉"、"福泽"，这种表达虽不十分恰当，但至少比通常所译的"幸福"少些误解。我们通常用幸福指感觉良好，而 ευδαιμονια 则意指存在于一种美好状态中；在这篇作品中，普罗提诺花了大量篇幅表明，即使人们没有幸福的感受，甚至在完全没有意识到自己的 ευδαιμονια 时，他都可能是 ευδαιμων 的。

[②] 这是亚里士多德的观点。参《尼各马可伦理学》I. 8 1098b.21。

[③] 参《尼各马可伦理学》VII. 14. 1153b. 11。

[④] 参《尼各马可伦理学》X. 16. 1176a. 31。

果有人不赞成福祉在一定程度上可以伸延至其他生物的观点——这一观点意味着：即使最卑微的生命也可能分有福祉；人们得承认植物也分有福祉，因为它们也有生命，并且是有始有终的生命——那么首先，仅仅因为认为其他生命物不重要，就否认它们有幸福生活，这难道不显得荒谬吗？这不是说我们赋予其他生命物的东西，也必须一样不落地赋予植物，因为植物没有感觉。另外，也许有人会仅仅因为植物有生命就承认它们有福祉。一种生命可能是美好的，另一种可能是不幸的，植物也一样，它可以茂盛，也可以干枯，可能结果子，也可能不结果子。如果快乐是目的，[①] 美好的生活是取决于快乐，那么否认其他生命物有美好生活就是荒谬的。如果合乎本性的生活就是善（好）的生活，那么同样的分析也适用于对宁静[②]的理解。

2. 有人因为植物没有感觉就否认它们有幸福生活，[③]那就有否认一切生命物都拥有幸福生活之嫌。因为如果他们认为感觉就是对经验的意识，那么我们得说，经验在被意识到之前就是善（好）的；例如处于一种自然状态就是善（好）的，即使人们没有意识到这一点；同样，处于自身的适当状态也是善（好）的，即使人们不知道那就是他自己的适当状态，不知道那就是快乐（事实上它必然就是快乐）。因此，如果某物是善的，它的拥有者就是有福的，我们何必把感觉列为福祉的要素呢？当然，如果人们认为善不在于现实的经验，而在于对它的认识和感知，那就另当

[①] 享乐主义者和伊壁鸠鲁学派在不同的意义上都坚持这个观点；不过，下一句显然指伊壁鸠鲁，因此这里可能仅指享乐主义而言；参第欧根尼·拉尔修 II. 88 中的阿里斯提波（Aristippus）。

[②] αταραζια, 伊壁鸠鲁学派的理想，指不受干扰的内心平静。

[③] 如亚里士多德（《尼各马可伦理学》X. 8 1178b. 28），他否认除人之外的其他生命物分有福祉，因为它们不分有 θεωρια（视、听、凝思——中译者注）。普罗提诺批评亚里士多德，因为尽管他认为 ευδαιμονιαα（福祉——中译者注）是专属于人的事，但是他常用一些适用于一切生命物的术语来定义它。亚里士多德和普罗提诺都把 ευδαιμονια 列入理智生活，尽管他们以不同的方式来理解那种生活。

别论。但如果是这样，他们就会说善实际上就是感觉，就是感官—生命的活动，因此无论感觉到什么，它都必然是相同的。如果他们说善是两种成分的产物，是对某个特定对象的感觉，那么在每种构成物都是中性的情况下，他们能说两者的产物是善的吗？如果它是善的经验，而且善的生活就是当人知道善存在于他里面时所处的特殊状态，那么我们要问，幸福地生活是否就是知道这善存在于他里面，或者他不仅要知道它会带给他快乐，而且知道它就是善？如果他必须知道它就是善，那么这就不再是感觉的事，而是比感觉更伟大的另一种能力的事了。因此良善的生活不属于那些感到快乐的人，而属于能知道快乐就是善的人。这样，能有福地生活，原因就不是快乐，而是那判断快乐就是善的能力。下判断的事物要优于单纯的经验，因为它是理性或理智，而快乐则只是一种经验；非理性决不会优于理性。理性怎么会把自己搁置在一边，而认为另一种与它完全相反的事物优于它自身呢？看起来，否认植物有福祉的人和那些认为福祉是一种特殊的感觉的人无意中似乎都在寻求一种属于更高事物的良善生活，并认为越是纯粹、无愧的生活，就越是幸福的生活。有人说必须在理性生命中才能找到福祉，[1]并非只要是生命就有福祉，甚至有感觉相伴的生命也没有，他们很可能是正确的。但是我们要问，为什么他们要把福祉定位于理性的生命物，"你们加上理性的，是因为理性更有效，更容易发现和探索基本的自然需要，还是即使它不能发现或者

---

[1] 这些是斯多亚学派的观点，参第欧根尼·拉尔修 VII. 130。这里开始对他们的立场进行认真讨论。在这一节的批评中，普罗提诺紧紧抓住该学派的反对者普遍认为的其伦理学的最薄弱一点，这就是，一方面他们坚持有理性和德性生活是人唯一的真善，另一方面主张基本的自然需要很重要，但他们很难将这两个观点协调起来。对斯多亚学派伦理学的这些观点的批判参看西塞罗（Cicero）, *De Finibus*, Book IV; 普卢塔克（Plutarch）, *De Communibus Notitiis*。不过，比起先前的批评者来，普罗提诺更接近斯多亚学派的观点，他完全同意他们提出的外在良善与自然优势无区别的观点，真正的福祉只在于理性和有德性的生活之中；但是他认为，斯多亚学派不能解释为何如此的原因。他完全同意他们提出的外在良善与自然优势无区别的观点，真正的福祉只在于理性和有德性的生活之中；但是他认为，斯多亚学派不能解释为何如此的原因。

得到基本的自然需要,你们也仍然要加上理性?如果你们需要它是因为它能更好地发现这些东西,①那么非理性生物也能做到;既然它们无须理性而凭其本性就能满足基本的自然需要,那么它们也有福祉,这样理性就成为奴仆,不是非要不可。至于它的完善,就是我们所说的美德,也同样如此。但是,如果你说理性并不是因为基本的自然需要而具有高贵地位,而是因为它自身的缘故而受欢迎,那么你得告诉我们它另外的作用是什么,它的本性是什么,使它完善的又是什么"。使理性完善的不可能是对这些基本自然需要的研究;它的完善是别的事物,其本性也不同,它本身并不是这些基本自然需要之一,或者并不是这些基本需要所产生的源泉之一;它完全不属于这一序列的存在物,而是比这一切事物要优越,否则我不相信他们能够解释它的高贵地位。除非这些人能够找到比他们现在所谈论的事物更好的本性,否则,我们必须让他们就此打住,待在那里,这也是他们所想的,因为他们无法回答有能力获得善(美好)生活的存在者怎样才能获得这种生活。

3. 不过,我们首先想指出我们所理解的福祉是什么。我们不妨假定,福祉存在于生命之中。如果我们让"生命"在同样的意义上成为适用于一切生命物的术语,那么我们同意它们全都有能力过幸福的生活,那些事实上过着有福生活的存在者都拥有同样的事物,那是一切生命物都必然能够获得的。我们不是基于这样一种假设认为理性存在者有能力过有福生活,而非理性存在者没有这种能力。对两者来说,生命是共同的,如果福祉就存在于一种生命之中,那么 [无论是理性生命还是非理性生命],这种生命都可以通过同样的方式获得福祉。我认为,那些说福祉存在于理性生命中的人没有意识到,他们之所以没有把福祉列入一般的生命中,是因为他们实际上认为非理性生命根本不是生命。他们原本应

---

① 指基本的自然需要。——中译者注

该说福祉所依赖的理性能力是一种性质,①但是,他们的起点是理性的"生命"。福祉依赖于生命的整体,即依赖于另一种生命。我不是在逻辑区分的意义上说"另一种",而是在我们柏拉图主义者所说的一物在先另一物在后的意义上。②"生命"这个词可以在许多不同意义上使用,根据所运用的事物的序列可以区分出第一、第二,等等;而"有生命的"意指不同背景中的不同事物,一种方式指植物,另一种方式指非理性的动物,根据各自生命特征是明晰还是微弱,以不同方式指各不相同的事物。显然,这同样适用于"有福地生活"。如果一物是另一物的形像,那么显然,一物的良善生活也是另一物的良善生活的形像。如果良善的生活属于拥有充足生命的事物(这就是说,它的生命决不会匮乏),那么福祉也只属于过丰富生活的事物;如果实在中最好的事物是真正有生命的,是完全的生命,那么有福祉的事物就是最好的。因此它的善不是来自外部的东西,它的善的基础也不是从别的什么地方进入善的状态;因为在完全的生命中还能再加上什么,使它成为最好的生命呢?如果有人说,"那就是绝对的善",那么这正是我们要说的,不过目前我们不是要寻找原因,而是要寻找内在的因素。

我们常说,完全的生命,真正的、真实的生命在那超越的、可理知的实在中,而其他生命都是不完整的,都只是生命的痕迹,是不完全和不纯粹的,不比它们的对立面更富有生命。简言之,只要所有生命物都是从一个单一的源头而生,当然它们不具有与源头同等程度的生命,那么这源头必是第一的和最完全的生命。

4. 如果人能有完全的生命,那么有这种生命的人就是有福的。如果人不具有完全的生命,而只在诸神中才能找到这种生命,那么我们就

---

① 指基本的自然需要。——中译者注
② 这里,普罗提诺区分了亚里士多德用以排列的二分法或种和属的简单划分法(《范畴篇》13. 14b33ff.)与实体的等级秩序的识别法,后者认为,一种生命依赖于另一种更高级的生命,并是它的影像。

应把福祉归于诸神。但是我们认为福祉存在于人类中间，因此我们必须思考这何以可能。我的意思是，从其他地方的讨论可以看出，由于人不仅拥有感性一生命，而且有推论和真正的理解，因此人具有完全的生命。那么他拥有了完全的生命之后，就不再是人了吗？不，人若不拥有这样的生命，无论是潜能上的还是现实上的（他如果是现实地拥有它，那么我们就说他处在有福的状态中），他就根本不是人。那么我们是否可以说，他拥有的这完全的生命是他自身的一部分吗？我们认为，那些在潜能上拥有它的人，把它作为自身的部分而有福生活的人，就是现实地拥有它并与它完全同一的人，（就不再是拥有它）而就是它。其他的事物都只不过是人所披戴的，你不能称之为人的一部分，因为他并非想要披戴上它，如果他是出于意志的活动与它合而为一，那才可以说是他的。那么对他而言善是怎样的呢？他就是他所拥有的东西，就是他自己的善。超越的善是他身上的善的原因。它是善这一事实不同于它存在于他里面这一事实。因为处于这种状态的人不再寻求别的事物，这就是明证。他还要寻求什么呢？他当然不可能寻求低级的事物，他已经拥有最好的。拥有这种生命的人得到了他生命中的一切。如果他是有德性的，他就拥有福祉所需的一切条件，就获得了善，没有他还不拥有的善。他所寻求的东西，他把它作为一种必需来寻求，不是为他自己，而是为那属于他的某种事物的需要，也就是说，他为了与他结合的躯体而求。我们甚至承认这是有生命的躯体，它虽有自己的生命，但不是这善人的生命。他知道躯体的需要，就将它所需要的东西给予它，但他自己的生命没有丝毫减损。即使命运抛弃他，他的福祉也不会减损，善的生命也依然如故在那里。当他的朋友和亲戚死了，他就知道什么是死亡，就像那些死了的人所知道的——如果他们是有德性的人，就能知道。即使朋友亲戚的死引人悲伤，也不能令他悲伤，只是令他里面的没有智性的部分悲伤，他不会让诸如此类的忧伤干扰他。

5. 那么痛苦、疾病以及一切阻碍活动的事物又是怎样的呢？假如善人甚至没有意识，那会怎样？药物和某些疾病可能导致这样的结果。在这样的情形中，他如何能拥有善的生活和福祉呢？我们不必思考匮乏和耻辱，尽管在这些方面有人会提出对我们的反驳，尤其是人们一直在谈论的"普里阿摩（Priam）的命运"。① 因为即使他能忍受这些，甚至是轻松地忍受，那也不可能是他想要的东西；而有福的生活则必定是人人所向往的。有人可能会提出如下反驳，这位善人并不就是善的灵魂，怎么能不把躯体的本性看作他本质之是的一部分呢？我们的对手会说，只要认为躯体的情感属于人本身，承认正是他本人出于与躯体相关的原因进行选择和拒斥，他们就愿意接受我们的观点。但是，如果把快乐算为幸福生活的一部分，那么当偶然和痛苦造成困扰时，即使这些事是发生在一个善人身上，他如何可能会感到幸福呢？这种自足的福祉状态属于诸神。人既然有低级本性这种附加物，就必须到这生成之物的整体中去寻找福祉，而不是在部分中寻找。因为如果一部分处于坏的状态，那么另一更高的部分就必然要受影响，低级部分的事情不顺利，高级部分也无法正常工作。否则的话，人们必须从人性中除去躯体甚至躯体的知觉，以此种方式来追寻福祉问题上的自足。

6. [我们应该回答说]，如果我们的论证指出，福祉在于没有痛苦、疾病和恶运，避免陷入巨大的不幸，那么一旦与福祉对立的这些情况出现，任何人就都不可能是幸福的。但是，如果福祉在于拥有真善，那么我们为何要忽视这一点，不把它作为判断福祉的准则，而去寻求不能作为福祉之构成部分的其他事物？如果它是诸善和众多需要的集合，或者虽非需要却仍被称为善的事物的集合，那我们仍应尝试并思考这些事物。然而，我们的目的是一而非多——否则我们寻求的就不是一个目的，而是多个目的了——那么我们必须获得这具有最终且最高价值的独一者，

---

① 参见亚里士多德《尼各马可伦理学》I. 10. 1100a8; 11. 1101a8。在文章的这一部分，普罗提诺是在为斯多亚学派的基本观点辩护：善人绝对不依附于外在环境。他以此驳斥逍遥学派的观点。

就是那灵魂努力在自身中紧紧抓住的独一者。在这种情况下，寻求和意愿都不会指向非是。这些事物不属于我们的本性，它们只是[偶然]出现，我们的推论能力正是要排除和摆脱它们，尽管有时也要求得到它们。但是，我们灵魂的真正驱动力把它推向那比它自身更优秀的事物。当那者存在于灵魂里面时，灵魂就得到圆满和安宁了，这就是它真正渴望的生活方式。如果在严格意义上使用"渴望"，而不是任意滥用，那么当我们希望生活中也有各种必需物时，就不能用这个词，不能说我们"渴望"拥有这些必需物。一般而言，我们都想避免恶，但是我想这种避免不是意愿的问题，否则我们宁愿不出现这种避免的场合。当我们拥有必需物，比如健康和避免痛苦时，这些事物本身就证明了这一点。它们对我们有什么吸引力呢？当我们拥有健康时，我们总是忽视它；没有痛苦时也一样。当这些对我们没有吸引力的事物存在时，它们不能为我们的福祉贡献什么，但是当它们不在时，我们却寻求它们，因为没有它们我们就不安，它们被称为需要是合理的，但不是善。因此，它们不能被算为我们所寻求的目的的一部分，即使它们不在了，它们的对立面出现了，这目的也保持不变。

7. 那么，处于福祉状态中的人为何想要拥有这些必需物，而拒绝它们的对立面呢？我们的回答是，这不是因为它们对他的福祉有什么贡献，而是因为对他的存在有所贡献。他拒绝它们的对立面或者是因为这些对立面导致他的非存在，或者是因为它们的出现妨碍了他的目的，这种妨碍不是说它们使目的有什么逊色，而是因为他既然拥有最好的东西，就只想单独拥有它，不希望有其他事物与它同在，那些事物虽然不至于减损它，但仍然在它旁边存在。当然，即使有福之人不想要的事物始终存在，他的福祉也不会有任何减损；否则他会日有所变，并从福祉中坠落。例如，如果他失去了一个仆人，丢了一件财产：有数以千计这样的事情发生，如果它们不能影响他的心灵，那么也绝不能妨碍他所获得的终极之善。但是，人们会说，如果发生的是巨大的灾难，而非日常变化，那会怎样？对一个已经登临高处，不再依赖于下界之一切的人来说，还有什么人事不可以忽略不计？一切偶发事件，无论怎样重大，在他看来都不是大事。例如王位，统治城市和人民，或者建立殖民地和城邦（即使是他亲自建立的），这些都不是什么大事，那他怎么会认为丧失权力和城邦沦陷是大事呢？如果他认为这些是巨大的不幸，或者至少是不幸，那么他就应受到嘲笑；如果他以为那些木头、石块以及（愿神帮助我们）必死者的死亡是重要的，①那么他还有什么美德可言？我们说，这个人应该想想，死亡是何等的好事，比与躯体同在的生命更好！如果他自己被作为祭品，难道他会因为死于祭坛而认为他的死是一种不幸吗？如果他死后未被埋葬，他的肉身迟早会腐烂在泥土里。如果他为没有风光的葬礼而悄无声息地下葬，为没有奢华的墓碑而不安，那么他是何等的渺小！如果他作为一名战俘被捕，那么即使已经没有福祉的路，也有逃脱的路"敞开着"。②如果他的亲人在战争中被捕，"他的女儿、女婿被捕",③假如他未看到诸如此类的事就死了，那么他离世时会以为这些事不可能发生吗？若果真如此，那他就是一个傻瓜。难道他会以为他的亲人不可能遭遇诸如此类的不幸吗？难道他相信这些不幸会妨碍他的福祉吗？答案是否定的，这些事情的发生不会妨碍他的福祉。他会认为这个宇宙的本性就包含这种种不幸，我们只有顺从。不管怎样，许多人都会因成为战俘反而做得更好，如果他们觉得不堪忍受，就会自己设法解脱。如果他们留了下来，那或者因为留下是合理的，对此无须惧怕，或者他们不应该留下却留下了，是不合理的，那也是他们自己的错。善人不会因为他人的愚蠢而陷入不幸，

---

① 圣奥古斯丁临终前正值汪尔达人（Vandals）围攻希波之时，他以这些话来安慰自己。参看 *Possidius, Vita Augustini* XXVIII。

② 指自杀，普罗提诺认为这是合法的，但是必须在完全绝望的情况下。对照下一节，以及 I. 9. 11-14, 17。

③ 亦暗指普里阿摩（Priam），参照《伊利亚特》22. 65。

即使是他的亲人。他不会依赖于他人的好运或恶运。

8. 就他自己的痛苦而言，即使非常之大，只要他还能承受，就会尽力承受；如果痛苦之巨超过了他的承受能力，那么他就会被击垮。① 即使身处痛苦之中，他也不会要求可怜；他内在的光就像灯塔之光，在暴风骤雨中艰难地照射向远方。② 但是，假设痛苦致人发狂，或者已经达到一定高度，虽然已极度痛苦但还未到致人于死地，那会怎样呢？若果真如此，他就要思考他该做点什么，痛苦并未夺去他的自决能力。我们必须明白，善人对事物的看法与普通人不同；他遭受的无一能触动他的内在自我，痛苦既然都不能，更遑论其他了。那么事关他人的痛苦呢？[同情他人]是我们灵魂的一个弱点。对此，有下面的事实为证：我们认为如果不知道他人的痛苦，便是幸事，甚至认为如果我们先人而死乃是一桩好事，我们没有从他人的角度而只是从自己的角度来思考问题，试图避免悲伤。这正是我们的弱点，我们必须克服，不能让它留在那儿，免得担心它会征服我们。如果有人说，对我们同类的不幸感到悲痛是我们的本性，那么他应该知道，这并非适用于每个人。美德的任务就是要把普通的本性提升到一个高度，要比大多数人能达到的水平更高。这样，普通人感到恐惧的事，它可以毫不屈服。我们不能像未受训练的人那样，而应该像一个训练有素的斗士那样面对命运的打击。要知道虽然有些人可能不喜欢它们，但是我们自己能够忍受它们，不是把它们看作恐怖之事，而是视之为孩子的困惑。那么善人难道想要得到不幸吗？当然不，但是当他所不希望的事降临时，他就用美德对付它，这使他的灵魂不易受到干扰或感到沮丧。

9. 但是，假如他是无意识的，比如疾病或者魔术夺去了他的心智，

---

① 参见伊壁鸠鲁（Epicurus），fr. V. B64-65 Bailey。
② 这里使人想起恩培多克勒（Empedocles）fr. B84, Diels，不过上下文迥异，在那里，暴雨中的灯塔只是比喻眼睛的结构。

那会怎样呢?[①]如果他们主张就算处于这种状态,他也仍是个善人,只是进入了某种睡眠而已,那么谁能说他不幸福?毕竟,当他睡着之后,他们不会剥夺他的福祉,或者拿他睡眠所化的时间来说明他并非终生有福。[②]但是,如果他们说,当他处于无意识状态时他就不是善的,那么他们就不再是在讨论善人了。但是,我们是把善人作为我们讨论的起点,探求是否只要他是善的,他就是有福祉的。他们说,"就算他是善的,但他如果没有意识到这一点,或者没有表现德性的行为,那怎么能说他处于福祉状态呢?"但是,即使他不知道自己是健康的,事实上他仍然可以是健康的,即使他不知道自己英俊,他也可以确实是英俊的。同样,如果他不知道自己有智慧,难道他的智慧就有所减损?也许有人说,智慧需要意识,要知道自己存在,因为福祉正是在现实的和活跃的智慧中发现的。如果理解和智慧来自于外部,这个论证也许有意义,但是智慧根本上存在于一种实体中,或者毋宁说就在这种实体中,那么这种实体并不因为他入睡了或处于无意识中而停止存在;如果这种实体的真实活动仍然在他身上进行,而且这种活动永不停止,那么善人——因为是一位善人,所以甚至在那种情形中也是活跃的。没有意识到活动的,不是他的整体,只是他的部分。同样,当我们的生长—活动非常活跃时,我们的感知觉并没有让人的其余部分对这种活动产生任何感知;如果我们里面生长的部分就是我们自身,那么活跃的应该就是我们自身,尽管事实上我们毫无意识。然而,我们不是它,不是生长活动,而是理智活动,因此,当理智活跃时,我们就是活跃的。

10. 也许我们没有注意到理智活动,因为它与感觉对象无关。我们的心智借助于感知觉——处理可感知事物的一种中介——确实在感觉层次上发挥作用,思考感觉对象。但是没有知觉,理智本身难道就不能是

[①] 在这里和下一节,普罗提诺阐述了意识的地位是次要的,相对较低的,这个观点完全是非斯多亚学派的,是以他最富原创性的双重自我心理学为基础的。

[②] 比照亚里士多德《尼各马可伦理学》X. 6. 1176A33-35。

活跃的，它的随从灵魂——它先于感知觉和任何形式的意识出现——难道也不能是活跃的？如果"思与是同一"，[1]那么必有一种活动先于意识。看起来意识是存在的，当理智活动反射回来，灵魂生命中那敏于思考的东西也以一定方式反射回来，正如平整光亮的镜面上反射而成的镜像，意识似乎就此产生了。在这些情形中，只要镜子存在，镜像就能产生，即使镜子不在或者并非平整光亮，成像的原物仍然实实在在地存在。灵魂也是一样，当我们里面反映思想和理智形像的事物未受干扰时，我们就以一种类似于感知觉的方式，再加上先在的知识——知道活跃的是理智和思想——认识和了解它们。但是，如果身体的和谐被扰乱，我们内在的镜子被打破，思想和理智就不能成像，理智活动出现了却没有心像（mind-picture）产生。[2]因此，我们可以得出这样的结论，理智活动[通常]会有心像相伴，但并不就是心像。我们可以找到大量这样的活动，包括理论和实践的，在我们的沉思生活中和现实生活中都有，即使在我们完全有意识的时候，我们可能也没有意识到它们，但它们都是有价值的。读者并不一定意识到自己正在阅读，至少在他全神贯注的时候是这样；表现勇敢的人也不一定意识到他正在做勇敢的事，他的行为与勇敢这种美德相一致。还有成千上万诸如此类的例子。事实上，意识到的意识很可能削弱意识活动；只有当它们独立自存的时候，它们才是纯粹的，才真正是活跃且富有生命力的。当善人处于这种状态时，他们就得到了提升，因为他们的生活没有散落在感觉里面，而是紧紧地汇集在一起和自身之中。

11. 如果有人说，处于这种状态的人甚至没有生命，那么我们要坚持认为他是有生命的，只不过他们没有注意观察他的福祉，正如他们没

---

[1] 巴门尼德（Parmenides），fr. B3 Diels。巴门尼德此话的真正含义是什么，这里无关紧要。普罗提诺是要阐明他自己的理论，即真是与理智是统一的，就如他在 V.1.8.17 引用此话时所表明的。

[2] 这里，ψαντασιαα 是在亚里士多德的意义上使用。见《论灵魂》III. 3. 427b-429a。

有注意观察他的生活一样。如果他们不相信我们，那么就请他们把一个活生生的善人作为他们的起点，再来探讨他的福祉问题，而不是先极度轻视他的生命，然后考察他是否有好的生活，或者先剥夺他的人性，然后追问他是否有人的福祉，或者承认善人将自己的注意力指向里面，然后从他的外部活动中去认知他，更不要说在外面事物中寻找他的欲求对象。如果人们说外面的事物是应该欲求的，所以善人也欲求它们，那福祉就根本不可能存在。善人希望人人都幸运，没有人遭受不幸。但是，即使事实并非如此，他也仍然是有福的。如果有人认为，假设善人想要人人幸福事事顺利，这会使他显得荒谬——因为不幸不可能不存在——那么持这种观点的人显然同意我们所说的善人追求的是内在的事物。

12. 如果他们要求表明这样一种生活中有什么样的快乐，那么他们应该不是想要得到放荡者的快乐，或者任何肉身的快乐——这些都不可能出现在这种生活中，否则只会损害福祉——或者兴奋的激情——善人怎能有这些情绪呢？——而应是与各种善相伴的快乐；不是存在于运动中的快乐，也不是任何过程的结果，因为诸善已经存在，而善人向自己存在，所以他的快乐和幸福就是安宁。善人永远幸福，他的状态始终安详，他的性情知足常乐，任何所谓的恶都不能扰乱他的心绪——只要他真正地善。如果有人寻找生活中的另一种快乐，那么他所寻找的就不是美德的生活。

13. 善人的活动不因时运的变化受妨碍，他能随机应变。不管发生什么，他的活动同样是适宜，或许因为顺势而动，所以时势变迁，他的活动倒比平时更适宜。至于他的思辨活动，在涉及某些具体观点时可能会受环境影响，例如那些需要调查和研究的观点。但是，"最伟大的学习"[①]永远是现在的事，并始终与他同在，如果他身处所谓的"法拉利的公

---

① 对柏拉图和普罗提诺来说，"最伟大的学习"就是学习至善。参《理想国》VI. 505 A2；《九章集》VI. 7. 36。

牛"——尽管人们一直称之为快乐,但这种叫法是愚蠢的——之中,那就更是如此。①因为按照他们的哲学,那说它的状态是快乐的部分,就是遭受痛苦的部分;而根据我们的哲学,遭受痛苦的是一部分,但还有另一部分,虽然被迫同受痛苦,但始终持守自己,不会缺乏普遍之善的视域。

14. 人,尤其是善人,并不就是灵魂和躯体的复合物;人可以从躯体中分离出来,鄙弃所谓的好处,这就是明证。主张凡有生命的躯体皆有福祉是荒谬的,因为福祉是良善的生活,与灵魂有关,是灵魂的一种活动,但并非灵魂的全部——因为福祉不是成长—灵魂的活动,否则就会使它与躯体相关。这种幸福状态当然不在于躯体的大小或健康,也不在于感觉是否灵敏,这些优势太多了,就容易使人扭曲,从而把他降低到它们的水平。另一边,指向佳美者的那边,必然有一种同等的力与之抗衡,约束躯体,使它变得卑微。所以,可以清楚地看出,真人不同于他的外在部分。这个属世的人可能是英俊的、高大的和富有的,是全人类的统治者(因为他本质上就是这个界域的),我们不应该因诸如此类的东西嫉妒他,他被这些东西蒙骗了。智慧的人也可能完全不拥有这些,即使有,只要他关心的是真我,他自己也会约束它们。他会漠视躯体的这些优势,淡化它们,并逐渐消除它们;他会抛弃权力和职位。他也关心身体健康,但不指望完全不生病,或者不经历痛苦。更确切地说,即使这些事不发生在他身上,他也希望年轻时能了解它们,等到他年老时,他不希望任何痛苦或者快乐来妨碍他,或者不希望任何世俗之事,不管是快乐的还是痛苦的,来妨碍他。这样,他就不必再考虑这个躯体了。当他发现自己身处痛苦时,就用为让他对付痛苦而赐给他的力量来抗拒它。他会发现快乐、健康以及没有痛苦和麻烦,并无助于他的福祉,这

---

① 智慧而良善的人在刑架上受酷刑或者在法拉利铜牛里被烙烤时也应该是快乐的,这是斯多亚学派和伊壁鸠鲁学派共同的一个悖论。普罗提诺指出,基于他们关于人性的假设,这个导论是毫无意义的,但是基于他的理论,是有意义的,因为他把较低的自我(真实地受苦)与较高的自我(镇静若定)区分开来。

些事物的对立面也不能剥夺或者减少他的福祉。因为既然增加一物于事无益，那么减少一物又怎么会于它有损呢？

15．假设有两个智慧人，一个拥有一切所谓本性上的优点，另一个则拥有它们的对立面，那么我们是否可以说他们有同等的福祉吗？是的，如果他们的智慧同等的话。即使一人相貌堂堂，拥有与智慧无关的所有身体上的优势，或者与美德、与至善的视域，或与至善本身无关的优势，这一切又有什么意义呢？毕竟，就算是拥有这些优势的人，也不会显摆这些东西，仿佛他比不拥有这些东西的人更有福似的，因为比他人更多地拥有这些东西，甚至无助于成为一名管道工。当我们思考一个人是否有福的时候，我们把自己的弱点也带了进来，把处于福祉状态的人所不屑一顾的事物视为可惧和可怖之事。人如果还没有从这些幻象中摆脱出来，确立对自己的信心，相信恶永远不能伤害他，从而在一定意义上成为一个完全不同的人，那他就不可能获得智慧或者福祉。只有当心灵处于这种信心状态，他才无所畏惧。如果他畏东怕西，那他在美德上便是不完全的，只是个半人而已。如果有时候，当他关注别的事物时，有一种本能的恐惧以迅雷不及掩耳之势袭上心头，那么[他里面]的智慧人就会出来将恐惧赶走，通过威吓或者推论使他里面那个因受到刺激而略感不安的胎儿平静下来。这种威吓是不动声色的，就像孩子只要看到大人严厉的表情就被吓得不敢吱声。这样的人并非不友善，也不是没有同情心。他对待自己，处理自己的事务时是这样，但是他怎样对待自己，便也怎样对待朋友，因此这样的人必然是最好的朋友，同时始终是明智的。

16．如果有人不是使善人高高地立足于这个理智的世界，而是把他贬低到偶发事件，担心这样的事件发生在自己身上，那么他就没有如我们要求的那样专注于善人，只是把他视为一个普通人，一个善恶混合的人，认为他的生活也是一种善恶混合的生活，其实这种混合不可能轻易出现。即使这种人确实存在，他也不配称为有福祉的。他身上没有任何伟大之处，既没有出于智慧的尊贵，也没有纯粹的善。躯体和灵魂共有的生命不可能拥有福祉的生活。柏拉图是对的，他认为，有意要成为智慧人并获得福祉状态的人，必须从那里，[1] 从上界获得善，并凝视那善，仿效它，成为与它想象的，依靠它生活。[2] 他必须坚持不懈地视之为唯一的目的，随着居所的改变而改变他的其他环境，不是因为他要从这个或那个居所获得有关福祉方面的好处，而是推测——可以说——他居于这里或那里会对他的外在覆盖物产生怎样的影响。他必须尽可能满足他躯体生活的需要，但是他本身不是躯体，而且可以自主地抛弃它，他要在最适当的时候抛弃它，此外他还有权为自己选择这个时间。因此他的有些活动指向福祉，有些活动则不指向这目标，也不真正属于他，而属于与他结合的躯体。他要尽可能照顾和承受这个躯体，就像音乐家与他的里拉，[3] 只要他还可以用它，就与它相伴；如果不能用了，他便改用另一者，或者不再使用里拉，也放弃有关它的一切活动。到那里，他会从事其他事，那是与里拉无关的事；当他吟唱无须乐器的时候，他便把它弃之一边。然而，一开始赐给他乐器并非没有充分的理由。他常常用它，直至现在。

5. 福祉是否随时间而增加

1. 福祉往往被认为是指我们现在的状态，但它是否会随时间增加呢？可以肯定，记忆不可能对福祉有什么作用，它也不是口头谈论的事；它乃是一种特定的状态，而一种状态是当下的东西，因而就是生活中的现实。

2. 也许有人会说，因为我们总是在追求生活和现实，因此每一次

---

[1] 指理智和太一。——中译者注
[2] 普罗提诺是在参考《会饮篇》212A1，《泰阿泰德篇》176B1，在"论美德"（I. 2）一文的开头也引用了这段话。
[3] 古希腊的一种乐器。——中译者注

69

目标的实现就是增加一份福祉。① 首先，明天的福祉总要比今天的更大，将来实现的事总要比过去已有的更大，而且福祉也不再以德性② 为衡量标准。③ 即使是诸神，现在也比以前更加幸福，但是他们不可能得到完全的福祉，永远也不可能得到完全的福祉。其次，欲望一旦达到自己的目的，就获得了现实中的某物，就是存在于各个特定时刻的事物；并且只要有欲望，就不会停止对福祉的追求。再次，既然生的欲望就是追求存在，那它必然是对现实之事的欲望，因为存在就是现存的事物。即使它确实想往将来和往后的事物，它所想往的也是它现在所有和所是的事物，而不是它曾经所是或者将来所是的。换言之，它想往的将来状态对它来说其实就是现存的事物。它不是要去寻求永恒，只希望现在呈现的事物现在存在。

3. 那么，"他长期以来一直是幸福的，而且长期以来一直只看同一个事物"这样的说法是什么意思呢？如果经过更长的时间，他就能对事物有更确切的认识，那么可以说，时间对他是有帮助的。但是如果他对事物的认识始终是相同的，（时间的延续并没有给他带来新的感知，）那么只见过它一次的人也拥有同样多的知识。

4. "但是第一人拥有快乐的时间更长一些。"然而，把快乐等同于福祉是不对的。当然如果有人说快乐就是"不受限制的活动"，那倒正好说出了我们所要寻求的结论。无论如何，就是这种持续更长时间的快乐，在任何时刻也只拥有现存的东西，过去的快乐已经随风而去了。

5. 就此而言，如果有这样三个人，一人自始至终一直享有福祉，另一人到了后半生才享有福祉，而第三人刚开始时很幸福，但后来发生了变化，失去了福祉，那么这三人的福祉是否同等呢？这里，不是拿全

---

① Stephen MacKenna & B.S. Page 的《九章集》译本 (William Benton, Publisher, 1952) 这里插入了"那么我们得说"。——中译者注
② Stephen MacKenna & B.S. Page 的译本插入"而是以时间"。——中译者注
③ Stephen MacKenna & B.S. Page 的译本插入"在这种观点看来"。——中译者注

都处在福祉状态中的人作比较，而是拿那些不享有福祉的人在他们不幸福的时刻与一个幸福的人进行比较。因此，如果说后者有什么优势，就是处在福祉状态中的人与那些没有福祉的人相比所具有的优势。这意味着他的优势在于某种现存的事物。

6. 那么穷乏的人怎样呢，是不是恶运时间越长，境况就越糟呢？其他困苦是否都是这样，比如长时间的痛苦和忧愁，以及其他诸如此类的，是否持续时间越长，所产生的不幸就越大？如果这些困苦随时间的推移产生越来越多的不幸（恶），那么它们的对立面为何不能也随时间而增加福祉？就忧愁和痛苦而言，人们当然可以说时间会使之加剧，比如慢性病，已经成了顽疾，随着时间的流逝，身体的状况会变得越来越差。当然也有可能病情没有恶化，没有产生更大的伤害，如果情形是这样，那么令人感到痛苦的就是：身体始终处于当下的状态；如果不考虑到疾病一旦产生就具有持续性，我们就不能把过去当作不幸的筹码。就不幸状态来说，持续时间越长，不幸就会越甚，因为持续的恶劣状态会使境况恶化。因此，不幸的加剧应该归咎于状态的恶化，而不是因为同一状态持续时间的延长。须知，在同一状态持续很长时间的事物并不就是当下存在的，我们实在不应谈论"长期"，因为它意味着把那不再存在的事物看为存在的。至于福祉，它有边界，有限度，而且始终同一。如果这里也说福祉随着时间的绵延有所增加，从而人在德性上取得更大的进步，就获得更多的福祉，这就不是在计算福祉的年数，赞美它的长期性，而是在福祉变得更多的时候赞美它的增多。

7. 但是，如果我们只应思考当下的不与过去发生联结的福祉，那么我们对时间为何不是这样呢，我们为何总是把过去与现在放在一起，然后说这样加起来就更多，我们为何不能说福祉的大小与持续时间的长短成正比？如果那样，我们就是按着时间的分法来划分福祉；而我们如果用现在来衡量它，就会使它成为不可分的。当然，计算时间并非不合理，就算事物不存在了，时间仍可计算，因为我们对过去存在而现在已经不在的事物，比如死者，都是要记载算数的；但是如果说不再存在的福祉要比当下存在的福祉更多，那就属于荒谬之论了。因为福祉须是持续的，而时间，过了现在就不再存在。一般来说，时间的延续意味着单一的现在消散了。因此之故，可以把时间恰当地称为"永恒的形像"（the image of eternity），①因为它总是通过自己的消散使原本存在于永恒之中的事物消失不见。因此，如果它从永恒取了原本永久存在的事物，打上时间的烙印，那就是毁灭了那个事物——它借永恒在一定程度上一直存留着，但如果完全进入短暂的弥散（即时间）中就彻底毁灭了。如果福祉是关乎美好生活的，那么显然，它必是关乎"真是"的生活，因为这样的生活是最好的。因此，它必然不是由时间来衡量的，而是永恒的；既是永恒的，就没有多和少，毫无延展，它是不可分的、无时间的"当下这个"。我们不能把是与非、时间或时间的绵延与永恒混合起来，也不能使不可延展的事物延展；不论我们怎样看待它，都必须把它看作一个整体，不能理解为时间上不可分的区间，而是理解为没有时间的永恒生命，这样的生命不是由诸多时间阶段构成，而是完全独立于时间之外。

8. 要是有人说，把过去的记忆保存到现在，这对长期处在福祉状态中的人有更多的益处，那么请问他所说的记忆是指什么呢？如果是关于先前的德性和理智活动的记忆，那他必会说此人变得更富有德性，更聪明 [不是更幸福]，这样他就不会坚持这个观点；如果是关于快乐的记忆，那么他就会把这个处于福祉状态的人描绘成需要大量额外的享乐，而不是满足于已有之物的人。而且，在关于快乐的记忆里有什么样的快乐？比如，某人记得昨天他享用了美味佳肴，这记忆有何快乐？倘若他是在十年前享用的，说这记忆还带给他快乐岂不更加可笑？关于去年某个有德性和聪明的人的记忆也同样如此。

9. 如果所说的记忆有关卓越，是否就会有所不同呢？这是那种现

---

① 柏拉图《蒂迈欧篇》37D5。

时生活中毫无卓越之处的人的想法，因为他现在还没有获得任何卓越，因此就去寻找关于过去的卓越的记忆。

10. 但是可以说，漫长的时间能产生许多卓越的行为，而一个只享有短暂福祉的人就不可能有这么多卓越行为——如果我们确实可以把几乎没有行过善事的人称为幸福之人的话。人若说福祉状态是由许多时段和行为构成的，那他就是在把已经过去不再存在的事件与现存的拼合在一起。因此，我们一开始就把福祉定位在现在，然后探讨福祉状态的延长是不是意味着福祉的增加。我们必须思考持续很长时间的福祉是否因更多的行为而有增加？首先，不活跃的人获得福祉，并且比活跃的人更有福祉这是可能的；其次，行为本身并不产生德性，使行为产生好结果的是人的意向，智慧而良善的人在自己的行为中获得德性的益处，但他不是从他在行动这一事实本身，也不是从他行动的环境中，而是从他所具有的本性中获得益处。就是一个恶人也可以拯救自己的国家；而对善人来说，即使拯救国家的不是自己，是别人，也照样会因国家得救感到由衷的喜乐。因此，并非事件本身产生福祉和快乐，而是人的内在状态产生了福祉以及由之而来的种种快乐。把福祉定位在行为里，就是把它置于德性和灵魂之外的事物里。灵魂的活动在于思想，这种活动是内在于自身的；而这就是幸福的状态，就是福祉。

6. 论美

1. 美基本表现在视觉上，但也可以在我们所听到的事物中发现美，比如语言的组合和各种形式的音乐（不只是歌曲），因为音调和旋律肯定是美的。对于那些超越了感知觉领域的人来说，生活方式、行为举止、人物性情和理智活动都是美的，因此有一种德性之美。如果除此之外还有更高尚的美，我们的讨论本身必会展现出来。

那么，究竟是什么使我们认为那些事物是美的，并因它们的美吸引我们的耳朵去聆听？一切属于灵魂的事物为何就是美的？它们都是因为某种同样的美而成为美的，抑或不同的事物各有不同的美？这种或者这些美是什么呢？有些事物，比如物体，其美并非出于物体本身，而是由于分有美才是美的；另一些事物则本身就是美的，比如德性就是如此。同样的物体有时显得美，有时又不美，因此它们作为物体是一回事，作为美（的物体）又是另一回事。那么显现在物体中间的这种原理是什么呢？我们首先就要思考这个问题。在一个物体中，究竟是什么吸引人的目光，使他们走近它，凝视它，并且感到爽心悦目？如果我们找到这个答案，或许就可以把它作为一块阶石，[①]借此纵览其他问题。几乎每个人都会说，各部分彼此之间以及与整体之间恰如其分的比例，再加上某种美丽的色彩，[②]就产生了看得见的美。也就是说，就眼睛所见的事物，以及一般意义上就所有事物来说，美就是均匀对称。根据这样的理论，单一而单纯的事物不可能有美，唯有复合物才会有美。另外，美的事物应该是整体，而各部分本身没有美的属性，只是有利于整体的美。但是，如果整体是美的，那部分也必然是美的。一个美的整体当然不可能由丑的部分构成，所有的部分必然都包含着美。对这些人来说，美的色彩，还有太阳的光线，因为都是单一的，没有从好的比例中获得美，因此都要排除在美之外。但是他们为何又认为金子是美的呢？又是什么使黑夜里的闪电和星辰看上去是美的？同样，就声音来说，他们也要取消单一的声音，尽管在华美的和声中各个单独的声音也往往是美的。但是，同一张脸虽然始终保持匀称的比例，却为何有时候看起来很美，有时候却

[①] 参柏拉图《会饮篇》211C3。
[②] 好的比例是美的本质部分，这是希腊人的普遍信念，也是柏拉图和亚里士多德都接受的。但是专门用这些术语来严格界定美的，是斯多亚学派。参西塞罗 Tusculans IV. 31, et ut corporis est quaedam apta figura membrorum cum coloris quadam suavitate eaque dicitur pulchritude……圣奥古斯丁在 De Civitate Dei XXII. 19 复述了这段话，只略有变化。

不显得美呢？我们岂不是应该说，美是超越于匀称比例的另外的事物，比例之所以显得美正是因为有那样的事物存在？不过，当这些人论到生活方式和思想的优美表达时，他们仍会断言适当的比例就是产生美的原因。如果是这样，那么请问，在美的生活方式（高尚的行为）或杰出的法律或种种研究领域和知识学科中，匀称的比例在哪里？思辨如何可能是彼此之间的恰当比例呢？如果他们同意，那只能说有各种恶念之间的和谐与平衡。"义是一种精致的傻"这样的说法与"道德就是愚蠢"①这种话是合拍的，甚至完全一致。另外，我们知道，每一种德性都是灵魂的一种美，一种比上面提到的各种美更真实的美，并且它不可能有空间上的大小或数量上的多少；那么请问，德性如何表现出匀称的比例？我们承认，灵魂（不是一个单一体，）可以分成几个部分，但灵魂各部分的统一或各种思辨的联合又遵循怎样的公式？最后，[照这种理论来看]，完全是其本身的理智还有什么美可言呢？

2. 因此，我们必须回到开头，来讨论物体里面原初的美究竟是什么。这种美是我们乍看去就意识到的事物，灵魂谈论它时好像早就领会了它，并且认得它，欢迎它，甚至可以说，适应它。而当灵魂遇到丑时，就退缩拒斥，避而远之，因为它与丑格格不入。我们对此的解释是，因为灵魂本性上是其所是，在"是"的领域与高级实在相关，因此当它看到某种与自己相似的东西，或者与它同类的实在的迹象，就感到喜悦激动，于是回归自己，想起自己以及自己的所有。那么下界美的事物与上界美的事物有什么相似之处呢？如果有某种相似，那么我们就得承认这两种美是相同的。那么两个世界的事物究竟有哪种美呢？我们认为，下界的事物之所以美是由于分有了形式，因为凡自身没有形状但本性上能够接受形状和形式的，只要它还没有获得构成力量和形式，就是丑的，在神圣的构成能力之外。这是绝对的丑。另外，某物如果不是完全受制于形

---

① 参柏拉图《理想国》348C11-12 及 560D2-3。

状和形成力量,那也是丑的,因为它的质料还没有完全按照形式成为有形状的事物。然后,形式进入那要生成的事物,把许多部分构成一个单一的有序整体,使它成为一个完整的统一体,使它的各部分和谐一致。因为形式本身是统一的,由它生成的事物虽然由许多部分组成,却是多样性的统一。因此,当质料形成统一体之后,美就依附在它上面,并把自身同样地给予各个部分和整体。当它遇到某种由相似部分构成的统一体时,就把同样的礼物赐给整体。就像有时艺术把美给予整座房子以及它的各个部分,有时某种自然属性把美赐给一块石头。这样说来,美的物体之形成是由于分有了某种构成力量,而这种构成力量源于神圣的形式。

3. 为这一目标而设的能力能识别这种美。只要灵魂的其他部分能与它一同判断,那它在论断自己的主题上就有无与伦比的效力;比如灵魂的其余部分在作出判断时,使美的物体与形式本身相吻合,用这种方式来论断美,就像我们用尺子来判断平直一样。但是,属形体的东西怎么与那先于形体的东西一致?建筑师如何使外在的房子与他心里的房子形式吻合,从而宣称外在的房子是美的?原因在于,外在的房子除去石头,就是被外在的质料分割了的内在形式,这种形式不包含部分,但是呈现在许多部分之中。当感知觉看到物体中的形式制约并主宰着与它相反、没有形状的本性(质料),看到形状荣耀地凌驾在其他形状之上,就把那看起来四处分散的事物集合成一体,把它带回来——现在它已经没有部分,只有整体——吸收到灵魂的内部,将它呈现给那与它一致、与它吻合也是它所珍爱的内在之物。正像善人在年轻人身上看到德性的痕迹,看到与他自己的内在真理相一致的事物,就会深感喜悦。依靠形状,颜色就有了单纯的美;出现了光,质料里的黑暗就被控制,这光是无形的,①是构成力量,是形式。因此之故,火本身比所有其他物体都要美,因为

---

① 在普罗提诺看来,光就是发光体无形的 ενεργεια。参 IV. 5. 6, 7

相对于其他元素来说它有形式之称。它靠近无形者，因此在位置上高于其他元素，是所有物体中最精致最微妙的一种。①唯有它不包含其他元素，而其他元素都包含它；它使它们变暖，自己却并不因此变冷；它有最初的颜色，所有其他事物都从它获得颜色的形式。因此它就像是一种形式那样闪着光辉。在火的光照下变得苍白而暗淡的低级事物，因为不分有颜色的整个形式，就不再是美的了。声音中的旋律也是这样，不能听到的旋律产生了可以听到的旋律，使灵魂以同样的方式意识到美，以不同方式表明了同样的道理。感觉得到的旋律可以用数来度量，但不是根据任意一种公式，而是根据那种能创造形式、使形式主宰质料的公式度量的。关于感觉领域的美、形像和影子就谈到这里。可以说，这些东西（从美本身）流射出来，进入质料并装点质料。它们一显现出来，就使我们感到无比激动。

4. 至于那超越的美，是任何感官都无法看见的，唯有灵魂能不借助于任何工具就能看见它们，谈论它们——我们必须上升到它们那里，凝思它们，而把感觉留在下面。正如就感觉领域的美来说，从未见过它们或者体会过它们的美的人——比如天生的瞎子——是不可能谈论它们的。同样，唯有那些接受了生活方式的美、各种知识的美以及诸如此类的美的人，才能谈论这种美。从来未曾想象过正直的脸和道德秩序有多美的人，不可能谈论德性的壮美。"暮星和晨星没有一个是美的。"②然而，必然有人能够借着灵魂的洞识力看到这种美。一旦看到了这种美，就必然比看到我们前面所讲的那些美更加兴奋、激动和入迷，因为他们现在所看到的乃是真正的美。每当接触一种美的事物时，必然会产生以下这些体验：迷惑、惊喜、渴望、挚爱以及激动得发抖的

---

① 把火看作神圣的形成原理，这似乎对斯多亚理论作了柏拉图主义的改造。
② 亚里士多德很可能是从欧里庇得斯（Euripides）的 *Melanippe*（fr. 486 Nauck）引这句话来谈论《尼各马科伦理学》里的公正问题（V. 3. 1129b 28-9）。普罗提诺在 VI. 6. 6. 39 再次想起这段话。

幸福。人在接触不可见之美时会有这些体验；所有的灵魂多多少少都会经历所有这些体验，但是那些炽烈地喜爱不可见之物的人，则有特别深刻的体验；正如就有形体之物来说，所有人都看见它们的美，但并非所有人都受到强烈震动，唯有那些被称为爱人（爱美者）的人才会感受至深。

5. 这样，我们必须请问那些追求感觉之外的美的人："关于美的生活方式，如我们所称呼的，美的习俗，井然有序的特征，以及一般意义上的善的行为、品性和灵魂之美，① 你们感受到了什么？当你们看到自身内在的美时又感受到了什么？② 你们如何会激动到狂野的程度，渴望与自身同在，振奋起你们的自我脱离躯体？"因为这是真正的爱人所感受到的事物。但究竟是什么使他们有这样的感受呢？不是形状和色彩，③ 也不是什么尺寸比例，而是毫无颜色的灵魂本身，它拥有没有颜色的道德秩序，拥有其他一切德性之光。当你在你自己或者另外某人身上看到伟大的灵魂，正义的生活，纯粹的道德，高尚的勇气④、尊严、端庄伴随着无畏、镇静和安宁的气质，以及照耀在这一切之上的神圣的理智之光，你就会有这样的感受。我们喜爱这些品质，但是我们为何称它们是美的呢？它们存在并向我们显现，但凡看见它们的人，不可能说别的，只能说它们就是真实存在的事物。所谓"真实地存在"是什么意思呢？就是说它们作为美而存在。不过讨论至此仍然要求我们解释为什么真实的存在者能使灵魂成为可爱的。照耀在一切德性上的这种荣耀之光是什么呢？你是否愿意将相反的事物，即灵魂中的丑与美作对比？也许思考一下何为丑和它为何出现，会有助于我们找到所要的答案。试想一个丑的灵魂，

---

① 参见柏拉图《会饮篇》210B-C。
② 苏格拉底在《斐德若篇》279B9 结尾祈求"内在的美"。
③ 柏拉图的"真是"（real being），即形式（理念）世界，是"没有颜色和形状的"，见《斐德若篇》247C6。
④ 这个词出于《伊利亚特》7.212 对埃阿斯（Ajax）出征的描述。

它放荡不公，充满淫欲，骚动不安，因胆怯而惊恐，因委琐而满心嫉妒，只要思想，就尽想些卑鄙而属世的念头，完全悖逆，追求不洁的淫乐，过着充满肉欲的生活，在自己的丑陋中寻找快乐。我们岂不可以说，丑进入灵魂就如同某种"美"从外面进来一样，伤害它，使它不洁，"混合了大量的恶"，①使它的生命和观念不再纯粹无瑕，它因混合了恶而过着灰暗的生活，掺和了大量死的因素，再也看不见灵魂应当看见的事物，再也做不到平静地守着自己？因为它一直被拖向外面，拖向下面，拖向黑暗。我想，它既然成为不洁的，各个方面都坠向感觉对象，混合了大量的物质材料，很大程度上与质料同流合污，接受了一种与它自身不同的形式，那么，它已经因一种混合而改变了，这种混合使它变得越来越坏。正如人若陷入了污泥就不可能再展现他原有的美，所展现的只能是他沾染的满身污泥；他的丑源于一种外在质料的附加，如果他要重新变成美的，他所能做的就是清洗自己，洗得干干净净，这样才能重新成为他原先的自己。因此我们可以恰当地说，灵魂因为混合、掺和和倾向于躯体和质料才成为丑的。灵魂的丑就是没有保持纯洁和单一，就像金子一样，而是沾满世俗之物。如果有人把金子外面的污泥剥掉，剩下的就是金子，当它从其他杂物中脱颖而出，独自存在，那就是美的。同样，灵魂一旦脱离因为与躯体结交得太近而产生的种种欲望，脱离其他情感，把因坠入躯体所获得的一切清除干净，独自居住，就除去了源于另一种本性的一切丑恶。

6. 古人有言，自制、勇敢以及各种德性都是一种洁净，甚至就是智慧本身。因此之故，那些神话说得一点没错，它们用谜一样的方式说，没有得到洁净的人到了冥府之后必陷在烂泥里，因为不洁者因其污秽特别喜欢污泥；②就像猪，身上很脏，因此喜欢脏的东西。而真正的自制，

---

① 出自《斐多篇》66B5 一个有极端二元论色彩的段落。
② 参见柏拉图《斐多篇》69C1-6。

不就是拒绝与躯体上的享乐为伍，而把它们看作不洁以及属于某种不洁的事物避而远之吗？同样，勇敢就是不怕死。死就是躯体与灵魂的分离；[1] 如果一个人向往期待独居，就不会惧怕这种分离。再者，灵魂的伟大在于鄙视此世之事。智慧则是一种理智活动，抛弃下界的事物，引领灵魂走向上界的事物。因此，当灵魂得了洁净之后，就成了形式和构成力量，完全脱离躯体，归属理智和神，美和一切与美相似的事物都是从那里源发的。所以，当灵魂被提升到理智的高度，它的美也得到了增加。理智以及一切属理智的事物就是它的美，是它自己的美，而不是别人的美，也唯有到了那时 [当它完全与理智一致的时候]，它才是真正的灵魂。因此，可以说，灵魂成为善的和美的事物，就是变得与神相似，因为美以及其他一切降临到真存在者头上的事物都是从神而来的。或者毋宁说，美就是实在，丑就是另一类东西（非实在），并且是原初的恶；[2] 在神，善的与美的这两种性质，或者善与美这两种实在，是同一的。[3] 因此，我们必须遵循同样的方式探寻美善和丑恶。首先我们必然把美放在第一位，这美也就是善；从这最初的美善直接生出理智，这理智也是美；然后理智把美赋予灵魂。其他一切美的事物，比如美的行为和生活方式，都是由灵魂创造的。灵魂还使各种物体获得可以言说的美，因为灵魂是个神圣之物，是美的一个部分，凡它所掌握并支配的事物，只要它们能够分有，它就使它们都成为美的。

7. 因此，我们必须再次上升到善，那是每个灵魂都渴望的。凡曾见过这善的人都知道当我说它是美的时候指的是什么意思。它因是善的而为人所渴望，对它的渴望引人向善，唯有那些上升到高级世界，并且改变、脱去我们下降时穿上的东西的人才能获得它；（正如那些上去庆

---

[1] 参《斐多篇》64C5-7。
[2] 丑既与恶同一，那么丑的对立面美也与善同一。——中译者注
[3] 神，实在的第一原理，没有任何性质，是绝对单一和单纯的，既是绝对的善，也是绝对的美。

祝神圣仪式的人要经过洁净，脱掉先前所穿的衣服，赤身裸体地上去）等到在上升过程中抛弃了一切与神不相配的，他才能以自己的真我看见那单独的、单纯的、单一的、纯粹的那者，①万有源于它，万物所望、所是、所活和所思的唯有它，因为它是生命、心灵和是的原因。如果有人看见了它，他该会感受到怎样的激情，该会怎样地渴望与它合一，这是怎样的一种惊喜啊！还没有见过它的人，会把它作为善渴望它；但凡看见它的，无不赞美它的美，无不满心惊异和喜乐，无不感受到一种没有任何伤害的激荡，无不对它怀着真挚的爱情和切切的渴望；由此他嘲笑其他一切爱情，鄙视他先前以为美的事物。这就像那些看到过诸神或诸灵显现的人，既有过那样的经历，就不会再像以前那样欣赏其他物体的美了。"绝对的美本身纯洁无瑕，不沾染肉身或形体的污秽，不在地上或天上，如果有人凝思这样的美，那我们要怎样思考才能保持它的纯洁呢？"②其他所有事物都是外在的附加物和混合体，不是首要的，而是从它分流出来的。彼者（绝对的美）为众美提供养料，自身却保持不变，把美分给万物，自身却不接受任何事物；如果有人看到了这样的美，始终凝思这样的美，并因此变得与它相同而乐不思蜀，那么他怎么可能还需要别的美呢？因为这美是万物之美，是首要之美，使爱它的人变得美丽而可爱。这里，最大也是最终的战斗呈现在我们的灵魂面前，③我们的一切劳苦和艰辛都是为了在这场战斗中得胜，免得在最美的远景上毫无所分。得胜的人是有福的，能看见那"神圣的景象"，没有看见那美景的人，就是完全失败。人即使没有获得色彩之美或形体之美，甚至没有得到权力、职位和王位，都不能说失败，但他若是没有获得这种美，并

---

① 参《会饮篇》211E1。在谈到至善或太一时，普罗提诺通常用指示代词来指称，以示它的不可言说，在英译本中通常译为大写的 That，我们把它译为"彼者"，当然"彼"似乎是一个更纯粹的翻译。见注 88。——中译者注

② 参《会饮篇》211A8 和 D8-E2（这不是原原本本的引文，普罗提诺作了扩展）。

③ 部分引自《斐德若篇》247B5-6。

且唯有如此，他才真正失败了。为了这个目标，他应当放弃王位，统治全地、海洋和天空的权力，唯有抛弃、忽视这些东西，他才能转向那者，并得以见之。

8. 但是我们怎样才能找到这样的道路呢？① 我们能想出什么方法呢？如何才能看见那深居于圣所里面，不显现出来，免得不洁不敬者看见的"不可思议的美"②呢？人如果可能，务要反躬自省，把肉眼所及的一切事物都抛在外面，摒弃先前所见的一切形体的美。当他看到形体之美时，务必避而远之，不可追逐——须知，它们都只是映像、痕迹和影子——而要迅速转向这些映像的原型。如果人追逐映像，以为它就是实在，想要抓住它（我想，这就像某处的某个寓言故事里讲的，一个人想要抓住投在水面上的美丽影子，于是就跳入水中，结果沉溺河中），那么这个依恋形体之美、不愿放手的人也必像这寓言里的人一样，沉入理智完全不喜欢的黑暗深处——当然沉下去的不是躯体，而是灵魂——茫然无知地陷于地狱，与到处弥漫的影子同流合污。"我们当逃回我们亲爱的故土。"③ 这应当是更恰当的劝告。那么我们逃回的路在哪里呢？怎样才能找到它呢？我们应当像奥德修斯（Odysseus）一样，离开迷惑人的喀耳刻（Circe）或卡吕普索（Calypso），扬帆出航——如诗人所说的（我想这里包含着隐秘的含义）——不可志得意满地滞留在眼目的愉悦和大量感官享受之中。我们的故土就是我们所来之处，就是我们的父的居所。我们该怎样回去，我们的道路在哪里呢？我们不可能靠着脚力，因为我

---

① 这一节在圣奥古斯丁的心里留下了深刻的印象，他在谈到灵魂回归神时不止一次引用这里的说法；参 De Civitate Dei IX. 17; Confessions I. 18, VIII. 8.

② 《会饮篇》218E2。

③ 引文出自《伊利亚特》2. 140（当然上下文与这里完全不相关）。不过，普罗提诺心里立时又想起了《奥德赛》(Odyssey) 9. 29 以下和 10. 483-4，奥德修斯告诉阿尔喀诺俄斯（Alcinous）说，卡吕普索和喀耳刻曾经怎样爱他，想方设法阻止他踏上回家的路途。在古代晚期的基督徒（异教徒也同样）看来，奥德修斯就是灵魂一路上克服种种困难和试探回归真正的家的旅程。

们的脚只会带我们在这世界上环游，从一个国家到另一个国家；我们也不可能借助于马车或者轮船，因此所有这些都必须弃之一旁，不看一眼。你要闭上眼睛，转向并唤醒另一种视觉，一种人人都有但很少有人使用的内视觉。

9. 那么内视觉能看见什么呢？当它还刚刚被唤醒时，根本无法凝视眼前的华美。因此必须对灵魂进行训练，首先让它看美的生活方式；然后看美的作品，不是那些艺术作品，而是那些以德性闻名的人的作品；再后看那些创作美的作品的人的灵魂。那么，你怎样才能看到良善灵魂所拥有的那种美呢？退回你自身里面来看；如果你仍然看不到自身的美，那就学学雕刻家的做法，他为使一个雕像变得美丽，总是这里敲敲，那里磨磨，把这一部分磨光一点，把那一部分削掉一点，直到最后为他的雕像刻出了一张美丽的脸；同样，你也必须除去多余的部分，整平歪曲的部分，照亮阴暗的部分，孜孜不倦地"雕刻你的作品"，[①]直到德性的神圣荣光照耀在你身上，直到你看见了"自主在它圣洁的位置上做王。"[②] 如果你已经达到这一步，与自身的纯洁亲密无间，那就没有任何事物能妨碍你成为这样的统一体，里面没有任何一点杂质混合，整个自我就是真实的本性，唯有真光充盈其内。这真光没有空间限制，没有形状局限，也不是时间上的无限扩散，事实上，没有任何事物可以衡量，因为它比一切度量还要大，比一切数量还要多。当你看到自己抵达了这一步，你就已经成了视觉本身，可以完全信靠自己；你已经上升至此，不再需要向导指路了，你可以自己凝视并且看见。唯有这样的凝视才是看见大美的眼睛。如果有人因不义和不洁而目光短浅，或者因软弱和怯懦无法凝视极其明亮的事物，那么他就什么也看不见，就是别人向他指出那里有什么可以看到，他也仍然看不到。因为人必须带着一种看的能

---

① 引自《斐德若篇》252D7；但是在柏拉图那里，是爱人塑造他所爱者的灵魂，使它成为他们曾经效仿的神的样式。

② 《斐德若篇》254B7。

力来到景象前面，这种能力能使他成为与所看的对象相似并一致。眼睛如果没有变得与太阳相似的，就永远不可能看见太阳，① 灵魂如果没有成为美的，就不可能看见美。如果你想要看见神和美，必须首先变得像神一样，必须全然成为美的。灵魂必须首先上升到理智，到了那儿才能知道形式，才认识到它们是美的，并且断言这些理念就是美。因为万物都是因这些，因理智和本质的产物而成为美的。超越于理智之上的，我们称之为至善的本性，它拥有美作为它前面的一个屏幕。因此，按宽泛而一般的说法，可以说至善就是原初的美。如果有人把可理知者 [与至善]区分开来，他就会说，形式是可理知的美，② 而至善是超越于其上的那者，是美的"源泉和源头"；③ 或者有人把至善与原初的美放在同一层面上。无论怎么说，美都存在于可理知世界。④

7. 论至善以及其他诸善

1. 我们岂能说一个事物的善不是其完全合乎本性的生命活动，而是另外的东西？如果这事物由许多部分组成，它的善不就是其中最好部分特有的和自然的和无尽的活动吗？同样，灵魂的活动就是它的本性之

---

① 参《理想国》VI. 508B3 及 VI. 509A1。不过，柏拉图在这几个段落里所要说明的不是眼睛必须变成与太阳类似才能看见太阳，而是眼睛（比喻知识）只是类似于太阳，而不是太阳（比喻至善）。这种柏拉图主义的背景也许关系到对普罗提诺这里以及其他地方论到的看见至善之思想的正确理解。

② 参《理想国》VII. 517B5。

③ 参《斐德若篇》245C9；不过，那里的语境完全不同。

④ 普罗提诺在这最后几句话所讨论的是语言问题，他强烈地意识到人的所有语言在描述这里所讨论的实在时都显得力不从心，因此允许在表述美与善的关系时可以有多种方式。参 V5.12 和 VI7.22 对同一主题的讨论。有一点是他坚决主张的，真美只能在可理知的世界里找到，不可能在感知世界显现。

善。①既然它本身就是最好的,它的活动就是指向最好的,那么这最好的不会只是它的善,而且是绝对的善。这样说来,如果某物不是将自身的活动指向他物,因为它就是存在者中最好的,超越一切存在者,所有其他事物都将它们的活动指向它,那么显然,这就是至善了,其他事物因它而得以在善上有分。所有其他拥有这种善的事物从两个途径获得善,一个是成为像它一样,另一个是使它们的活动朝向它。因此,既然对最好者的渴望和朝向它的活动就是善,那么至善必然不朝向或渴望其他什么事物,而是宁静自在,是所有自然活动的"源泉和源头",给予其他事物善的形式,但不是通过指向它们的活动,因为事实上是它们指向它,它是它们的源泉。它之所以是至善想必不是因为活动或思想,而是因为它的永久不变。因为它"超越是"(beyond being),②超越活动,超越心灵和思想。换言之,我们必须认为至善是这样的事物,万物依凭于它,它却不依凭于任何事物;有话说得不错,它就是"万物所向往的"。③因此它必然静止不动,万物转向它,就像圆圈之于圆心,所有半径都出于圆心。太阳就是这样的一个例子,它相对于光如同一个中心,光从它发出来,并且依赖于它,光无论射向哪里都连结着它,不可能与它分离,即使你想尽办法要把光与太阳分开,光依然连着太阳。

2. 其他一切事物是怎样指向它的?没有灵魂的事物指向灵魂,灵魂通过理智指向至善。不过,没有灵魂的无机物也有一定的活性,因为

---

① 这开篇几句话高度概括了亚里士多德和斯多亚学派关于个体的善的看法,普罗提诺随后阐述这些观点,由此引出柏拉图关于绝对善的看法。

② 柏拉图《理想国》VI. 509B9 里的著名术语,如商务版的《理想国》译作"超越实在"。普罗提诺反复地引用这句话,它是新柏拉图主义神学的基石之一。这里之所以将它译为"超越是",是因为普罗提诺认为,理智可以被称为"是",具有"是之所是",然而太一或至善是无法规定、言说的,它甚至"不是"。我们还注意到柏拉图和普罗提诺这里都没用 ov,而是用了希腊文系词 ειμι 的阴性名词形式 ουσιας。——中译者注

③ 这里把亚里士多德对善的界定(《尼各马可伦理学》I. 1094a3)用来指柏拉图超验的善,容易使人想起亚里士多德《形而上学》(*Metaphysics*)XI. 7.1072a-b 里那个不动的推动者(Unmoved Mover),它推动万物作为欲求的对象。

每个具体事物都以一定方式为一，都以一定方式存在。无灵魂的事物还分有形式。既然它们分有统一、存在和形式，也就分有至善；也就是说，有至善的一个映像。因为它们所分有的就是存在和太一的影像，它们的形式也是一种影像。至于有灵魂的生命，继理智之后出现的第一灵魂更靠近真理，而且这第一灵魂是通过理智拥有善的形式的。只要它凝视至善，就可以拥有至善（理智在至善之后出现）。因此，生命就是那有生命之事物的善，理智是那分有理智之事物的善。如果某物既有生命又有理智，那它就有了趋近至善的双重途径。

3. 既然生命是一种善，那么是否每一种有生命的事物都有这种善呢？不然。在恶的事物，生命是了无生气的。这就像人有眼睛却看不清，眼睛没有尽自己应尽的职责。但是如果我们这混合了恶的生命是善的，那死为何不是一种恶？是谁的恶？恶必然是某人的恶。至于不再存在的事物，或者即使存在却没有生命的事物，谈不上什么恶，比如，对石头来说就无所谓恶。但是，如果生命和灵魂在死之后存在，那就有善。灵魂脱离了躯体能更好地追求自己独特的活动，善就更大。如果它成为宇宙灵魂的一部分，那还有什么恶能抵达那里？总而言之，正如诸神有善但没有恶，同样，保持自身纯洁的灵魂也全无恶；如果它没有保持纯洁，那它的恶不在于死，乃在于生。即使地狱里设有种种惩罚，对它来说生命仍然是一种恶，因为这生命不是单纯的。如果生命是灵魂和躯体的联合，死亡是两者的分离，那么无论是生是死，灵魂都能适应自如。但是如果生命是善的，死亡怎么可能不是一种恶呢？因为生命若有什么善可言，并不是因为它是个联合体，而是因为它借着德性始终远离恶；而死是更大的善。我们必须得说，躯体里面的生命本身是一种恶，但灵魂借着自己的德性使之转化为善的，不是因为它守着混合的生命，而是因为现在要将自己分离，脱离此世。

8. 论恶的本性和恶的起源

1. 那些探究恶从何处进入整体的实在或者到达某种特定的实在的人，如果他们首先提出恶是什么、恶的本性是什么的问题，那么他们的探究就会有恰当的开端。这样，人们就能知道恶来自哪里、位于何处，以及影响什么，也能回答一般性的问题即恶是否真正存在。但是如果关于一切的知识都来自于相似性，①那么我们是凭借自己的何种能力才认识恶呢？这似乎是一个无法解决的难题。因为理智和灵魂都是形式，因此它们产生的是关于形式的知识，并自然趋向于形式。而恶似乎缺乏一切类型的善，那么人们怎能设想它的形式呢？如果相对的事物是通过一种且是同一种知识认识的，而恶是善的相对者，那么我们可以说关于善的知识也就是关于恶的知识，因此那些想要认识恶的人，必须首先洞察善，因为善者先于恶者，善者是形式，恶者不是形式，而是形式的缺失。至于善如何是恶的相对者，这个问题还需要考察——也许一个是起源，另一个是结局；一个是形式，另一个是（形式的）缺失。我们以后再讨论这个问题。

2. 鉴于目前讨论的需要，我们必须阐明善的本性是什么。它是这样的事物，一切事物都依赖它，"所有存在者都渴望它"；②它们需要它，并且拥有它作为自己的原理：而它则毫无需要，它完美自足，无所缺乏，是万物的尺度和界限，它从自身给出理智、真在、灵魂、生命和理智活动。直到它为止，万物都是美的，而他的美超越于一切美。他是可理知领域的王，在最高者之上——那里（上界）的理智不同于人们根据我们所谓的各种理智设想出来的理智，我们所谓的理智从前提获得内容，能够把

---

① 希腊哲学中许多人都有"同类相知"的思想。——中译者注
② 亚里士多德对至善的定义；参《九章集》I. 7. 1.

握所说为何，也能进行逻辑推理，得出各种结论。它们把实在看为推论过程的结果，是它们之前所没有的，因为尽管它们也是理智，但在推论认识之前它们空无一物。那里（上界）的理智与此不同，它不但拥有一切并且就是一切。当它与自身同在时就是与一切同在，它无须占有却拥有一切。因为它与一切没有彼此之分；它里面的每个个体并非相互分离；因为每个个体都是整体，在任何方面都是全体，但它们并没有因此而混淆，相反，它们在另一种意义上是独立的。无论如何，分有它的事物并不同时分有一切，而只是分有自己所能分有的东西。那理智是至善的第一个活动，第一个实体。至善始终停留在自身之中；而理智在它的活动中围绕着他（至善），好像也围绕着他而活。灵魂环绕着理智跳舞，同时朝向理智，凝思理智里面的东西，并通过理智观照到神。"这就是诸神的生活",[1]毫无忧伤，充满幸福。恶在这里毫无踪影。如果一切止于此，那也就不会有恶，只有第一善、第二善和第三善。"万物都围绕着万物之王，它是一切又善又美的事物的原因，一切事物都属于它，第二级的事物围绕着第二者，第三级的事物围绕着第三者。"[2]

3. 如果这些就是真正存在的事物和超越存在的事物，那么恶就不可能被包括在真正存在的事物中，或者超越存在的事物中，因为这些都是善的。因此，如果恶存在，它必然存在于非存在的事物，好像是非存在的一种"形式",[3]隶属于某个混合了非是或在某种程度上分有了非是的事物。这里，"非是"不是指绝对的非是，而只是指某种不同于是的事物。它与损害是的运动和静止之为"非是"的方式也不同，[4]它类似于是的某

---

[1] 《斐德若篇》，248A。
[2] 这段话出自其真实性可疑的柏拉图"第二封书信"（312E1-4），是新柏拉图主义神学的基础文本之一。
[3] 参 V. 8. 7. 22。
[4] 普罗提诺这里暗指柏拉图《智者篇》250 以下的讨论，他的观点是，他这里所谓的"非是"不是指在逻辑上与是相区别的术语（比如，"运动"是指不同于"是"的事物），而是说质料是一种伪是，它不是真正的是，而是真正的非实在。

种形像，或者某种比这还要更非存在的事物。在这个意义上，整个感觉世界是非存在的，全部感觉经验和它之后的一切事物，或者它附带发生的事物，或者它的原理，或者构成这种具有非存在特性的整体的任何一个元素，也是非存在的。至此，人们完全能够形成关于"恶"的某种观念了，它就是与限度相反的无限度，与限定相反的无限定，与形成原理相反的无形式，与自足相反的永远缺乏；它永远不确定，从不停留于一处，易受各种影响；它永不满足，贪婪又赤贫。所有这些性质都不是它的偶然表现，在某种意义上恰恰就是它的本质。不管你看到的是它的哪一部分，每一部分就是所有这些；凡是分有它，变得与它相似的事物就成了恶，但不是本质上的恶。它不是把所有这些作为不同于自身的东西而是作为它自身出现，那么它究竟是怎样的实体（entity）呢？如果恶偶然地出现在别的事物中，那么它自身必然首先得是某种"事物"，即使它并非一种实体。正如有绝对的善和作为属性的善一样，也必然有绝对的恶和源于它而存在于别的事物中的恶。如果无限度性不在无限度的事物中，那么什么是无限度性？[那么,有限度的事物中的限度又是怎样的？]①但是正如有并不存在于被限度的事物中的限度一样，也有并不在无限度事物中的无限度性。如果它存在于某物中，那么它或者是处于某种无度量的事物之中——这样，这事物既然自身就是不可度量的，它也就不需要不可度量性——或者在某种有度量的事物中；而有度量者不可能在度量方面拥有不可度量性。因此必然存在某种自身是无限度的、绝对无形式的并具有我们前面提到过的恶之本性所具有的全部特性的事物。如果有同类事物在它之后出现，那么该事物或者混合了这种恶，或者因为专注于这种恶而成为与它属类，或者因为它产生了这种事物。因此，它构成形状形式、形像、限度和限定的基础，用属于别的事物的装饰点缀自己，

---

① 这些话似乎是对下面一句话的笨拙掩饰。普罗提诺谈到理智（VI. 5. 11, VI. 6. 18）和太一（V. 5. 4）是"不被限度的限度"，是一切限度的绝对标准，它超越了所有可量度、可计数的事物，是量度或数的源泉。

没有本己的善，与真存在相比只是一个幻影。这就是恶的实体（如果确实有恶的实质的话）；这就是我们的论证所发现的原初的恶，绝对的恶。

4. 形体的本性就其分有质料来说，是一种恶，但不是原初的恶。形体虽然拥有某种形式，但不是真正的形式，它们也缺乏生命，在无序的活动中相互毁灭。它们妨碍灵魂的正常活动，在不停的流变中远离实在，是次一级的恶。灵魂本身不是恶，也并不全然是恶的。那么，什么是邪恶的灵魂呢？它就是柏拉图以下这话所指的。柏拉图说："在那些人那里，恶所自然地居住的那部分灵魂已经被征服了。"① 即灵魂易于接受恶的部分乃是灵魂的非理性部分，它接受无度、过分和匮乏，从这些产生出无节制的、怯懦以及灵魂的所有其他邪恶，不受意志控制的情绪，这些又产生错误的意见，使它以为自己躲避的是恶，追寻的是善。那么，是什么东西产生这种恶，你又将如何追溯你刚刚描述的恶的源头和原因？首先，这种灵魂不在质料之外，也没有居于自身当中。它与无限度性混合，没有分有产生秩序并带来限度的形式，因为它与形体结合，而形体包含质料。然后，如果它的推论部分受到破坏，它的看就会受到激情的干扰，会因质料的影响而变幽暗，并向着质料倾斜，会由于关注生成而全然变成非存在。生成原理就是质料的本性，它非常之恶，能够将自己的恶传给不在它里面，而只是注视它的东西。因为它丝毫不分有善，是善的缺失，并且是纯粹的缺乏，因此它使一切无论以什么方式与它有接触的事物都变得与它相似。而完全的灵魂，即将自己引向理智的灵魂，则永远是纯粹的，永远离弃质料，既不看也不靠近任何未规定的、无限度的和恶的事物。因此它始终保持着纯粹性，完全受理智规定。那没有保持这种状态，反而走出自身的灵魂，由于它不是完全的和原初的灵魂，只是最初灵魂的一个影子，由于它的缺乏，按它缺乏的程度充满不确定性，看见黑暗，具有质料，因为

---

① 《斐德若篇》256B2-3。

它看向它看不见的东西，（就如我们说，我们看见黑暗，好像我们看见了真正能看见的事物）。

5. 如果缺乏善就是看见黑暗并与黑暗为伍的原因，那么灵魂的恶就存在于这种匮乏（或黑暗）中，这恶是原初的恶——黑暗倒可以退居第二位——恶的本性就不再是在质料之中，而在质料之先了。然而，恶不是在某一种缺乏中，而是在绝对的缺乏中。一物只是稍稍缺乏善，那不是恶，因为它在自己本性的层面上甚至可能是完善的。只有绝对缺乏的东西——这就是质料——才是不分有任何善的本质的恶。因为质料甚至没有存在——如果它有存在，那就意味着也分有善。当我们说它"是"(is)时，我们只是使用这个词，其实指的完全是不同的事，正确的说法应该说它"不是" (is not)。这样，匮乏即意味着不是善，而绝对匮乏意味着恶。巨大的匮乏就有陷入恶的可能，它本身就已经是一种恶。根据这一原理，我们不能认为恶是这种或那种特定的恶，例如不公正或其他邪恶；那恶不是这些特定恶中的任何一种，这些特定的恶是那恶的各种类型，是由其自身的特别添加而限定为某种特定的恶的；正如灵魂中的败坏及其类型是根据它们所包含的质料或者灵魂的诸部分分类的，或者根据有的类似观看、有的类似冲动或经验这些事实而加以区分的。

但是，如果有人认为灵魂外面的事物比如疾病和贫乏等，就是恶，那么他怎样将它们追溯到质料的本性呢？疾病是质料性的形体因为不能保持秩序和限度而导致的匮乏和过度；丑是没有形式控制的质料；贫乏是我们所需之物的欠缺和匮乏，我们之所以需要这些事物是因为我们与质料结合，而质料的本性就是匮乏。若果真如此，那么我们就不能被认为存在恶的原理，恶不是从我们自身来的。相反，恶先于我们，那些恶抓住人，但并非出自人的美好愿望，相反，那些有能力的人总是"逃离灵魂中的诸恶"，尽管并非所有人都有这种能力。虽然质料与有形的诸神[①]同在，但那里没有恶，也没有人所具有的邪恶——因为甚

---

① 即天体。——中译者注

至人也并非都有恶;而这些有形的神征服了质料——当然根本没有质料的神是更加美善的神——他们征服质料凭借的是在他们里面而不在质料里面的事物。

6. 柏拉图说,"诸恶永远不可能被消除",它们"必然"存在。"它们不是存在于诸神之中,而是永远纠缠着我们必死的本性,总是出现在这个处所。"① 我们必须考察他这样说是什么意思。这是否是说天是纯净没有恶的,因为它始终按规则运动,照秩序运行,那里也没有不公正或其他邪恶,天体之间也不会相互伤害,全都有序运行;而地上却存在着不公正和无秩序?因为这就是"必死的本性"和"这个处所"所意指的。但是当他说,"我们必须从此处逃离",他就不再指地上的生命了。② 因为他说,"逃离"并非离开大地,而是"借智慧公正和圣洁"地生活在大地上。他的意思是,我们必须逃离邪恶和败坏。因此,对他来说,恶就是邪恶以及一切源于邪恶的东西。在这篇对话中,③ 对答者说,"如果他(苏格拉底)说服人们相信他的话语是对的",诸恶就会终结,但苏格拉底回答说,"这不可能;恶必然存在,因为善必须有它的相对者"。然而,人的邪恶怎么可能成为那超越之善的相对物呢?人的邪恶与美德相对,美德不是至善(善本身),而只是一种善,是一种能使我们管理质料的善。超越的至善不具有特定的性质,怎么会有什么事物与它相对呢?此外,存在着什么样的普遍必然性?对立的一方存在,另一方也就必然存在吗?就算这是可能的,并且事实上也确有这样的例子,比如健康与疾病,当对立的一方存在时,另一方也确实存在——但是,这同样并非必然如此。然而,柏拉图的意思并不必然是说,任何相对者的情形都是这样,他只是指着至善说的。如果至善是实体,或是某种超越实体的事物,那它怎么可能

---

① 《泰阿泰德篇》176A。

② 普罗提诺时代的人们普遍从空间上的另一世界(spatial other-worldliness)来解释柏拉图,但是,普罗提诺显然想要拒斥这一点;否则地球就会成为了恶的处所,而月球之上的有形诸天则是完全良善和纯洁的,这里及以下的引文皆出自《泰阿泰德篇》167-7。

③ 指柏拉图的《泰阿泰德篇》。——中译者注

有相对者呢？实体没有相对者，这对具体的实体而言是通过推论论证确立的，但对一般实体而言这一点还没有证明。然而，什么东西能与普遍实体以及一般的首要原理相对立呢？非实体与实体相对，恶的本性和原理与善的本性相对。两者都是原理，一者是恶的原理，另一者是善的原理；包含在一本性中的所有事物都与包含在另一本性中的那些事物对立。因此这是整体与整体对立，并且比起其他对立来，这种对立具有更多的相对性。因为其他相对者都是在同一个类或同一个种上相对，因此它们的相对基于一定的共性。而在那些完全分离的事物中，在一方中出现的任何事物都是完成另一方的存在所必需的，如果我们说的相对者是指彼此之间相距最远的事物，那么这样的事物必然是一切相对者中最极端的一个。不确定性、无限度性以及恶的本性所具有的其他特性，与确定、限度以及神圣本性的所有其他特性对立。因此整体也与整体对立。另外，恶的本性有一种虚假的存在，这是原初的、绝对的虚假，而神圣的存在则是真实的存在。所以，正如假与真对立，同样，恶性的非实体性与神性的实体性对立。由此我们表明，实体无相对者并非普遍真理。而且，甚至就水和火而言，我们也应该承认，如果它们中没有质料作为它们的共同元素——在质料上，热、干、湿、冷都作为偶性而产生——它们也是对立的。如果它们只具有构成各自实体形式的事物，而没有任何共性，那么这里也应该是一种实体与实体的对立。总之，完全分离的事物，没有任何共性的事物、尽其可能相互远离的事物，它们的本性都是对立的。因为它们的对立并不在于性质，或者存在的任何其他种类，而在于它们最大程度地相互分离，在于它们由相对者构成以及它们的相反行为。

7. 那么，为何只要善存在，恶就必然存在呢，是不是因为大全中必须有质料存在呢？这个大全当然是由对立的原理构成。如果质料不存在，它就根本不可能存在。"因为这个宇宙是理智和必然性混合而生成。"[1]

---

[1] 《蒂迈欧篇》47E5-48A1。

凡从神而来进入宇宙的都是善的,恶则来自"古远的本性"①(柏拉图指还未进入秩序的潜在质料)。假如"这个处所"是指大全,那他说的"必死的本性"是指什么?答案就在他另外地方说的话中,"既然你们是生成为存在的,你们就不是不朽的,但你们绝不会因为我而毁灭"。②若果真如此,那"诸恶永远不会被消除"的话是对的。那么,我们如何避免恶呢?柏拉图说,不能靠改变空间位置,而要通过获得美德,使自己从躯体中分离出来,这样也就使自己与质料相分离了,因为与躯体紧密相关的人也必与质料密不可分。柏拉图本人也在某处解释了人自身的分离或不分离。而存在"于诸神之中"就是"存在于理智世界的诸存在者中",因为这些存在者就是不朽的。

人们也可以这样来理解恶的必然性。既然不仅有至善存在,那么从至善出来远离的过程,或者如果愿意也可以说,从至善坠落或离开的过程,必然有一个终端,这是最后一端,在其之后再也不可能出现任何其他东西了。这终端就是恶。既然在第一者之后必然存在其次者,那么最后者也必然存在。这就是质料,它完全不拥有至善的任何成分。就此而言,恶也是必然的。

8. 但是,如果有人说,我们不是因为质料而变恶的——因为无知不是由质料引起的,坏的欲望也不是;他们甚至认为这些欲望是躯体的败坏而产生的,导致它们产生的不是质而是形式,比如热、冷、苦、咸以及一切味觉形式,还有充满和虚空,而且充满不只是单纯的充满,而且是充满具有特定性质的物体;而且一般而言,正是被限定的事物造成了欲望的差别,如果你愿意,也可以说产生各种被歪曲的观点,因此形式而非质料是恶的。但是,这么说的人还是不得不承认质料是恶的。因

---

① 这里影射《政治家篇》273B5 和 D4。
② 《蒂迈欧篇》41B2-4,如果质料世界永远不会毁灭,那么质料——恶就是我们必朽生命中的永恒因素。我们不可能依靠进入宇宙的较高部分逃离恶,而只能靠心理彻底地脱离肉身而达到这一点。

为性质在质料中所做的事情，在它与质料分离后就无法做了，比如斧子的形状如果没有铁就不能发挥任何作用。① 同样，质料中的形式不同于它们自在存在时的所是。它们是质料固有的构成性力量，在质料中被败坏，被质料的本性所浸淫。本质的火（火自身）并不燃烧；其他形式自在存在时也不做当它们在质料中存在时人们说它们所做的事。因为质料支配着它里面显现出来的东西，并通过使用它自己的与形式相反的本性，败坏并毁灭这显现出来的东西，它不是给热带来冷，而是把自己的无形式给予热的形式，把无形状给予形状，把它的过度和匮乏给予有限定的事物，直到形式属于质料而不再属于它自己。就如动物吃了食物消化了，那么吃下去的就不再是原来的食物，而是成了狗的血液和狗的其他东西，所有汁液都转化成了吸收者的一部分。这样说来，即使躯体是恶的原因，那么同样质料也是恶的原因。

当然还会有人说，我们一定要战胜恶。但是，那能战胜它的人，除非从质料中逃脱出来，否则还是不纯粹的。而且激情由于相随的躯体的混合变得更加强烈，有些人的激情要比另一些人的更强，因而个体的力量不可能战胜激情，一些人的判断能力被躯体的败坏冻结和约束，变迟钝了，与这些能力相反的躯体结构的恶习（vices）使他们摇摆不定。我们的心态总是随时而动，变化不定，这也是证明。当我们饱足时，我们有这样的欲望和想法，当我们饥饿时又有另外的欲望和想法，而且当我们填饱这种食物时与填饱那种食物时的心态也不一样。

因此，不妨认为无限度性就是原初的恶，而那些由于相似或分有而处于无限度状态的，是次等意义上的恶，因为它的无限度性是偶然生成的。原初的恶是黑暗，同样，次级的恶是成为黑暗者。作为灵魂的无知和无限度性的恶习，是次级的恶，而非绝对的恶。这正如美德并非原初

---

① 参见亚里士多德《论灵魂》B. 1. 412b12，这是用亚里士多德的学说推导出非亚里士多德的结论的典型例子。

的善，而是成为与善相似或分有了善的东西。

9. 那么我们依靠什么知道善恶呢？首先，我们凭借什么知道恶习？我们是凭着我们的理智和思维能力知道美德，它认识它自己。但是我们怎么识别恶习呢？正如有了尺子，我们才知道何谓直，何谓曲，同样道理，我们知道了美德，也就能识别什么不符合美德。那么我们认识了它，即恶习之后，我们是看见了它还是没有看见它呢？我们没有看见绝对的恶性，因为它是无限定的。我们只有通过排除法来认识那绝不是美德的东西。但是，我们通过这种美德的缺乏来认识那并非绝对的恶。因此，我们看见一部分，并通过这显现的部分领会那未显现的部分，后者在完整的形式中，但不在特定的事物中。因此我们谈论恶习，而把缺失的部分留在非限定性中。同样，比如我们在质料中看到一张丑陋的脸，因为质料里面的构成原理没有战胜质料，因此未能隐藏它的丑陋，我们就因为它缺乏形式而把它描述为丑陋的。至于完全不在形式中的事物，我们又如何认识呢？当我们彻底清除了一切形式之后，我们就把那没有任何形式出现于其中的事物称为质料。如果我们有意要看看质料，那么就在清除一切形式的过程中，我们在自身之内领会了无形式性。因此，这看见质料的是另一种理智，并非真正的理智，因为它竟然去看不属于它自己的东西。就如眼睛离开光，想要看见黑暗，但是看不见——离开光是为了看见黑暗，因为有光的时候它不可能看见黑暗。但是没有这种东西它又不能看见，而只是看不见——它这样做是为了使自己有可能看见黑暗。同样，理智将自己的光遗弃在自身里面，就像是走出了自己，而进入非本己的事物之中。由于没有携带自己的光，它就体验到某种与自己对立的事物，这样就可以看见自己的对立面。

10. 这个问题就解释到此。但是，质料既然是无性质的，它怎么会是恶呢？说它"无性质"，是因为在它自己的范围内，它没有任何它要接受的或者要进入它里面以它为基底的性质，而不是说它没有任何本性。那么，如果它有一种本性，又是什么阻止这种本性成为恶，当然这不是指性质意义上的恶？而且，性质是这样的东西，由于它，另外的事物被认为是有性质的。因此性质是偶然产生的，出现于别的事物之中，但质料不是在别的事物中，而是偶性产生的基底。由于它不具有以偶然性为本性的性质，所以被认为没有性质。同样，如果性质在自身中没有性质，那么没有接受任何性质的质料怎么能说有性质呢？因此，正确的说法是，它不具有性质，是恶的。因为说它是恶的不是因为它有性质，毋宁说是因为它没有性质。因此，如果它是一种形式，而非与形式对立的本性，那它可能就不是恶了。

11. 与整个形式对立的本性就是缺乏，而缺乏总是在别的事物中，它自身并不存在。① 因此，如果恶存在于缺乏之中，那它必存在于丧失了形式的事物之中，不能独立存在。如果灵魂中有恶，那将是灵魂中的缺乏，这种缺乏就是恶和恶习，而非外部的事物。有些论述声称要彻底取消质料，还有一些则说虽然存在质料，但它本身不是恶。[基于这些可以断定]，人们一定不能到别的地方寻找恶，而只能把恶放入灵魂中，使恶仅仅是善的不在场而已。如果缺乏是应该出现的形式的缺失，如果灵魂中的缺乏就是善的缺乏，并在灵魂中产生与其规定性相应的恶习，那么灵魂里面就不具有善。这样，尽管它还是灵魂，却没有了生命。如果灵魂没有生命，那么灵魂就是无灵魂的。于是，尽管它还被称为灵魂，却已不是灵魂了。然而，就灵魂的定义来讲，它是有生命的，因此它自身不包含善的缺乏。它包含某种善，理智的某种痕迹，所以它是具有某种善的事物，而非恶本身。它不是原初的恶，它的偶然性也不是原初的恶，因为善并没有完全离开它。

12. 如果有人说，灵魂中的恶习与恶并非善的绝对缺乏，只是善的某种有限的缺乏，那该如何回答？在这种情况下，如果灵魂拥有某种善，

---

① 这是亚里士多德的理论，暗示了质料与缺乏之间的区别，是亚里士多德批评柏拉图的质料论的基础（《物理学》I.9），也是普罗提诺《九章集》II.4.14抨击的目标（见那里的注）。

又缺失某种善，那它就处于混合状态，恶也就不是纯粹的。我们还没有找到原初的、纯粹的恶，灵魂在自己的实体中拥有善，而恶则是某种偶然的东西。

  13. 恶也许是对善的一种阻碍，就像眼睛遇到障碍物被挡住视线一样。可以这么说，但是这样的恶对出现恶的事物来说将是恶的制造者，它制造恶，使被造的真实的恶不同于恶的制造者（制造恶的那种恶）。如果恶习是灵魂的一种障碍，那它就不是恶，而是制造恶的某种事物。美德也不是善，它只是辅助善的生产。因此，如果美德不是善，恶习也不是恶。另外，美德并非绝对的美或绝对的善，由此可以推出，恶习也不是绝对的丑或绝对的恶。我们说美德不是绝对的美或绝对的善，因为绝对美和绝对善先于并超越美德，美德因为某种分有过程才成为善的和美的。因此，正如人们从美德上升，就到达美和善一样，人们从恶习堕落就到达绝对的恶，恶习只是恶的起点。我们以观照绝对恶的视野来观照恶习，当我们成为恶习的时候也就分有了恶。当我们陷入"不相似的区域"，落入黑暗的泥潭，我们就完全坠入了这中间，① 因为一旦灵魂彻底陷入完全的恶习中，它就不再只是有恶习，而是变成了另一本性，一种更坏的本性（因为与其对立的事物混合的恶习依然是属于人的）。这样，就灵魂可以死亡而言，灵魂就死了。而且，在它仍然深陷于躯体时，它的死亡就是陷入质料中并被质料充满。当它脱离躯体的时候，它还在质料中，② 直到它跃起，以某种方式把视线从泥潭转开。这就是"进入阴曹，沉睡在那里"。③

  14. 但是，如果有人说恶习是灵魂的一种软弱——指出坏的灵魂易

---

  ① 柏拉图在《政治家篇》273D6-E1 中谈到"不相似的无底海洋"，圣奥古斯丁在《忏悔录》VII.10.16 中用普罗提诺的术语"in regione dissimilitudinis"描述背离神的状态。"泥潭"是柏拉图从奥菲斯学派承袭过来的。参照《斐德若篇》69C6。

  ② Stephen Mackenna and B. S. Page 译与 William Benton 版为"另一世界"。——中译者注

  ③ 《理想国》VII. 534C7-D。

受影响，易被煽动，易被从一种恶带到另一种恶，易于起淫欲，易于动那怒，易于草率任事，易屈服于混乱的幻想，这些幻想就像最脆弱的人造物或自然物，很容易被风吹日晒毁掉①——考察这种软弱是什么，灵魂从何处得到它，那是有价值的。灵魂里面的软弱并不完全类似躯体里面的软弱，但是不能工作和易受影响，在躯体里是软弱，同样在灵魂里出于类比也可以称为软弱，除非我们认为灵魂的软弱正如躯体的软弱，乃是出于同样的原因，即质料。但是，我们必须紧紧抓住这个问题，即什么是我们所说的灵魂软弱的原因。可以肯定，使灵魂变得软弱的不是稠密或稀薄，不是肥胖或清瘦，也不是像发烧这样的疾病。灵魂的这种软弱必然或者存在于那些完全（与质料）分离的灵魂中，或者存在于陷入质料里面的灵魂中，或者在两种灵魂中都有。因此，如果软弱不在那些无质料的灵魂中——确实如此，这些灵魂都是纯粹的，而且如柏拉图所说，是"有翼的，完美的"，②它们的活动也畅通无阻——那么软弱必存在于堕落的灵魂中，它们是不纯粹的，未经净化的。而且它们的软弱不在于丧失了什么东西，而在于某种异己的东西出现了，就如躯体中出现了黏液或胆汁一样。当我们更清楚地了解了灵魂堕落的原因，更准确恰当地把握了之后，我们所寻找的灵魂软弱的原因也就赫然在目了。质料存在于实在中，灵魂也存在于实在中，而且两者只有一个处所。因为并非质料有一个处所，灵魂又有一个分离的处所——例如，质料的处所在地上，灵魂的处所在空中。事实上，灵魂分离的处所是指它不在质料之中。这意味着它不与质料结合，意味着单一的事物不是由灵魂和质料的结合形成的，还意味着灵魂不在质料中作基底。这就是分离。然而，灵魂有多重能力，它还有开端、中间和结尾；然后质料出现了，它乞求灵魂，

---

① 参《理想国》II. 380E5。
② 《斐德若篇》246B7-C1。

并且我们可以说骚扰灵魂,想要侵入灵魂内部。[1]而"整个处所都是神圣的",[2]无物不分有灵魂。因此,质料置身灵魂之下,受灵魂光照,但是无法抓住那照耀它的光源。虽然它就在那里,但光源不接纳它,因为它的恶使它目不能见。质料使那来自光源的光与它自身混合,从而使光照变暗;又为光提供生变的机会和坠落到质料中的理由,从而使光变得软弱,因为它不可能照射到还未出现的事物上。这就是灵魂的堕落。就这样进入质料之中并变得软弱,因为它的全部能力不能投入战斗。质料占据了灵魂所拥有的处所,好像把灵魂围困起来一样,而且把以盗窃般的方式获取的东西变成恶,这一切都妨碍灵魂施展自己的能力——直到灵魂设法逃离,回到自己的高级状态。因此质料是灵魂的软弱和恶习的原因。而它自身是灵魂之前的恶,是原初的恶。即使是灵魂制造出了质料,在某种程度上遭受影响,并因与质料交往而变成恶。质料的出现也仍然是原因,若不是质料的出现给了灵魂降生的机会,灵魂不可能会坠入质料之中。

15. 如果有人说质料并不存在,那我们关于质料的讨论必然向他说明质料存在的必然性,[3]那里对这一主题作了更加充分的讨论。如果有人说,事物的本性中根本不存在恶,那么他也必然取消善,从而也就没有了追求的目的;没有了目标,就没有了追求、躲避和理智活动。因为追求就是趋向善,躲避就是避开恶。理智活动和实践智慧处理的就是善和恶,而且它们本身就是一种善。因此必然存在着善和未混合的善,还有善恶的混合物——如果它更多地分有了恶,就使自己总体上成为恶的。

---

[1] Προσαιτει 可能是对《会饮篇》203B4 的回忆,那里描述了贫乏神来到诸神的宴席乞讨。

[2] 索福克勒斯《俄狄浦斯在科勒努斯》(*Sophocles Oedipus at Colonus*)54;参 16。如果普罗提诺完整地回忆了他所引用的内容,以及充满整个剧本的对科勒努斯"圣所"的炽烈之爱,那么我们必须把这看作《九章集》里关于质料世界的善的最有力的论断之一。灵魂是一位神,质料世界作为灵魂居住的地方是圣洁的。

[3] 即《九章集》II.4 "论两类质料"。

而如果分有的恶少了，则因为它不那么恶了，就趋向善。说到底，究竟什么是灵魂的恶呢？如果灵魂不与较低的本性接触，它会有怎样的恶呢？如果灵魂不与低级本性接触，那就没有欲望、悲伤、激情和恐惧。因为唯有复合物的本性才有恐惧，它担心自己被分解；而当它被分解时，就会有悲伤和痛苦；欲望的产生是由于复合物受到了干扰，或它为了避免被干扰而设法预防。幻觉则来自外部的非理性之物的撞击。灵魂易受撞击是因为它里面并非不可分割。由于它走出了绝对真理，所以才产生了错误的意见；而它又是由于未能保持纯洁，才走到了真理外部。趋向理智的冲动则完全是不同的事。这里所需的一切就是与理智同在并在它里面牢固确立起来，永不向下倾向更坏的事物。但由于善的能力和本性，恶不仅仅是恶的。因为它必然要呈现，它就缠绕着某种美丽的链子，就像戴着金制镣铐的囚徒，被它们掩盖，这样就不必向诸神显现自己的丑陋。人们也就可以不用总是看到恶，而且即使当他们注目它时，也可能伴随着引发他们回忆的美的影像。

9. 论超脱躯体

你不能这么取走你的灵魂，它不能就这么走了。①如果灵魂就这样离开了，那么它会随身带走某种事物，以便设法得到超脱。超脱就是移向另一处所。但是，灵魂期待躯体完全离开它，这样，灵魂就不必变换居所，而可以完全处于躯体之外了。那么，躯体如何离开呢？当灵魂的一切都不再与躯体结合在一起，躯体就再也无法拴住灵魂，这是由于灵魂

---

① 根据拜占廷的帕塞鲁斯（Byzantine Psellus），普罗提诺是从迦勒底神谕中引用了这一隐秘晦涩的格言（Chaldaean Oracles，PG122. 1125C-D）：果真如此，那么这是普罗提诺在《九章集》中唯一引用这一神秘主义文献的地方。但是，究竟是普罗提诺引用了这一神谕，还是后人写作修订这一神谕书时从普罗提诺引用这一格言的，是无法确定的。

与身体之间的和谐已经消除。只要这一和谐还存在,躯体就控制着灵魂。但是,假如某人刻意要解脱他的躯体,那会怎样呢?他使用暴力摆脱他自己,而不是让他的躯体自然离去。在解脱躯体时,他并非毫无激情,而总有憎恶、忧伤或愤怒。人们千万不能这样行事。但是,假设他意识到自己开始发疯了,那会怎样呢?这不可能发生在真正的善人身上。即使真的发生了,他会认为这是不可避免的事之一,因情势所需必须接受的事,尽管其自身并非可接受的。① 而且,用药物使灵魂摆脱躯体,对灵魂也不可能有益。如果各人都有分派给他的命定时间,那么在那个时间到来之前就离开并不是件好事,除非如我们所说的,这是必须做的时候。如果各人在另一世界的位置取决于他离去时的状态,那么只要一个人还有进步的可能,就不能从躯体中取走灵魂。

普罗提诺论自愿死亡

伊莱亚斯(Elias),绪论 6. 15. 23-16. 2

普罗提诺写过论"合理死亡"的单篇文章,不同意这五种方法。② 他说,正如神并未中断关心我们而独自离开,只不过是我们使自己不配,却以为是神远离了我们,其实神始终同等地向万物呈现出来,正如过着纯洁生活的人所表明的,这样的人面对面地看见神并成为神的亲密伙伴。正如太阳同等地放出光芒,但是蝙蝠因为不适应阳光而远离太阳,不接受它的光照,却认为太阳是黑暗,不知道它其实就是光源。因此,哲学家应该仿效神和太阳,但是在关注灵魂时不能完全忽视躯体,而应

---

① 对照《九章集》I. 4. 7-8。
② "五种合理的死亡方法"就是斯多亚学派所谓的自杀的五种充足理由。参看 *Stoicorum Veterum Fragmenta* III. 768. 事实上,普罗提诺在 I. 4. 7-8 和 I. 9 中至少接受了其中的三种,即长期剧痛的疾病、精神失常,以及对邪恶行为的抵制,均可以成为自杀的理由。

该以适当的方式关心它，直到它变得不合宜，自动地与灵魂脱离，不再与它为伍。在合适的时机尚未到来之时，也就是将躯体与灵魂结合起来的那位还未彻底解开这一联结的时候，灵魂自行脱离躯体出走，那是完全错误的。

第二卷

1. 论天（论宇宙）

我们说，宇宙虽然无形体，却是一直存在的，并且将永远存在下去。当我们这样说的时候，如果我们把宇宙永远存在的原因归于神的旨意，[①]那么首先，我们很可能说出了真理，只是没有作出任何清晰的解释。其次，宇宙的元素不断转换，地上的生命物不断消逝，唯有形式保持不变，这不禁使我们想到，大全[②]很可能也是这样的。而且，由于形体不断消失，神可以随己意拿同样的形式时而加给这个事物身上，时而加给那个事物身上，因此，永远存在的不是某个具体的个体，而是形式的统一体。为什么地上的事物中只有形式永存，而天上的事物以及天本身却可以个别地永存？如果我们说，天之所以没有消失，其原因在于它容纳一切，它不可能变成任何别的事物，也不可能有任何外在的事物降到它头上毁灭它，那么，我们由此必须承认宇宙整体和大全是不可毁灭的。然而，由于我们的太阳以及其他星辰的本体都是部分，而且并非每一个都是整体和大全，因此以上讨论不能使我们确信它们将永远存在。事实上，它们

---

① 出自柏拉图《蒂迈欧篇》41B4（是创造主得穆革对他所造的诸神说的话，诸神中最重要的就是"有形的神"天体）。

② 普罗提诺经常用"大全"作为对"宇宙"的称呼。然而，他似乎并没有明确区分可理知的宇宙和感觉领域的宇宙，把"大全"同时用于上述两种意义上。——中译者注

只有形式的永存。火以及诸如此类的事物也是这样，甚至整个宇宙本身也如此。因为就宇宙来说，即使没有来自于外面的事物毁灭它，由于它的各个部分彼此之间的破坏，也完全可能导致它自身的毁灭，所以也唯有形式可留存下来。因为它的基质（substratum）始终处在流变之中，它的形式源自别的地方。因此它必然与每一种生命物处于同样的状态，与人、马以及其他动物没有什么两样。人和马一直存在着，但存在的并不是同一个人和同一匹马。因此，地上的万物要消逝，天上也没有哪一部分是永恒的，所有存在物都是相同的，所不同的只是持续时间的长短。我们可以说，天上的事物在存在时间上要更长一些。既然我们承认，整个宇宙以及宇宙中的各部分都只有这个意义上的永恒，那么我们的理论就不会遇到很大困难。或者更确切地说，如果我们可以表明，神的旨意完全能按这样的方式把大全包容在内，那么我们就完全没有困惑不解的问题了。但是如果我们说，大全的某一部分，不论它有多大，是永久恒在的，那么首先我们必须表明，使它永恒是出于神意的安排；其次难题仍然存在：为什么有些事物可以这样永久，另一些却不能，只能拥有形式的永恒？再次，为什么天上的各部分连同整个宇宙是永恒的？假定那些部分是永恒的，那宇宙的所有部分似乎也都应该永恒。

2. 如果我们接受这样的观点，坚持认为天以及它里面的一切都作为个体永远存在，而月球以下的事物只有形式保持永久，那么我们必须表明，这天既是有形体的，怎么可能拥有适当的个体同一性，也就是说，既然形体的本性不断变化，每个部分怎么能保持不变？形体可变，这是柏拉图本人的观点，也是其他所有自然哲学家的观点。不仅地上的形体如此，天上的形体也不例外。柏拉图说："既然它们都有形体，都是可见的，如何可能不变，始终保持同一呢？"[①] 显然，赫拉克利特（Heraclitus）也

---

① 《理想国》VII. 530B2-3（略有改动）。柏拉图想要指出，真正哲学型的天文学家不可当真去研究可见的天体运动，因为天体是质料性的存在，所以是不完全的，可变的，而应当潜心致力于唯有理智才能领会的运动的规律。

认可这一点，因为他曾说太阳每天都是新的。如果我们接受亚里士多德关于第五种物体(σωμα)①的理论，就可知道这一点对他来说也毫无困难。②但是有些人并不接受这种第五元素，而认为组成天体的元素与构造地上生命物的元素是一样的。对他们来说，就的确存在着这样的问题，即个体如何保持同一性的问题。进一步说，太阳和其他天体既然都只是部分，那怎么可能作为个体而永恒存在呢？我们知道，每个生命物都由灵魂和躯体（σωμα）构成，由此必然推论出，如果天作为同一个不变的个体永远存在，那么它的不朽要么是因为它的两个部分都不朽，要么归功于其中一个部分，或者灵魂或者躯体不朽。如果有人认为躯体不朽不灭，那么就不朽的目标来说，他就不需要灵魂了，除非灵魂始终伴随躯体一起构成生命物。但是，若有人说躯体本身可灭，不朽的原因在于灵魂，那么他就必须努力表明，躯体在本性上并不反对与灵魂永远相伴，两元素之间丝毫没有根深蒂固的不和，相反，就是躯体的质料也有利于成就永远存在这个目的。

3. 然而，质料以及大全的躯体总是处在变动不居的状态，它们又如何能相互合作促成宇宙不朽呢？我们可以说，这是因为它在自身里流变，而没有流到外面去。既然它在自身中流变，没有离开自身，那就始终保持同一，既不增加也不减少，因此也没有老去。我们必然看到，地也始终保持同样的形状和容量，空气不会减少，水也不会消失。它们的任何变化都没有改变整个生命物的本性。我们也是这样，虽然有些部分在变化，离我们而去，但每个人总可以活一段不短的时间。当某物的各部分全在自身里的时候，躯体的本性就不会与灵魂格格不入，不会妨碍它作为同一个生命物永远存在。火是热烈而迅捷的，总是不断上升，不会停留在地上（就如土不会停留在天上一样）。当它上升到必须停止的地方，我们不能认为它

---

① 即四大元素（水火气土）之外的另一元素，亚里士多德称之为第五种物体，即以太。——中译者注

② 关于亚里士多德"第五种物体"的概念参 De Caelo A. 3. 270b 1 以下。

是到了自己的位置，定居在那里，因此不像别的元素那样在天上或地上为自己寻找立足之处。事实上，它之所以停止是因为无法再上升了，上面再没有什么事物了。而它的本性又使它不可能向下。因此它只能变得温顺，在灵魂的引导下接受与它的本性相适应的美好生命，在灵魂的高贵之处运动。如果有人担心它下坠，那么他尽可放心，有灵魂引导它的环行，支配并掌控着它，能预防任何下坠的趋势。何况火本身并无任何下坠的本能，因此它毫不抗拒地停留在那里。我们自己的肢体各有具体的形状，它们靠自己不能维系自己的结构，因此要从另外的事物中获得元素才能持续下去。然而，天上的变动没有产生任何损失，就不需要补充供养。如果由于火的熄灭使什么东西失去了，就得点燃另外的火。如果这另外的火是从他物中获得的，而那个他物又因流变而丧失了火，那么它还得由另一个别的火来填补。这样的结果是，宇宙的生命造物就不可能始终是同一事物，最多只能保持同一类别。

4. 这样看来，我们应当撇开一般性的考察，而专门思考这个问题本身：天上是否有什么事物在流变中消失了，从而天体确实需要补充"营养"（不是指这个词的严格而特定的含义），或者天上的存在者一旦生成就始终保持原型，不会在流变中有任何损失？还有，那里是否只有火，或者主要是火，除了火还有别的元素，并且占支配地位的火可以把这些元素带到高处停留？如果我们考虑到最高的无上的原因灵魂，考虑到存在于天上的那些形体，它们纯粹，绝对比地上的形体高贵（在其他生命物中也是这样，大自然选择把高贵的形体放在它们最重要的部位），我们就会坚定地相信天的不朽。亚里士多德把火焰称为"沸腾"（boiling-over），[①]自然是对的，火因为完全饱足了，因此就狂乱跳动。然而，天上的火平稳而安静，与星辰的本性相应。但是，最大的问题在于，灵魂既然带着惊人的力量运动，定居在最高的实在之后，那么已经确立在它里面的事物怎么

[①] 参亚里士多德《形而上学》A. 3. 340b23 及 4. 341b22。

可能逃离它而归于非是（non-being）呢？唯有那些根本不明白把万物统归在一起的原因是什么的人，才会不承认源自神的灵魂比任何结合都更强大。灵魂既然可以维系宇宙，不论时间长短，那它难道不能永远维系吗？这岂不荒唐吗？似乎灵魂是靠武力维系万物，似乎事物的自然状态不同于符合宇宙本性与事物的高贵品性的存在状态，似乎有某种力量要摧毁宇宙结构，似乎有某个王或执政官废黜灵魂的本性。事实上，宇宙没有开端——否则就是荒谬的，这一点我们已经说过——这使我们对将来有信心。试想，它既不是产生的，将来怎会有不再存在的时候？元素不会像木块以及诸如此类的事物那样枯萎。而只要元素存在，大全就存在。即使它们不断变化，大全也仍然存在，因为变化的原因本身是不变的。我们已经表明，设想灵魂会改变自己的思想这是荒诞不经的，[①]要知道，它对宇宙的管理不费吹灰之力，也不会对宇宙有任何损害。即使所有的躯体都可能灭亡，在灵魂，也不会出现任何不适宜之事。

5. 那么为何天上的各部分能永存，而地上的各元素以及生命物却不能？柏拉图说，这是因为天上的事物源自至高神，而地上的生命物源自至高神所生的诸神；[②]从至高神而来的事物当然不可能毁灭。[③]这就等于说，天上的灵魂（还有我们的灵魂）在出现的顺序上次于宇宙的创造者；是从天上灵魂产生出灵魂的形像，然后，可以说，这形像从天上下来，造出地上的生命物。这形像灵魂总想模仿天上的灵魂，但是无能为力，因为它是在使用低级的躯体创造生命，又是在一个低级的地方工作，它用来构建生命的各个成分都不愿意持续不变，地上的生命物无法永远留存，天上的灵魂可以直接管理天体，但地上的灵魂没有那样卓有成效地支配地上的躯体。如果天作为一个整体是永久的，那么它的各部分，也

---

① 普罗提诺特别不喜欢这样的观点：创造宇宙的神圣权能会改变自己的思想，从而毁灭宇宙。他在《驳诺斯替主义》（II.9.4）的论文里已经抨击了这种观点。
② 柏拉图《蒂迈欧篇》69C3-5。
③ 参《蒂迈欧篇》41A7-B5。

就是天上的各个星辰也必是永久的。如果各部分不是永久的,那整个天又怎么可能永远存在呢?(天以下的事物就不再是天的部分;如果我们以为是,那天的范围就不会仅止于月球了。)然而,我们由天上诸神以及天本身所给予的灵魂构成,这灵魂支配着我们与自己躯体的关联。而另一灵魂,就是使我们成为我们自己的灵魂,则是我们福祉的原因,而不是我们存在的原因。因为它在我们的躯体形成之后才出现,只是借着推论对我们的存在产生次要的作用。

6. 现在我们要思考这样的问题,天体是否仅由火构成,有否流失,因而需要补充供给?在蒂迈欧看来,构成大全之躯体的主要是土和火,它因火而可见,因土而是坚固;① 也就是说,我们不能以为星辰所包含的全是火,而应认为大部分是火(还有一部分是土,)因为星辰显然有硬度。② 蒂迈欧可能是对的,因为柏拉图也承认这种看法有一定道理。③ 从我们的感知觉与它们的光线之接触来看,它们似乎全是火,或者基本上是火,但是我们只要理性地想一想就明白,如果没有土,就没有硬度,所以它们必定也包含土。那么它们有什么必要拥有水和气呢?要是设想如此多的火里还会有水,这似乎是荒唐可笑的。另外,即使它里面有气,这气也必然要转化成火。然而,即使逻辑上认为两个截然对立的物体需要两个中间项才能结合起来,④ 我们也仍然觉得难以肯定这种逻辑关系是否适用于自然物体,因为我完全可以把土和水混合起来,而不需要任何中间项。如果我们说,"其他元素已经存在于土和水里",也许这个讨论会有所裨益,当然很可能有人会反对说,"其他元素不会有助于两种对立元素的结合"。但我们仍然可以说[为了使讨论进行下去],两种元素可以结

---

① 《蒂迈欧篇》31B4-8。
② 《蒂迈欧篇》40A2-3。
③ 这可能是指柏拉图借蒂迈欧之口所说的话(29B3-D3),他关于宇宙形成的解释是一种可能但并非确定的解释。
④ 《蒂迈欧篇》32B2-3。

合起来是因为每一种元素都包含了一切。另外我们必须思考，土没有火就不可见，火没有土就不固定，这种说法是否正确？如果确实如此，那看起来每一种元素都不大可能有完全独立的本质属性，所有元素都可以相互混合，哪个元素占支配地位，这个混合体就以哪个元素的名称命名。[①]有人说，土若没有湿润就不可能形成具体的存在，水的湿润就是土的黏合剂。但是，即便我们承认这一点，也不能一方面说每个元素都是独立的事物，另一方面又不给它具体的存在，只允许它与其他元素一起存在，丝毫没有独立性。如果没有水存在于土里使它黏合起来，就没有土之为土的元素，那怎么会有土的本性和实体性存在呢？如果根本没有一块土，使水可以将它与相邻的小块土黏合起来，那水黏合什么呢？如果有纯粹的土，土就可以凭本性存在，不需要水；如果没有，水就不可能黏合任何事物。至于气，未变化之前仍然是气，那么土块的存在怎么会需要它呢？至于火，蒂迈欧并不是说土的存在需要火，而是说要看见土和其他元素需要火；[②]而认为有光才能看见事物，这当然是合理的。我们不可能说黑暗是看得见的，只能说它是看不见的，正如无声意味着什么也听不到。但这并不是说火必须存在于土里，其实有光就够了。比如，雪和许多冰冷的事物不包含火，却照样明亮——尽管有人会说，火原本在它们里面，在消失之前给了它们颜色。关于水也存在同样的问题：它若不包含土是否就不是水呢？看到气如此不稳定，谁能说它里面有土呢？至于火，我们必须问它是否需要土，因为它自身里既没有连续性，也没有三维性。那么为何仅仅因为它是个自然物体就没有硬度（不是指三维的硬度，而是指阻力的硬度）呢？硬度是唯有土才有的属性。比如，金子原

---

① 这是《伊庇诺米篇》981D-E 的原理，它认为，一切生命物都由全部元素构成，只是地上的生命物（人、动物、植物）主要由固态的土元素构成，天上的生命物（天体）主要由火构成。

② 《蒂迈欧篇》31B5。

本是水，它获得密度不是通过接纳土，而是通过变稠或者聚合。①同样，火里面既然有灵魂，它为什么不借灵魂的力量自主地获得存在？事实上，诸灵中间存在着火一样的生命物。我们要质疑这样的理论：每一个生命物都是由全部元素构成的。我们可以承认，地上的事物确实如此，但是把土提升到天上有违自然，不符合自然法则；难以想象最快速的运动会是地上物体的转动，否则它会遮蔽天火的明亮和清澈。

7. 因此，我们也许该更加仔细地聆听柏拉图的话。他是这样说的：在宇宙秩序里必然有一种坚硬，那是一种抵抗力。这样一种坚硬使位于中间的土能够成为根基，坚实地支撑立足于地上的存在者，立于地上的生命物必然拥有这样一种坚硬；②土必从自身获得连续性，必被火照亮；它还分有水（事实上它有水分），以防变干，妨碍它各部分的黏合；气使土块变轻；土还与上层的火结合，但不是在星辰的构成上结合，只是因为两者都在宇宙的秩序中，火从土吸取一点东西，土也从火吸取一点东西，彼此都从对方吸收一点东西。不过，这种吸取并不意味着吸取他物的元素就是由两种元素构成的，即它自己和它所吸取的那个元素；只是由于宇宙是各元素的共同体，每个元素在保持自身的同时还能吸取，不是吸取另外一种元素，而是吸取属于那种元素的事物，比如不是吸取气，而是吸取属于气的柔软性，不是吸取火，而是吸取火的光亮。混合就是给出所有的属性，最后产生复合物，比如不只是提供土以及火的本性，而是提供土的这种硬度和密度。柏拉图本人显然支持这种观点，他说："神在地之上的第二环道点燃了一个光"，这光就是太阳；③另一处他还称太阳为"最明亮者"；④又说它是最清澈的。由此，他希望我们把它看作由火而

---

① 《蒂迈欧篇》59B1-4。

② 参《蒂迈欧篇》55E1-3 及 59D6。确切地说，这并非柏拉图所说的话，而是普罗提诺所理解的柏拉图的话。这里也与其他地方一样，普罗提诺在注释柏拉图时，毅然从柏拉图摘取某种与他自己认为合理而正确的观念相吻合的含义。

③ 《蒂迈欧篇》39B4-5。

④ 柏拉图《泰阿泰德篇》208D2；《理想国》616E9。

不是其他任何事物构成，当然他所说的火不是别的，就是光，他说这光不是火焰，而是和煦的光。⑤这光是形体，从它发出另一种光，虽然也称之为光，但我们认为这另一种光是无形的，⑥它从第一种光发出来，就像是第一种光的精华和光辉一样闪耀。那第一种光是真正明亮而清澈的发光体。我们把"属土的"理解为低级事物，但柏拉图把"土"理解为"坚硬"；⑦我们在同一个意义上使用"土"这个词，而柏拉图区分了不同的"土"。⑧须知，这类火，发出最纯粹的光的火，属于上层领域，它的本性决定它的位置就在那里，因此我们不能以为地上的火焰与天上的火相互混合。地上的火焰一旦到达一定的高度，就会遇到大量空气的阻挡，随即便熄灭了；而且它在上升过程中携带着土元素，因此就向下坠落，不可能升到上层火那里，只能停止在月球之下，从而使那里的空气更稀薄。这火焰——如果还有火焰存在的话——变淡变弱，没有足够的亮度发出光焰，只能反射上层光的明亮；天上的光落在不同的星辰上，发出的亮度各不相同，从而使星辰在大小和颜色方面都各有特色；天上的其余部分也是由这光构成，但是我们看不见，因为它的形体太稀薄，完全透明，无法反射（就像纯粹的气），此外也太遥远。

8. 假若这样的光停留在高处，指定给它的地方，最纯粹的区域，那么请设想一下，从它发出来的会是怎样的事物？可以肯定，这事物天生就不会向下流动，上面也没有任何强制力把它往下推。另外，每个躯体一旦与灵魂结合就成了另一个躯体，即使灵魂离去，回到自身之中，它也不再是它原来的所是；而天上的躯体与灵魂同在，因此不同于自在的躯体。与这种躯体毗邻的应该是气或火，但是气能做什么？至于火，

---

① 参《蒂迈欧篇》58C5-7。

② 在普罗提诺，光是发光体无形的 ενεργεια，非常接近于生命，即灵魂的 ενεργεια。参 IV. 5. 6-7。

③ 柏拉图《蒂迈欧篇》31B6。

④ 普罗提诺可能想到了《蒂迈欧篇》60B6，但那段话事实上与他在这里的讨论毫不相干。

没有哪种火适用于对天上的火发生作用，或者与之有效地接触；天火在任何可能的事发生之前就已经凭自己的冲力转移到了另一个地方；上层空气里的火力量较小，不能与地上的火相提并论。另外，火通过加热发挥作用；而那将要受热的事物其本身必然不是热的。如果火要毁灭什么，必然首先使它受热，受热到非正常状态。因此，天不需要另外的形体来维持永恒，或者使它开始环行运动，因为从来不曾有迹象表明它的自然运动是直线的。对天体来说，或者静止不动，或者作环行运动，这才符合本性，其他运动都属于被外力推动的存在物。我们也必须认定，天上的存在者不需要供养，我们也不可立足于地上的事物来谈论它们，因为维系它们的是不同的灵魂，所居住的是不同的区域。地上的复合物需要营养的原因不适用于天上之物。地上的形体总是处在流变状态，它们的变化是一种离开其真实自我的变化，因为它们处在另一本性的引导之下。由于其自身的软弱，这种本性不可能使它们保持在是中，只能仿效它之前的本性形成和生产。但是我们已经表明，天体无论如何都不可能像理智领域里的存在者那样亘古不变。

2. 论天体运动

1. 它为何作环行运动？[①] 因为它模仿理智。这种运动是属于灵魂还是属于躯体？灵魂是不是就在运动之中，并且被引向运动？或者灵魂运动是因为它渴望离去吗？或者灵魂是否处于一种不连续状态？灵魂是否以自己为中心并带着天不停地运转？若果真如此，它就不可能再带着天这样运转下去，因为它应该已经完成了自己的运行，也就是说，它更可

[①] 参见《蒂迈欧篇》34A4。这一节普罗提诺似乎想到了亚里士多德在《论灵魂》A. 3. 407a6-407b12 里对《蒂迈欧篇》的批评，同时似乎在回应亚里士多德所阐述的观点。

能使天静止不动,而不是始终作环形运转。可以肯定,灵魂是静止不动的,就算可以说它是运动的,那也不是在空间意义上的运动。既然灵魂本身以完全不同的方式运动,那么它又如何推动天体运动呢?也许环形运动不是空间意义上的运动,即便是,也只是偶然的。那么这是一种什么样的运动呢?这是一种具有专注的自我意识的运动,是理智和生命的运动,完全在自身里面,没有哪一部分在外面,或者在别处。那么它必然包围万物又怎样理解呢?它包围万物的意思是指,生命物中的主导部分就是包围它并使它成为一体的东西。如果灵魂静止不动,就不可能以活生生的方式包围生命物,也不可能保存它自身里面的事物,因为它有身体,而身体的生命就是运动。这样说来,也必然有局部的运动,这样它才能运动,并且不只是作为灵魂运动,而且是作为一个有灵魂的身体和一个生命物运动。因此,它的运动就必然是身体运动和灵魂运动相结合的运动。身体天然以直线传送,而灵魂天然倾向于包容,把两者结合起来就产生既运动又静止的事物。如果把环形运动归于身体,那么如何解释一切形体,包括火,都是直线运动?(答案就是,)它一直作直线运动,最终到达指定的地方。因为它是被指定的,因此必然既表现出静止,又被运送到指定要去的地方。那么,当火到了天上之后,为何还不静止不动呢?这显然是因为火的本性是运动的,难道不是吗?如果它不作圆周运动,只作直线运动,那就会被抛出宇宙,消失不见,所以它必须作圆周运动。当然这是神意的作为,更确切地说,这是因为它里面有某种来自神意的事物,所以当它到了天上,就自愿作圆周运动。它希望一直作直线运动,但最后再也没有可延伸的地方,于是就弯成弧线——我们可以这样说——转回到可以延伸的地方,也就是它自身,因为它在自身之外无有去处,这就是终点。① 于是它就在自己占据的空间里奔跑,这空间就是它自己的处所。它到达那里不是为了停留在那里,而是为了运动。圆

---

① 这是亚里士多德的原理。参 De Caelo A. 9. 279a17-18.

心自然静止不动，但是，如果它外围的空间也静止不动，那就是一个很大的圆心了。就一个生命体的自然状态来说，我们更应当认为它围绕圆心运动。唯有这样的运动它才能使自己指向圆心，但不是与圆心一致——这是不可能的，否则就没有圆周了——而是围绕圆心运动，只有这样它才能满足自己的愿望。另一方面，如果确实是灵魂带着生命物环行，灵魂必不会感到疲惫，因为生命物并没有拖着它（它并没有用力，）这种运动也不违背本性。① 所谓"本性"，就是宇宙灵魂（大全灵魂）所规定的事物。再者，因为整体灵魂无处不在，并且作为大全的灵魂，它没有被分成部分给予每个生命物，因此它也使天在力所能及的范围内无处不在，而天通过追求并获得万物而无处不在。如果灵魂在任何地方都静止不动，那么天上的火到了那个点也会静止在那里，但事实上，灵魂是普遍的，因此天火也无处不在追寻它。那么天火是否永远不能获得灵魂呢？相反，它总是能够获得灵魂。或者毋宁说，灵魂本身把天引向自己，不停吸引天，从而使天不停地运动，当然不是使它向另外某个地方运动，而是在同一个地方朝向它自己运动。它吸引天不是使它作直线运动，而是使它作圆周运动，从而使它在运动过程中的任何一个阶段都拥有灵魂。如果灵魂静止不动，只存在于每个个体静止不动的地方，那么天也必定静止不动。然而，如果灵魂并不仅仅存在于特定的地点，那么天在任何地方都是运动的，并且不是在灵魂之外，因而必是在圆周上运动。

2. 那么其他事物呢？其他事物都不是整体，只是部分，并且被包含在部分性的处所里。天则是整体。在某种意义上，它就是空间，没有任何事物能妨碍它，因为它就是大全。那么人呢？就人源自于大全来说，他是一个部分，就人是人自己来说，每个人都是一个独立的宇宙。如果天不论在哪里都拥有灵魂，那么它为何必须到处转动呢？因为它并非只在那个特定的地方拥有灵魂。如果灵魂的力量就是环绕自己的中心运动，

---

① 这回应了亚里士多德 *De Anima* A. 3. 407b2. 参 De Caelo B1. 284a27-35.

那么同样，它也会使天按圆周运转。当然，我们说到灵魂的本性时所指的中心与我们论到身体时所说的中心不是一回事。就灵魂来说，中心是产生另一本性（身体）的源泉，而就身体来说，中心具有一定的空间意义。因此我们只能在比喻的意义上使用"中心"这个词，从而可以说，灵魂必然有一个中心，就像身体有一个中心一样（但是"中心"的字面意思是指身体的中间点，是个空间概念），因为正如身体环绕自己的中心，同样，灵魂也环绕自己的中心。如果正在讨论的是灵魂的中心问题，那么灵魂所环绕的中心就是神，它热烈拥抱他，尽其所能环绕他，因为万物都依赖于他。但它无法抵达他，只能环绕着他。那么为何并非所有的灵魂（比如低级灵魂，人的灵魂和动物的灵魂）都是这样呢？其实，每个灵魂都在自己的处所环绕着神。那么为何我们的身体却不环绕着神呢？因为身体里有一种额外的成分在作直线运动，身体的冲动被引向别的地方，并且我们的球形部分是属地的，因此运动起来非常费力。①而天体跟随着灵魂，轻盈舞动。当它开始运动之后，不论是什么样的运动，可曾有过停止？同样，在我们身上，呼吸围绕着灵魂，它所作的是就圆周运动。②既然神在万物之中，渴望与神同在的灵魂就必然环绕他运转，因为神并不是在任何一个处所。柏拉图认为星辰不仅与整个宇宙一起作圆周运动，各自还围绕自己的中心运动，③因为每个星球在自己的位置上拥抱着神，喜乐无比，这不只是理性计划的结果，也是出于自然的必然性。

3. 还可以换个角度来说。灵魂中有一种始于地上并且贯穿于整个宇宙的终极力量，④灵魂中还有与生俱来的感知力，接受理性推论的能力。这使它能够高高地在天上，从上面与身体接触，从自身给身体力量，使

---

① "我们的球形部分"就是头，根据《蒂迈欧篇》（44D），把头放在顶端作身体的工具，这样它就不必转来转去了。
② 《蒂迈欧篇》79A-E9 把呼吸描述为循环过程，就像转动的轮子。
③ 参《蒂迈欧篇》40A8-B2。
④ 《蒂迈欧篇》36E2。

身体更有活力。因而，高级灵魂团团包围低级灵魂，推动它作圆周运动。它的任何一部分，只要已经升到了天上，就有高级灵魂住在里面。低级灵魂既有高级灵魂包裹着它，就转向并倾向高级灵魂，这种向上的倾向带动与它相互交织的身体。须知，就一个球体来说，任何一部分运动了，就算是极为轻微的运动，只要它动了，就会激动这个部分所在的整体，这样，球就处在运动之中了。我们的身体也是这样，当我们的灵魂被推动（灵魂受动的方式当然不同于身体）——比如，因为喜乐或者其他对它来说美好的事物而感动——时，身体也会产生空间上的一种运动。在天上，只要灵魂具有良好且比较敏锐的感知力，就会向善运动，同时使身体以相应的方式在空间里运动。反过来，感知力从那高高在上的灵魂获得了善，就欣然去追寻它自己的善，由于善无处不在，因此无论何处它都被引向善。理智是这样被推动的。它既静止，又运动，因为它环绕着他[至善]运动。所以，宇宙也是如此，既环行运动又静止不动。

3. 论星辰是否是原因

1. 星辰的轨迹指明了具体情况下会发生什么事，但其本身并非如大多数人所想的那样是引起一切的原因。这一点我们以前曾在某处讨论过了[①]（讨论中也提供了一些证据）。现在我们需要更深入更详尽地讨论，因为接受一种观点，摒弃另一种观点绝不是小事一桩。他们说，行星在运行轨道上的活动能引起一切事情的发生，不仅决定贫穷和富裕、疾病和健康，还决定美丑，最重要的一点是决定善恶，甚至决定他们在不同时候出于不同情况而发出的行为；这就好比说，他们可以向无辜的人发怒，因为是行星使他们成为这个样子；他们如果给人所谓的好处，那不

---

① 参看《九章集》III. 1. 5. 33 以后。——中译者注

是因为他们关心那些接受恩惠的人,而是因为他们本人一生中不断地受到星辰的影响,时而高兴,时而不高兴,因此他们的所作所为必因其不同的心境而变化,时而热情似火,时而冷若冰霜。① 最重要的一点是,他们说,有些行星是坏的,有些则是好的,但坏的行星可以给予好的恩赐,好的行星也可以变成坏的;他们还说,当行星彼此相见时,就引起一种事物,彼此不相见时,就引起另一种事物,似乎它们并非真的能自我控制,而是取决于是否彼此相见;又说,一个行星若是看见某个特定的行星时就是好的,但若看见另一个行星则可以变成坏的;它所看见的是这一星相还是那一星相也会产生不同的结果;所有的行星结合起来出现的又是完全不同的事物,正如各不相同的液体混合在一起,变成了某种与任何一种成分都全然不同的事物一样。诸如此类,不一而足,这就是他们的看法。现在,我们要逐一地检查并讨论,这可能是比较好的开端。

2. 这些环绕自己的轨道运行的事物,我们应当认为它们是有灵魂的还是没有灵魂的?如果它们没有灵魂,那么除了热和冷——假设我们可以设想有些星辰是冷的——之外,它们就不可能提供任何事物。无论如何,它们只能决定我们身体的既定命运,因为从它们到我们有一种形体上的转移,并且这种转移在我们身体上所产生的变化并不大,因为形体的事物不论来自哪个星辰都没有区别,它们全都合起来变成地上的同一个形体。因此,要说有差异,最多也只有局部差异,就看我们离星辰是近是远。冷星也以同样的方式产生不同的影响。这样说来,它们怎么可能决定人是聪明还是愚蠢,怎么能叫一些人做文字老师,另一些人做修辞老师,一些人做演奏家,另一些人做其他艺术家,使一些人富得流油,另一些人穷得丁当响?它们又怎样产生其他种种并非源于身体的影响?比如,它们如何让人有这样一个兄弟和父亲,或者有那样一个儿子和妻

---

① 关于这一节里所批判的占星学理论的详尽阐释,见 A. Bouche-L eclercq, L' *Astrologie Grecque*。对这门伪科学的基本谬论, A. J. Festugiere, *La Revelation d'Hermes Trismegiste* I. ch. V, pp. 89-101 有精彩而简短的说明。

子，或者一夜之间时来运转，成了官长甚至国王？另一方面，如果它们有灵魂，所作所为有明确的目的，那么这些存在于神圣领域其自身也是神圣的存在者为何要如此伤害我们，难道我们对它们竟做了什么吗？其实，它们不是使人作恶的原因，我们的苦乐也对它们没有任何好处或坏处。

3．不过，也许行星这样做不是出于有意，而是出于它们的位置和形状的必然性？如果它们这样做是迫不得已的，那么当它们处在同样的位置具有同样的形状时，应当全都做同样的事。说真的，某个行星不停地在黄道上运行，时而在这一部分，时而在那一部分，这对它来说会产生什么分别呢？它有时甚至不在黄道上面，而是远远地在黄道下面，但无论它在哪里，它总是在天上。要说一个行星依它所经过的不同区宫而各不相同，产生不同的力量，升起时、立于中心时以及下降时各不相同，这岂不可笑？可以肯定，它位于中心时并不会感到高兴，下降时也不会变得沮丧和虚弱。同样，行星岂会在升起时义愤填膺，下落时温情脉脉，更不可能在下落时变得良善非凡。这怎么可能？事实上，每个行星的位置都是相对的，对一些人来说处于中心，对另一些人来说就在下落；在这边人看来是在下落的，在那边人看来却处在中心。显然，它不可能同时既高兴又悲伤，既暴怒又温柔。另外，我们若是说有些行星下落时高兴，有些却在上升时才高兴，这也完全不合理性，并且也会得出这样的结论，它们在同一时刻既高兴又悲伤。这样说来，它们的忧愁怎么就会伤害我们呢？不，我们绝不能接受它们时而高兴时而忧愁这种观点。它们始终宁静泰然，为它们所拥有及所看见的美好之事而喜乐。每个行星都有属于自己的生命，每个行星的善都在于它自己的行为之中，与我们毫无关系。天上的生命物与我们的命运并不相干，它们的行为也许会偶然地预示我们的未来之事，但这终究不是它们的主要行为。就像鸟，就算有些活动具有表征意义，这种作用也只是偶然的。它们的行为根本不指向我们。

4．如果说一个行星看见某个特定的行星就很高兴，而看见另一个行星就生出不快情绪，这也不合乎理性。请问，它们之间有什么仇恨？

为什么而仇恨？为何一个行星看另一个行星，是从三角形的角度，还是相反的角度，或者从四边形的角度看，就会产生差异呢？为何一个行星在这个位置看另一个行星只能看到某种特定的形状，而到了另一个星座，就算比先前更加靠近，也不能看见呢？总而言之，人所期望它们的这些事，它们究竟是怎样成就的呢？为何每个行星分别运行时产生一种影响，所有行星一起运行又产生完全不同的另一种影响？它们当然不可能碰头开会，各抒己见，发挥各自的影响力，对我们的事形成决议，然后执这项决议；没有哪个星辰会用暴力阻止另一星辰出现，也没有哪个星辰会在劝说下放弃对另一个星辰的自由作用。设想一个行星在这个区域时高兴，在另一个区域时不高兴，这就如同说两个人彼此相爱，然后又补充说这个爱着那个，但那个恨恶这个，这是多么荒谬的说法！

5. 他们又说有个行星是冷的，还说当它远离我们时，对我们更好，以为它对我们的伤害就是因为它太寒冷。若果真如此，那么当它处于黄道带的反相宫位时，就应当对我们有好处。但他们又说，当冷行星处在与热行星反相的位置时，两者都对我们有危险。如果这样，那应当有一种不冷不热的温和状态。他们宣称，一个行星喜欢白天，一旦受热变暖就成为善的，而另一个行星，就是炽热的行星，则喜欢夜晚——听他们这样说来，似乎对行星来说并不总是白天（也就是总是光明），似乎那炽热的行星还要被黑夜控制，尽管它远在地球的阴影之外。至于他们所说的月圆时与某个特定的行星配合默契，而月亏时则与之关系恶劣，如果真的认为这样的事情可能发生，那么反之亦然。因为当她相对于我们来说是满盈时，在另一半球相对于她上面的行星就是黑暗；在我们看来她亏缺时，在那一行星看来则圆满。这样说来，她就是亏缺时（对我们来说）也应当反其道而行之，因为此时她正月光满盈地看着另一个行星。其实，不论月球处在何种状态，对她都没有任何不同，因为她的一半始终是明亮的。然而，在他们看来，当它受热变暖时就会对行星产生一定的影响。但是当月亮在我们看来一片黑暗时可能是温暖的，因为向我们显示为黑

暗的，向另一行星却显示为月光满盈，是善的。可以肯定，这些事物就是与各个星球相对应的图象，也就是所谓的星座……①

6. 占星学家把一个行星称为阿瑞斯（Ares），把另一个行星称为阿佛洛狄忒（Aphrodite），说当它们处于某种关系时就引发通奸行为，似乎人类这种无耻的放荡行径能满足它们彼此的欲望，这实在荒谬之极。认为彼此看见对方的特定星象就使它们快乐，而它们没有任何界限，这样的谬论，谁能接受？须知，世上有数不胜数的生命物诞生和存在，行星若是总要对他们每个人都发挥作用，决定他们的荣辱、贫富和善恶，亲自对每一个独立个体所做的事负责，那它们所过的该是怎样的生活呢？它们怎么可能做这么多事情呢？我们只能这样设想，他们观察着黄道各宫，等着它们占据支配地位，然后作出行为；哪个宫升到哪个度数就表示它的支配地位有多少年头，于是他们数着手指头算时间，什么时候可以做事，如果时期未到，就不可以做，如此等等；完全不愿承认有引导宇宙的至高原理，把一切事物都交托给行星，似乎根本不存在一位统治宇宙的神——宇宙万物无不从他而来，他使每一事物按其本性发挥自己特有的功能，从事自己的工作，同时万川归流，与支配原理合一——持这种观点的人企图消解宇宙的统一，对它的本性一无所知，不知道宇宙有一个贯穿在万物之中的原理和首因。

7. 如果这些行星能预示将来之事——其实在我们看来，许多其他事物也能预示——那什么是可能的原因呢？这种预定是如何发挥作用的呢？显然，如果特定之事并没有按某种预定发生，那就没有任何预示意义。我们不妨设想，星辰就像始终刻在天上的字，或者一次写成、永不消失的字，但并非静止不动，而是处在运动之中，因为它们要执行自己独特的任务。我们不妨设想它们的意义就在于此，正如因为一种生命物中存在统一的原理，我们只要研究其中一个部分，就能知道其他部分的

---

① 这个句子似乎不属于这里的论述，可能是从第 7 节的开头错划过来的。

其余信息。比如,我们只要看一个人的眼睛,或者他身上的其他某个部位,就能判断他的性格,也能预测他所面临的危险以及应该采取什么预防措施。没错,这些都是整体的组成部分。我们也是,因此我们可以从此物了解彼物。万物都充满记号,① 聪明人能从一物洞察另一物。不过,许多这样的学习过程已经是众所周知的习俗了。那么,这种整体相联的顺序是什么呢?如果确有这样的一种顺序,那么我们根据飞鸟和其他生命物的预兆推测具体事件是合理的。万事万物都彼此相联,不仅每个部分里面存在着单一而统一的生命气息,② 而且整个大全都是如此。宇宙中必然存在统一原理,使宇宙成为一个单一统合而复杂多样的生命物。③ 每个机体里的每一部分都担当自己特定的任务,同样,大全的各部分也如此,也都有各自专门的工作要做。甚至可以说,比起各个机体,大全更是如此,因为它的各个部分不只是部分,其本身还是整体,因此比具体事物的各部分更重要。每个存在物都出于单一的原理,从事自己分内的工作,同时,它们还彼此配合,相互协调,因为它们并没有与整体分离。它们发挥作用,同时受到反作用,万物彼此交融,同甘共苦。在整个过程中,没有任何事物是偶然和随意的,什么事物从这里开始,什么事物从那里连续,都是按着自然顺序定好了的。

8. 于是,灵魂开始做自己的事——因为灵魂具有原理的地位,所以能做一切事——它可以保持直线运行,④ 也可能误入迷途;在大全里,不论做什么事,都遵循公正法则,否则,大全就可能分解。⑤ 然而,大全

---

① 这是斯多亚学派的思想。比如塞涅卡(Seneca) Naturales Quaestiones II. 32。

② 宇宙的 συπνοια 也是斯多亚学派的思想(波塞多纽(Posidonius)和其他人),参狄奥根·尼拉尔修 VII. 140。

③ 斯多亚学派发展了柏拉图《蒂迈欧篇》(30D-31A)里的宇宙观,认为宇宙是一个单一的生命体,这在普罗提诺思想中十分重要,比如 IV. 4. 32 以下。

④ Bouillet 很可能是对的,他认为普罗提诺这里想到了柏拉图《斐德若篇》245C 以下讨论灵魂的伟大段落,灵魂既是属神的,又是属人的的。

⑤ 对《蒂迈欧篇》41A8 的回想。

永远存在,因为它的统治者用秩序和大能引导它的整体。每个星辰的运行都与整体相配合,因为它们是天上的巨大部分,正因为它们巨大,因此显得如此明亮,非常适合作预示的记号。它们预示着感觉世界里发生的一切事,但它们实际所做的事则是它们有能力做的事。至于我们,只要我们在丰富多彩的大全世界里没有堕落,我们的本性决定我们从事灵魂的工作。如果我们堕落了,就要受到应有的惩罚,不仅堕落本身是一种惩罚,而且随后会落到更低的位置。至于贫富,那只是偶然相遇的外在事物。那么美德与邪恶呢?美德是我们灵魂的原初状态,邪恶是由于它偶然遇到了外在的事物而产生的。这个问题已在别处有所讨论。①

9. 这使我们想起转轴命运观,就是古人所说的命运象转轴一样旋转。但在柏拉图看来,转轴乃是天体环行中既运动又固定的部分,② 命运及其母亲必然性,在我们每个人出生的时候推动转轴,转出一根丝线,凡出生的都是因必然性而来的。在《蒂迈欧篇》里(69C5-D3),创造世界的神生出"灵魂的第一原理",但那些在诸天中运行的诸神③ 孕育了"可怕又无法避免的情欲"、"忿怒"、"欲望"、"苦乐"以及"灵魂的另一种状态",就是产生此类情欲的状态。从这些话看来,我们的性情与星辰相联系,我们从星辰获得灵魂,当我们一旦来到地上之后,就顺服于必然性;我们还从星辰获得各自的道德品质、独特行为以及出于某种性情的情绪,这种性情本身易受情绪影响。这样说来,"我们"究竟是什么呢?当然就是我们真正所是的,自然赋予我们力量让我们主宰情欲的本性。此外,神还在所有这些我们借身体而接受的邪恶中间赐给我们——"德性,它不是任何人的奴隶"。④ 当我们身心平安时,并不需要德性,但如果没有

---

① 可能是指 I. 8 (51),参 12. 5-7。
② 柏拉图,《理想国》X. 616C4 以下。
③ 星辰。——中译者注
④ 柏拉图《理想国》X.617E3。

了德性，就有可能陷入邪恶。因此，我们必须"逃离这里"，①"脱离"②那些加在我们身上的事物，不要成为复合物，赋有灵魂的身体，在这样的复合物里，身体（拥有灵魂的一些痕迹）具有更大的力量，因而通常的生活更多的是属身体的，因为凡是与通常生活有关的事物都是属身体的。但是另一灵魂，也就是身体之外的灵魂，要上升到更高的世界，上升到无人主宰的美好而神圣的世界，人或者利用它，使自己变得高贵，按它的原理生活，恢复原初的神性；否则就丧失这个高贵灵魂，生活在命运之下。如果那样，不仅星辰向他显示预兆，他本人也成为其中的一个部分，与他所在的整体一同受制于命运。每个人都是双重的，一方面是一种复合的存在物，另一方面是他自己；整个宇宙也是这样，一方面是身体和与之相联的那种灵魂的复合物，另一方面是大全灵魂，这种灵魂在身体之外，但有一些光辉照耀在身体里面的灵魂上。太阳和其他天体也具有这种意义上的两重性。它们不会把任何恶传给纯粹的灵魂，但是因为它们是大全的组成部分，包含赋有灵魂的身体，所以从它们进入大全的事物由它们的身体——那也是大全的一个部分——传送给另一部分；另一方面，星辰的意志和真正的灵魂始终寻求至高至善者。后来，至善（毋宁说不是至善，而是它的周围环境）所生发的其他种种结果，就像火所喷出的热，渗透到整个宇宙。也许从星辰的另一个灵魂（神圣的第一灵魂）产生某种东西传到与它同类的其他灵魂（即具体存在物的灵魂）。凡出现坏结果的，都是因为混合之故。事实上，"这个大全"的本性是"混合的"，③如果有人把可分的灵魂从他分离出来，就所剩无几了。如果可分的灵魂可算为宇宙的一部分，那么宇宙就是一个神，其余的部分，柏拉图说，就是"伟大的精灵"，④其中发生的一切都是属精灵的。

---

① 柏拉图《泰阿泰德篇》176A8-B1。
② 柏拉图《斐多篇》67C6。
③ 柏拉图《蒂迈欧篇》47E5。
④ 神（ψεοσ）与精灵（δαιμων）的区别出于《会饮篇》202D5-E1（证明厄洛斯[Eros]是精灵，不是神），但柏拉图在那里或在其他地方都没有将这种区分引申到宇宙。

10. 若果真如此，即便是在这个讨论阶段，我们也必须承认星辰具有预示能力，但不能把全部行为都归于它们，也不是归于它们的全部种类，而只是就大全的各种影响，以及这些影响所能发挥的作用而言 [比如，如果无法解释它们的可分灵魂，就归之于星辰的影响]。我们必须承认，灵魂即使在还没有进入生成领域之前就已经表明，当它到来之后自身中必带有某种低级的东西，因为它若不包含受制于情感的那一大部分，就不可能进入身体。我们也必须承认它进入了偶然性的领地。我们必须承认，天体环行是自由自在的行为，借自己的力量相互合作完成大全必须完成的事。在整个环行中，每一个天体都担当一个角色。

11．我们还必须考虑到，从星辰来的事物到达接受者手上之后不会再是它刚离开星辰时的样子。如果这是火（比如），火到了地上之后，相比于星辰上的火就是暗淡的；如果是一种爱的品性，到了接受者这里也会变弱，最终产生的是一种相当可恶的情欲；若是勇气，接受者如果不是恰如其分地吸收，不是变得勇敢，就会导致暴烈或者沮丧；原本是高贵的爱和美的事物结果成了对伪美的追求，智慧的发挥导致欺诈，欺诈原是想要成为智慧，只是达不到自己的目标。这样看来，所有这些事物在天上时并非恶，但到了我们这里就变成了恶。凡是从上面下来的事物，就不再是它们原先在天上的样子了，因为它们已经与身体、与质料混合，并且彼此混合。

12．再者，源于星辰的各种力量最终联合为一，每一个生成物都从这联合体中有所吸取。这样，已经生成的事物都能获得某种性质。星辰-影响力（star-influences）并不能创造马，它们只是给马添加某种东西。马生于马，人生于人，太阳在它们的生成中当然有辅助作用，① 不过，人只能出于人的形成原理。外在的影响力有时有害，有时有利。儿子总与

---

① 参见亚里士多德《物理学》B. 2. 194b13。"人生人，太阳生太阳。"参 *De Gen. Et Corr*. B. 10, 解释了日月食中太阳的运动是"盛衰规律的原因"（Cornford）。

父亲相像，但长大之后往往比父亲更加出色，有时也会不如父亲。但外在的影响力绝不会毁损事物的根本性质，只是有时是质料而不是本性占据了支配地位，其结果就是形式被击败，事物无法达到完全。

[即使月亮朝向我们的一面在地球上显为黑暗，对月亮之上的星辰也并无任何坏处。只是由于上面的星辰离得太远，看不出有什么帮助，就以为这种月朔现象是坏的。当月亮满盈时，即使上面的星辰太远，看不出有什么好处，但对地上的事物已足够了。当月亮对着火热之星（fiery star）的一面未被照亮时，被认为与我们有好处，因为那个星能够保留超出自己所需的热能。天上形成的生命物，因其热度高低不同而有各不相同的身体，但没有一个是冷的。它们所处的位置就是明证。人们称为宙斯（Zeus）①的行星包含恰如其分的火；晨星（Morning Star）也如此；由于这两个星相似，人们认为它们是"和谐的"，但在布局和构成上与被称为弗尔利（Fiery）的星辰不同，又因距离与被称为克洛诺斯（Cronos）的星辰不协调。至于赫耳墨斯（Hermes）则是中立的，被认为与所有行星都相似。无论如何，众星都对大全有作用，因而在一定意义上彼此相关，从而为大全带来一定的益处，因为我们看到，从个体角度来说，所有部分都属于一个生命物。事实上，它们正是为了整个生命物而存在的，比如胆汁作用于全身，同时与相邻部位休戚相关，因为它得激发起有生命物的勇气，使整体和胆脏旁边的部位不超出适度的范围。同样，在宇宙这个整体中，既需要某种类似于胆这样的器官，也需要生产甜蜜芳香的器官，还需要眼睛，所有这些都通过它们的非理性部分统一在感觉里。因此，宇宙就是一篇完整而单一的乐章。]

13. 根据这样的讨论（有些事确实是天体运动导致的，但有些事并不是），我们必须进行区别和分辨，搞清楚每个特定事件一般由什么原因

---

① 这一段落里提到的行星就是木星（Jupiter，朱庇特，相当于宙斯）、金星（Venus，维纳斯，相当于阿佛洛狄忒）、火星（Mars，马耳斯）、土星（Saturn，萨杜恩，相当于克洛诺斯）、水星（Mercury，墨丘利，相当于赫耳墨斯）。

产生。我们的出发点是：灵魂按照某种理性秩序引导这个大全①（就如每个生命物由自身里面的原理引导一样，生命物各个部分的构成以及它们相对于整体的位置都是由这个原理决定的），因此它在整体里完全显现，在部分里只按照各个个体的所是（being）相应显现。每个个体生命所接受的外来影响有时与它的本性相反，有时则相合，但所有一切都按着整体排列，因为它们都是整体的组成部分。它们接受所拥有的本性，同时每一个也按照各自的动力对大全的整体生命有所贡献。大全里的无生命事物全都是工具，并且可以说，是在外力推动下运动的。至于有生命的事物，②一类不受约束地运动，（但有危险，）就像驾驭者套上了马车但还没有定出跑道的马，因此他要"用鞭子控制它们"。③理性造物则自己驾驭自己。如果它驾驭技术娴熟，前进的道路就一帆风顺，如果不娴熟，就会常常面临风险。但是，两者都在大全里面，都对整体有用。位高体大的生命物发挥大一些的作用，积极主动地而不是消极被动地对大全生命作出贡献；位低体小的就始终处于被动状态，几乎没有什么能量用来运动；至于处在两者中间的，虽然受到他物的影响，但在许多领域里都能发挥很大的作用，在许多事上拥有活动原理，并创造出它们自己的东西。当大全中最优秀的部分齐心协力，尽心尽力，大全就成为一个完全的生命；每一部分必须尽其所能服从统治原理，就如士兵服从长官，由此可说，它们"跟从宙斯"④走向理智的本性。本性较低的事物在大全中位于第二层次，就如我们拥有灵魂的第二部分；其他的事物也像我们的

---

① 又是对《斐德若篇》246C2 的回忆。

② Stephen MacKenna & B.S. Page 的《九章集》译本 (William Benton, Publisher, 1952) 插入了"可以分为两类"这句话。——中译者注

③ 这句话出自柏拉图《克里底亚篇》（Critias）109C1，那里的上下文与这里的讨论有关。不过，普罗提诺还想到了"斐德若"神话，神话中就讲到马车夫和马的比喻。

在普罗提诺的这句原文之后，Stephen MacKenna & B.S.Page 的译本插入了"另一类有理性"。——中译者注

④ 参柏拉图《斐德若篇》246E6。

各部分，我们身上的部分并非全都等同，大全中的事物也并非全都处在一个层次。因此，所有生命物，包括天上的生命物和其他已经成为大全之部分的生命物，全都符合大全的完全范式，没有哪个部分，就算是很大的部分，有力量给这些范式带来彻底改变，或者改变根据这些范式产生的事物。部分可以产生某种非本质的变化，或者在好的方面，或者在坏的方面，但不可能使什么事物放弃自己独特的本性。它可能以几种方式使事物变得更糟糕：或者使身体受伤变残，或者给同情它的灵魂带来某种外在的恶，使它跌入低级领域，或者如果身体不健全，它就可能借此阻碍指向它的灵魂的活动，就如同琴弦没有调好，不能发出准音，也就奏不出音乐。

14. 关于贫富、名誉和职位又怎样呢？如果人靠继承父辈的财产致富，那星辰只是宣告了这是富人，正如它们没做别的，只是宣布了出身名门、父母高贵的人家世好，他的显赫归于他的家庭。如果财富源于勇敢的品德，而且身体促进了这种品德的形成，那么那些使身体强壮有力的人就是功臣了，因此首先应感谢父母，是他们生育了这个身体，其次，如果还有什么因素有所作用的话，可算上天时和地利。但是，如果德性的形成与身体无关，那么最大的功劳只能归于德性，那些有德性的人所作的贡献都应归功于德性。如果捐献财富的人是善的，就此而言，致富的原因仍应归于德性；如果他们本性恶劣，但捐献财富的行为是合理的，那么我们得说这一行为是出于他们里面良善的一面。如果致富的人是恶人，他获得财富必定是由于他先在的恶，以及导致那种恶的原因，我们还必须把那些给予财富的人也包括在内，他们也负有责任。如果人的财富源于辛勤劳动，比如属于种田所得，那原因就应归于农夫，以及适宜的环境。如果他发现了一个宝藏，那我们得说大全的某种东西发挥了作用。若果真如此，那就是上天的预示，因为万事万物无一例外都彼此相关，因此万事万物无一例外都是有所预示的。假设有人失了财产，如果这财产被人拿走，那拿走的人就是责任者，他自己的原理对他负责；如果失落在大海里，那么责任在于环境。至于名誉，人可以名副其实，也可能名不副实。如果名副其实，那么原因在于他所取得的成就，以及尊敬他的那些人的德性；如果名不副实，责任就在于那些尊敬他的人的不义。同样的推论也适用于职位，因为它同样可能是正当获得的或不正当获得的。这一方面取决于选民的品德，另一方面取决于当选者本人，他或者靠别人的协作，或者以其他方式获得职位。至于婚姻，那是自由选择的结果，或者是普遍秩序中某种偶然力量随机相遇的结果。婚嫁之后就要生儿育女，如果没有什么不良因素妨碍，孩子就是照着父母的样式形成的；但如果内部出现了不好的因素，或者出于母亲本人，或者因为环境不适宜孩子的出生，那么孩子就可能有残缺。

15. 柏拉图认为，在必然性的转轴旋转之前灵魂应当有命数和选择，[①] 后来又认为转轴上的存在物应当作灵魂的帮手，各方面协助灵魂成就它们所选择的目标，因为监护之灵也在它们的选择中起协助作用。[②] 那么什么是命数呢？就是你在大全处于那个特定状态时进入身体，就是你进入的是这个特定的身体，出生在特定的父母家里，出生在这样一个特定的地方，总而言之，就是我们所说的特定的外在环境。所有的事件构成一个统一体，并且可以说交织在一起。个体事物如此，整个大全也如此，都由命运女神——如他们所称谓的——之一预示出来。拉基西斯（Lachesis）代表各种命数。阿特洛波斯（Atropos）引发这些条件同时存在。[③] 就人来说，有的生来受制于大全的能力，受制于外在环境，似乎处在某种魔咒之下，几乎没有什么是他们可以自主的。有的则相反，可以说，

---

① 柏拉图《理想国》X. 617D-E。

② 同上书，620D-E。

③ 关于命运之神的名称的寓意解释参 Cornutus *Theologiae Graecae Compendium* ch. 13 (p. 13, Lang)。这里的名称如 Cornutus 所说的，代表命运之神即克洛索（Clotho，这里没有直接提到）的不同方面，拉基西斯代表命运的"命数"，阿特洛波斯代表我们的环境被决定而不可更改。

129

能够用他们的头脑主宰这些能力和环境，超越它们，[①]升向高级世界和高贵灵魂，从而保存了灵魂里最优秀的原初部分。我们绝不能认为灵魂是这样一种事物，它所拥有的本性只是它从外面接受的某种影响，万物之中唯有它没有属于自己的真正本性。相反，灵魂既然拥有原理的身份，必然远在其他事物之前就已经有许多属于它自己的能力，从事它的本性活动。它是一个实体（substance），在拥有自己的存在（being）的同时，当然不可能不拥有对它的善的渴望、行动和倾向。复合的存在物出于它本性的某种合成，属于这种特定的合成，具有这些特定的功能。但是要分离出来的灵魂具有属于它自己的独立活动，它不再认为身体的各种影响是属于它自己的，因为它已经明白，身体是一回事，灵魂是另一回事。

16. 然而，混合物是什么，非混合物又是什么？当灵魂还在身体里时，分离者是什么，未分离物又是什么，以及一般意义上的生命物是什么？这些都是我们随后必须从另一个角度探究的问题，[②]因为并非每个人对这个话题都持有相同的看法。不过现在，我们接着前面的讨论，进一步表明我们所论到的"灵魂按照理性计划引导大全"[③]是什么意思。这是否可以说，灵魂以直线运动一个一个地造出个体事物，先造出人，然后造出马或另一种生命物，还有野兽，再是火和土，然后看着它们合在一起，彼此毁灭或彼此效力？是否只是看着它们相互交织，不断地产生结果，对以后所发生的事不发生任何新的作用，也就是说，它只是使生命物从最初的造物诞生出来，然后就任其在自己的活动中相互作用和彼此影响，或者我们的意思是说，灵魂是所有这些产生之物的原因，因为它所产生的存在者已经确立了整个产生之物的链条？或者这"理性计划"是否也包括这特定事物以特定的方式作用或反作用，因而这些特定事件的发生绝不是偶然和随机的，而根据必然的方式发生。那么引起这些事件的是

[①] 还是"斐德若神话"（248A1-3）。
[②] 宣告下一篇论文（I 1）。
[③] 参 13 节 3-4，以及《斐德若篇》246C1-2。

不是理形成原理呢？形成原理当然是存在的，但不是作为引起者而是作为认知者存在——或者应该说，灵魂包含生产性的理性原理，它知道自己的任何活动会产生什么结果，当同样的事物集合在一起时，就会出现同样的环境，因此，出现同样的结果完全合理。灵魂管理或预见这些先在的境况，把它们考虑在内，然后成就结果，并把所有结果联结起来，使各种条件与各种结果连成完整的链条，再尽它所能在既定条件下把它们与在它们之前存在的原因联结起来。也许这正是整个链条中越是后面的事物越低级的原因。比如，现代人已经完全不同于古代人了，因为他们与古人之间有空间距离，有不同的起源，他们不断受到必然性的压力，因此他们的形成原理已经屈服于质料的影响。灵魂看着各种不同的活动前后相继，川流不息，顺应它的运作而产生的事物都有相应的生活；即使它的工作取得了圆满的成果，可以一劳永逸，永远处于良善状态，它也没有懈怠和放松自己的工作。它就像一个农夫，播种之后就一直保持警醒和忙碌，把暴雨、霜降和飓风破坏的地方一一修补好。如果这样的解释显得不妥，那么我们是否必须坚持另一种说法，即理性形成原理本身预先就知道甚至包含了源自恶的败坏和作为？若果真如此，那我们就要断定形成原理是恶的原因，尽管在各种技艺及其原理中根本不存在错谬，也没有什么违背技术的东西，技术作品也不会变坏。④但是，在此，有人会反驳说，在整体中没有任何悖逆本性或者恶的东西，当然他仍然会承认有相对的好坏存在。那么能否这样说，坏者也有助于大全的成全，因此并非一切事物都应当是好的？对立面也对宇宙的完全贡献力量，如果没有对立物的存在，就没有普遍的秩序；没错，每个生命物也是这样的。形成原理驱使好的事物存在，并塑造它们的性能，不算好的事物潜在地存在于原理中，但现实地存在于生成之物中，因此灵魂无须再建构或激发形成原理，由于先在原理的干扰，质料已经使它所产生的事物

---

① 参柏拉图《理想国》I 342B3。

成为败坏之物，但是不管怎样，质料仍然受制于善者的产物。因此，这个宇宙由种种已经生成的事物构成，这些事物或者由灵魂塑造，或者由质料构成，因其构成方式不同，在形成原理中的存在方式也不同。

17. 那么，灵魂里的这些形成原理就是思想吗？如果是，灵魂如何使事物与这些思想一致呢？因为形成原理是在质料里构造事物，而在自然（物理）层次上构造的事物不是思想，也不是视野，而是操纵质料的一种能力，不能认知，只能行动，就像一个印象或者水面的一个影子；而它构造事物所需的模型则由另外的事物提供，某种不同于生长和生产能力的事物。若果真如此，灵魂里的支配原理要通过操纵与质料联合的生产性灵魂发挥作用。那么这种操纵是理性推论的结果吗？如果是，那它必然或者指向外在的事物，或者指向它自身里面的事物。如果它指向自身里面的，那就不需要推论。因为推论本身并不能实施操纵行为，操纵的是灵魂里拥有形成原理的那一部分，这一部分既是强有力的，又是灵魂里能够创造的部分。它根据形式进行创造，也就是说，它从理智所接受的事物必须重新拿出来。理智从自身生出大全的灵魂，这灵魂（紧挨着理智）又从自身生出在它之后的次级灵魂，照亮它，把形式印在它上面，而这后一个灵魂就像接到命令一样，立即开始创造。有些事物它极其顺利就造成了，没有一点阻力，但在造另一些事物时就会遇到阻力。由于它的创造能力是分有的，它所蕴含的形成原理也不是原初的，因此它必不是完全根据它所接受的形式创造，它还会加上它自己的一份作用，而这加上的显然是坏的。它所造就的虽也是一个生命物，不过是非常不完善的生命物，这生命物发现自己的生命令人厌恶，因为它是所有生命物中最糟糕的一种，品性恶劣，俗不可耐，由低级质料构成，是高级实在的堕落部分，面目可憎，令人生厌。这就是最低灵魂对大全的贡献。

18. 这样说来，大全里的恶之所以是必然的，是不是因为它们跟随在高级实在之后产生？或者更应这样说，如果它们不存在，大全就可能不完全。事实上，大多数恶，甚至全部恶，都对大全有一定的益处——

举个例子，毒蛇就是这样——尽管一般而言其原因仍然不得而知。就算是道德上的恶，其本身也有许多优点，还是许多优秀品质的母体，比如可以创造出艺术上的美，①使我们认真思考我们的生活方式，免得我们安于现状，昏昏欲睡。如果这种说法是对的，那么创造的秘密必然是这样的：大全的灵魂常常凝思至善，时时渴望可理知的本性，渴望神；它这样不断吸收之后就变得满盈，甚至要溢出来。于是，它就开始生产，其中最末且最低的产品就是我们正在讨论的这种生产原理。这就是最后的创造者；在它之上是充满理智的那部分灵魂，再之上是理智这个大工匠，他把礼物给予仅次于他的灵魂，而这些礼物的痕迹处于第三层次。这样说来，这个可见的宇宙可以恰当地称为始终处在被造过程中的一个像；②它的第一和第二原理是静止的，第三原理也是静止的，但也运动，偶性地运动，并且在质料中运动。只要理智和灵魂存在，形成原理就要流入这个低级形式的灵魂中，正如只要太阳存在，就要放射出所有的光一样。

4. 论质料

1. 所谓"质料"，就是某种"基质"和接受形式的"容器"，③凡是对这类事物已经获得一定认识的人都会这么解释。就此而言，他们的思路是一样的。但是，一旦进一步深入考察这种基质是什么、它为何能够接受形式、它由什么构成等问题时，他们就开始出现分歧。有观

---

① 普罗提诺这里也许是想到了悲剧诗歌？果真如此，就是对柏拉图观点的惊人反动。柏拉图在《理想国》第二卷里拒不承认诗人可以描述道德之恶；普罗提诺这里似乎表明道德之恶在宇宙中的存在是合理的，因为它能产生艺术。

② 参《蒂迈欧篇》92C7 的结尾部分。

③ Υποκειμενον 是亚里士多德的词（参比如《物理学》A. 9. 192a33），υποδοχη 是柏拉图的词（《蒂迈欧篇》49A6）。两个概念当然有很大的区别，远不是这里简单的定义所能表明的。

点主张，实在无一例外都是形体，实体就存在于形体之中，采纳这种观点的人就会认为，有一个质料，它是各元素的基础，其本身就是实体；而其他事物，可以说，都是质料的属性，各元素也是处于某种状态的质料。他们甚至大胆到把质料说成诸神，更有甚者，还说他们的至高神本身就是这种质料的某种状态。他们又赋予质料形体，说它是一个没有性质的形体，是一种广延。①但另一些人②认为质料是无形体的，并且，其中有些人③认为这种无形体的质料并非只有一种，其中一种质料是形体的基础，人在谈论形体前要先提到它，还有一种是存在于可理知世界的先在质料，那里的形式和无形体的实体都以它为基础。

2. 因此，我们首先必须探讨这第二种质料：它是否存在是何种事物，以及如何存在？如果质料必然是某种未定型、无形状的东西，而可理知世界的存在者都是最好的，没有哪一个是未定型或无形状的，那么质料不可能存在于可理知世界。如果每个可理知存在者都是单一的，那就不需要质料，所以，复合物很可能源于质料以及其他什么事物。生成并且是逐个生成的存在者需要质料——这使人以为存在者的质料是由感官感知到的——但是，非生成的存在物不需要质料。那么质料从何处来，它从哪里获得自己的呢？如果它是生成的，那就要有某种动力生成它；如果它是永恒的，那就会出现多个原理，原初的存在者也会成为偶然存在。如果形式临到质料，与它结合，那复合物必是一个形体，那样，可理知世界也会有形体存在。

3. 首先我们必须指出，关于未定型或者包含无形状观念的任何事

---

① 这些都是斯多亚学派的观念。参 Stoicorum Veterum Fragmenta II. 316, 309, 326。
② 柏拉图主义者和亚里士多德主义者。
③ 看来普罗提诺这里很可能对柏拉图主义者和亚里士多德主义者作了区分。亚里士多德只承认纯粹的形式是无形体的存在者，形式和质料的复合体不是（参《形而上学》Λ. 6. 1071b2）。亚里士多德在《形而上学》(Z. 10. 1036a9-12, 11. 1037a4-5, H. 6. 1045a33-37) 里谈到 υλη νοητη，普罗提诺可能就是从这些段落吸取了这个术语。但是亚里士多德使用的含义与普罗提诺的理解完全不相关。

物，如果它将向在它之前的原理表现自己，向最好的存在者显现出来，那我们无论如何都不可轻视。比如，灵魂天生就喜欢倾向于理智和理性，因此它就从它们得到形状，获得更好的形式。在可理知世界，复合物是以不同于形体的方式构成的，因为形成原理也是复合的，通过它们的现实性，使积极创造形式的本性成为复合的。但是如果这种本性既作用于又衍生于它自身之外的某种事物，那么它就是更高层次的复合物。生成物的质料总是接受不同的形式，但是永恒之物的质料始终如一，总是拥有同样的形式。也就是说，感觉世界的质料完全不同于可理知世界的质料，因为这里的万事万物都变动不居，每个特定的时间只能存在一个事物，因此没有什么东西能持久，而且事物彼此之间相互推挤，任何事物都不能永远保持同一。而在可理知世界，质料同时就是一切事物，因此它不需要变成任何其他事物，它已经拥有一切。因而，可理知质料在可理知世界当然从来不是无形状的，就是地上的质料也不无形状，只是每一事物拥有不同的形状而已。只要我们明白了质料是哪一种事物，它是永恒的还是生成的这个问题就迎刃而解了。

4. 现在，我们不妨承认形式是存在的——其实我们已经在别处证明了这一点[①]——在此前提下继续讨论。如果形式是多，那就必然有某种事物是所有形式共有的，同时也有某种事物是各自所有的，由此各种形式才能彼此分别。这种个体性的、使它们彼此分离的事物，就是各自所有的形状。如果有形状，就得有被赋予形状的事物，差异是就它而言的。因而，就存在接受形状的质料，它在任何情况下都是基质。再说，如果上界存在一个可理知的宇宙秩序，而下界的宇宙是它的一个摹本，并且这个摹本是复合的，由质料构成，那么上界也必然存在质料。否则，我们怎么能称之为普遍秩序呢？之所以称为普遍秩序不就是相对于它的形式来说的吗？而如果没有形式所界定的事物，又如何能有形式呢？

---

① 大概是指前面的论文 V. 9 (5) 3-4。

可理知的实在当然完全没有部分，但在某种意义上它也有部分。如果部分彼此分离，那么这种分离、分开就是质料的一种作用，因为被分开的正是质料。但如果可理知的实在既是多，又没有部分，那么这存在于一中的多也存在于质料中，这质料就是那个一，多就是它的形状，也就是把这统一体理解为包含多，包含许多形状的一。因此，它在成为多之前必是无形状的，如果你在自己心里取消它的多样性、形状、形成原理和思想，那么所剩下的，也就是在这些事物之前的事物，它是无形状和未定型的，不是这些事物中的任何一个，它们只是加在它身上并在它里面。

5. 如果有人反驳说，因为可理知质料始终拥有这些形式，并且一起拥有，两者同一，而潜在的实在不是质料，那么，这个世界也不可能有形体的质料存在，因为它从来不曾毫无形状地存在过，它总是一个完整的形体，只是仍然是一个复合的形体。我们的理智一下子就看到了这种双重性（质料和形式），因为理智要不断地分离事物，直到找到单一的、不能分解为部分的事物；只要它力所能及，就要不断地深入形体的内部。每个事物的深处就是质料，因此任何质料都是黑暗的，因为每个事物里面的光都是理性形成原理。而理智也是理性原理。因此理智看见每个事物里面的形成原理，知道形成原理下面的事物是黑暗的，因为它躲在光线照不到的下面。正如眼睛拥有光的形式，因此能直视光和色彩（色彩也是光），报告那存在于色彩之下的事物是黑暗的、质料的、色彩所没有照射到的。然而，可理知事物中的黑暗不同于感觉事物中的黑暗，质料也是这样，就如同添加到两种质料上的形式是不同的一样。神圣质料在接受规定者时，拥有一个明确而有智慧的生命，而这个世界的质料虽然同样成为明确的东西，却没有生命或思想，只是一具装饰的僵尸。这里的形状只是一个影像，因此它的根基也只是影像而已。但那里的形状是真实的形状，因此它的根基也是真实的。这样说来，那些说质料是实体的人，如果他们所讲的是可理知世界中的质料，那么应当认为这种说法是对的。因为在上界，形式的基础就是实体，或者毋宁说，它与加在它身上的形式一同思考，使被照亮的整体成为实体。至于可理知世界的质料是否永恒的问题，我们必须像考察理念①那样来考察它。可理知的实在就其有开端而言,是生成的，但因为它们没有时间上的开端，因此又是非受生的；它们总是从另外某物发出，不是像宇宙那样永远生成，而是像上界的宇宙那样永恒存在。异（Otherness）始终存于可理知世界,②并产生可理知的质料；因为这就是质料的原理，就是最初的运动。因此，运动也称为异，因为运动和异是一起生发出来的。源于本原（the First）的运动和异是未定型的，需要第一者规定它们；它们一旦转向本原,就获得了规定。③但在未转向它之前，质料也是未限定的，也是异，因而还不是善，还未从本原得到光照。如果光从本原来，那么就那接受光的事物来说，当它还没有接受光时，就一直是无光的。它接受了光之后，这光与它也是不同于它自身的事物，因为这光是从另外的事物照到它身上的。关于可理知世界的质料问题就谈到这里，我们已经扯得太多了。

6. 关于形体的容器问题，我们不妨这样理解。④形体背后必然存在某种事物，它不同于形体本身，从各元素之间彼此转化可以清楚地看到这一点。那变化的元素并没有完全毁灭，否则，就会有一个存在完全毁

---

① 通译为理念，本译本均译为相。——中译者注

② 这里我们看到普罗提诺对柏拉图的"存在"、"运动"、"静止"、"同"和"异"（《智者篇》254D 以下）的解释，认为它们是"可理知世界中的范畴"。参 V. 1. 4，详尽的解释见 VI. 2. 7-8。

③ 这里简明扼要地阐述了普罗提诺思想中至关重要的理论：他在从太一到理智这种非时间性的生育过程中区分了两个阶段，第一阶段，太一生出一个未成形的潜能；第二阶段，理智在凝思中回归太一，并借太一而有了形式，从潜能变成现实。关于基本学说，参 V. 4. 2；关于普罗提诺解释形式的多样性为何源于理智对太一的沉思，参 V. 3. 11, V. 1. 7。

④ 以下是对亚里士多德质料理论的清楚阐述，用的也是亚里士多德的语言。下一节对前苏格拉底观点的批判也完全是建立在亚里士多德的基础上的。

灭变成非存在。同样，生成物也不是从绝对的非存在进入存在的，而是从一种形式变成另一种形式。若是这样，那接受了被造物的形式的，就保存下来，没有接受的就消失。毁灭也使这一点极为清楚地显现出来，因为毁灭就是复合物的毁灭，而如果每个个体事物都是复合物，就必然是由质料和形式复合而成的。通过推论表明被毁灭的是复合物，由此证明了这一点。把一物还原为元素的过程也证明了这一点。比如，杯子还原为金子，金子还原为水，水经过分解也必然可以还原为类似的事物。元素必然要么是形式，要么是最初的质料，要么是质料和形式的复合物。但各元素不可能是形式。没有质料，它们怎么可能有体积和大小呢？同时它们也不可能是最初的质料，因为它们是可灭的。所以它们必然是由质料和形式复合的，形式与它们的性质和形状相关，质料与它们的基质相关，是未限定的，因为它不是形式。

7. 恩培多克勒（Empedocles）把元素归为质料，然而元素可灭，这就使他的观点不攻自破。[①] 阿那克萨哥拉（Anaxagoras）把他的混合物等同于质料，说它不是可容纳一切事物的容器，而是现实地包含着万事万物，这就废除了他自己引入的心灵（noun）[②] 观念，因为他认为它不是形状和形式的赋予者，也不是先于质料存在，而是与质料同时存在的。然而这种同时存在是不可能的。因为如果复合物分有是（being），那么这个存在（the existent）必是在先的。如果两者（也就是这个复合物和那个是）

[①] 这一节对前苏格拉底哲学家的批判并不表示普罗提诺对他们有自己的研究，其观点仍然是基于亚里士多德的，其精神完全是属于漫步学派的。

[②] Noun (nous) 在希腊哲学中也是一个极为复杂的术语。阿那克萨哥拉把它引入用以说明使诸元素即所谓的种子聚集形成宇宙的动力性本体。因此，这个术语有着精神性的意思，可以译为"心智"；如果把它稍加实体化，又可译为"心灵"；如果精神化，则可以译为"理智"。通常会音译为"努斯"。Loeb 版本将它译为 mind，我们这里从英译本将它译为"心灵"。然而，nous 在普罗提诺的思想中是出现频率最高的术语之一，在涉及普罗提诺本人的思想时，Loeb 版本将它译为 intellect，我们从英译本将它译为"理智"。从中，我们可以看到普罗提诺评论前人的思想与他本人的思想叙事之间的某种解释间距。——中译者注

都存在，那就需要有一个第三者在它们之上并与它们不同。① 既然创造者（心灵）必然在先，为何形式必须小部分小部分地在质料里，为何心灵要如此费力地把它们一一分离？须知，因为质料没有性质，心灵能够把性质和形状延伸到整个质料里。一切事物在一切事物里面，这种观念为什么不可能呢？至于认为无限②就是质料的那人，③请他解释一下意思。如果他说的无限是指我们不可能到达它的终点，那么显然，存在物中根本没有这样的无限，既没有无限本身（绝对、抽象的无限），也没有作为身体的某种属性的无限。没有无限本身，是因为无限的任何部分都应当是无限的；没有作为属性的无限，是因为具有无限性这种属性的事物不可能是本质上的无限，不能离开那种属性而是无限，因此不可能是单一的，也就不可能是质料了。另外，原子也不能担当质料的角色——它们根本就不存在；因为任何形体都完全可分，没有心灵和灵魂，就不可能解释形体的连续性和可变性，个体事物也不可能存在，而心灵和灵魂不可能由原子构成（不可能从原子生出另一种非原子的事物，因为没有谁能从不连续的质料造出任何事物），还有数不胜数的其他反对理由可以并且已经用来反驳这种假说，因此没有必要再花更多的时间来讨论这个问题了。

8. 那么这既是连续的又没有性质的质料是什么呢？显然，如果它确实没有性质，它就不是形体——否则，它若是形体，就得有性质。我们说，它是所有感觉对象的质料，而不只是某些对象的质料，另一些对象的形式——就如泥土是陶罐的质料，但不是绝对的质料——因为我们指的质料不是这个意义上的，而是相对于一切事物而言的质料，因此我

---

① 这一晦涩批判的漫步学派色彩不如本节其他部分明显，因为这似乎暗示普罗提诺自己的公式，理智等同于是（存在）。
② 即 απειρον（apeiron）。关于这个词也有许多译法，例如"无限"、"无定形"等，或音译为"阿派朗"。——中译者注
③ 阿那克西曼德（Anaximander）。普罗提诺的批判表明，他在这里是多么紧密地遵循漫步学派的传统，因为他本人认为质料是 απειρον（下面 15 节），尽管是在完全不同于阿那克西曼德的意义上使用的。

们不应当认为它的本性是感觉对象中可观察到的那些属性之一。若果真是这样，那么我们不仅不可以把它归于颜色、不同程度的冷热这些属性，也不能认为它有轻重和稀稠，甚至不能说它有形状和大小。须知，成为尺寸是一回事，得到一定的尺寸是另一回事；成为形状是一回事，拥有某种形状是另一回事。质料必不是复合的，而是单一的，在自己的本性里是同一的，这样它才可能全无性质；它的形状赋予者会从它的实在仓库里（可以这么说）拿出一个不同于质料本身的形状，拿出一个尺寸，以及其他的一切，给予质料。否则，它就可能受制于质料的大小，它所创造的事物就不能是它想多大就多大，而是要按质料所希望的大小来创造；显然，创造者的意志要与质料的大小保持一致，这种观念极其荒唐。相反，如果创造原理先于质料，那么无论如何质料都会完全按创造原理的意志塑造，适用于任何事物，当然也可大可小。它既然有了大小，就必然也得有形状，看来它还是挺难以塑造的。但是当形式来到质料面前时，它随身带来了一切，因为形式原本就拥有一切，有大小以及一切与之相随并由形成原理引起的事物。因而，在任何自然存在物中，尺度都是连同形式一起确定的，人的大小不同于鸟的大小，不同种类的鸟彼此的体形也各不相同。形式把数量作为某种不同于质料本身的事物带给质料，同时也把性质带给它，还有比这样的事更令人惊奇的吗？性质是一种理性形成原理，数量也是，因为数量就是形式、尺度和数目。

9. 那么我们如何能设想一个没有大小的存在物呢？（我们只能想，）凡没有大小的事物，必定不同于有量之规定性的事物，因为可以肯定，存在与数量不是一回事，而是彼此区分的，有许多事物不同于拥有数量的事物。我们必须认为，所有无形体事物都绝对没有数量，而质料也无形体。其实，数量本身也不是包含数量的事物；包含数量的就是在数量上有分的，由此可以清楚地看出，数量是一种形式。一个白色物体因为有白色在它里面就变成白色的，但在某个生命物里造出白色的以及其他各种颜色的事物，其本身并不是某种颜色，而是——如果你愿意这样说——一种特定的形成原理。同样，使一个事物有大小的，其本身并不是包含某种大小的事物，而是特定的大小或者大小本身，或者产生大小的形成原理。那么，是不是这大小进入质料把它伸展为尺寸呢？绝非如此。因为质料原本没有收缩成一个小东西，只是它原本没有大小，形成原理就给了它一个尺寸，正如把原本没有的性质给它一样。

10．"那么，我该把质料的这种无大小（sizelessness）设想成什么呢？"你会把没有任何性质的事物设想成什么呢？思想的活动是什么呢？你怎样用你的心灵去思想？秘密就在于未限定性（indefiniteness）。因为同类相知，未限定性要由未限定的事物来认知。未限定者这个概念可以加以确定，但它对心灵的使用是不确定的。如果说对一切事物都是通过概念和思想把握的，但就这个问题来说，概念关于质料所表达的是它实际上是什么，那想要成为关于它的思想的事物不可能是一个思想，只能是某种无思想（thoughtlessness）；或者毋宁这样说，对质料的思想表达只能是虚假的，不可能是真实的，混合着不真实的部分和不和谐的推论。柏拉图可能正是因为注意到了这一点，才说质料是由某种"虚假的推论"①领会的。那么灵魂的未限定性是什么呢？是不是相当于不能表达任何事物的完全无知？不然，事实上，未限定性被包含在一种肯定的陈述之中。就如我们用眼睛看黑暗，把它看作每一种看不见的颜色的质料。灵魂也是这样，当它把感觉对象里反映光的一切属性都搁置起来时，就不可能再确定所留下的是什么，就像黑暗里的视线。可以说，变成了有点类似于它所看见的事物。只是它真的看见了吗？只能说好比它看见了无形状、无颜色、没有光线也没有大小的事物。如果它不是这样看的，那就必然已经给予质料某种形式。那么当灵魂无所思时，它不也是这样受影响的吗？不，它如果无所思，自然就无所言，或者更确切说，根本不受影响；但是当它思考质料时，就受到一定影响，似乎接受了无形状者的某种印

---

① 柏拉图《蒂迈欧篇》52B2。

象。另外，当它思考有形状和有大小的事物时，它把它们看作复合物，把它们看作已经获得颜色以及一般意义上的性质的事物。因此它思考整体，思考由两种元素（质料和形式）构成的复合物；它对上面的元素（即形式），有清晰的概念和思想，但关于基质即无形状者，就只能有模糊不清的概念了，因为基质不是形式。它在复合的整体中连同上面的元素（形式）一同领会的事物，它把它们分解、独立出来放在自己一边，而理性所留下的事物，就是它所思考的事物，模糊的东西。它只能模糊地思考，黑暗的东西，它只能在黑暗中思考，也就是说，它是在没有思的活动中思考它。正如质料本身并不始终是无形状的，而是在事物中获得形状，灵魂也是这样。它迫不及待地把事物的形式印在质料上面，因为质料的未限定性使它不安，似乎担心自己会落到是（being）的领域之外，长期处于非是（non-being）之中，这是它无法忍受的。

11. "除了大小和种种性质之外，复合的形体为什么还需要别的东西呢？因为它需要某种东西来接受所有这些性质。这种东西就是体积。既然有体积，就应当有大小。若无大小，仍然不可能接受任何事物。如果它没有大小，它能有什么贡献；如果它既对形式和性质没有作用，对广延和大小也没有作用，无论它出现在哪里，这些事物都要从它们的质料进入形体。它若对它们没有任何帮助，那它还有什么用呢？一般而言，行为、生产、时间和运动虽然都没有质料作为根基，然而都是真实的存在。这样说来，最初的形体也可以不需要质料，它们每一个都可以就是它们的整体所是，当它们获得大量形式的混合物所产生的结构时，也就获得了丰富程度不一的内容。因此，这种无大小的质料只是一个空洞的名称。"[1]

---

[1] 持有这里所陈述的观点的人很可能就是 I. 8. 15 开头所提到的"说质料不存在的人"（那里也提到这一段落）。这种观点大概是普罗提诺真实遇到的一种反对观点，提出这种观点的柏拉图主义者认为（可能是对的），在《蒂迈欧篇》52A8 以下，柏拉图把"容器"等同于形状，因此他们拒斥亚里士多德的无尺寸（dimenionless）概念。不存在亚里士多德意义上的质料这种东西，这一论点出现在圣巴西尔 *In Hexaem*. I. 21A-B (8E-9A)；参圣尼撒的格列高利 *De Hom*. Op. 213C.

（对于以上异议，我们得说，）首先，如果接受者还没有大小的话，那它也并非必然需要体积。因为接受一切的灵魂包含一切在内；如果大小属于它的偶性之一，它就该把所有个体事物都包含在它们的尺寸里。但质料确实把它所得到的事物放在空间广延里，因此之故，正是它自身具有接受广延的潜能。就像动植物，随着形体上的生长，性质与相应的数量都得到增长，如果数量减少，性质也必然要随之减损。毫无疑问，在这些事物中预先存在着一定的大小，可以接受形成原理，但如果因此之故，我们的对手在原初的质料问题上也要求有这样的大小，那么这种要求是不对的。就动物和植物而言，质料不是单一的质料，而是这个特定的动物或植物的质料；单一的质料也必须从他物获得大小。因此，那将要接受形式的事物必然不是一种体积；它一旦成为一种体积，同时就必须接受其他所有的性质。事实上，它确实具有虚幻的体积之外表，因此可以说，它的第一种能力就是接受体积的能力，但这种体积是虚空的。因此之故，有人就说质料等同于虚空。① 我之所以说"虚幻的体积之表象"，是因为当灵魂与质料相伴时，它找不到可界定的东西，于是就陷入未限定性中，既不能在其周围划定界限，也不能到达一个点。因为它如果能这样做，那就是在界定质料了。因此，我们不应当单单说质料是"大的"，也不能单单说它是"小的"，只能说它"既大又小"。② 正是在这意义上的"体积"和这个意义上的"无大小"才是体积的质料，当体积收缩，从大变小，或者扩张，从小变大，可以说，质料就贯穿了体积的整个范围。它的未限定性也是这个意义上的体积，即它有在自身里接受大小的能力，当然只有在可见的事物中才如此。就其他没有大小的事物来说，那些是形式的事物都是明确规定的，因此就它们来说，任何地方都不可能有体积的

---

① 参见亚里士多德《物理学》Δ.214a13。亚里士多德在那里是指着柏拉图说的，参 209b11。

② 这是亚里士多德转述的柏拉图术语（《物理学》A 4. 187a17, Γ 4. 203a16;《形而上学》A 7. 988a26)。

概念。而质料是未限定的，其自身是不稳定的，可以随处进入任何形式，因为它可适应任何形状，可进入任何事物，从而成为任何事物，并因此而获得体积的本性。

12. 这样说来，质料对形体的生成贡献最大，因为形体的形式都是有大小的。但这些有形体的形式不可能在尺寸本身里生成，只能在已经被给定大小的事物中生成。如果它们在尺寸里生成，就不可能在质料里生成，那就只能像以前一样，没有大小，也没有基本的质料实体（material substantiality），或者它们只能成为理性原理——但是理性原理只能在灵魂里——而不可能是形体。因此，在这个质料世界里，许多形式必然存在于某种同一的事物里，这就是已经获得大小的事物，但这种有大小的事物与尺寸本身是两回事。我们可以看到，之所以如此是因为在我们目前的经验中，混合物因为有质料才趋于一致，因为混合物的每个成分都带有自己的质料，因此就不需要其他中介了。同样，也得有某种器具或处所来容纳形体，但由于处所后于质料和形体，因此形体在需要处所之前得先有质料。尽管活动和生产是没有质料的，但形体并不因此也没有质料，因为形体是复合的，而活动不是。质料确实为活动者提供基质，无论他们何时活动，它始终存在于他们中间，但它并没有把自身交给活动本身，那些活动者也不愿意它这样做。一个活动不会变成另一个活动——否则，活动也会有质料——但活动的人可以从一个活动变成另一个活动，因此他本人就是他的活动的质料。另外，质料是性质和大小都必不可少的，因而也是形体所必不可少的。它不是一个空洞的名称，而是基础性的事物，即便它是不可见的和无大小的。如果我们真的否定质料的存在，那么在同样的推论中，我们也不能主张性质和大小的存在，须知，这类事物没有哪个是靠自己独立自存的。而如果这些事物都是存在的，尽管其存在还相当模糊，那么质料就更应是存在的，只是这一点不是显而易见的，因为它不是靠感官就能领会的，眼睛看不到，因为它没有颜色；耳朵听不见，因为它不会发出声音；味觉尝不到，嗅觉嗅不到，鼻子和舌头都不能感知它。那么触觉呢？也不能，因为质料不是形体，触觉只能触及形体，感知其稀稠、软硬和干湿；而这些性质全不适用于质料。唯有推论过程才能把握它，当然这不是来自心灵的活动，而是没有内容的空转，因此如上所说的，这是一种虚假的推论。① 就是形体性也不属于它，因为如果形体性是一种理性形成原理，那它当然不同于质料，所以质料是另外的东西；如果形体性已经进入活动之中，从而可以说成了混合物，那它显然就是形体，而不只是质料了。

13. 如果基质必须是某种性质，是存在于每种元素中的共同性质，那么首先必须说明这性质是什么。然后说明一种性质怎么可能是一种基质？我们怎么能设想某种没有大小的事物（因为它没有质料）中的性质？再者，如果性质是限定的，它又怎么能是质料呢？如果质料是未限定的，那就不是性质，而是我们正在寻找的基质和质料。"就它自己的本性来说，它不分有任何其他性质，那么它为何不能仅凭这一点，即不分有其他性质，而成为某种有限定的事物？它其实具有一种完全不同于其他事物的非常独特的特征，一种对其他性质的缺失。任何缺失对缺失者都是一种性质，比如瞎子有看不见的性质。这样说来，缺失性质就是一种性质，那怎么能说它是没有限定的呢？如果它是完全缺失的，那就更是有限定的，因为缺失事实上就是某种限定的事物。"人若这样说，岂不就是把一切事物都看成有限定性的，岂不就是把任何事物都称为性质吗？那样，就是数量也会成为一种性质，实体也成了性质。如果某物是有限定的，那它就是有性质的。② 然而，把不同于性质因而不是性质的事物称为性质是荒谬的。如果它被限定是因为它是异（other），那么有两种情形：如果它是绝对的异，那么它并不因为被限定而成为这种异，因为性质 [作为形式] 不同于获得性质（有限定）的事物；如果它只是单一的异，

---

① 在 10 节（引自《蒂迈欧篇》）。
② Stephen MacKenna & B.S. Page 译本的翻译是"性质是加给它的那种事物"。——中译者注

那么它作为异者不是由于自己，而是由于异，正如相同者之所以相同是因为同一样。缺失当然不是性质，也不是一种限定，只是对性质或者其他什么东西的否定，就像无声不是声音，或者诸如此类的事物不是[肯定性的]事物；① 因为缺失是一种消除，而赋予性质是一种肯定性的论断。质料的独特性就在于没有形状，就在于没有获得任何性质，也没有任何形式；把它这种没有任何性质的特点称为性质，这显然是荒谬的，就如同说它没有大小这一点表明它有一定的大小。因此，它的独特性就在于，它不是其他事物，就是它的所是；它的所是不是某种外加于它的东西，而在于它与其他事物的关系，这种关系就是，它不是它们。其他事物不只是异，还有各自的形式，但质料可以恰当地说不是任何别的事物，它就是这种异（other），也许我们可以用复数 others 表示，因为单数的 other 可能暗含某种统一性，而复数的 others 则表明了它的未限定性。②

14. 我们还必须进一步考察这样一个问题，它究竟是缺失，还是缺失的主体？有一种观点认为，在基质中两者（质料与缺失）是一，但在理性的规定中则是二。③ 持这种观点的人必须告诉我们，这两种事物的理性规定分别是什么，一个是关于质料的规定，它规定质料但不使用任何属于缺失的术语，还有一个是对缺失的规定。这里有三种可能性：两者都不包含在对方的规定中；两者都包含在彼此的规定中；只有一个包含在另一个的规定中，不论这是哪一个。如果两者彼此分离，谁也不需要谁，那么两者就是相距遥远之物，质料不可能是缺失，即使缺失偶然地预示质料。如果这样，任何一者必不可能在另外一者的规定中显现出来，即使潜在地显现也不可能。如果它们的关系如同上翘的鼻子和上翘之间的

---

① 比如，你不能把无声归于某种特殊的声音，或者其他任何一种肯定性的性质；性质总是某种肯定的东西，而缺失则绝不是肯定性的东西。

② 说某物是"异"而不是别的东西，这是一种限定此物的辅助性方法，以此表明它是一种独特的统一体；而这种引人注目的复数形式则试图把一切限定性都排除在外，指出质料是绝对未限定的，与任何一种独特统一体都没有关联。

③ 这里批判的亚里士多德的观点，参《物理学》A9. 192a2ff.

关系,①那么它们是两个概念,也是两个事物。如果它们的关系如同火与热的关系,热在火里,但火并不包括在热的规定里,也就是说,如果质料是缺失,这意思如同说火是热的,那么缺失就是质料的一种形式,而基质仍然是不同于缺失的另外事物,这基质必然就是质料。在这个意义上,它们也不是同样的事物。那么这种基质上的统一性和规定上的两重性是否可以这样理解,即缺失并不表示有什么事物存在,只表示它不存在,缺失是对实在的一种否定?这正如有人说"不是",他的否定没有增加任何事物,只是断定某物不存在;缺失也是这个意思,就是不存在。这样说来,它就是不存在,因为它就是"不是"(not being),即某种不同于"是"的存在物。因此规定有两个,一个包含基质,另一个只是显示缺失与其他存在物的关系。也许(我们可以说),质料的规定表明它与其他事物的关系,基质的规定也表明它与其他事物的关系,但缺失的规定,如果它显明的是质料的未限定性,那很可能实际上就是在它自身里把握质料[而不只是它与其他事物的关系]。但是,就此而言,它们两个在基质上虽是一,但在理性规定中仍是二。但是如果缺失就是未限定、无限制和没有性质,如果它与质料是同一,那么怎么可能还有两种规定呢?

15. 因而,我们必须再次探讨,无限制且未限定的事物是否偶尔地表述着另一种本性?它们为何就是偶性,缺失是否是一种偶性?如果凡是属于数和比例的事物都在无限性之外——因为它们就是界限和秩序,其他事物都从它们获得秩序,变得有序,但规范它们的不是有序的事物或者秩序本身,被纳入秩序的事物不同于规范它的事物,规范的事物就是限制、界限和比率——那被纳入秩序、被限定的事物必是未被限定的。质料就是被纳入秩序的事物,就像所有本身不是质料但分有质料或

---

① 一个常用的亚里士多德的例子,比如《形而上学》Z5. 1030b30-31。这个哲学翘鼻的原型是否就是苏格拉底的鼻子呢?

者被算作质料的事物一样。因此，质料必然是无限定的，但它的无限定不是指它偶然如此，不是说无限定性只是它的一种偶性。因为首先，任何事物的偶性必然是一个理性概念，但无限定不是一个概念。其次，接受无限定性作为其偶性的主体是什么呢？它必然是界限或者被限定的事物。但质料不是被限定的事物，也不是界限。当未限定者进入有限定者中时，就会毁坏有限定者的本性。因此，无限定性不是质料的一种偶性。也就是说，质料本身就是无限定性。在可理知世界也是如此，质料就是未被限定者。它可能是由太一的无限定性或能力或永恒性产生的；无限定性并不存在于太一里面，但是由太一产生出来。那么，质料为何能既在上界又能在下界呢？这是因为无限定性也是双重的。那么两种无限定性之间有何分别呢？它们的不同就如同原型与形像的不同。那么，下界的无限定者是否少点无限定性呢？不是少一点，而是更多，因为它是远离是（being）和真理的影像，因此更未限定。越少被规定的事物，显现出来的无限定性就越多，越是善的事物，未限定性就越少，越是恶的事物，未限定性就越多。在上界的事物，拥有更高程度的存在，所以[只]是作为影像是未限定的；而在下界的事物，拥有较低程度的存在，相应地就更远地离开是（being）和真理，更深地陷于影像的本性之中，因此也是真正更加未限定的。那么,未限定者与本质的未限定性是一回事吗？① 如果既有形成原理又有质料，那么两者是不同的，如果只有质料，两者必是指同一事物，或者更确切地说，这种情形中就不存在本质的未限定性，因为它是一种理性形成原理，未限定者如果没有它，就只能处于毫无限定的状态。因此，质料必然是本质上未被限定的，是与形成原理相对的。正如形成原理是形成原理，不会成为另外任何事物，同样，与形成原理对立的质料也因其无限定性必然称之为未限定者，而不是其他任何事物。

---

① 参亚里士多德《物理学》Γ 5.204a23ff.。

16. 那么，质料与异是同一事物吗？不，毋宁说它与异的一部分相同，这一部分就是与完全而真实地存在的事物，也就是与理性形成原理相对立的部分。因而，尽管它是非存在的，但在这个意义上也可以说有某种存在；如果缺失就是与以理性形式存在的事物相反，那么可以说，它与缺失同一。那么，当所缺失的事物出现之后，缺失是否就消失了呢？绝对不会。因为接受某种状态的事物不是一种状态，而是状态的缺失，界限的接受者不是已经获得限定的事物，也不是限定，而是未限定者，它之所以要接受界限就是因为它是未限定的。这样说来，就算限定进入它里面，又怎能毁灭绝对无限定之物的本性，更何况这无限定性还不只是它的偶性呢？如果它只是在量上未被限定，那么限定马上就可以让它消失，但事实上，它并不是这样的，相反，它把这种无限定性保守在是（being）中，因为它把它所是的事物转化为现实，使其完全，就像原本未开垦之地得到了开垦，就像女人与男人交合怀孕，她并没有因此而失去女性特点，相反变得更加具有女人味了，也就是说，更加是其所是。那么，质料是否因为分有善，因此也是恶？相反，因为它缺乏善，所以是恶。事实上也就是说它没有善。凡缺乏某物但拥有别的事物的，很可能处在善与恶的中间状态，也就是它的有与没有多少相互平衡。但什么都不拥有的事物因为处于缺失状态，或者毋宁说就是缺失，所以必然是恶的。因为这事物不是缺乏财富，而是缺乏思想，缺乏德性，缺乏美、力量、形状、形式以及性质。这样的事物，岂不就是丑的，就是完全邪恶的，完全不正义的吗？不过，上界的质料是某种真实的东西，因为在它之前的事物超越了是。而在下界，在质料之前的事物是真实的，质料本身是不真实的。它是某种异的东西，与具有真是（real being）的好格格不入。

5. 何谓潜能地存在，何谓现实地存在

1. 有人谈到潜能的存在和现实的存在；有人论到现实时把它看作某种现存的事物。因而我们必须思考，何为潜能的存在，何为现实的存在；现实是否就是实际的存在；如果某物是现实，是否就是说它实际地存在；或者两者是不同的，并且那实际存在的事物并不必然是现实。再者，在感觉世界里显然有事物潜能地存在的。我们需要思考的是，在可理知世界是否也是如此。事实上，在可理知世界只有现实的存在；即使有潜能的存在，那也只能是永远的潜在；即使它永远存在，也不可能转化为现实的存在，因为它不在时间里，这就使它把潜能排除在自身之外。不过，首先我们必须说明潜能的存在是什么，因为事实上我们不可能只谈论单纯的潜能的存在本身，若没有某种潜能地存在的事物，就不可能有潜能的存在。比如，"青铜是潜在的雕像"。[1] 就一种事物来说，如果没有任何事物能从它造出来，它不能加工成任何事物，也就是说，它原本所是的不能产生任何事物，它不可能变成任何其他事物，那它只能是原来的所是。而它原来的所是已经存在，而不是将要是的。那么，在那已经存在的事物之后，它还会有什么其他的潜能呢？它就根本不可能是潜在的。因此，我们若是谈论潜在的事物，必然把它看作已经潜能地是另外事物，能够根据它的已是成为另外某物，或者与它所产生另外之物呆在一起，或者把自己融入它能产生的事物当中，让原来的所是消失。在一种意义上，"青铜是潜在的雕像"；在另一种意义上，水是潜在的青铜，空气是潜在的火。这样说来，如果潜能的存在就是这样一类事物，那么是否可以说相对于将要成为的事物而言它是潜在的？比如说，青铜是否就是雕

---

[1] 亚里士多德《物理学》Γ.1.2 01a30。

像的潜能？如果把潜能理解为能够创造的意思，当然不能这么说，因为能够创造这个意义上的潜能不能说是潜能地存在。但如果"潜能的存在"这个词不仅相对现实的存在而言，而且相对于现实而言，那么潜能也应当潜能地存在。不过,把"潜能的存在"相对于"现实的存在"使用,"潜能"相对于"现实"使用，这样会更好、更清楚。在这个意义上，潜能的存在就如同某种构成各种属性、形状和形式的基础，是它将要接受并且其本性倾向于接受的事物。事实上，它甚至想方设法要获得这些事物。如果得到其中一些则可以带来最佳结果，得到另一些则带来坏的结果，破坏已经获得的个体特性，这些特性每一个都是现实的，[而不是潜在的]。

2. 关于质料，我们还必须思考这样的问题：它是相对于获得形状的事物而言潜能地存在，是另一种现实存在的事物，还是根本不是现实存在的？广而言之，我们所说的潜能存在的事物，当它们获得形式的时候是否就成为现实的存在，同时保持自身不变，或者现实存在是否包含雕像，现实的雕像完全不同于潜在的雕像？当我们说"现实的雕像"时，现实这个属性不适用于"潜在的雕像"这个术语所描述的事物。若果真如此，潜能存在的事物就不可能转化为现实存在的事物，而是由后来现实存在的事物所取代。再者，现实存在的事物是由质料和形式复合的，不是一方是质料，另一方是形式，然后形式加在质料之上。当有另一种实体形成的时候，情形就是如此。比如青铜制成了雕像，因为这雕像作为质料和形式的混合物，是另一种实体。如果事物完全消融，没有留下一丝痕迹，那么显然，原本潜能存在的事物完全不同于现实存在。但是如果人从潜能地受教育到现实地受教育，那么可以肯定，在这个例子里，潜能存在的事物就是现实存在的事物。比如，潜能地富有智慧和现实地富有智慧的苏格拉底是同一个人。那么，人从毫无知识到满腹经纶的情形是否也是这样呢？因为他原来就是具有潜在知识的人。从不学无术的人到满腹经纶的人，这只是偶然发生的。并不是因为他原是无知的，所以才成为具有潜在知识的人，而是说，他的无知在他是偶然的，因为他的灵魂渴望知识，这就是他的潜能存在，并因此最终成为一个满有知识的人。那么他是否仍然保持这种潜能存在？也就是说，当他已经接受了教育之后，是否还是潜能的受教育者？这个问题不难，我们可以换一种方式解释。在他未受教育之前，他只是潜能地受教育者；当他受了教育之后，潜能性就获得了自己的形式。这样说来，如果潜能存在就是基质，现实存在就是复合物，比如雕像，那么加在青铜上的形式该称为什么呢？称之为形状和形式并非不合情理。雕像借此现实地存在，不再只是潜能地存在，也就是说，现实性不只是现实性，而是这种特定事物的现实性。我们完全可以把"现实性"用来更恰当地形容其他事物，这种现实性与使事物获得现实性的潜能性相对立。潜能存在从另外事物获得自己的现实存在，但对潜能性来说，它自身的能力就是它的现实性。比如，一种道德品性与这品性相对应的行为，勇敢与勇敢的行为之间的关系就是如此。这个问题就谈到这里。

3. 以上是预备讨论，现在我们必须谈论真正的问题：可理知世界的现实存在究竟意指什么？每个可理知实在是否只是现实地存在着，或者同时还是现实性，是否它们全都是现实存在，或者那里还有潜能存在？当然，如果那里没有潜能存在可以依托的质料，没有要成为其所不是的事物，在成为他物不再保留原物或者成为他物但仍然保留其所是的过程中，也没有产生另外的事物，也没有从自身造出他物以取代它的存在，那么在那些真实存在并且拥有永恒而非时间的事物中，就不会有任何潜能存在可以成为的事物。如果有人问那些主张在可理知世界也存在质料的人：是否可理知世界有了质料就没有潜能存在——即使质料是以不同的方式存在于可理知世界，每个事物中也必然会有类似质料、形式以及两者的复合物之类的事物——那么他们该怎样回答？他们应该这样回答：那里类似质料的事物就是形式，因为作为形式的灵魂也可以是另外事物的质料。那么它是否相对那另外的事物而潜能地存在？不。否则那另外事物就会成为它的形式，形式不是后来进入它里面的，并且不能从它分离出去，除非通过理性抽象。它有质料，这意思是说，它被认为具有两重性，但形式和质料都是同一个本性。正如亚里士多德所说，他的最高精气（第五种元素）没有质料。① 但是我们该怎样谈论灵魂呢？当它还不是生命物，但将要成为生命物的时候，它显然是一个潜在的生命物，也潜在地包含音乐。对于其他一切它要成为但还并非始终保持的事物，也莫不如此。因此，在可理知世界也有潜能存在。不，灵魂并非潜能地是这些事物，而应当说它是指向这些事物的潜能（潜能性）。那么我们如何理解那里的现实存在呢？是不是可以说，因为每个可理知事物都已经获得各自的形式，因此它们类似于那由质料和形式构成的雕像一样现实存在？毋宁说因为它们每一个就是形式，所以就完全地是其所是。显然，理智不会从一种能够思考的潜能性转化为一种思考的现实性——否则，它就需要另一个先在的原理，一个不会从潜能性转化为现实性的原理——因为它里面包含了整体。潜能存在想要通过成为另外的事物而变成现实性，这样它就可以实际地成为某种事物，但那自身拥有永恒不变之身份的事物，就是现实存在。因此，所有原初的存在者都是现实存在；因为它们自身就拥有并且永远拥有自己所需的事物。灵魂也处于这样的状态，当然是指不在质料中，而在可理知事物中的灵魂。但在质料中的灵魂也是另一种现实性——比如生长灵魂，就是一种现实性，就是其所是。假设可理知世界里的一切都是这样现实地存在，那么它们是否都是现实存在？为什么不呢？如果可以说，那里的本性是"永不困顿

---

① 其实亚里士多德从来没有说过这样的话。亚里士多德在 De Caelo A. 3. 270a-b 曾论到天上的实体说，"绕圈运动的形体"必是无年龄的，无情感的，没有任何数量或质量上的变化。普罗提诺很可能就是依据一些漫步学派的注释者对这段话的注解作出这样的论断，因为他们得出结论说，亚里士多德认为，这种最高的精气（第五种元素）是没有质料的，因为他阐述得非常清晰，它绝对不会有什么变化，因而没有必要给它设定任何质料作为变化之基础。

的"[1]，还有生命，最美好的生命也如此，那么最高贵的现实存在也会在那里。那里的一切事物既是现实地存在，又是潜能存在，一切都是生命。那个世界就是生命的世界，就是真正灵魂和理智的源泉。

4. 这样，凡潜能地是某物的，都有作为别物的现实存在；这已经存在的别物相对于另一物又可以说是潜能地存在。至于质料，有人说它是存在的，我们说它只是潜能地是一切实在，那么怎么能说它实际上就是真实的某物？如果它是真实之物，那就已经不再潜能地是一切实在了。如果它不是真实之物，它也必然不可能是存在的。它既不是任何真实之物，又怎么可能现实地是某物呢？但是，即使它不是任何基于它形成的实在，它也仍然可以成为另外的事物，因为它不是任何具有质料基础的实在。既然它不是这些以它为基础的事物中的任何一个，而这些事物就是实在，那么它就是非存在的。它当然不可能是形式，因为我们已经把它设想成无形式的东西，因此不可能把它列入可理知世界的那些形式—实在中。在这个意义上，它也将是不存在的。既然它在这两种意义上都是不存在的，那么无论如何它都是不存在的。既然它已经成功地脱离了真实在的本性，甚至不可能获得那些被错误地认为是存在的事物，因为它甚至不像这些事物那样是理性形式的影子，既然如此，我们怎么可能认为它在哪类存在之中呢？既然它不在任何一种存在之中，它又怎么可能现实地存在呢？

5. 那么我们怎样谈论它？它为何能是真实事物的质料？因为它潜能地就是它们。既然它已经潜能地是它们，那么它就是它将来要成为的事物吗？其实它的是（being）只不过是对将来要成为之物的一种宣告。它只是似乎是（being），因为它原本就是要转向那将要成为之物。因此，它的潜能存在并不就是某种事物，而是在潜在意义上可以是一切事物。

---

[1] 参《蒂迈欧篇》52B7。普罗提诺在论到理智时，对它的不变、永恒的生命和思想作了细致入微的描述，其中就论到可理知世界里"永不困顿的光"（VI. 2. 8. 7）。

由于它自身什么都不是——唯有它所是的东西,即质料——因此它根本不可能现实地存在。如果它要现实地成为某物,它就是它现实所是的事物,而不是质料。也就是说,若是那样,它就不是纯粹的质料,而只是如同青铜那种意义上的质料。^①这样说来,它之非存在必然不是指不同于存在,就像运动那样^②;运动不同于存在,但依托于存在,好像是出于存在并在存在之内;而质料看起来似乎是被存在抛出,且完全分离,不可能改变自己,始终处在一开始的那个状态——因此,它原本就是非存在。它一开始就不是任何现实之物,因为它远离一切实在,不曾变成任何事物;它甚至一直无法从那想要沉入它里面的事物中获取一点颜色,只是始终指向它潜能地存在、将来要实现的事物。当可理知世界的实在已经走向终结的时候,它出现了,在它之后形成的事物俘获它,作为理智事物之后的最后事物取代质料的位置。它被这两种存在俘获(当作基质),所以不可能现实地属于哪一类实在。它所能是的唯有一种虚弱的、幽暗的、潜在的、不能接受形状的幻影。因此它事实上就是一个幻影,就是一个假象,这就等同于说"一个真正的假象","真正不真实的事物"。^③这样说来,它的本性就是非存在,这样的事物不可能现实地成为任何实在。如果要说它必然存在,那只能说它必然现实地不存在。它既离开了真正的是,就只在非是中拥有它的是。当你讨论虚假存在的事物时,如果你剥离它们的虚假性,就是取消了它们的实体;如果你把现实性引入潜能性中拥有是和实体的事物中,你就是破坏了它们的存在基础,因为它们的是就在于它们是潜能的。因此,如果我们要保持质料不被毁灭,就必须让它始终是质料。这样,人们必会说,看起来唯有让它潜能地存在,

---

① 参第 1 节。青铜已经现实地是青铜,一种有形式、现实存在的事物;但相对于从青铜制造出来的雕像来说,青铜是潜在的雕像,因而是雕像的质料。

② 运动是"可理知世界的范畴"之一,参前篇论文的第 5 节及注。

③ το ωσ αληφωσ ψευδος 这个短语出自柏拉图《理想国》II. 382A4,但讨论的背景完全不同("灵魂里的谎言");οντωσ μη ον 出自《智者篇》,当然也同样不是谈论 υλη。

它才可能是其所是，否则就只能拒斥这些讨论。

6. 论实体，或论性质

1. 是（being）与实体（substance）是否不同，是否"是"空无一物，而实体则与其他一切事物共在，与运动、静止、同、异① 共在，这些都是实体的要素？应该说，整体是实体，而其他的，都是它的组成部分。一个是是，一个是运动，一个是另外的东西，如此等等。我们知道，运动是偶然的是，那么它是不是偶然的实体，或者是整个完整的实体所必不可少的组成要素？运动本身当然是实体，凡在可理知世界的一切都是实体。那么，为何下界的一切不是这样呢？在可理知世界中，一切事物都是实体是因为一切就是一；而下界是影像的世界，这里，各种影像是彼此分离的，这是这，那是那，各不相同。就像在胚胎里，人体的一切器官都合而为一，一就是一切，手没有独立出来，头也没有分离出来，但生命形成之后，它们就彼此分离了，因为它们只是影像，不是真正的实在。

那么我们是否可以说，可理知世界的性质就是实体的差别，适用于实体或是，因为它们使实体彼此有别，因而对使它们成为实体负全责？这种观点就其本身来说并非没有道理，但若应用到这里的性质上，则是荒谬的。这些性质，有些是实体的特征，比如"两足的"和"四足的"，有些不是实体的特征，只是称为性质，因而就是性质，不是其他什么。事实上，同一事物有时候可以是实体的特性，有时候不是。当它是实体的构成要素时就是一种特性，但如果不是构成要素，只是偶然因素，那就不是特性。比如，"白色"在白天鹅或者白铅是一种本质成分，但在人，在你我只是一种偶性。包含在事物定义里的白色是一种本质的构成

---

① "可理知世界的范畴"，参 II. 4. 5 和 II. 5. 5。

要素，不是性质，而呈现为表面的白色则是性质。也许我们应当对这两种性质作出区分，一种是实体性的，是实体独有的特征；另一种只是性质，不是别的什么，实体有了它就是有了某种性质，但这种性质不会改变任何进入或者出于实体的事物，实体在这种性质进入之前就已经完全是实体性的是，性质对实体来说只是后来的一种添加，只是从外面引入了某种状态，不论这种情况是出现在灵魂，还是发生在身体，都是如此。但是如果我们承认白铅里的可见白色是它的一种本质成分，那又怎样呢？就天鹅来说，白色不是本质成分，因为天鹅不是非白色不可，可以有不是白色的天鹅。但我们的问题是关于白铅的，同样的问题也可以用于火的热量（就如同火热是火的本质成分一样）。但是，假如有人说，"热"（fireness）是火的实体，与白铅相对应的是白铅的实体，那怎么讲呢？即便如此，热仍然是可见之火的本质成分，白色是白铅的本质成分。因此，同样显著的特点可以是本质成分，而不是性质，也可以是性质，而不是本质成分。我们不可以说，它们作为本质成分是一回事，不是本质成分又是另一回事，因为它们的本性是一样的。我们更应当认为，创造它们的理性形成原理都是实体性的，只是理性原理所造的，唯有在可理知世界里是一"某物"，在下界则是属性，不是"某物"。我们在考察这"某物"时总是犯错，总是对它视而不见，反倒把注意力集中在属性上，[①]原因就在于此。当我们集中精力注意火的属性时，我们所说的就不是火本身。火的是就是实体，而我们现在所看见的，我们谈论它时所集中注意的，却使我们离开"某物"，[②] 从而我们只界定它的性质。我们讨论感觉对象时，这样做是可以的，因为感觉对象没有任何实体的内容，只有实体的属性。这就提出了另一个问题，实体如何可能不出自实体，[而出自不是实体的事物]。我们已经说过，凡生成的事物不可能与形成它

---

① 参柏拉图《第七封信》343C1-6。
② 指它的实体。——中译者注

的原物相同。我们在这里还必须补充说，凡生成的事物都不可能是实体。我们说过，可理知世界的实体不是源自实体，①那么它们是如何生成的？我们得说，那里②的实体，因为具有更真实、更纯粹的是，因此是真正的实体，在是的各种特性之中；或者更确切地说，当我们谈论那里的实体时，我们是包含它的活动的；这样，看起来实体与彼者（它的源头）似乎是同一的，但事实上，由于包含了活动，实体相较于其源头很可能是有所缺失的，因为它不再是单一的，而是偏离了这种原初的单一性。

2. 不过，我们必须探讨性质本身是什么，因为知道了它是什么就可能会更有效地解决我们的难题。首先，我们必须考察已经提出的问题，即我们是否应当认为同一事物有时只是性质，有时则是本质上完全的实体（对于性质也是实体的本质成分这一点，我们不必感到不安，倒要把它看作包含一定性质的某种实体的构成要素）。须知，在包含一定性质的实体中，实体，也就是特定的本质，必然在被限定之前就存在。那么就火来说，在成为被限定的实体之前存在的实体是什么呢？是形体吗？若是，"形体"的类就是实体，而火就是一个热的形体，它的整体并不是实体，热对于火就如同翘鼻子之于你，只是属性而已。如果把它的热、亮和轻——这些显然都是属于性质的东西——都拿走，剩下的就是三维性，那么质料就是实体了。③但是我们不能这样认为，因为可以肯定，形式比质料更可能是实体。但是，形式岂不也是性质？不是，形式不是性质，而是理性形成原理。那么，形成原理与潜在的质料结合的结果是什么呢？不是看得见、燃烧的事物，因为这只是性质上的东西。当然有人也许会说，燃烧是一种源自于形成原理的活动。如果这样说，那么，发热发光等也可以说是创造活动，这样我们就没有地方放置性质了。我们不能把我们所说的实体的本质成分称为性质，因为那些源自形成原理和实体性

---

① 而是源自实体之上的纯粹的是。——中译者注
② 指可理知世界。——中译者注
③ 参亚里士多德《形而上学》Z3, 1029a16-19。

力量的事物都是活动。我们只能把在整个实体之外、并非在此为性质在彼又不是性质的事物称为性质，它们包含在实体之外且在实体之后的东西，比如，美德和邪恶，丑和美，健康状况，具有这种或那种相貌。三角形和四边形本身不是性质，当一物得到三角形的形状，成了三角形时就有了性质，这性质不是三角形，而是与它相关的形状。①艺术和技巧也应在同样的意义上被称为性质。由此我们说，性质就是已经存在的实体的一种状态，或者是从外界产生的，或者是一开始就与它们相伴的。就算是一开始就相伴的性质，即使没有它，实体也不会有任何减损。这种性质有时很容易剥离，有时很难除去。因此性质有两种形式，一种是易变的，另一种是永久稳固的。

3．因此显然，白色在你我身上必然不能算是一种性质，而是一种活动，一种源于变白之力量的活动。同样，可理知世界中的一切性质——我们称之为性质——也必须认为是活动，只是我们在思考它们时把它们看作性质，因为它们每一个都是一种个体特性，也就是说，它们彼此之间的实体各不相同，每一个都有各自独特的个性。那么感觉世界的性质呢？也是活动。既然如此，可理知世界的性质与感觉世界的性质怎样区别呢？可理知世界的性质没有表明它们潜在的实在是哪种事物，也不指明它们的变化或独特的性质，它们只表现为我们称为性质的事物，也就是可理知世界里的活动。由此非常清楚，那里的实在一旦拥有实体的个体性，就不是性质上的东西，但如果理性思考的过程把这些实在的独特个体性分离出来，当然不是使它离开可理知世界，而是领会它并从中产生另外的事物，那么这新产生的东西就是性质，是实体的一部分，理性抓住的是显现在实在表面的东西。若果真如此，那么鉴于热实际上是火内在固有的东西，所以谁也不能否认热就是火的形式和活动，而不是火的性质；另一方面，它也可以是另一种意义

---

① 参亚里士多德《范畴篇》8, 10A14-16。

的性质,如果它被单独吸入另外的事物之中,不再是实体的形状,而只是一点痕迹,一个影子,一个形像,抛弃了实体,那就是另一回事了;它原本是实体的活动,现在就只能是一种性质了。这样说来,凡对实体来说是偶然的,不是它的活动和形式,不是规定形状的事物,那就是性质了。比如,潜在实在的状态和其他属性就可称为性质,但它们的原型,就是它们原初存在的事物,则是那些可理知实在的活动。在这个意义上,同一样事物不可能既是性质又不是性质,而应当说,凡与实体分离的就是性质,凡与实体同在的就是实体、形式或活动。因为任何事物如果完全在其他事物中,不再是形式和活动,就必然不再自我同一。最后,有种性质永远不会成为另外事物的形式,始终只能是一种偶性。这且唯有这才是纯粹的性质。

7. 论完全混合

1. 我们必须思考这样一个问题:所谓物体的完全混合是什么?如果一个流体与另一个流体混合,两者是否可能彼此完全渗透,或者一个完全渗透到另一个里面?只要这种情况(即完全渗透)发生,至于以什么方式发生,则无足轻重。我们可以不必理会那些只承认粒子之间简单并列的人,[①]因为他们说的只是机械混合,而不是结合(coalescence)。在我们看来,结合必然是使整个事物成为由同样部分构成的整体,每个最细微的部分都必然由所谓的复合的元素构成。还有些人认为结合的只有性质,[②]他们把每个物体的质料并列起来,然后把每个物体的性质加到这些质料上。乍看一下,这种观点似乎可以接受,因为他们之

---

① 这是指阿那克萨戈拉(Anaxagoras)和德谟克利特(Democritus)。
② 指漫步学派。

所以拒斥完全混合，其根据在于，他们意识到，如果混合物彼此之间没有任何间隙，物体的体积就会渐渐减少，最后完全消失。也就是说，如果两个物体彼此完全渗透，就会在自身里不断分隔。此外，确实存在这样的情形，两个物体结合之后，其占据的空间比任何一个单独的物体都大，最大可以大到相当于它们两个合起来的空间。[1]然而，他们说，如果一物完全渗透到另一物里，那么一物的空间应当保持不变，而另一物则完全进入它。当然，也有结合之后空间没有变大的情形。就此，他们解释说，其原因在于有空气挥发，从而为另一物的进入腾出了空间。还有，当一个小物体与一个大物体混合时，小物体如何扩展渗透到整个大物体中？如此等等，他们确实提出了许多不同的论述。但是，另一方面，那些引入完全混合之观念的人会说，一个物体可以无限分割，同时并不会在分割中完全消失，即使出现了完全混合，也是如此，比如他们会说，汗滴并没有分割身体，却甚至能填满身上的小毛孔。如果有人反驳说，这是大自然的特定安排，让汗滴渗出身体，没有话好说，那么他们会回答说，就是人工制品中也有这样的例子，只要是质地柔软、没有断裂的织物，就可以看到水分能浸透它们，从头至尾，完全渗透。既然它们都是物体，那为什么会发生这样的情形呢？因此，很难设想怎么会有没有分割的完全渗透，如果两个物体每一点都彼此分割，那显然是在相互毁灭了。但是，他们又说有许多例子都表明形体结合时并没有增加体积，他们这样说其实是在给对手提供机会，可以用空气的挥发来驳斥他们。尽管要拒斥[两物结合]所占空间没有增大的观点很难，但是同样，对于相反的观点，即两个物体结合必然是体积上的增加以及所有其他性质上的增加，又有什么可反驳的呢？显然，在结合中，体积与其他性质一个都没有减损，并且正如其他例子里还有两者混合形成的性质。同样，这里也有一个新的体积，也就是

---

[1] 这一情形为他们的理论提供了佐证。——中译者注

两物之体积结合所产生的体积。假设对于这一点，对方反驳他们说，"如果一个物体的质料与另一物体的质料是并列的，体积与体积也是并列的，那么你们不正好表达了我们要说的观点？如果物体最初所获得的质料连同体积都完全混合，那么这种情形就不同于线与线在两端连接，这种连接的结果自然是线的增加，而如同另一种安排，即线与线重合，这样在长度上就没有任何增加"。至于小物体渗透到大物体中，甚至极其微小的物体渗透到极其庞大的物体中，这种情形出现在已经明显结合的事物中。在混合并不显然的例子里，可以说，小物体没有渗透到大物体的每一部分，但是，在混合显而易见的例子里，应当承认两物是完全混合的。他们很可能会用体积的扩展来反驳，但是，如果考虑到如何把极小的体积扩展到极其庞大的程度，他们这种解释显然难以真正令人信服，因为他们甚至不承认一个物体变化之后体积可以增加，比如，水变成了气。

2. 不过，对于这个话题，即当一定量的水变成了气之后发生了什么，如何解释由这部分水形成的气在容量上增加了这一现象，我们需要另外考察。因此，对于前面讨论的问题，我们不妨到此为止，尽管双方都还有很多话可说。现在，我们要独立地思考这个问题，我们应当对此说些什么，什么样的观点才能与所述的论证相吻合，或者有什么新的观点能超出目前的讨论范围。现在假设水浸透羊毛，或者把纸莎草纸里的水挤出来，我们怎能否认水的体积是整个地渗透在草纸里呢？就算它没有渗透，我们又怎能说质料与质料接触，体积与体积接触，唯有性质是混合的？可以肯定，水的质料不是存在于草纸之外，也不是在它的缝隙里，因为整张草纸都是湿的，它的质料若没有湿的属性就无处可在。既然质料连同湿的属性[在草纸里]无处不在，那么水当然也渗透整张草纸。当然，也许渗透草纸的不是水，而是水的性质。那么水在哪里呢？[1] 另外，为何容量会有变化，而不是保持同一

---

[1] 在此，Stephen Benton & B.S.Page 插入了"如果唯有性质进入草纸"。——中译者注

呢？草纸里有东西增加，使它容量扩大了，也就是说，它从渗到它里面的水里获得了一定容量。它既得了容量，就增加了体积；它既增加了体积，就没有被对方吸收，因此，水的质料与草纸的质料必然处在不同的两个地方。两个物体混合，彼此给予并获取一定的性质，体积也一样，也可以相互给予和获取，对此能提出什么异议呢？异议就是，如果是性质与性质混合，那性质就不再是先前的性质，而是与另一者相关的性质，并且因为在这种相关中，性质不是纯粹的，因此它就不再完全是原来的所是，而是变模糊了；但是当体积与另一体积结合时，它并未消失。不过，我们应当仔细考察以下论断的含义，[①]如果一个物体穿过另一物体，就要把另一物完全分割，因为我们自己说过，当性质渗透物体里时，对物体没有任何分割。这里的原因在于性质是无形体的。但是，如果质料本身也是无形体的，也就是说质料及其性质都是无形体的，那么性质——只要它们是极少的——为何不以同样的方式与质料渗透呢？我们得说，它们不能渗透固体之物，因为固体具有阻止它们渗透的性质。也许我们可以说，许多性质放在一起就不能与质料渗透。如果是这样，也就是大量性质构成所谓的稠密的物体，那么这种大量就应该是使其无法渗透的原因。但是，如果稠密是一种独特的性质，就像他们把形体性称为性质一样，那么这种独特的性质才是原因。也就是说，它们能混合并不是因为它们是性质，而是因为它们是某一类性质。质料不能混合并不是因为是质料，而是因为质料与某种性质相关，因此才不能混合；如果它没有自己的大小，那就更是如此，除非考虑到它不曾拒斥大小。关于这些难题就讨论到这里。

3. 不过，我们既然提到了形体性，就当思考形体性是否就是由物体的各个成分构成的东西，或者是进入质料并使它成为形体的一种形式和理性形成原理。如果形体是由所有性质和质料构成的东西，那么形体

---

① 在此，Stephen Benton & B.S.Page 插入了"我们为何可以说"。——中译者注

性也是这样的东西。[①] 如果形体性是进入质料造出形体的形成原理,那么显然,形成原理包括并包含所有性质。但是,如果这理性原理不是揭示事物本性的一种定义,而是创造事物的理性原理,那么它不可能包括质料,但必然是与质料相关的原理。它进入质料,成全形体,这形体必然是质料,并有一个理性原理存在于它里面,但理性原理本身,因为是一种形式,必须被思考为赤裸的,没有质料,即使它本身尽其所能不与质料分离。因为独立的形式是一种不同的形式,就是在理智中的形式;它在理智中是因为它就是理智本身。但是,这个问题我们将在别的地方讨论。

8. 论视力,或者远处的事物何以显得小些

1. 何以远处的事物显得小些,并且相距很远的事物看起来也靠得很近,而近处的事物看起来就是其真实的大小,相互之间的距离也是其真实的距离?远处的事物之所以显得小些,是因为光线往往根据视力和眼球的大小相应收缩。事物越远,可以说,到达我们眼睛的就越只有剥离了质料的形式(尽管大小本身以及性质也是一种形式),也就是说,唯有它的理性形成原理进入我们的视线。或者还可换一种方式解释,我们在一部分一部分观察研究事物、了解其真实大小的过程中认识整个事物的大小,因此这个事物必须是在现场的,近在身边的,这样才可能准确地知道它的广延。还有一种解释是,大小是偶然看到的,凝思的首要对象是颜色,因此当它靠近我们时,我们就知道多大的空间是有颜色的,但是,当它远离我们时,我们知道它是有颜色的,但由于各部分大大收缩,我们无法准确判断这空间究竟有多大,于是,颜色本身在我们看来

[①] 对这句话,Stephen Benton & B.S.Page 的翻译是"不是别的,就是由这些东西复合而成的"。——中译者注

也显得模糊了。这样说来,随着事物到达我们的形式越来越模糊,其大小以及声音也就相应地越来越小,这有何可奇怪的呢?就声音来说,听觉所捕捉的就是形式,而大小是偶然认识到的。不过,就听觉而言,大小是否偶然感知到还是个问题;触觉可以直接反映可见对象的大小,但声音的大小在何种意义上显现为听觉的首要对象呢?听觉感知声音的大小,不是根据真实的量,而是根据影响的程度比如深度和强度,因而不是偶然的,就像味觉尝到甜的程度不是偶然的一样;但声音的大小范围就是听力所能听到的区域;这可以从声音的强度偶然地感知到,但不准确。因为一方面,每种声音都有自己固定不变的强度,另一方面,它伸展到声音所覆盖的整个空间,从而使自己变成多。同样,从远处看颜色也会变化,但颜色不会变小,只会变模糊;变小的是尺寸。两者在"不如原来所是"这点上是相同的,但就颜色来说,"不如"是指变模糊;就尺寸来说,"不如"是变小了,并随颜色的模糊而相应变小。如果事物是由许多不同的部分组成的,那么这种情形就会更为明显。比如,山上有许多房子、大量树木,还有许多其他事物,如果其中的每一个都是可见的,我们就能根据我们所看到的每个个体而认识整体。但是,如果形式不是非常清晰地呈现给我们,我们就不可能根据个体的形式判断整体的基本大小,从而认识它的各个尺度。这也同样适用于近在身边的事物。如果它们有多个部分构成,但我们只能匆匆地瞥一眼整体,没有观察各个部分的形式,那么由于我们没有看到个别特点,因此整体就会显得比较小;但是,如果所有的细节都看清了,就能够准确地判断事物,知道它们究竟有多大。那些通体都是同一种形式、同一种颜色的事物,会使我们的眼睛对其大小产生错觉,因为眼睛无法准确地一部分一部分判断,它在测量部分时一下子就略过了整体,找不到各部分之间差异的根据在哪里。远处的事物彼此之间显得近些,就是出于这样的原因,[①] 它们之间的真实

---

① 在此,Stephen Benton & B.S.Page 增补了"眼睛看不清它们各部分的特点,就产生错觉,把……"。——中译者注

距离收缩了。近处事物的间距显出其真实的距离,也是出于同样的原因。由于视力无法穿越远距离事物的各个部分,看清它们的真实形式,因此无法知道它们事实上有多大。

2. 我们在另外地方说过,用小视角来解释是不可取的,现在我们要再补充一点。人若说某物显得小是因为看的视角小,那就是说视力的其他角度是可以看见某种外部的事物,这事物或者是另一个对象,或者是完全在视角之外的事物,比如空气。他既把一切事物都放在视角之内,没有什么事物是在视角之外的,那么来看一下大的视觉对象比如山,或者视力范围与对象刚好对应,这样就看不到对象之外的事物,因为视域的大小与视觉对象的大小刚好一致;或者视觉对象在左右两边都超出视域。那么我们该说什么呢?对象显得比其本身要小得多,却可以显现在整个视域里。这如何解释呢?如果你抬头看看天,肯定可以准确无误地找到原因所在。我们当然不可能一眼就看到整个球形,人的视力也不可能伸展得如此广阔,越过整个天空。但如果你愿意,不妨承认这是可能的。也就是说,整个视力能把整个天空一览无余,而且真实天空中的视觉对象实际上要比视觉看到的大许多倍,显像要比真物小得多。既然如此,怎么能用缩小视角来解释远处的事物何以显得小的呢?

9. 驳诺斯底主义者

1. 既然在我们看来,至善的单一本性也是原初的(因为一切非原初的就不是单一的),自身里不包含任何东西,只是某一事物;[①] 而被称为太一的事物,其本性是同(因为它并非先是另外的事物,然后才是一,

---

[①] 这是指同篇论文(《九章集》V.5)前一节得出的结论,如普罗提诺所写的。参 V. 5. 13. 33-36。

同样，至善也并非先是别的事物，然后是善），那么无论我们何时谈到"太一"，无论何时谈到"至善"，我们都必须认识到，我们所谈论的本性乃是同一个本性。我们称之为"一"绝不是对它有所规定，而是尽我们所能澄清它本身而已。我们称它为第一者（the First），意思是说它完全单一，是自足者，因为它并不是由诸多部分构成，否则，它就会依赖于构成它的东西。我们说它不在别的事物里面，因为凡是在别的事物里面的，也就是源于别的事物的。既然它既不源于他物，也不在他物里面，也不是任何一种混合，那么在它之上，不可能有任何事物。因此，我们不得去追寻其他的首要原理，这就是第一者；在它之后是理智，它是最初的思者；理智之后是灵魂（因为这就是与事物的本性相对应的顺序）。可理知世界除了这些原理，我们不能再提出其他更多的原理，当然也不能少于这些原理。如果人们主张的原理少于这些，那么他或者认为灵魂和理智同一，或者认为理智与第一者同一。但是我们已在许多地方表明，它们乃是各不相同的。我们目前还需要考察的是，如果主张这三者之外还有其他原理，那么这其他原理可能是什么。我们前面所讨论的万物的原理是最单一的，没有人能找到比它更单一的或超越于它的原理。因为他们不会说，有一个原理潜能地存在，另一个原理现实地存在，在现实存在且没有质料的事物中区分现实存在的事物和潜在存在的事物，从而使种类成倍增加，这是荒唐可笑的。即使在这些事物之后出现的事物中，也不可能作出这种区分。我们不能设想，在某种静止之中有一类理智，在运动之中有另一类理智。[①] 理智的静止会是什么，它的运动和"前进"又是

---

① 这里及本节其余部分，普罗提诺很可能不只是，甚至主要不是关心诺斯底主义者的理论。他要抨击的是柏拉图学派里存在的某些观点，他本人曾准备对这些观点作出一定让步。存在着两种或更多的理智，这种观点似乎是在讨论柏拉图《蒂迈欧篇》39E的含义以及得穆革的理智与宇宙的可理知范型的关系过程中提出来的，在柏拉图学派中曾经受到长期争论，今天在现代学者中仍然争论不休。根据普洛克罗（proclus）的观点（*In Timaeum* III. 268A, p. 103. 18 ff., Diehl），阿美里乌斯的结论是，有三种理智，"存在的"，"拥有的"和"视力的"，这一观点对后来新柏拉图主义理论的发展产生了相当大的影响（参看

什么，或者说这理智的不作为是什么，另一理智的作为又是什么？事实上，理智如其所是，始终同一，处于静态的活动中。面向理智、环绕理智运动，这是灵魂的工作，从理智发出一个理性原理（rational principle）给灵魂，使灵魂成为有理智的，而不是在灵魂与理智之间产生另一本性。另外，设想一理智思考，另一理智思考它在思考，这肯定不能成为提出多个理智的理由。即使就我们的理智而言，尽管"理智思考"与"理智思考它在思考"是两回事，但是理智的思仍然是思维的单一运作，而且思维并非没有意识到自己的活动。而如果设想这种二元性存在于真理智那里，岂不更加荒唐可笑？因为思考它在思考的理智与原先思考的理智完全同一。否则，如果试想一理智只是思考，另一理智思考它在思考，那思考的主体就会是另一个，而不是它自身。如果他们要说，这种区分只存在于我们的思想中，那么首先，他们将会抛弃多本体的观念。这样，我们必须思考，我们是否能够在思想中作出分别，在思想中是否有可能设想一个只是思而不知道自己在思的理智。如果这样的事发生在我们身上，那么我们这些经常留意自己的冲动和思想过程的人，即使我们不是非常严肃认真的人，也应为这种无知受到责备。然而可以肯定，既然真理智在自己的思想中思考自己，它的思想对象不在外面，它自身同时就是它的思想对象，那它必然在自己的思考中拥有自身并看见自身。当它

Dodds's commentary on Proclus, *Elements of Theology* Prop. 167）。在坡菲利收集的关于第三卷 9 章的早期注释的第一个注释中，普罗提诺提出了两种理智，一个是"静止的"，另一个是"从它产生的活动"，并且"看"它，这种分法与这里批评的区分法非常相似。这种区分似乎可以追溯到努美尼乌斯，而他的思想与诺斯底主义关系密切（参看 Dodds's commentary on Proclus, *Elements of Theology* Prop. 168）。Dodds 还认为，这里所批判的另一种区分可能也是努美尼乌斯的观点，即一种是思的理智，另一种是思它所思的理智。但是描述努美尼斯的三理智思想的段落太晦涩，难以把握它的确切意思。当然，类似的思想也存在于当时的诺斯底主义者中，但需要记住的是，它们是普罗提诺自己圈子里的人正式提出来的，而不是诺斯底主义所声称的。诺斯底主义，尤其是瓦伦廷的一些思想源于柏拉图主义和新毕达哥拉斯主义，这就比较容易理解为什么它们对某些柏拉图主义者和新毕达哥拉斯主义者产生了交互影响。

看见自身时，它并非没有理智活动，而是在思中看见的。所以它在最初的思中也应有对它在思考的思，作为存在的统一体。由此可见，即使在思想中，在可理知世界里，它也不是双重的。再进一步说，如果它总是思它之所是，那怎么还能在思想中区分思与思它所思呢？如果有人分出第二种理智，即说它思它所思之外，甚至还引入第三种区分，说它思它思它所思，那就更清楚地显出其荒谬了。他为何不这样一直区分下去，直到无穷？如果有人承认理性原理源于理智，但又从第一理性原理本身引出另一原理进入灵魂，使这第一原理成为灵魂与理智之间的媒介，那么他就会使灵魂失去思，因为它不是从理智而是从另一原理即媒介获得自己的思考原理；这样它只能拥有理性原理的一个映像，而不是原理本身，而且它根本不认识理智或者根本不会思。

2. 因此，我们不能设想这三者之外有更多的存在者，也不能在可理知世界的实在中炮制出它们的本性并不包含的虚幻的区分。我们必须指出理智只有一个，永远不变，始终如一，绝不会坠落，而是尽其所能效仿父；而我们的灵魂，有一部分始终指向可理知的实在，一部分指向这个世界的事物，还有一部分则处在这两者之间。因为灵魂是具有多种能力的一本性，有时整个灵魂跟随着它的最好部分和真存在（being）；有时最低部分坠落，并把中间部分一并拖下，但它不可能带动整个灵魂坠落。它遭遇这种不幸是因为它没有保守在最高贵者里面，留在那里的灵魂不是一个部分——到了那个阶段，我们也不再是它的一个部分。这样的灵魂允许整个躯体拥有它所能获取的任何东西，同时保持自身不变。它不把躯体当作推论性思考的结果来管理，也不设置正确的标准，而是通过对先在事物的凝思（观照），以一种神奇的力量支配躯体。它越指向那凝思，它就越丰富越强大。它从凝思中获取多少，就给予在它之后产生的事物多少，它总是得到光照，因为它始终光照万物。

3. 既然灵魂总是得光照，始终拥有光，它就把光给予在它之后产生的事物，这事物因这光而凝成一体，因这光而丰富，并尽其所能享受它分有的生命，就如同一团火放在某个地方的中央，凡能分有它的都变得温暖。火的大小是有限的，但是如果没有明确的大小限制的能力没有与真是分离，那么它们怎么可能不让其他事物分有这些能力呢？每种能力都必然将自己的本性给予他物，否则，至善将不是至善，理智将不是理智，灵魂也不再是它的所是了，只要原初的生命存在，就必然有第二位的生命与它共存。因此万物必然永远在相互依承的有序中存在。第一者之外的那些事物都已经生成，也就是说，它们源于另外更高级的原理。所谓已经生成的事物，并不只是在[某一特定的时刻]生成，而且永远处在生成的过程之中，以前这样，将来也如此。除了那些包含可分解之物的事物，也没有事物会被分解；而不包含任何可分解之物的事物则永远不会灭亡。如果有人说它会分解为质料，那么他为什么不说质料也要被分解？如果他真的这样说了，我们要问，当初它又为什么必然生成呢？如果他们说，当初必然生成是因为高级原理的存在，那么我们说，这种必然性现在依然存在。如果质料保持孤立，那么神圣原理就不是无处不在，而只能存在于有特定范围的地方；也就是说，它们将被阻挡在质料之外。当然，如果这是不可能的，那么质料也必受到原理光照。

4. 如果他们声称，灵魂在——可以说——"失去羽翼"①之后创造了世界，那么我们得说，这灵魂绝不是大全的灵魂，大全灵魂不会"失去羽翼"。如果他们又说，灵魂造出世界出于道德上的堕落，那么请他们告诉我们这种堕落的原因是什么。还有，它是何时堕落的？如果它从来就如此，那么根据他们自己的解释，灵魂永远处于堕落的状态；如果它的堕落有开端，那么为什么是这个时候，而不是更早的另一时候？因此我们认为，灵魂的创造活动并非一种坠落，而恰恰表明它没有坠落。如

---

① 语出柏拉图《斐德若篇》246C，从柏拉图的行文来看，此语只指明人的灵魂坠落。但是通读这段话，可以看出诺斯底主义者很可能在误解的基础上把它吸收到他们自己的理论中。

果它坠落了，那显然是因为它已忘却可理知的实在；但如果它真的忘了这些实在，那它又怎能创造这个世界？如果没有它在可理知世界看见的一切，它的创造从何而来？既然它的创造乃是出于对可理知实在的回忆，那它就根本没有坠落，即使它的记忆变得模糊也不会坠落。相反，为了看得更加清晰，它岂不是要靠近可理知世界？因为既然它还有点记忆，难道会不想上升到那里？它认为它能从创造宇宙中得到什么好处呢？不要以为是为了荣誉。这种想法荒谬可笑，作这样设想的人是把下界世俗雕刻家的想法加到它的头上了。再者，如果它通过推论论证（discursive reasoning）创造了这个世界，它的创造不是出于它的本性，它的能力也不是生产性能力，那么它怎么能造出这个特定的宇宙？此外，它将在何时毁灭这宇宙？如果它后悔造了它，那么它还在期待什么呢？如果它现在还没有感到后悔，那就不大可能后悔了，因为它已经渐渐习惯了这宇宙，随着时间的流逝必将越来越喜欢它。如果它是在等待个体灵魂，如今它们应该已经不再生成，因为它们已经在前世生活中试验过这个世界的恶，现在应该已经不再光临此地。我们也不能因为这个世界包含许多令人讨厌的事物就断定它的源头是恶的。只有对它期望过高的人才会作出这样的论断，他们声称，它应该与可理知世界一模一样，而不应只是它的一个影像。毫无疑问，除了这个世界，可理知世界还能有其他更美的影像吗？地上的火不就是可理知之火最好的影像吗？可理知的土还有比这里的土更好的影像吗？对可理知宇宙自我封闭的圆周的模仿，还有比我们这个宇宙球体更精确、更高贵、更富有秩序的吗？在可理知的太阳与可看见的太阳之间，难道还能有另外的太阳吗？

5. 然而还真有这样的"太阳"！因为这些人虽像所有人一样有肉身，有欲望、忧愁和激情，却绝不轻看自己的力量，相反，他们宣称他们能够领会可理知者，宣称太阳并没有比我们人更大的力量，能免受各种影响，也不比我们更有秩序、更不变，太阳的理解力也不比我们这些刚刚生成的、受到这多障碍的蒙蔽，看不到真理的人更强！又说，他们的灵魂和人的最卑微的灵魂,是不朽和神圣的,而整个天和天上的星辰都不分有不朽的灵魂,尽管它们是由更加精致、更加纯洁的质料构成,尽管这些人并非没有看到那里井然的秩序、完美的形式和排列,尤其还喋喋不休地抱怨地上的混乱无序!似乎不朽的灵魂特意选择了卑微之地,为了不朽的灵魂而放弃了高贵之处似的!同样不可理喻的是,他们在自己的灵魂中又偷偷加入由各元素组成的另一个灵魂。由元素构成的物体怎么可能有生命?元素的复合体只能产生热、冷或冷热的混合性,干、湿或干湿的混合性。这样的灵魂既是后来由四种元素生成的,它怎么可能成为统一这些元素的原理呢?就算他们为这个由元素混合而成的灵魂加上感知、思虑以及无数其他东西,那又怎样?然而这些人并不尊重这个造物或这个地球,宣称说,一个新的地球已经为他们生成;还说他们将离开这个地球到那个新地球上去;说这是宇宙的理性形式。他们憎恨这个世界,却为什么觉得必须住在这个世界的原型里呢?这原型又从哪里来?根据他们的说法,它是在它的创造主倾向于这个世界之后生成的。这样说来,即使创造主本身极想照着他所拥有的可理知世界造出另一世界——这样做又有什么必要呢?如果这世界在我们的世界之前,那么他创造它究竟是为了什么呢?是为了让灵魂警觉吗?这怎么可能呢?灵魂并没有警觉,因此这个世界的存在也毫无意义。但如果创造主是照着我们的世界造它的,取其形式,剔其质料,那么灵魂在这个世界所受的磨炼也足以使它们保持警戒。如果他们宣称他们的灵魂已经接受了宇宙的形式,那么这种新说法又有什么意义呢?

6. 至于他们引入的其他东西,他们的"放逐"(Exiles)、"印象"(Impressions)以及"悔过"(Repentings),我们该说什么呢?如果他们说这些都是灵魂改变自己的目标时产生的感受,是它以某种方式沉思实在的影像而非实在本身时产生的"印象",那么这些术语都是人们为推出自己的学派而炮制出来的新行话。他们炮制出这些浮华的语词,好显得他们与古代希腊学派毫不相干,事实上希腊人知道这一切,而且了如指掌,毫不虚妄地教导如何脱离洞穴,一步步上升,越来越靠近更真实的视域。[1] 总的来说,这些人的理论有一部分出于柏拉图,但其余的都是他们为建立自己的哲学体系而引入的全新观念,是他们在真理之外所拣拾的东西。他们的审判、冥府之河和复活皆出于柏拉图。[2] 在可理知世界设立多元性:存在(Being)、理智、不同于理智的创造主,以及灵魂,这源于《蒂迈欧篇》里的话。柏拉图说,"这个宇宙的创造主认为,宇宙应该具有真是的生命物(Living Being that truly is)所具有的、理智能辨识的所有形式"。[3] 但他们并不理解,以为它的意思是说,有一理智在静止中包含所有实在,另有一理智观照它们,再有一理智筹划它们——其实他们往往把灵魂当作创造主,而不是让筹划的理智来创造——他们认为这就是柏拉图所指的创造主。然而事实上,他们还远远没有确定究竟谁是创造主。[4] 总而言之,他们完全歪曲了柏拉图对创造方式的解释以及大量其他的事情,贬低了这位伟人的教义,连柏拉图和其他蒙福的哲学家都还没有参透的可理知的本性,他们却好像已经参透了似的。[5] 他们以为,只要给大量可理知的实在按上名称,就能表明他们已经发现确凿的真理,然而正是由于这种多样化,他们把可理知的本性降低到类似感觉世界的低级程度。在可理知世界中,他们应该尽量减少数目,应该把一切都归于第一者之后的那个实在,从而避免复多性,因为它就是一切,是第一理智和实体,是第一本性之后产生的其他种种卓越。灵魂的形式应是第三位产生;他们应该在属性或本性中探求诸灵魂的区别,无论如何不得贬损那些神一样可敬的人,而应好心好意地接受他们的教

---

[1] 这当然是指柏拉图《理想国》VII. 514A 以下的洞喻。
[2] 参看《斐多篇》111Dff。"冥府之河"是柏拉图的来世神话之一,普罗提诺这里特别想到这个神话。
[3] 《蒂迈欧篇》39E 7-9。
[4] 同样,这里,普罗提诺想到的似乎是"诺斯底主义"的"柏拉图主义者",他们的思想在一定程度上来自努美尼乌斯。参看一节的第二个注。
[5] 参看坡菲利《生平》第 16 节 8—9 关于诺斯底主义的论述。

诲，因为这是古代权威的教诲。他们已经从这些人接受了优秀的东西，比如灵魂不朽、可理知的宇宙和第一位神，灵魂必然解除与肉身的一切关系，必然与肉身分离，必然脱离生成过程（进入本质存在）。这些理论在柏拉图那儿都有，他们若能这样清楚地陈述这些观点，那就很好；如果对这些观点有什么异议，那么我们要不带任何偏见和敌意地对他们说，"你们可以向听众举荐自己的观点，但不要嘲讽侮辱希腊人；你们应该根据自己的准则，全面阐述你们独创之理论的合理性和正确性，什么是你们与希腊人观点的区别，就像真正的哲学家那样，谦恭地表明自己的真实想法，公正地对待对手的各种观点；你们应该凝视真理，而不是沽名钓誉，指责古代权威已经盖棺定论的贤人，宣称自己比那些希腊人更加优秀"。要知道古人对可理知世界的论述是相当精辟的，在某种程度上适合有教养的人，那些没有完全被那种汹涌而来的谎言蒙蔽的人，很容易就能看出，这些教义是后来的诺斯底主义者从古人继承而来的，只是添加了一些完全不适当的东西而已。无论如何，凡是他们企图反驳古代教义的地方，就引入各种各样的生成和毁灭，他们反对这个宇宙，指责灵魂与肉身的结合，侮辱这个宇宙的引导者，把创造者与灵魂等同起来，把在宇宙的各个部分里的灵魂所拥有的那些感受归于整个宇宙的普遍灵魂。

7. 有人已经说过这个宇宙不曾开始，也不会终结，只要可理知的实在存在，它就永远存在。在诺斯底主义之前也有人说过，我们的灵魂与躯体结合对灵魂并无好处。但这是就我们的灵魂而言，如果把这样的结论应用到大全的灵魂，就好比有人要在一个整体秩序良好的城市里挑出一批陶工和锻工，指责他们败坏了城市的面貌。我们必须充分考虑宇宙灵魂与我们的灵魂在管理形体上的差别；宇宙灵魂引导形体的方式与我们的灵魂不同，它不受制于形体。除了所有其他区别（我们在别处提到过大量这样的区别）之外，我们也应充分考虑到，我们（人的灵魂）总是受制于某个躯体，这躯体已经成为一种捆绑。因为躯体的本性已经连接在一般的灵魂里，不管它抓住什么，都将它们缠绕起来。但大全的灵魂不可能被它自己捆绑的事物束缚，因为它就是统治者，不受任何事物影响。然而我们不是事物的主宰。宇宙中指向在它之上的神的那一部分始终保持纯洁，不受妨碍，赋予躯体生命的那一部分也不从躯体接受任何东西。一般而言，凡存在于他物之中的，必因他物的变化而受影响。但凡有自己生命的，就不会把自己交托给他者，比如，一根树枝被嫁接到另一棵树上，一旦树干有变，这树枝必随之而变，但是反过来，即使树枝枯萎了，树干依然故我，过它自己的生活。同样，即使你身上的火熄灭了，宇宙的火并不熄灭；即使宇宙的火熄灭了，宇宙中的灵魂无论如何也不受影响，受影响的只有它的物质结构，假如其他元素有可能构成某个宇宙，那么它无论如何不会关心高级灵魂。大全里的结构与各个生命物的结构不同；在大全灵魂中，可以说，事物都是有序的、自主的、各就其位的；而在个体灵魂中，各个部分都像是要试图逃逸，被另外的绳索束缚在各自的位置上，在宇宙中它们无处可逃。因此灵魂不必将它们聚合起来，或者从外面压迫它们，将它们推向里面，它的本性停留在它一开始所希望停留的地方。如果宇宙的整体（任何部分）按自己的本性运动，那些不按自己本性运动的部分就要遭殃，但只要是整体的有机组成，都能随之顺利运动，如果不能接受整体的秩序，就必被毁灭。这就好比一大群舞者在有节奏地跳动，一只乌龟却挡在了半路，由于它无法从舞者的有序运动中逃脱，被踩死了。然而，如果它本身就是安排在那种舞蹈中的一部分，那么即使是乌龟也不会遭受任何伤害。

8. 问灵魂为何创造了宇宙，就如同问为何有灵魂，创造主为何要创造一样。首先，提出这个问题的人为永恒者设制了一个开端。然后，他们认为，创造的原因是从一个从此物转向彼物的可变存在（being）。因此，只要他们有接受教导的美好愿望，那就必须告诉他们这些存在者的本性是什么，免得他们辱没了那配得全部荣耀的事物，这些事物应该虔敬地关注，但他们举止轻薄。反对大全的管理是没有理由的，因为首

175

先它显明了可理知本性的伟大。如果这大全以独特的方式获得生命，使它的生命不是零乱的——就像它在生命完满时日夜生产出来的小型事物——而是连续的、清晰的、伟大的、无处不在的生命，展示着无穷的智慧，那么我们为何不能称它为可理知诸神清晰而高贵的影像呢？① 它既是影像，便不是可理知世界本身，这正是它的本性所在。它若是可理知世界，便不可能是可理知世界的影像。但是，说这影像不像原型那是错误的，对一个清晰的自然影像来说，完全可能原原本本地、一点不差地拥有原型。这样的影像必然不是作为思虑或谋划的结果而存在。② 可理知者不可能是最后者，它必有双重的活动，一重活动在自身里面，另一重活动指向他物。因此在它之后必然有东西存在，只有最软弱无力的事物才是最末的。在可理知世界涌动着一种神奇的力量，因此除了内在活动之外，它还进行生产活动。如果另有一个宇宙比这个宇宙更好，那么这个宇宙是什么呢？既然必有一个宇宙保存着可理知世界的影像，而且除了这个宇宙外别无其他宇宙，那么这个宇宙就是可理知世界的影像。可以肯定，整个地上充满生命造物和不朽的存在者，一直到天空，任何地方都充满这样的事物，那么所有的星辰，无论是在低空的还是在高空的，为什么不是有序地运转、优美地环行的诸神？难道他们不拥有美德吗？什么事物能阻止他们获得美德呢？那里不存在使地上的人变坏的原因，那里也没有不好的形体，受到困扰、感到不安的形体。③ 他们为什么不能在永恒的平静中拥有理智活动，并在他们的理智中领会神和可理知的诸神？难道我们的智慧会比天上的诸神更大？若不是头脑发昏，谁能容忍这样的看法？同样，既然下界的灵魂是在大全灵魂的强迫下到来的，那

---

① 参看柏拉图《蒂迈欧篇》37C 6-7。

② 参看第 3 节关于这条必然形成之法的论述。普罗提诺始终认为，宇宙的永恒生产是一种统一的自发行为，没有任何预先计划。参看《九章集》V. 8. 7。

③ 普罗提诺认为，星神的属天形体（可见的天体）虽然是质料的，但都比我们属地的形体优秀，它们是永恒的，不受伤害，灵魂的活动畅通无阻。参看《九章集》II. 1；IV. 4. 42. 24-30。

么它们怎么可能更好呢？在灵魂中只有主宰的灵魂才是优秀者。但是如果灵魂是自愿到来的，你又为什么指责这个宇宙呢？你来到这里是出于你自己的自由意志，如果你不喜欢它，你也可以离开它，放弃它。如果这个大全具有这样的性质，当我们在下界时能使我们拥有它的智慧，并仿效高级世界生活，那么这不正好证明它依赖于高级世界的实在吗？

9. 如果有人反对贫富，指出在这些事上并非所有人都平等，那么首先，他不知道圣贤并不追求这些事上的平等，并不认为拥有大量财富的人获得了什么益处，也不认为掌权的人比平民拥有更多的好处。他不关心这些事。他知道，地上有两类生活，一类是圣贤的，另一类是平民的。圣贤的生活指向最高处和上层领域；平民的生活又可以分为两种，一种关心美德，从而分有某种善，而普通大众则可以说从事手工业，为上层人提供生活必须品。如果有人杀了人，或者因为软弱无能被自己的情欲控制，那么就会出现罪，但这罪不在理智里，而在灵魂里。这灵魂就像没有长大的孩子一样，这有什么可惊奇的呢？世界就像一个竞技场，有人赢了，有人输了，这有什么不合理的呢？[1] 就算你受了冤屈，这对一个不朽者来说有什么可恐惧的呢？即使你被杀了，你也得到了你所想要的东西。如果你如今已经不喜欢这个世界，就不必留做它的臣民。大家都承认，这里有审判也有惩罚。那么指责一个奖惩分明的城市怎能说是公正的呢？在这个世界城里，美德受敬仰，邪恶遭谴责；不仅诸神的形像，还有诸神真身都从高处俯视我们，[2] 就如书上说的，他们能轻而易举地完成人所指责的事，自始自终恰如其分地引导万有，根据各人前世所作的事，在不同的生命中分给他适当的位置。凡对此一无所知的人，必是粗野地对待神圣之事的轻率鲁莽者。

---

[1] 参看《九章集》III. 2. [47] 8; 15。
[2] 普罗提诺这里可能想到 *Epinomis*, 9836-984A2, 其中论述道，天体要么是诸神真身，要么是诸神所造的像。

人应努力使自己成为尽可能善的人，但不要以为只有自己才能成为完全善的，如果有人这样想，便说明他还未成为完善者。相反，我们应该认为还有其他完善的人，还有善灵，更有在这个世界中便凝视另一世界的诸神，特别是这个宇宙的统治者，其实有福的灵魂。再往上，我们应该赞美可理知的诸神，特别是那个世界的伟大的王，尤其要在众多的神中彰显他的伟大；不是把神性收缩为一，而是在复多性中显现神亲自显现出来的神性，凡了解神之能力的人都能这样做，神虽然保持自身不变，却造出了众多的神，叫他们依靠他，借他而在，因他而出。同样，这个宇宙也借着他存在，以他为目标，不论是宇宙的整体还是它里面的每一位神，都朝向他。宇宙向人昭示神的所是，它与它里面的诸神一起用预言宣告可理知世界的诸神所喜悦的。若说它们都不是至高神的所是，这本身是与事物的本性符合的。但是如果你妄图鄙视它们，抬高你自己，宣称你并不在它们之下，那么你要知道，首先，越优秀的人越谦逊，他谦卑地对待一切，也谦卑地对待人。其次，真正高贵的人必然是照着自然的尺度上升的，他不沾染丝毫粗鄙的傲慢，只求达到人的本性能及之处；他承认神的旁边有其他存在者，而不是只把自己列在神的下面，不然就像在梦中飞翔，会使他丧失成圣的力量，甚至影响他灵魂的能力。灵魂受理智引导，理智引导到哪里，灵魂就能到达哪里，但是如果它将自身置于理智之下，就立即坠落到理智之外。愚蠢的人往往一旦听到这样的话，就信以为真："你会比一切都更优秀，不但比所有人，而且比诸神更优秀。"——人的狂妄何其之大！原本温和谦卑的人，一个普普通通的平民，如果有人对他说，"你是神的儿子，而你以前尊敬的那些人都不是，人们照着父辈沿袭下来的传统尊敬的存在者也不是；只有你比天还高，不费吹灰之力就成为这样的人"——那么其他人真的会随声应和吗？[①]这就

[①] 参看伊利奈乌《反异端》(St. Irenaeus, *Adversus Haereses*) II. 30. 伊里奈乌也义愤地驳斥诺斯底主义自称比创造主及其创造更加优秀的妄言。

如同有一大群不懂数字的人，其中一人听别人说他有一千肘尺高；如果他真以为自己有一千肘尺高，又听说其他人都只有五肘尺，那会怎样呢？他也只能把"千"想象成一个大数而已。① 此外，神既然眷顾着你，他怎么可能忽视你所在的整个宇宙呢？如果他不照看宇宙是因为没有时间，那他也没有理由去关心在他下面的事物；② 他既然看顾诺斯底主义者，却为何不看顾他本身之外的存在，他们所在的宇宙？如果他不朝外看是为了避免管理宇宙，那么他也不会朝这些人看。然而，他们可以不需要他，宇宙却实实在在需要他，它知道自己的位置，知道它里面的存在者，知道它们怎样存在于它里面，又怎样存在于那个高级世界，那些亲近神的人也知道这些，因此即使由于万物的运动有什么不可避免的必然性降临到他们头上，他们也坦然受之。我们不能只看到适宜个体的东西，更要着眼于整个大全。人这样做，就不仅重视个体自身的价值，而且始终奋力追求万物的终极目标——他知道，许多存在者都在奋力追求高级世界，能到达那里的，都是有福的，没有到达的，也按各自的能力，各得其所——但是他并不认为这种能力只属于他自己。即使有人说他拥有什么，仅仅靠这种宣称并不代表他真的拥有。诺斯底主义者却宣称他们拥有许多东西，尽管他们知道自己并不拥有；换言之，即使他们没有的东西，他们也认为自己拥有，即使只有他们才缺乏的东西，他们却以为只有他们才拥有。

10. 只要作深入研究，就会有足够的证据揭示他们理论中的许多其他观点，甚至可以说全部观点的真相。[但是我们不再一一反驳]，因为考虑到我们的一些朋友，在成为我们的朋友之前恰恰接受了这种思维方式，而且——我不知道为什么——他们仍然坚持使用这种方式。然而，诺斯底主义者并未停止他们喋喋不休的饶舌，他们或者企图使他们的观

---

① 参看柏拉图《理想国》IV, 426D8-E1。
② 指诺斯底主义。——中译者注

点具有真理的外观，或者真的以为自己的观点就是真理。但是，我们现在所阐述的是对我们自己熟识的学生说的，而不是针对诺斯底主义者（因为我们根本无法说服他们），免得他们受到这些人的困扰，这些人不是提出证据——他们怎么可能拿出证据呢？——而是任意、狂妄地论断。他们傲慢地把古代圣贤所说的高尚而富有真理性的理论撕成碎片，要驳斥这种人，另一种写作风格会更适合。因此，我们不妨放弃详尽检查的方法，那些准确把握了我们此前一直在讨论的内容的人，必能了解他们的所有其他理论的真相。但是，在停止讨论之前，有一点必须注意，他们理论中有一种非常荒缪的说法，如果可以用"荒谬"来形容的话，其荒谬程度可称为所有理论之最。[①] 他们先说，灵魂坠落到它下面的事物中，并与某种"智慧"在一起——无论他们的意思是灵魂启动智慧，还是智慧导致灵魂成为这个样子，或者两者都有，并没有任何区别。然后他们说，其他灵魂也坠落了，它们作为智慧的成员都穿戴上形体，比如人体。但是他们又说，那引起其他灵魂坠落的灵魂本体并没有坠落，可以说也没有下倾，而只是照亮了黑暗，于是它的一个影像在质料中生成。然后他们在地上的某个地方用质料或物质或他们喜欢的任何一个名称——他们时而用这个名称，时而用那个名称，众多的名称只能使他们的意思变得模糊不清——构造出这个影像的影像，从而形成他们所谓的创造者，让他背叛自己的母亲，把他所造的宇宙拖到影像序列的末端。写出这种理

[①] 自这里至12节节末，普罗提诺抨击诺斯底主义的一个神话，我们今天最熟悉的是它在瓦伦廷体系里采用的形式。更高的智慧（Sophia）坠落之后，经过一系列复杂的事件，最后产生了天母，即智慧-阿卡莫斯（Sophia-Achamoth）；她的儿子得穆革是创造质料世界的低级无知的创造主，这母子俩都是瓦伦廷主义的形象。参看伊里奈乌《反异端》（Irenaeus *Adv. Haer.*）I. 4 和 5。瓦伦廷曾在罗马住过，因此很可能在普罗提诺时代那里就有瓦伦廷主义者。但是《生平》第16节的证据表明，普罗提诺圈子里的诺斯底主义者应该属于被称为塞特派（Sethians）或阿卡尼派（Archontics）这些老学派，与奥菲斯派或Barbelognostics 有关；他们也很可能自称为"诺斯底主义者"。诺斯底主义各派可以相互随意借用，因此很可能瓦伦廷关于智慧（Sophia）的某些思想取之于老诺斯底主义学派，反过来说，他的一些思想也影响了其他诺斯底主义。

论的人原本就想亵渎神明！

11．首先，既然它没有坠落，只是照亮黑暗，那怎能说它下坠了呢？如果有像光一样的东西从它流溢出来，如果是出现那样的情形，那不能说它下坠了；除非黑暗处在它下方的某个地方，它穿越空间向黑暗移动，当靠近黑暗时把它照亮了。但是如果灵魂留在自身之中，未采取任何行动就照亮了质料，那么照亮质料为什么独独是灵魂，而非整个存在领域中其他比它更大的力量？同样，如果它是通过对宇宙形成一种理性概念，有了这种理性概念才能光照宇宙，那么它为什么不在光照宇宙的同时创造它，而要等到各种影像产生之后？那么同样，关于宇宙——他们称之为"陌生之地"，认为这"陌生之地"是由高级权能生成的——的理性概念也不可能导致它的创造者下坠。那么如何解释受到光照的质料产生的是属灵魂的形像，而不是属形体的形像？灵魂的形像对黑暗或质料毫无用处，但是一旦形成了——如果它真的形成了——就与它的创造者相一致，并与创造者保持紧密联系。那么这形像是否是实体，或如他们说的，是否是"思想"？如果它是实体，那么与它的源头有什么区别？如果它是另一类灵魂，而那高级灵魂是理性灵魂，那么它可能就是生长灵魂，即生产原理了。如果这就是它的所是，那他们怎么还能主张它是为荣耀而创造的，它又怎么会出于傲慢和武断创造呢？① 事实上，这样的灵魂根本不可能通过想象甚至通过理性活动进行创造。这宇宙从质料和形像中产生，何必还要把它的创造主引入他们的体系呢？另一方面，如果形像是一种思想，那么首先他们必须解释用这个名称称呼它的出处在哪里；其次，如果不是灵魂本体赋予思想创造的力量，它又如何存在？事实上，这纯粹是一种虚构的幻想。除此之外，创造工作是如何进行的呢？他们说，这个首先出现，那个随后出现，然而他们的言论极其武断。为什么火是

---

① 诸如此类的思想是大多数诺斯底主义者共有的。参看伊里奈乌《反异端》I. 29(一个非瓦伦廷主义的体系) 和亚历山大的克莱门《杂记》（Clement of Alexandria, *Strom*）IV. 13, 80（瓦伦廷）。

首先出现的？

12. 当这思想刚刚生成的时候，它凭什么来担当创造之重任？凭对它所见之事的记忆吗？但是它原先根本不存在，更毋论看见，无论是它还是他们赐给它的母亲，都不可能有什么视域。那么令人奇怪的是，他们自己不是作为灵魂的形像而是作为真实的灵魂来到这个世界，但他们中却只有一两个人费尽九牛二虎之力才得以脱离这个世界，当这一两个人开始回忆时，也只能勉为其难地重现曾见之物；然而如他们所说，这形像即使模糊不清，也能在刚刚形成时就形成关于可理知实在的概念，不仅它自己，连它的母亲，质料中的形像，也能做到；不仅构想可理知的实在，形成可理知世界的观念，而且了解促使它生成的各种元素——这难道不是非常奇怪的理论吗？有什么可以解释它为什么首先造火？因为它认为火必须首先出现吗？为什么不是其他东西呢？如果说它想到火就能造出火，那么当它构想世界——因为它必然首先构想整体——时，为什么没有直接造出世界？因为各种构成元素应该都已经包括在这整体观念中了。事实上，它造世界，全是照着自然的方式，而不是照着技艺的方式，因为技艺在自然和世界之后。即使现在，构成世界各部分的事物根据自然原理生成时也不是按着这样的顺序：先是火，再是其他各个元素，最后把它们混合起来，相反，整个生命体的轮廓和全貌已经印刻在种子里面。那么在创造世界中，为什么包含土、火及其他元素的宇宙形式中却没有质料呢？也许他们会这样创造世界——他们不是自称拥有更加真实的灵魂吗？——而他们的创造主却不知道如何创造。然而，当天还不存在的时候就观察它的伟大，或者毋宁说观察它的实际大小，观察黄道的倾斜，天上所有星辰以及地球的环行，从而解释这一切缘何如此的原因，这绝不是一个形像所能做到的，只能是源自最高原理的某种权能所为。他们自己却不愿意承认这一点。其实只要考察一下他们的"光照黑暗"，就能迫使他们承认宇宙存在的真正原因。要不是出于普遍法则，灵魂为什么必须光照呢？灵魂光照要么出于灵魂的本性，要么违背本性。

如果符合本性，它必然始终光照；若是违背本性，那么在高级世界必有违背本性者的立足之地；恶必存在于这个世界之先，世界不必为恶负责，因为高级世界才是这个世界的恶的原因；恶并不是从这个世界到达灵魂，而是从灵魂到达这个世界。这样讨论下去必然要把这个宇宙的责任归结到第一原理。宇宙如此，质料也如此，因为根据这种理论，宇宙乃是由质料构成的。他们说，坠落的灵魂看见并光照那已经存在的黑暗。那么黑暗来自何处？如果他们说这是灵魂下坠时产生的，那么显然灵魂事先无处可以坠落，坠落不是由于黑暗，而是出于灵魂的本性。而这就等同于把责任归于先在的必然性，于是，责任又追溯到了第一原理。

13. 指责宇宙本性的人不知道自己在做什么，不明白这种鲁莽的指责会导致什么后果。这是因为诺斯底主义不知道有第一、第二、第三直至末级这样前后相继的有序等级，第一者之后的事物都不应受到指责。我们应该平静而温和地接受万物的本性，并敦促自己尽快走向第一者，不再沉溺于他们所描绘的宇宙恐怖剧，① 事实上，宇宙为他们"创造了甜美而可爱的万物"。② 星辰中究竟有什么可怕的东西，他们可以拿来吓唬那些缺乏推论能力，从未听说过有教养的、和谐的"灵智"的人？即使它们的形体是火一样的，也没有必要恐惧，因为它们与大全和地球都保持一定的比例关系；我们应当考虑的是它们的灵魂，因为诺斯底主义的名誉正是基于这些灵魂。但是它们的形体同样具有惊人的体积和美，是一切照着本性产生的事物的伙伴和合作者，而且只要第一原理存在，它们就不可能不存在。它们对大全的完满举足轻重，是大全的主要组成部分。如果说人在生命物中享有一定的荣耀，那么这些事物的地位要高得

---

① 对诺斯底主义来说，宇宙的各个部分及其统治者（Archons）是灵魂在走向自己真正家园的旅程中必须经过的可怕障碍。要完全这一旅程，必须知道对付各个统治者的正确公式。参看奥利金《驳凯尔苏斯》（Origen, *Against Celsus*）VI.31 里的奥菲斯（Ophite）咒语，以及查德维克（Chadwick）的注释。

② 对品达（Pindar）*Olympians* I. 48 的回忆。

多，因为它们在大全里不是实施专制统治，而是提供美和秩序。至于那些据说是因它们的影响而发生的事，我们应该认为，它们确实对将要发生之事提供了预兆，但是各种不同事物的真正产生要归于偶然性——每个个体事物不可能都有同样的命运——归于不同的产生原因，迥异的时空，以及灵魂的禀性。① 同样，我们不能要求所有人都是良善的，也不能动辄指责这个或者那个，要求这个世界与高级世界毫无二致，因为这是不可能的。另外，如果认为恶不只是智慧的缺乏、良善的减少和持续减少，而是另外的东西，就如同说，生长原理是恶的，因为它不是感知觉，感觉原理是恶的，因为它不是理性，这显然不对。否则，他们就不得不承认高级世界里也有恶，因为在那儿，灵魂低劣于理智，理智又低劣于另外的东西。②

14. 然而，他们自己却首先以另外的方式玷污高级权能那不可亵渎的纯粹性。因为他们写出咒语似的颂歌，想把它们呈给那些权能，不仅给灵魂，而且给灵魂之上的那些权能，他们这样做难道不是叫权能听从咒语，服从于念咒施法的人吗？我们中任何一个人，只要受过专门训练，能以适当的方式，比如歌声、喊叫声、呼吸声、嘶声以及其他任何按他们的说法具有上界之魔力的东西准确预言适当的事，都能引导那些权能，他们是不是想要这样说呢？就算他们并不想说这样的话，无论如何，无形的存在者怎么会受这些声音影响？他们凭借这种论述诚然使自己的话涂上了威严的表象，却没有意识到剥夺了高级权能的威严。他们还说自己能完全不生病，如果他们指的是他们靠节制和有规律的生活做到这一点，那么他们说的很对，就像哲学家一样。然而事实上，他们认为疾病

---

① 普罗提诺对星体的迹象和星体的影响的详尽描述见《九章集》II. 3，特别是第7—8节和第10—15节。

② 普罗提诺本人有时确实几近说出这样的意思：从至高者坠落的过程就是一种恶。参看《九章集》III. 8. 8. 35-6（从太一到理智的过程）和 III. 7. 11. 15 以下（从理智到灵魂的过程）。但是这种宇宙悲观主义并非他惯常的思想。

就是恶灵，然后宣称他们能够用他们的咒语把疾病赶走。他们凭借这种宣称也许能在那些对魔术师的力量感到好奇的大众心中留下深刻印象，但不可能让明智的人相信疾病不是源于过度紧张、暴饮暴食、营养不良造成精力衰退，总而言之，源于一切外部或内部的种种变化。各种治病的方法也充分说明了这一点。加速肠胃运动或服下一帖药，（消化方面的）病情就会缓解并且消失。放血也能治病，节食也是药材。恶灵能饥饿？药物能使它日益衰弱吗？它或者迅速逃走，或者留在体内。如果它继续留在体内，那么疾病怎么可能消失呢？如果它退出体内，它又是怎样退出的？它发生了什么事？它可能被疾病吞噬了，若果真如此，那疾病与恶灵应是不同的东西。同样，如果疾病侵入人体而没有任何病因，那么人为什么不是永远生病？如果有原因，那么又何需恶灵来制造疾病？因为病因本身已足以导致发烧。有人设想，恶灵随时准备伺机而动，一旦病因出现，它就立即占据自己的位置援助它，这种想法实在可笑。至于他们怎样阐述，为何这样阐述，则显而易见。正因为如此，我们又提到了这些恶灵。其余的他说请你们自己去读他们的作品加以考察。你们要充分注意我们所追求的那种哲学，它除了诸多优点之外，还有纯朴、坦诚的特点，它的思路清晰而不混乱，它的风格庄重而不傲慢，它既充满自信和勇气，又富有理性，十分谨慎，小心翼翼。你们要把这种哲学看作一种标准，用以衡量其他学说。而诺斯底主义体系完全是基于彼此对立的原理构建起来的。我不想再多说什么，他们不值得我们进一步探讨，这就足够了。

15. 但是有一个问题我们必须特别加以注意，不能忽视，那就是：这些论述对那些听信他们以至鄙视这个世界和它里面的一切存在者的人会产生什么影响。关于生活目标的追求有两种思想流派，一种提出身体的快乐是目标，另一种选择高贵和德性作为目标，这一派的人认为欲望依靠神并归于神（必须另外研究）。伊壁鸠鲁否弃神意，倡导快乐及享受快乐，这就是一切。但是（本文讨论的）这种理论则更加粗暴地指责神意的主和神意本身，鄙视这个世界的一切法律和迄今一直盛行的美德，把人们的自制看作某种可笑的东西，认为在下界不可能看到任何高贵的事物存在。他们摒弃自制，摒弃人的禀性中与生俱来并经理性锻造的正义感，以及一切能使人变得高贵良善的东西。① 于是，剩下的只有快乐，而且这种快乐只与他们自己有关，他人无法分享，因此不过是他们的各种需要而已，除非其中有种需要在本性上优越于他们的这些教义。对他们来说，地上没有任何有意义的东西，有意义的是另外的东西，就是他们将来某一天要追求的东西。然而，那些已经获得"灵智"②的人应该现在就从这个世界开始追求他们的目标，并在追求中首先确立他们在这个世界的正确行为，因为他们乃是出于某个神圣本性，这本性知道高贵，鄙视身体的快乐。而那些不分有德性的人，就根本不可能走向那更高的世界。但事实上，他们从来没有专文谈论过美德，完全没有涉及这类主题，这也表明他们对美德的漠视。他们既没有告诉我们德性是什么样的事物，包含多少内容，更没有像古人那样专门对这一话题作许多高贵的研究，没有讲德性源于何处，怎样才能获得，也没有说怎样照料灵魂，怎样使它得清净。光说"朝神看"却不同时说明如何看，那是完全没有用的。因为有人会说，"我可以既朝神看，同时不牺牲快乐，或者依然放纵我的情绪；可以既念叨神的名字，同时受制于各种激情，不试图摆脱任何一种激情。谁能阻止我这样做呢？"事实上，正是德性先于我们走向目标。当它与智慧一起进入灵魂住在里面之后，便昭示出神。但是如果没有真正的美德，只是一味地谈论神，神便只是一个名称而已。

---

① 诺斯底主义的反对者指控他们没有道德，关于这一指控究竟在多大程度上是合理的，可见 *Entretiens Hardt* V, 页 186—189 的讨论。

② 我采用 Harder 和 Cilento 的译法，把"εγνωκοτας"译成"gnosis"。因为很显然，普罗提诺这里指的是诺斯底主义自称拥有的独特的"灵智"，这不是通常的知识，而是具有救赎能力的特殊的隐秘知识。

16. 同样，鄙视宇宙和它里面的诸神，以及其他高贵的事物，肯定不会成为善的。在以前的世代也如此，每个恶人都有鄙视诸神的倾向，即使他原先并没有完全变恶，但是只要他鄙视诸神，仅凭这一点就成了恶人，尽管他在其他方面并不是恶的。另外，这些人所谓的对可理知诸神的尊敬只是毫无感情的尊敬。因为人们总会爱屋及乌，对与自己爱的对象密切相关的一切事物都会友好对待，就如我们既爱父亲，就不会对他的孩子冷漠无情。而每个灵魂都是那位父（That Father）的孩子。这些天体也有灵魂，并且是有理智的良善灵魂。与我们的灵魂相比，它们与高级世界里的存在者的关系要亲密得多。这个世界如果割断与那个世界的关系，它怎能存在，它里面的诸神怎能存在？这一点我们前面已有讨论，现在我们要指出的是，因为他们鄙视那些高级实在的同类，所以他们也不知道高级存在者本身，他们只是佯装知道地谈论着。我们还要指出，既然否认神意延至这个世界，遍及世界中的万事万物，那么还有什么敬虔可言？他们一方面这样否定神意，另一方面却宣称神确实按神意惠顾他们，并且独独惠顾他们，这难道不是自相矛盾的吗？那么神是当他们还在高级世界时才独独眷顾他们，还是当他们进入了这个世界之后，照样眷顾他们？如果当他们还在上界时，神眷顾过他们，那么他们怎么会来到这个世界？如果当他们在下界时，神眷顾他们，那么他们怎么还留在地上呢？再者，神怎么可能不在这里呢？不然他从何处得知他们在这里呢？他怎么知道他们在这个世界时并未忘记他而成为恶的？如果他知道那些没有变为恶的人，他也必然知道那些已经变为恶的人，这样才能善恶分明。因此，他必然出现在一切之中，必然存在于这个世界，不管以什么方式存在。所以，这个世界必分有他。如果他不在这个世界，他也不会向你们显现，那样，你们就不可能谈论他或者在他之后产生的存在者。不管你们说神意是从高级世界临到你们身上，还是你们喜欢的另外说法。无论如何，这个宇宙都拥有来自那个世界的神佑，它从未被遗弃，也永远不会被遗弃。因为整体获得的神意眷顾要比部分的多得多，因此普遍灵魂也比个体灵魂更多地分有神。它的存在以及它的理智活动的存在充分说明了这一点。那些愚蠢而傲慢地鄙视它的人，哪一个有大全那样的井然秩序和智慧心灵？这种比较是可笑的，完全不恰当。若不是为了讨论之便，难免有不敬之嫌。就是提出这一点也不是有理智的人所为，而是出于无知的人，这样的人完全没有感知觉或理智活动，连这个世界也看不见，更不要说看见那个可理知的世界了。试想，一个音乐家如果能看见可理知世界的旋律，当他听到感觉世界的旋律时怎么可能不为所动呢？一个精通几何、数学的人如果看到和谐的关系、适当的比例和完美的秩序，怎能不感到欣喜万分呢？即使拿图画来说，肉眼观看艺术作品的人虽然不可能以同样的方式看到同样的东西，但是一旦他们认出这是对某个在他们心目中举足轻重的人的模仿，就会感到某种震憾，从而逐渐拾起关于真理的回忆。炽热的爱正是从这样的经历中产生的。如果有人看到完美地呈现在脸上的美，就被带到那个高级世界。① 当他又看到感觉世界的各种美，完善的比例、完美的秩序、遥远的星辰呈现出来的壮观，他怎能混混沌沌，无动于衷？怎能不满怀敬意地寻思，"多么奇妙啊，它们源何而来呢？"否则，他就既没有理解这个世界，也没有看见那个高级世界。

17. 即使他们产生憎恶形体的念头，是因为他们听到柏拉图老在指责形体如此这般地妨碍灵魂的进程，② 又说一切形体性都是低劣的，他们也应该在自己的思想中脱去这种形体性，从而看见那留存下来的东西。那是一个包含着宇宙形式的可理知领域，没有形体的灵魂在自己的等级中尽显光彩，并按照可理知的范型引导前进的方向。这样，一切生成物才可能尽自己的能力，凭自己的光彩平等地分有原型的整体性。在可理知世界，大是指能力，而在下界，是指体积。无论他们是希望把这个领

---

① 参看柏拉图《斐德若篇》251A 2-3。
② 即《斐多篇》66B。

域（大全灵魂）看作在神的权能指引下运作——神掌握着它的全部力量的开端、中间和终结——还是认为它是静止的，因为它并未指向他物，无论哪种理解都可以得出对引导这个宇宙的灵魂的一定认识。即使他们已经把形体放入灵魂，也应该这样思考宇宙。灵魂不会受形体影响，相反，它会赋予形体另外的东西（因为诸神之间不可能有嫉恨），[①] 使它拥有任何事物都可以获得的东西。他们应当承认宇宙灵魂具有那样的力量，能够使形体性——尽管它本身不美——最大可能地分有美，从而成为美的；正是这种美推动像神一样的灵魂（向形体运动）。或许他们会说，他们并未因此感动，也不会以任何不同的方式看美的形体或丑的形体。如果真如此，他们也不会以不同的方式看美的生活方式或丑的生活方式，或美的研究主题，[②] 那么他们没有任何凝思，因此也没有神。这个世界的美是因为原初的美而存在；如果下界的这些美不存在，那么上界的那些美也不会存在，所以这些美是按各自的顺序效仿那些美才是美的。他们说他们鄙视这里的美，如果他们指的是少年和妇人身上的美，他们鄙视它是为了避免被它迷住，以至堕落到邪恶的地步，那么他们做得合情合理。但是我们应当注意，如果他们鄙视的是某种丑陋的东西，他们就不会如此装腔作势了。他们之所以自鸣得意，是因为他们一开始就把某种东西称为美，然后鄙视它。那是一种怎样的处理方法？另外，我们也必须注意，部分事物中的美与整体事物中的美，个体事物中的美与大全中的美是不一样的。在可感知的事物和部分性的事物中存在着如此多的美（比如诸灵的美），使我们不得不敬仰它们的创造者，相信它们来自更高的世界，并从它们可以看出，上界的美必无比壮观。[③] 我们不能迷恋于这些美，要

---

① 参照柏拉图《斐德若篇》247A7,《蒂迈欧篇》29E1-2。
② 参看柏拉图《会饮篇》211C4-8。
③ 普罗提诺可能想到了柏拉图《理想国》VI. 509A6，而不是《会饮篇》218E2,《会饮篇》此节谈到阿尔基比亚德在苏格拉底身上看到的美，从上下文看比《理想国》里的用法更带玩笑性质。

超越它们走向更高世界的美，但是对下界的这些美不得有一点侮辱；如果它们的里面部分是美的，那么我们承认它们内外一致；如果它们的里面部分是恶的，那么它们就缺乏美善部分。或许外表非常美的东西不大可能内心非常丑，因为如果事物的外部确实是美的，它必是出于内在的美。那些所谓的美人，内心却是丑的，徒有美的外表，不是真美。如果有人说他看到过内心丑陋外表却真美的人，那么我想他并未真正看清他们，只是认为美的人不是这个样子而已。如果他真的看见了美的人，就会知道他们的丑只是表面的东西，凡本性上美的人都没有真正的丑。我们这个世界有许多东西妨碍人们到达完全，但是有什么东西能阻止美的大全实现它的内在完美呢？天生本性就不完全的存在者很有可能无法到达完全阶段，所以对它们来说，甚至有可能变恶，但是对大全来说绝不可能像孩子那样不成熟，也没有任何附加的东西，它的形体无须添加什么。不然，这些增加物能从哪里来呢？宇宙包括了一切东西。我们也不能设想给它的灵魂有什么增加。但是，即使承认可能有某种增加，这增加的也不可能是坏的东西。

18. 也许他们会坚持说，他们的那些论证使人逃离形体，因为他们如此憎恶它，而我们的观点支持灵魂坠入形体。这就好比两个人住在同一所漂亮房子里，一个辱骂房子的结构和建造者，但仍然住在里面，另一个毫无怨言，只说建筑师建造房子用了最大的才能，并且耐心期待时机，等到他不再需要房子的时候，他就要离它而去。第一个人很可能会认为自己更聪明，更乐于离去，因为他知道怎样不断地念叨墙壁是无灵的石头和木材建的，远远低劣于真正的居所，却不知道他只是因不能承受必须承受的东西而引人注目——除非他承认，尽管他内心里深爱石头的美，却仍然牢骚满腹。当我们还拥有身体的时候，就必须住在我们的房子里，这房子是一个好姐妹灵魂为我们建造的，它有大能，工作起来不费吹灰之力。或者诺斯底主义者宁愿称最卑傲的人为兄弟，却用他们

"语无伦次的话"①拒绝称天上的太阳和诸神为兄弟,称宇宙灵魂为姐妹?兄弟姐妹这种亲密关系不应包括恶人,只能包括那些已经变为善的人,他们不是形体,而是形体里面的灵魂,住在形体里面却能非常靠近宇宙形体里大全灵魂的居所。这意味着与外界向我们席卷而来的各种快乐或景象②没有任何冲突,也不屈服于它们;任何困苦也不能扰乱他们的思想。宇宙灵魂静如止水,没有任何东西能使它不安。而我们虽然还在这个世界,却可以凭借美德抗拒命运的打击,有些打击可以凭借理智的伟大减轻其影响力;有些甚至可以凭借我们的力量叫它们对我们毫发未损。当我们接近完全没有烦恼的平静状态,我们就能效仿宇宙和星辰的灵魂,当我们变得与它们非常相像,我们就与它们追求同样的目标,拥有同样的凝思对象;我们已经为这种凝思状态作好充分准备——起初出于本性,后来通过训练(但是它们的凝思是一开始就有的)。即使诺斯底主义者说只有他们才能凝思,这并不能使他们更接近凝思状态;尽管他们自称死后能够脱离宇宙,而星辰不能,因为它们永远装点着天空,但这也不能使他们拥有更多的凝思。他们这样说完全是因为不知道"在外面"究竟是什么意思,不知道"普遍灵魂"是如何"观照一切没灵魂的东西"的。③因此,我们可以漠视形体,过纯粹的生活,可以鄙视死亡,我们知道什么是好的,对它孜孜以求,同时不会对其他能够并确实始终追求善的人表示反感,似乎他们没有这样做;也不会像有些人那样,仅仅因为星辰看上去是静止的就以为它们静止不动,这只是幻觉而已。同样,诺斯底主义者还认为,星辰的本性不能看见物质宇宙之外的东西,因为他们不明白它们的灵魂是从宇宙外部而来的。

---

① 此语出自赫拉克利特对西比尔(Sibyl)预言的描述(Diels, 22B92),本意似乎是赞美性的。而普罗提诺一如既往地对所引短语的上下文毫不在意——即使知道原文语境也如此。
② 参看柏拉图《蒂迈欧篇》43B7-C1。
③ 柏拉图《斐德若篇》246B6。

| 第 三 卷 |

1. 论命运

1. 一切生成之物，一切真正存在的事物，或者都有一个之所以如此生成（作为生成之物）、之所以如此存在（作为真正存在）的原因，或者没有任何原因；①或者在这两类事物中，有些有原因，有些没有原因；或者凡是生成的事物都有原因，但是就真正存在的事物来说，有的有原因，有的没有原因；或者真正存在的事物都没有原因；或者反过来，一切真正存在的事物都有原因，而一切生成的事物有的有原因，有的没有原因，或者全都没有原因。我们知道，就永恒的实在来说，不可能把它们中的首要者归于另外的事物，把另外的事物当作它们存在的原因，因为它们本身就是首要者。而且，我们必须承认，一切依赖于首要实在的事物都从它们获得各自的是（being）。为了解释每一个实在的活动，我们应当追溯到它们的本质，因为这本质就是它们的是（being），是某种特定活动的产物。至于生成的事物，或者永远真正存在但并非始终以同样的方式活动的事物，我们得说，其生成总是有一定原因的。

---

① 对《蒂迈欧篇》28A4-5 的有趣改编和扩展。柏拉图只说一切生成物必然都有原因。普罗提诺还考虑到永恒的实在，在他看来，就是理智中的形式也是有原因的，这原因就是太一。

凡没有原因的，就不可能得到认可；我们绝不能让虚空的"倾斜"①有立足之地，也不能承认物体没有任何前因就可以突然发生运动，不能承认灵魂可以在没有任何动力推动之下产生毫无意义的冲动，去做它以前不曾做过的事。由于缺乏动力，灵魂就会受到更大的强迫，无法再做自己的主人，只能受制于这种非意愿的且毫无原因的运动。须知，推动灵魂运动的，或者是它所意愿的事物——可以在它内部，也可以在它外部——或者是它所向往的事物。如果让根本不能吸引它的事物来推它，它就根本不可能被感动。如果万事万物的产生都有一定的原因，那么很容易找到原因，因为它总是与每个事物紧密相联，总是可以在事物后面找到它。比如，你为何要去市场，其原因在于你想到那儿去看一个人，或者要去收债。②一般而言，选择这个或那个，或者追求这个或那个，其原因就在于这个或那个事物在某个相关的人看来是好的，值得选择和追求。有些事物的原因应当归于各种各样的技艺，比如恢复健康的原因在于医术和医生。变富的原因是找到了一批财宝，接受了一笔赠款，或者通过劳动和技能赚了一笔钱。孩子的原因是父亲，此外，某些出于各种源头的外在因素可能也会对怀胎生子产生影响，比如某种特定的饮食，夫妻的血缘关系比较疏远，或者妻子的生育能力旺盛，等等。总而言之，生儿育女的原因可以追溯到大自然。

2. 找到了这些原因之后，如果我们就此止步，不想再深入，那我们就是懒汉。懒汉压根不会去留意有些人已经追溯到了最初的超验原因。试想，在同样的条件下，比如同样是在皓月当空的时候，为何有的人偷盗，有的人安分？即便是来自环境的影响完全相同，为何有的人因从事这种活动致富，有的人从事同样的活动却反而变穷？不同的行为方式，不同的性格特征，不同的运气，这些东西都要求我们进一步去寻找更深的原

---

① 指伊壁鸠鲁著名的原子自发地"倾斜"或"弯曲"的理论。
② 参亚里士多德《物理学》II. 5. 196B 33-34.

因。哲学家正是这样的人，他们从来不会因为找到了近因或直接原因就止步不前。有些哲学家提出形体的原理比如原子，认为它们不仅决定个体事物的存在方式，每个事物的存在也依赖于它们的运动，它们的彼此撞击和联结，它们结合、作用和反作用的方式；他们说，就是我们自己的冲动和倾向也由原子决定；于是他们就把这种源于原子的冲动引入实在。如果有人提出另外的形体作为原理，并说凡生成物都从它们来，那么他就是使实在受制于源于那些原理的冲动。还有些哲学家追溯到宇宙的原理，认为它是万物之源，说它是渗透于万事万物的原因，不仅是推动万物的原因，还是创造每个个体的原因；他们把它视为命运，最高的支配之因，它本身就是万物；他们说，不仅其他生成之物，而且我们自己的思想都来自它的运动，因为生命物的各部分不是由自己推动，而是由每个生命物内部的支配原理驱动。还有的宣称，每个事物都由宇宙的环行产生，因为这种环行包含一切，并在运动中根据各个行星与恒星的相对位置和相互特性，以及它们所显示的预兆创造出万物。同样可以说，如果有人论到各种原因的相互交织，从天上降下的因果链条，论到结果总是跟在原因之后，总要追溯到前面的原因，因为结果由原因形成，如果没有前面的原因，就不可能有后面的结果，又说后面的结果总是受制于前面的原因，那么显然，他是以另外的方式引入命运。如果有人把这些哲学家分成两类，他一定不会错。因为显然，这些哲学家中有些认为万事万物都依赖于某种单一原理，而另外一些则不这么认为。对此我们要在后面讨论。① 现在我们必须讨论最先提到的观点，然后按照顺序一一思考其他人的观点。

3. 把宇宙交给形体，不管称之为原子，还是称之为元素，并且从它所引发的杂乱无章的运动中产生出秩序、理性以及支配灵魂，这种观点显然无比荒谬，无论是原子论还是元素论都是不可能的。但是，

---

① 第7节。

相比较而言，原子的创造——如果可以这么说的话——更不可能。关于这些原子已经提出过许多正确的论述。但即使有人确实提出了这一类原理，它们也并非必然包含普遍冲动或者另一种命运。我们不妨先承认原子是存在的。然后，它们被推动，有些向下运动——我们不妨假设真的有一种"向下运动"——有的向边上运动，似乎是随机的，还有的以另外的方式运动。一切都显得很乱，其实根本就没有秩序——然而，事实上，我们这个生成的世界一旦生成之后却完全井然有序。但是 [根据原子论]，不可能有任何预示或先见，也没有什么出自技艺的东西——试想，怎么可能有一种技艺处理毫无秩序的事物呢？——也没有源自占卜迷狂（divine possession）和神灵感应（inspiration）[①] 的事物，因为将来之事必然都是已经决定了的。当原子击打身体时，不论原子可能带来什么，身体都要被迫承受；那么对于灵魂所做的和所经历的事，我们能归于原子的什么运动呢？无论原子怎样撞击，是向下运动还是从其他方向撞击灵魂，能使灵魂介入某种特定的推论或冲动，或者任何一种必然或非必然的推论、冲动和运动吗？灵魂何时抗拒身体的情感？什么样的原子运动能使一个人成为几何学家，使另一个人研究数学和占星学，还有使一个人成为哲学家？如果我们任由原子带着我们走，我们人的活动，以及我们作为生命物的本性，都将荡然无存，因为它们推着我们就像推着无生命的物体一样。至于那些提出别的物体作为万物之因的人，我们也可以用同样的话反驳。他们还说，这些物体可以使我们变热和变冷，甚至摧毁我们身上较弱的部分。但是，灵魂的所有活动中没有哪一种活动可能源于它们，灵魂的活动必然源自别的原理。

4. 那么，是否有一个灵魂渗透宇宙，成就万物，推动每个个体，

[①] 对这两种预言的区分出自对这两种预言的区分出自《斐德若篇》244C。

使它们作为部分在整体里,受其引导?① 我们是否因为随后的原因从那个源头发出进入行动,就必须把它们连续不断的有序交织称为"命运"?比如说,既然植物在其根部有原理,这种原理从根部伸展到植物的各部位,那么我们是不是必须把这种趋势,把它们的相互联系,作用和反作用称为一个单一的指示,并且称之为植物的命运?然而事实上,这种对必然和命运的过分理解反倒取消了命运、因果链条以及它们的相互联系。正如就我们自己的各部分来说,当它们被我们的支配原理②推动时,若说它们是被命运推动的,这显然不合理性——因为事实上并不是传递运动的是这个,接受运动并从中获得其动力的是另一个,支配原理本身就是直接推动腿走路的力量——在宇宙大全里也同样如此。如果行动者和受动者是同一个事物,如果一物并非另一物产生,这种总是追溯到他物的因果关系并不存在,那么当然就不能说万事万物都是根据原因产生的,一切都将归于一。否则,根据这样的假设,我们就不是我们自己的主人,没有自身的活动,也没有自己的思想。我们不作理性推论,我们深思熟虑之后作出的决定是我们之外的某种东西推导出来的。我们也不行动,最多不过像脚那样踢踢东西,而我们踢的是我们自己的各个部位。但是说实话,每个个体必然就是一个独立的事物,我们必然有属于我们自己的行动和思想。每个人的恶行和善行只能出自他自己,至少我们绝不可

---

① 这部分(第4—7节)针对宿命论的论述与 Calcidius 注释《蒂迈欧篇》时关于命运的长篇讨论(第 142—190 节)有很多相同之处,而后者,Waszink 提出非常充分的理由证明基本上出自努梅尼乌斯(参 Waszink 版序)。所以普罗提诺的这段论述很可能直接源于努梅尼乌斯。因为通篇构想的对手是斯多亚主义者,所以这一节不太可能是非斯多亚主义的,第 5、6 两节批判的占星学决定论的哲学背景也是斯多亚主义。但是奇怪的是,在这里,普罗提诺如此清晰地区分了那些认为万物由世界灵魂决定的人和那些主张万物由普遍的因果链条决定的人(2. 15-26, 31-36; 7. 5-6)。有一个柏拉图主义的观点把命运看作一种实体性的实在等同于世界灵魂(Plutarch, *De Fato* 568e; Calcidius *In Tim.*, ch. 144, p. 182, 16 Waszink)。一些持有这一观点的柏拉图主义者(但努梅尼乌斯不是)可能接受了斯多亚主义式的决定论,普罗提诺这里的论述正是驳斥他们的(参 Brehier 关于这篇论文的前言)。

② Stephen MacKenna & B.S.Page 译本称"支配原理"为"心灵和意志"。——中译者注

把恶行的存在归咎于大全。

5. 当然，特定的事物可能并不是这样产生的，而是由天体环行决定的。天体环行引导着万物以及行星的运行，根据行星在各自星位中的相对位置、升落以及会合安排万事万物。比如根据行星的预兆，人们可以预言大全里会发生什么，每个人要遭遇什么，他将会有怎样的命运，尤其是会有怎样的想法。这些就是证明。他们还说，我们可以看到，地上的动物和植物都在行星通感力的作用下生长和消亡，以各自的方式受其影响；地上的区域根据其相对于大全，尤其是相对于太阳的位置而各不相同；不仅动植物与各区域相对应，而且人类的形态、高矮、肤色、脾气、欲望、生活方式和性格特点，也与区域相对应。因此，宇宙环行统治着万事万物。为回应这种观点，我们必须指出，首先，持这种观点的人不过是以另一种方式把属于我们的各种出于意志的行为、情感、邪恶和冲动，统统归于那些原理，没有给我们留下任何东西，好像我们只是等着外力来推动的石头，而不是有属于自己的事可做，出于自己的本性去做的人。但是，你得把属于我们自己的还给我们（当然这就必须知道什么是属于我们的，什么是我们人所特有的，什么是从大全获得的），必须区分什么是我们按自己的意志行的事，什么是必然性迫使我们做的事，而不能把一切都归于那些原理。有些事肯定是出于一定的空间和周围环境，比如我们的性情是热是冷，但有些事源于我们的父母。无论如何，我们的外表和灵魂的一些非理性情绪一般都像自己的父母。然而，即使两人的外表相像，环境相似，仍然可以看到他们性格和思想的巨大差异，因此这类事可能是出于另一种原理。这里完全可以提到我们控制脾气和抵制欲望的能力。如果因为他们看星象能说出某人遭遇了什么事，因此他们就推导说这就证明所发生的事是由星辰引起的，那么同样，鸟类也可以是它们所预示之事的原因，占卜者预言时所看的任何东西都可以成为原因。另外，我们还可以从以下材料更清晰地考察这些问题。有人在某个孩子出生时看着星象，不论他预言了什么，按他们的说法，孩子出生这种事都由星辰引起，星辰不仅指示要发生的事，同时还导致事情的发生。但是，当他们谈到人的高贵出生，也就是说其父母都是显赫名流时，我们知道，父母的状况在预言所依据的星象形成之前就已经存在，那么星辰怎么可能是这种出生的原因呢？他们还根据孩子的出生情况来预言父母的时运，根据父母的出生谈论还未出生的孩子将来会有什么禀性，会撞上什么运气，根据一个兄弟的命数预言其他兄弟的死期，从妻子的星象预言丈夫的忧虑，反之亦然，从丈夫的星象也可以预言妻子的忧虑。那么，个人的星象为何能根据父母的星图引起上面所述的情形呢？要么先前那些星象学上的环境是原因，要么不是；如果这些不是原因，那么人出生时的那些环境也不是。再者，人与父母外貌相像表明人的美丑源于家庭，而不是出于星辰的运动。设想各种生命物和人类都是一起出生的也并没有什么不合理之处。并且既然他们都有同样的星象，也当都有同样的命运。那么，人类和其他生命造物是如何同时在星辰的安排下诞生的呢？

6. 事实上，所有个体事物都根据各自本性生成，生而为马是因为它生于马，生而为人是因为他生于人，生而为某种特定的类就是因为它生于这种特定的类。无可否认，宇宙环行是协力者（把主角让位给父母）。无可否认，星辰对身体的构成有很大作用，影响身体的冷热以及随后的特性。但是，星辰如何造出人的性格和生活方式，尤其是那些并非显然是由身体特性决定的东西——比如成为文学家、几何学家、掷骰子者，并在这些领域开拓创新者？星辰既然是诸神，又怎么能造出恶人呢？广而言之，它们怎么能降下种种罪恶呢？据说它们因为下落并落到地的下面，于是就陷入恶的状态，从而产生了恶。这样说来，似乎从我们的角度看它们下落了就发生了什么非同寻常的事，难道它们并不总是在天上运行，并不总是与地球保持同样的相对位置吗？我们绝不可以说，当某个神[①]看到这个位置的另一神就会变好，看见那个位置的另一神则

---

① Stephen MacKenna & B.S.Page 译本为"神圣星辰"。——中译者注

要变坏，因此，当它们处在好的状态时对我们有利，相反就对我们有害。我们更应当说，星辰的运动是为了保全宇宙，此外它们还附带发挥另一种作用，即那些知道怎样解读这类作品的人，观察它们就像阅读文字一样，能从它们的图像预测将来，通过系统的分析找出所预示的意义——比如，有人说当鸟高高飞翔的时候，就预示着某种高尚的英雄行为。

7. 接下来我们还要看一下这种原理论，即认为原理使万事万物相互交织，并且可以说，像链条一样连结起来，使每个事物成为各自的样子；这种理论还认为这个原理是一，万物都借着形成原理从它产生。这种观点与另一种说法非常相近，即所有状态和运动，包括我们自己的和其他存在物的，都源于宇宙灵魂，尽管这种说法确实允许我们甚至每个人都有一定的空间作自己的活动。这个原理当然包含绝对的普遍必然性，而当所有的原因都包括在内的时候，每个事物就不可能不产生，因为没有任何因素阻止它产生，或者使它以另外的方式产生，因为所有的原因都包括在命运里面。如果它们就是这样起始于一个单一原理，那么我们就根本没有属于自己的东西，唯有去做它们迫使我们做的事。我们的心理图象要依赖于先在的环境，而我们的冲动要跟从我们的心理图象，于是，所谓的"我们所能支配的东西"就是一句空话。如果冲动是根据那些先在的原因产生的，那么正是因为我们是有冲动的人，因此我们将不复存在。我们的地位与动物和婴儿无异，唯有盲目的冲动，也跟疯子差不多，因为他们也有冲动——没错，根据宙斯，火也有冲动，任何受制于自己的结构并据此活动的东西都有冲动。任何人都明白这一点，因此不会去争辩。但是关于我们的这种冲动，他们要寻找其他原因，而不会止步于这种普遍原理。

8. 那么除了这些之外，我们还能想到什么其他原因，不仅能使一切事物都有原因，没有任何东西没有原因，也能保存因果关系和秩序，同时还允许我们有所作为，又不取消预言和先兆？可以肯定，灵魂就是

199

我们必须落实的另一个原理——不仅是大全的灵魂，还包括个体灵魂，它们与大全灵魂一起，绝非无足轻重。我们必须根据这一原理把万物组织起来，它本身不像其他事物那样是从种子生发而来的，而是激发活动的原因。当灵魂没有身体时，就处在对自己的绝对支配状态，完全自由，在自然宇宙的因果关系之外。但是当它进入身体之后，就再也不可能处于全面支配地位了，而成了与其他事物一起共同构成的秩序的一部分。当它进入这个中间状态之后，它周围的事物大部分都是由偶然性引导，于是就有一定的妥协，也就是说，它做有些事是出于周围这些事物的缘故，但有时也能支配它们，按自己的愿望引导它们。好的灵魂有力量支配更多的事物，坏的灵魂只能支配较少的事物。而完全屈从于身体脾性的灵魂，就不得不感受淫欲或忿怒，不是因贫困而自卑，就是因财富而自傲，或者因掌权而暴虐；而另一灵魂，就是本性良善的灵魂，就是在这些完全相同的环境里也能把持自己，不是让环境来改变自己，而是自己去改变环境，因此对有些事物它要改善它们，对有些则顺服它们，只要这种顺服没有任何坏处。

9. 因此，一切都必然由选择和机遇相互交织发生。此外还会有什么其他原因呢？当一切原因都包括在内时，事物的发生是完全必然的；如果宇宙环行中有什么因素发挥了作用，那也可以算作外在原因。因而，如果灵魂由外在的原因改变，产生一种盲目的冲动，由此做了什么事，那么无论是它的行为还是它的意向都不能称为自由。如果它偏离本己状态，不能完全控制或引导自己的冲动，此时也可以说它是不自由的。然而，如果它处于冲动之中，却仍有属于它自己的纯粹而宁静的理性作为指导，那么唯有这样的冲动才能说是由我们自己的力量支配的，是自由的；这就是我们自己的活动，不是出自另外什么地方，而是出自我们里面的纯粹的灵魂，出自一个引导和支配的首要原理，它不会因无知而犯错，也不会被强烈的情欲所控制，尽管情欲冲击它，四处围攻它，阻止我们主动发出我们自己的行为，迫使我们只能被动回应。

10. 总而言之，我们的观点认为，万物都有星辰的预示，万事都根据原因产生。但因果关系有两类。有些事情由灵魂产生，有些事物由灵魂周围的其他原因产生。就灵魂来说，它们所做的一切，如果是按照正当的理性做的，那么不论它们何时做，都是出于它们自己的活动；如果自己的意志受阻，其行为就是被动的，而不是主动的。这样说来，导致不明智行为的不是灵魂，而是其他原因。也许可以这样说，是灵魂根据命运作出了不明智行为，至少对那些认为命运是一种外部原因的人来说，这样说应该是正确的。但是，最好的行为出自我们自己，因为这是我们的本性使然，只要我们保持独立，（不受世俗污染。）良善而智慧的人行高尚的事是出于自己的意志。至于其他人也能行高尚的事，那是因为他们有一个考虑的时间，可以作出这样的选择；当他们确实在思考的时候，他们的思想不是源于别的地方，只是因为他们的思考没有受到外物的妨碍。

2. 一论神意

1. 把大全的是（being）和结构归于偶然性和意外是不合理的，没有理智或感知能力的人才会这么做。这一点甚至是不证自明的，何况许多证据都已经充分证明了这一点。但是，由于没有正确认识下界的所有这些个体事物是怎样生成和被造的，有些事物没有合乎正道地生成，于是就产生了有关普遍神意的难题（而且已经出现这种情况，一些人说根本不存在普遍神意，[1] 还有一些人则说宇宙是由恶的创造主创造的）。[2] 我们一着手讨论就应该首先考虑这个问题。至于个人的先见（或预见），就是在行动之前预测某事会发生或者不会发生（假如是不该做的

---

[1] 伊壁鸠鲁主义者，参照比如西塞罗（Cicero），De Natura Neorum I. 8. 18 & 20, 54-56。
[2] 诺斯底主义者：参照 II.9[33]，标题是坡菲利加的，见《生平》第 24 节第 29 行"驳那些说宇宙和它的创造主是恶的人"。

事），或者预见我们可能拥有或不拥有某物，我们暂不考虑。我们先要规定我们所说的普遍神意是指什么，然后把它与从它所生的事物联系起来。如果我们说宇宙原本不存在，一段时间之后才生成，那么我们就应在讨论中确定，大全中的神意就是我们所说的不完全（部分性）事物中的神意，是神对这个大全如何成为存在，以及事物如何尽可能成为善的预见和估计。然而，我们认定这宇宙是永恒的，它从未不存在过。① 所以我们以下的观点是正确而一致的：对大全的神意就是它符合理智的存在；理智在它之先，不是说时间上在先，而是因为宇宙从理智而来，理智本性上在先，是宇宙产生的原型和范型，宇宙是它的一个形像，根据它而存在，并在这个意义上它永恒地生成。理智和是（Being）的本性就是真实的最初宇宙，它与自身不分离，不因分割而有所损失，甚至它的各部分也是完全的，因为各个部分都未与整体分离，它的全部生命和全部理智都作为一个整体而生存和思想，使部分就是整体，所有部分都与它自身紧密相关，因为每一部分未与其他部分分离，没有成为纯粹的他者并与其余部分疏远，因此，即使是相互对立的部分也没有相互伤害。它在任何地方都是一，在任何方面都是整体，它始终静如止水，不知道任何变动，因为它没有一物遵照另一物行事这种创造活动。它既然毫无缺乏，为何还要创造？一个理性原理为何要造出另一个理性原理，或者一理智为何要造出另一理智？能够靠自身造出某物，这是并未完全处于良善状态而是朝向低处运动的事物才有的特点。对完全有福的存在者来说，只要安静地守在自身里并如其所是，便已满足；对它里面那些激烈地从自身中挣脱出来的事物来说，永无休止的活动是危险的。而那真正的大全是如此有福，没有创造活动却完成了伟业，始终持守在自身之中却创造了绝不微小的事物。

2. 那真宇宙是一，这个宇宙从它生成，进入存在，但不是真正的一。

---

① 普罗提诺经常抨击神先设计宇宙然后造出它的观念，他认为宇宙是永恒的，不是神思考选择的结果，而是创造权能自发涌出的，无始亦无终。关于他为何拒斥神的计划以及随后的创造，有一个特别著名的解释，可参看《九章集》V. 8 [31] 7.

它是多，被分成了复多性，每一部分都与其他部分相离相异，因为这种分离，彼此之间不仅有友谊，而且有敌意，由于它们的匮乏，各部分之间必然相互争斗。因为部分不是自足的，要得到保存，必然与其他部分争斗。这个宇宙已经生成，但不是因为某种推论过程的结果是它应当存在，所以就存在了，而是因为必须要有一个第二本性，所以它就生成了。那真大全不是一种终极实在，它原是第一者，拥有大量权能，事实上拥有整个权能；这种权能就是没有寻求生产而生产了别的事物的能力。如果它去寻求，那说明它自身并不拥有，它不拥有的东西也不会有它自身的实体；它就会像一个工匠，自身并没有制造事物的能力，这种能力是后天获得的，是从学习中获得的。因此，理智把自己的某种东西赋予质料，使万物相安无事；这种属于它自身的东西就是从理智流溢出来的理性形成原理。因为从理智流出来的就是形成原理，只要理智存在于实在之中，就永远流出形成原理。正如在种子的形成原理中，所有的部分都聚在一起，都在同一处所，彼此无有纷争，也不相妨碍；然后某种东西开始膨胀，不同的部分散布到不同的地方，于是一者可能真的阻挡另一者的道，甚至把它消灭；① 同样，理智是一，它流出形成原理，然后生出这个大全宇宙，并分裂成诸多部分，有些相互友好温和，有些则相互仇视敌对，还有的相互损伤，或者有意，或者无意，还有的通过自己的毁灭使他者生成。然而，当它们以这些各不相同的方式相互作用时，它们也开始合奏出一首统一和谐的旋律。虽然每一个都发出自己的声音，但它们的形成原理把这些不同的声音组合成一个统一的整体。我们世界的这个大全不是理智和理性原理，如上界的大全那样，但是分有了理智和理性原理。因此需要一种将"理智和必然性"结合起来的谐音，必然性把它拖向低级的事物，趋向非理性，因为它本身不是一个理性原理，但是，仍然是"理

---

① 种子（在他的思路中，种子高度凝炼，比完全长成的植物更富统一性）的比喻是普罗提诺最喜欢的。参比如 III. 7 [45] 11. 23-27。

智控制着必然性"。① 可理知的宇宙就是理性原理，不可能有另一宇宙也是理性原理。如果确有别的宇宙生成了，它必然逊色于可理知宇宙，必然不是理性原理，但也不是某种质料，否则如果是质料，那就既没有美也没有秩序；因此它必是[两者]的混合体。它的两个端点是质料和理性原理，起点是支配这混合体的灵魂。我们不能认为灵魂在引导大全时会遭受什么伤害，相反，它借着某种呈现极其轻松地管理着这个世界。

3. 即使是这个宇宙，任何人也不得指责它不美，或者不是一切有形物中最好的。同样，我们不应指责它的存在原因。首先，它必然存在，但不是任何推论过程的结果，而是一种优秀本性合乎自然地从自身生出的形像；其次，即使它是某种推论过程的产物，它的创造物中也没有什么可羞愧的，因为它创造了一个完美自足的整体，这整体既与自身友好，又与它的诸部分友好，无论重要与否，每个部分都同样很好地适应它。因此，人若因为部分而指责整体，就是不合理的；我们必须把部分与整体联系起来考虑，看看各部分彼此之间是否和谐，是否整体一致？当我们思考整体时，我们不应该只看到一些微小的部分；② 否则，那不是指责宇宙，而是拿出它的某些部分单独看待，就好比看一个人只看他身上的一根头发或者一个趾头，而忽略整体的人，看不见奇妙的景象；或者不如说，忽视生命物的其余部分，只抓住了细枝末节；忽视了人类整体，只呈现瑟赛蒂兹（Thersites）。③ 因为生成的是整个宇宙，如果你沉思一下，就会听到它说，"是神造了我，我从他而出，比一切生命物都要完美，我在自身中是完满自足的，无所缺乏，因为万物皆在我里面，植物动物以及一切生成之物的本性，众多的神、全体精灵、良善的灵魂和以自己的美德为福的人都在其列。有人认为，大地点缀着各种植物和各类动物，

---

① 柏拉图《蒂迈欧篇》48A2。
② 参柏拉图《法律篇》X. 903B-D。
③ 荷马史诗《伊利亚特》中一名最丑陋、最会骂人的希腊士兵，在特洛伊战争中嘲笑阿喀琉斯（Achilles）而被杀。——中译者注

灵魂的能力还抵达海洋，但是整个空中、以太以及整个天都没有灵魂，这种说法是不正确的。事实上，所有良善灵魂都在那里，把生命给予星辰，给予秩序井然、永恒循环的天，这天高明地效仿理智，始终围绕同一个中心运转，因为它不追求自身之外的任何东西。① 我里面的一切都追随至善，但只能按自己的能力大小各得其所；整个天都依赖于这善，我的整个灵魂，我的各个部分里的诸神，所有的植物动物，以及我里面的一切所谓无生命的东西（若真有这样的东西），都依赖于善。有些事物似乎只分有存在，有些只分有生命，还有的因为有感知觉，能更充分地分有生命，有些在下一阶段拥有理性，还有的在下一阶段拥有完满的生命。我们不能要求不同等的事物具有同等的恩赐。看不是手指的事，是眼睛的事，手指是另外一回事，具有手指的本质和它自己的属性"。

4. 但是不必吃惊，水熄灭火，火又烧毁其他东西。因为火因其他东西而进入存在，它并不自己生成，然后被其他事物毁灭；它通过其他事物的毁灭生成，它自身也要相应地毁灭，如果这一刻到来，对它不会产生任何可怕的后果，在这把火熄灭的地方，会有另一把火点燃。对无形的天来说，每一个体部分都持续存在，但是在这里有形的天上，② 虽然整体有永恒的生命，一切高贵而重要的部分也永远存在，但是灵魂不断改变自己的形体，时而显现为此种形式，时而又显现为那种形式，而且如若可能，它会游离到生成过程之外，与宇宙灵魂同在。形体依据种类③ 而活，个别形体作为整体而存在，④ 因为生命物既从它们而

---

① 参《法律篇》X. 898（特别是 898A5-B3 论到天体的环行与理智的活动相似）；XII. 967A-D。

② 指天空中可见的诸天体。——中译者注

③ Stephen Mackenna and B. S. Page 译的 William Benton 版译为"形式或理念"。——中译者注

④ 这这些个别形体很可能指各元素，如土、气等，它们是活的，并把它们的生命传送给它们里面的生命物。参照《九章集》IV. 4 [28] 27，其中讲到，石头只要是有活力的整片土的组成部分，就会生长，一旦与土分离，就停止生长。

来，又受它们滋养；下界的生命处于运动之中，而上界的生命静止不动。运动必然源于静止，运动的生命必然源于上界停留在自身之中的生命，这源出的生命是不同的，它就像是那处于静止状态的生命的呼吸、散发和传播。生物之间相互攻击、相互破坏是必然的，它们生成原本就不是为了永恒存在。它们之生成是因为形成原理掌管着整个质料，并把一切生命物包容在自身之中，因为它们全都存在于那里，在那上界。如果它们不存在于上界，那它们能来自何处呢？同样，人们彼此之间的相恶也可能是因为追求善的结果；当他们由于无能没有获得善时，他们便转向攻击他人。但是行恶者是要受惩罚的，由于他们的邪恶行径，灵魂受败坏，从而降到低处。一切皆不能逃脱大全之法律的掌握。但是，秩序并不是因为无序才存在，法律也不是因为无法才存在，如有些人所认为的，①这些好事因为那些恶事才存在并得以彰显；相反，无序和无法是因为那从外部强加的秩序而存在。正是因为有秩序，才存在无序，因为有法律和形成理性，正是因为理性，才有对法律的违背和邪恶。并非良善之物产生出邪恶之物，而是那应当接受善者的事物，由于自己的本性或者由于某种偶然条件或者由于其他事物妨碍，无法接受善，因此才有了恶。当事物从外部获得秩序，它就可能因为自身的原因或其他事物的强制而丧失与自己的一致性；许多事物都会受其他事物的影响，即使其他作用于它们的事物本意并非如此，而是追求别的目标。但是支配自身之运动的生命物有时会趋善，有时则趋恶。关于自发转向恶的原因，或许不值得探究；因为开始时稍稍偏离，后续进展则会产生越来越大、越来越严重的错误，何况还存在着躯体及其不可避免的放纵。如果刚开始的一时冲动被忽视，没有及时纠正，最终会因痼成疾，惩罚便接踵而至。一个人变成这样，应是咎由自取，这并非不公正。所作所为不配福祉的人，我们怎能要求他感到幸福。只有善人

---

① 也就是伊壁鸠鲁（参 *Usener, Epicurea* 530 ff.）。

才有福；诸神也因为是善的，才是有福的。

5. 既然灵魂在这个大全中获得福祉是可能的，那么如果有些人没有福祉，我们就不能指责这个处所，而应指责他们自己无能，因为他们在争夺美德之奖赏的比赛中没能积极活动。没有成为神一样的人自然不能拥有神一样的生命，这有什么不可理解的呢？贫穷和疾病对善人不算什么，对恶人却有好处；人只要有躯体，就会生病。即使是这些困扰，对整体的协调和完善也并非毫无益处。正如有些事物毁灭了，大全的形成原理就用它们来孕育其他事物——因为没有事物能够脱离它的掌握——同样，躯体受到了损害，灵魂也遭受同类损害变得虚弱，那被疾病和恶习控制的部分就服从于另一种因果链和另一序列。有些困苦对受苦者本人有益处，比如贫困和疾病，而恶行只要受到公正的惩处，就会作为一个范例对整体产生一定效用，并在许多方面为它自己提供诸多益处。因为它使人觉醒，唤起那些反对罪恶行径的人的智性和悟性，并通过与恶人所分有的恶的对比，使我们领会何谓美德。恶的生成并非出于这些原因，而是如我们解释的，当它们生成之后，形成原理甚至用它们来满足某种需要。这属于最伟大的权能，它甚至能够把恶用于高贵的目的，还强大到能利用已经变得无形状的事物造出其他形状。一般而言，我们必须把恶规定为善的缺乏，在下界必存在着这种善的缺乏，因为善在别的事物里面。这种别的事物，也就是善之所在的事物，它不同于善，不是善，于是就导致了缺乏。因此，"恶不可能消除",[①] 换言之，就善的本性的而言，有些事物不如另一些事物，而从至善获得其存在之因的事物不同于至善本身，它们既然远离至善，就自然成为它们所是的这类事物。

6. 至于有人得到不该得的东西，比如善人得到恶报，而恶人却得到好报，其实正确的说法应该是，对善人来说，没有什么事物是恶的，同样，

---

① 这句经常引用的话出自柏拉图《泰阿泰德篇》176A5，是普罗提诺新柏拉图主义的重要主题之一。

对恶人来说，没有什么事物是善的。但是，为何违背本性的事临到善人头上，而合乎本性的事落在恶人头上呢？这样的分配怎能说是合理的？如果合乎本性的不会为福祉增加什么，违背本性的也不会减少坏人的恶，那么合不合乎本性又有什么关系呢？正如恶人是否容貌俊美，善人是否长相丑陋无关宏旨一样。但是另一种方式，不是现今事物所是的方式，必是恰当的、相称的，合乎功德的，也必是最好的神意的方式。另外，善人成为奴仆，而恶人成为主人，或者邪恶者成为城邦的统治者，而正派者却沦为奴隶，这显然是不合理的，即使这些情形没有使善者减少善，恶者增加恶。同样，可恶的统治者可能做完全无法无天的事，恶人在战争中掌握主动权，如果他们抓了俘虏，将犯下怎样的罪行！所有这些情形产生一个错综复杂的问题：如果有神意存在，那怎么会发生这些事情呢？即使想要创造某物的人必须注意整体，他也仍然应当使部分各就其位，如果它们是有灵魂、有生命，或者甚至是理性的存在者，那就更应如此。神意应该无处不在，无所不包，它的使命应该就是这样，不忽视任何事物。所以，如果我们说这个大全依赖于理智，理智的权能延伸到万事万物，那么我们必须努力说明，每一个事物是以怎样的方式得到妥善安排的。

7. 首先，我们必须了解，凡在复合物中寻找美德的，就不能要求拥有存在于非复合物中的美德；同样，寻找第一等级事物的，就不得在第二等级的事物中寻找。但是，由于它们有形体，我们必须承认有某种东西从形体到大全，而且只能从理性形成原理要求复合物所能接受的东西，即使它无所缺乏。例如，有人要寻找我们的感官所能感知的最美的人，可以设想，他不会把这个人想象成理智中的人，而是满足于创造者所造的样子，尽管形成原理使他受制于血肉、神经和骨头，创造者也用这些材料造出优美的形体，并使形成原理能够融入质料之中。因此，我们必须把这些原理作为讨论的基础，从这里继续我们的探究，或许我们能从中发现奇妙的神意，使大全形成的非凡权能。就灵魂的一切工作而言，那些依然留在行恶的灵魂里面的东西，例如恶灵对他者造成的伤害，或者恶灵之间相互造成的伤害，除非人们要将它们的坏归咎于神意的力量，否则我们没有正当理由要求它来解释或者向它算账，正如有人认为的，"责任在于选择者"。① 我们早就说过，灵魂必然有它们自己的运动，它们不仅是灵魂，而且是（复合的）生命物。它们既是灵魂，如果它们拥有与自己本性一致的生命，这毫不奇怪。它们并非因为宇宙存在了才进入宇宙之中，而是在宇宙存在之前就包含了宇宙的属性，并且关注它，把它领入存在，引导它，以这种或那种方式创造它；或者在它之上把它们自己的某种事物赋予它，或者降下来创造，或者两种方式兼而有之。我们目前的讨论不涉及这个问题，我们关心的乃是，不管灵魂以什么方式活动，神意都不应该为它们的所作所为承担责任。但是想想分配给那些品性相反的人的恶：善人贫穷，恶人富足，坏人拥有更多的生活必需品，成为主人，主宰人民和城邦，那该怎么解释呢？难道是因为神意没有临到地上？然而，其他事物都按理性范型产生，这表明神意也临到了地上；因为动物和植物都分有理性、灵魂和生命。那么难道它虽然临到了地上，却没有完全控制地上事物的能力？但是既然大全是单一的生命物，若持这样的观点，就好比有人说，人的头和脸是由自然和处于完全支配地位的理性形成原理创造的，而身体的其他部分则由其他原因产生——偶然性或者必然性——又说，因为这个原因或者因为本性上不称职，它们是低级的产物。然而，认为这些低级部分没有得到妥善安排，指责创造者的工作，是不虔诚或者不尊敬的。

8. 所以需要探讨的是，这些事物是如何得到妥善安排的，它们怎样分有秩序，又怎样变得无序。它们肯定不是以拙劣的方式排列的。每一种生物的上面部分，即脸和头都是最美的，中间和下面部分稍稍逊色。人处于宇宙的中间及下面部分，上面是天，诸神住在里面。宇宙的最伟大部分是诸神和环绕着它的整个天；而地，即使只与其中的一个星辰相

---

① 出自《理想国》X. 617E4-5 中的厄尔（Er）神话（灵魂对生命的选择）。

比，也如同一个中心的点。① 人的不正义真是出乎意料，人们原本指望人能成为宇宙大全中真正有价值的部分，因为再没有比人更聪明的事物了。然而，事实上，人处在神与兽之间，时而偏向这边，时而偏向那边，有些人变得像神一样，有些人变得像兽一样，大多数人则处于两者之间。那些灵魂败坏、接近非理性动物和野兽的人，把处在中间状态的人拉下水，强暴他们；这些居间者当然要比攻击他们的那些人好，但他们还是受恶人控制，因为他们自己也是坏的，并非[真正]的善者，他们没有装备自己，使自己免受伤害。有些孩子一直坚持体育锻炼，身体健康，但由于缺乏教育，心灵不如身体健康，他们与另一些既未受过身体训练也未受过灵魂陶冶的人争斗，获胜了，抢了他们的食物和美服，难道这不是一件可笑的事吗？就算是立法者让他们遭受这样的劫难，以惩罚他们的懒怠和奢侈，这有什么不对吗？这些孩子虽然分派到训练场地，但由于懒惰、软弱和懈怠，使自己变成了肥羊，成为狼的美味佳肴。但是，那些抢劫这些人的人也受到惩罚，首先他们成了狼，注定要遭恶运；其次他们面临着他们这种人必然要遭受的命运：一旦在此世变坏，即使死了也不能解脱。② 无论是理性的还是自然的因果链条都前后相继，环环相扣，坏的更坏，好的更好。而这些事与格斗学校毫无关系，那里发生的只是游戏。如果我们前面所说的两组孩子都在愚昧中渐渐长大，那么他们就应当束腰备剑，武装自己，这比他们进行格斗练习要更加赏心悦目；但是，正如事实表明的，一组人并没有武装自己，这样，拿起武

---

① 这里，普罗提诺借用从撒摩斯的阿里斯塔库（Aristarchus of Samos）以降的天文学家惯用的语言来强调地球的渺小和卑微，参看 On the Sizes and Distances of the Sun and Moon Hypothesis 2。关于把它用作道德和宗教的劝勉主题，来证明人的无意义和名誉的无价值，参见马库斯·奥勒留（Marcus Aurelius）IV. 3. 3。地心宇宙学并没有使古代的天文学家和哲学家形成关于宇宙的人类中心主义的看法，这种看法夸大了人在万物计划中的重要性。相反，地心说引导他们强调人的渺小、无意义以及在宇宙秩序中地位的低下，如普罗提诺这里所认为的。

② 关于这一思想，参看柏拉图《泰阿泰德篇》176D-177A；"狼"出自《理想国》566A4。不过，关于这一老生常谈，伊壁鸠鲁的版本比柏拉图的任何论述更接近这段话。

装的人就获得了支配权。这里,某个神不能为帮助不好战一方而亲自出征;法律有言,那些勇敢战斗的人而非祈祷的人才能从战争中安全得返。正如不是祈祷的人而是耕耘田地的人才有收获,不关心健康的人就得不到健康一样。即使坏人得到了更多的果实,或者他们的庄稼普遍长得更好,我们也不必烦恼。同样,人们在生活中事事按照自己的观念做,而不是按诸神所喜欢的方式做,甚至没有遵照诸神所要求的方式自救,完全指望诸神来救他,那也是可笑的。[1] 与其在普遍法所禁止的方式中活着,不如死了更好。所以,如果出现悖逆的事,比如任何一种愚昧和邪恶中都保存着平安,那可以说神意失职,竟然让恶者真正得胜。但是,恶者因为被统治者的怯懦而占据统治地位,这是公平的,反之才不公平。

9. 神意的存在不应该使我们成为毫无意义的事物。如果一切都是神意,除了神意别无他物,那么神意也不可能存在。因为只有神存在,没有别的事物,那还需要为谁提供神意呢?但是按目前的情况看来,神是存在的,而且临到了有别于自己的事物,不是要毁灭这个事物比如人,当它临到一个人时,就监护他,负责使他成为人,也就是说,保证人按照神意的法律生活,这意味着做法律所要求的一切事。法律说,为善者会有美好的生活,无论此世还是来世;恶人则相反。那些成了恶人的人,要求别人作他们的救主,要别人牺牲自己以回应他们的祷告,这是不合法的;[2] 他们也不得要求诸神来管理他们的具体事务,而把他们自己的生活撇在一边,或者就此而言,让那些在人类的生活规范之上生活的圣贤作他们的统治者。因为他们自己从来没有费神想过其他人中应该有好的统治者,关心怎样对他们有利的统治者,相反,如果有人自修善果,他

---

[1] 参照色诺芬尼(Xenophon), *Cyropaedia* I. 6. 6. 如这里的对比所暗示,我们不能把这段话(8. 36-9. 19)理解为主要是针对基督徒讲的(虽然普罗提诺在9. 10-12 很可能想到了他们)。这是对无知而懦弱的宗教信仰者的一般性指责,他们指望诸神来帮助他们摆脱困境,而这些困境正是由于他们自己无视神确立的自然和人类生活的法则导致的。明智的基督徒想必会毫不犹豫地同意这一点。

[2] 见前一节的注。

们便心生嫉妒；因为如果他们让贤者作他们的领头人，就会有更多的人成为善的。[①] 人并非最好的生物，只居于中间位置，而且这是他自己选择的，然而神意不会让他毁灭在他所处的位置上，相反，神使用各种各样的手段赋予美德更大的力量，以便把人提升到更高的区域，人类从未失去作为理性动物的特性，而是分有了——即使不是最大程度上——智慧、理智、技艺和公义，每一个人以及所有人至少都分有公义，支配他们彼此之间的交往行为，比如当他们惩处某些人时，他们认为自己做得对，因为那些人罪有应得。就人能够成为高贵的存在者来说，他是一种高贵的造物，他虽然只是大全的构成部分，但比其他生物，即地上的一切生命物担当更好的角色。此外，任何有智慧的生命都不可指责其他造物比他自己卑微，它们全是装点大地不可或缺的存在者。如果有人指责它们咬人，那是可笑的，似乎人就应该昏昏欲睡地度过一生。不，它们的存在必不可少。它们带来的有些好处显而易见，即使是那些不鲜明的好处，随着时间的推移亦会逐渐显现出来，所以它们无一不带着好的目的存在，即使对人来说亦如此。同样，指责许多动物残暴凶狠是荒谬的，因为也有许多残暴的人；如果它们不相信人，出于不信任而攻击人，为了使人远离它们，这有什么可奇怪的呢？

10. 如果人并非情愿成为恶者，[②] 他们成为这样的人并非出于他们的自由意志，那么我们既不能指责作恶者，也不能指责受害者，因为他

[①] 乍看一下，这里似乎与柏拉图教导的哲学家有责任"再次走入洞穴"并治理城邦的思想（《理想国》VII. 519C-521A）相矛盾。然而，事实上，柏拉图说得很清楚，未经革新的普通城邦中的哲学家并无此义务（520A-B）。只有在理想城邦中，由于哲学家已经严格按照未来统治者的要求认真训练，所以他们有治国的责任。普罗提诺这里并没提及理想城邦的可能性，然而他这里的思想与柏拉图完全一致，很可能他在写作时就想起了《理想国》中的这段话。

[②] Henry-Schwyzert 和 Beutler-Theiler 作注，参看柏拉图《法律篇》V. 731C，但是这样的注可能会导致误解。《法律篇》这一段落陈述的是常见的苏格拉底—柏拉图思想：作恶就是罪过，因为凡知道自己所作所为的，没有谁会故意为他最高贵的部分即灵魂选择最恶的行为。无疑，普罗提诺这里想到了柏拉图的这一惯用语，但是他真正的意思并非说作恶就是罪过，而是说神意支配并规定一切事物，但是它仍然为人的道德责任留出了地盘。

们这是咎由自取。如果存在一种必然性，决定他们以这样的方式成为恶人，无论这是天体运转还是首要原理的决定所导致的必然结果，那么他们成为这样的恶人便是合乎自然的。然而，如果真是理性形成原理本身使他们成为恶的，那岂非全无公正可言了吗？"不情愿"意味着恶者并非自愿，但这丝毫无损于这样的事实：是人自己做出自己的行为，正是因为他们自己做出行为，所以是他们自己犯错。如果他们自己不是行为者，那么他们根本不会犯错。至于必然性，意思并不是说它是从外部进来的，只是说普遍如此。至于天体循环，也并不是说它完全不在乎我们的能力。如果大全在我们之外，它会成为创造者所希望的样子，因此如果是诸神创造了它，那么任何人，即使是不虔敬的人，也不会做违背诸神意愿的事。然而事实上，这种自主行为的能力根植于人里面。只要有第一原理，它就成全随后的一切，包括所有原理，都相继形成。但是人也是原理；无论如何，他们依其自身的本性趋向高尚的行为，这是一条独立的原理。

11．那么，是否一切个体事物都由本性的必然性和因果链决定，并在各方面都恰如其分呢？并非如此。但是，理性形成原理使所有这些事物都成为自己的君主，希望它们如其所是，即使是被称为坏的事物也根据理性所造，因为它并不希望一切都是好的；正如艺术家不会把自己画中的所有东西都画成眼睛，同样，形成原理并没有使一切事物都成为神，而是有些成为神，有些成为灵（属于第二等级的一种本性），它们之后依次是人和动物，这样的安排并非出于吝啬，而是根据包含着可理知世界的丰富多样性的理性。然而，我们就像对绘画艺术一无所知的人那样，因为画家没有在每一处涂上美丽的颜色而批评他，尽管他其实在每一处都涂上了适当的颜色；[①]或者批评城邦的公民没有拥有平等的权利，即使

---

① 参看柏拉图《理想国》IV. 420C-D. 在柏拉图看来，无知的批评者指责画家，并非因为他没有在一切东西上都画上眼睛，而是因为他把眼睛画成了丑陋的黑色，而没有画成美丽的红色。

他们有良好的法律和机构；或者就像有些人那样，因为剧中的人物并不都是英雄，除了英雄还有说话粗俗的奴仆，因此指责这出戏。然而，如果把剧本中的小人物都赶出去，那么这戏就不是好戏了，因为他们是这出戏的组成部分。

12. 如果理性形成原理通过使自己适合质料的方式成就了这些工作，那它作为它所是的事物，就不同于它里面的各个部分。它先从在它之前的原理获得存在，然后生成为这样的原理。既然它以这样的方式生成，就不会有别的东西比它自身更高贵的。如果理性形成原理是由完全相同且相等的部分组成，那它就不可能生成；如果它真有这样的结构模式，那就应该受到斥责；既然它就是万物，它的各个部分必然各不相同。但是，如果它从自身之外产生他物，例如灵魂，并且迫使它们违背自己的本性迎合它的造物，从而使很多灵魂变坏，这样做怎么能说是正确的呢？但是我们得说，灵魂在某种意义上也是它的部分，它并不是强行把它们放进造物中，使它们变坏，而是按照它们自己的价值使它们各得其所。

13. 所以我们也不能放弃这样的观点，即理性原理不仅看到现在的每个时刻，而且考虑到以前和将来的各个世代，从而断定各人的报应，调整他们的地位，以前是主人的，因为是恶主人，现世就要变为奴隶（也因为这样对他们有好处）；以前挥霍财富的，就剥夺他们的财富（这也同样是为他们好，贫穷并非一无是处）；非法杀过人的，就要使他们被杀，就杀人者来说是不合理的，但是对受害人来说则是公正的；那些要遭受的刑罚皆是行为者所应得的报应，非法杀人者随时都可能遭受注定要忍受的刑罚。人成为奴隶并非偶然，他在战争中被俘也非意外，他身患疾病更非无缘无故，他现在所遭受的一切都是他先前所做之事的报应。人若杀死自己的母亲，就要变成妇女并被儿子杀死，人若奸淫了妇女，就要变成妇女被奸淫。因此根据神圣诏命，就有了阿德拉斯特娅（Adrasteia）的名字。这种世界秩序确实是阿德拉斯特娅 [不可逃避的必然性]，也是真正的公正和令人叹为观止的智慧。[1]我们必须得出结论,宇宙秩序始终是这样的事物,我们在大全中可以看到这样的明证:这种秩序如何渗透到万物,乃至最卑微的事物。事物中展现出来的技艺是多么精湛,不仅神圣存在者身上如此,那些人们以为神意会因其渺小而忽视其存在的事物身上,同样如此,例如普通动物的技艺创造了大量奇迹,植物的果实甚至叶子呈现出美的形状,它们不费吹灰之力就绽开美的花朵,还有它们的甜美和丰满,这一切并不是一次性完成,然后就枯萎凋零,而是随着上面的权能以不同方式光临这个世界而一次又一次地更新。因此,万物皆在变化更新之中,任何变化和更新都不是没有原因,而是以最好的方式变化更新,与神圣权能创造它们的样式相配。凡是神圣的,都按照它自己的本性创造;它的本性与它的实体(本体)对应,它的实体(本体)就是在它的工作中同时造就美和公正的东西;因为如果美和公正不是在它里面,那它们能在哪里呢?

14. 所以,宇宙的安排与理智非常一致,以至于它的存在无须理性计划;如果有人尽其所能对宇宙作出理性筹划,他会感到惊奇不已,因为不管他如何计划,也找不到另一种方式来创造它。这样的情况甚至也存在于个体的本性中,它们连续不断地生成,比根据理性计划形成的排列要更符合理智。因此,每一种连续生成的事物表明,创造它们的理性原理无可指责,除非有人要求它们的生成就像那些未经生成而永恒的事物那样;永恒之物始终以同样的方式存在于可理知世界和可感知世界,同时追求更多的善。这样要求的人没有想到分配给每个事物的形式都是自足的,比如,因为某种动物没有角就认为它是不完满的,而没有认识到形成原理不可能不触及一切事物,只是大事物中必然有小事物,整体中必然有部分,它们不可能等同于整体,否则它们就不是部分了。在上

---

[1] 这里的思想紧跟柏拉图。关于杀母者的轮回,参看《法律篇》IX. 872E,关于适用于轮回的"阿德拉斯特娅法则",参照《斐德若篇》248C2。

界，每个事物即一切事物，但在下界并非每个事物即一切事物。即使是人，就他是一个部分来说，也只是个体，而不是全部。如果部分中有某个地方存在着某种不是部分的事物，[1]那么下界的这个事物也是全部。但是，人是一个个体存在，不可能要求他的个体性获得十分完美，达到美德的顶点；如果他做到这一步，那他就不再是部分了。如果部分确实获得了美和秩序，使自身具有更大的价值，那整体当然不会有任何嫉妒，因为部分既然获得了美和秩序，拥有更大的价值，就能使整体变得更美。其实，它之所以成为这个样子是通过成为与整体相像，并且可以说，它被允许效仿整体，获得一个特定的位置。这样，在人的领域，人身上也有某种东西闪光，就如同在诸神所住的天上有星辰闪光一样。在这个位置可以看到某种事物类似于神伟大而壮美的像——无论是永生之神，还是赫菲斯托斯（Hephaesrus）[2]的技艺创造的神——这形像也有星辰的光映在脸上，有其他光照在胸口，在星辰的背景下这形像清晰可见。[3]

15. 这就是个别思考个体事物时的观点。然而，把这些已经被造并始终被造的事物编排成一种范式可能会产生诸多障碍和困难，因为动物相互为食，人也彼此攻击，冲突总是存在，从未有半分停息；如果是世界的理性形成原理使它成为这个样子，如果认为它这个样子是好的，那么问题就更加严重了。那个论证对持有以下观点的人不再有帮助：他认为一切都最好不过，如果事物安排得没有那么好，那是质料之过，而且"恶不可能消除"。[4]也就是说，如果事物非如此不可，而且它们如此是好的，质料也不是主动出现并取得支配地位，而是被引入，所以事物能处于这

---

[1] 即神，理智存在。——中译者注
[2] 希腊神话里火与锻冶之神。——中译者注
[3] 这里的思想似乎是说，自然宇宙是可理知神的伟大的像，这个像繁星点缀（参照柏拉图《蒂迈欧篇》37C 6-7）；因为人能够沉思它，因此就获得美和秩序；他的沉思与星空相一致，星空的某种光辉在他身上闪烁。
[4] 普罗提诺一次又一次反复引用的这个熟悉句子出自柏拉图《泰阿泰德篇》176A6。

种状态，或者毋宁说质料本身也是靠理性原理才成为如其所是的，如果真是这样，那么以上这个观点就没有立足之地了。因此理性原理是源头，一切事物都合乎理性，不论是那些根据这原理生成的事物，还是那些一经产生就被一起安排在这种共同秩序中的事物。那么，动物之间和人们之间为何存在这种不宣而战的争斗，争斗的必然性是什么呢？动物之间的相互吞食是必然的，这种吞食使动物相互转化，它们即使没有被杀，也不可能永远保持同样的形式。当它们不得不死的时候，它们必须以对他者有用的方式死亡，既然这样，我们又何必对它们的用处感到悲伤呢？如果它们被吞食后，就以另一种动物的形式复活，那么死又有什么关系呢？这就像在戏台上，当演员所扮演的这个角色被杀之后，他改变一下道具就可以扮演另一个角色出场。① 当然，[在现实生活中，而不是在舞台上，]人是真的死去。然而，如果死就是躯体的改变，就像戏台上服装的变换，或者就我们某些人来说，躯体的离去就像戏剧中演员的最后退场，不久以后他又可以开始扮演角色，那么这种生命物之间的相互转化又有什么可恐惧的呢？这岂不比它们从未曾生成过要好吗？因为如果没有生成，就意味着生命的荒芜，也不可能有存在于别的事物中的生命。然而事实上，大全中存在着一个包含多种形式的生命，它创造万物，它的生活中装饰着丰富的多样性，它永不停息地创造美丽而匀称的活玩具（living toy）。② 人其实是必死的，当他们挥动武器彼此相向，排成一定阵

---

① 把生活比作一出戏，这是犬儒主义、斯多亚主义的老生常谈，从波律斯提尼的彼翁（Bion of Borysthenes）和忒勒斯（Teles）以降受斯多亚主义影响的道德学家也常用这样的比喻（参 Teles 16, 4 Hense）。最好的例子就是马库斯·奥勒留 XII. 36。

② 普罗提诺这里及以下的话可能指柏拉图所描述的人是神的玩具，他扮演并取乐神（《法律篇》VII. 803C-D）。但是，两人的思想上有一点非常重要的区别。对柏拉图来说，至少在这段话里，人完全是神的玩具，他的"扮演"是他生活中最严肃最重要的事——虽然他根本不值得当真。而对普罗提诺来说，如这段话的其他地方所表明的，只有人的低级的、外在的生命才是"演戏"。人真正的、内在的自我则是严肃而重要的。柏拉图认为人的最好游戏是宗教舞蹈，它富有敬拜和教育意义，人在其中可以到达所能到达的严肃程度。而普罗提诺认为人的游戏是相互之间的残酷杀戮，智慧者不会拿它当真，也不会像孩子那样哭叫，因为它只影响到他的卑微的低级自我。

型相互攻击，就像在击剑运动中所做的那样，他们的争斗表明，人的所有事务都是孩子的游戏，告诉我们死亡没有什么可怕的，那些在战争和格斗中死去的人只是把老了之后必然经历死提早了一些，他们死得早，回来得也快。如果他们活着时被夺走了财产，那么他们会认识到这财产原本就不是他们的，而掠夺者拥有它不过是对掠夺者自身的嘲弄，别人最终还是要从他们手里夺走财产；即使对那些没有让人夺走它的人来说，拥有它也比失去更糟糕。我们目睹了杀人、死亡、对城市的洗劫掠夺，就好像它们都发生在剧院的舞台上，背景道具不断变换，演员悲号哭泣。其实在下界，在我们的生活事件中，不是人里面的灵魂，只是人的外在影子在哭泣悲号，以各种方式在人们于全地上许多地方搭起的戏台上表演着。这样做的人只知道过低级而外在的生活，并没有意识到他的眼泪，即使是真诚的眼泪，也是在演戏。因为只有人的真正良善的部分才能真正做严肃的事，人的另一部分则只是玩具而已。但是，那些不知道如何才是当真的人把玩具也当真了，因此他们自己就是玩具。如果有人参与他们的演出，遭受他们的痛苦，他便会意识到自己陷入了孩子的游戏，便会脱去他原先披戴的戏装。① 即使是苏格拉底，有时候也在演戏，但是演戏的是外在的苏格拉底。然而，我们也必须进一步思考这样一个问题，我们不能把哭泣和哀叹看作恶存在的证据，因为孩子也为不是恶的事物哀哭。

16. 如果这样说是正确的，那怎么还会有罪恶呢？不公正在哪里？过错在哪里？如果一切事都做得不错，那么行事者的行为怎么可能不公正或者有错的？如果他们没有犯错，没有作不公正之事，那他们怎么会注定要倒霉呢？如果所发生的和所做的一切都合乎本性，我们怎么能认为有些事合乎本性，有些事违背本性呢？既然凡是被造的都是照着这样

---

① 即，如果他被杀了，那不过是游戏的一部分，何况他所离开的躯体不过是一个玩具。

造的，那怎么可能还有亵渎神的行为呢？这就好比诗人在他的剧本里为演员写了一个侮辱鄙视剧本作者的角色。所以，我们要再次更清楚地解释我们宇宙的理性形成原理是什么，它成为这个样子为何是合理的。这理性原理就是——我们不妨来冒险！我们可以，甚至完全能够对它[作出准确的描述]——它不是纯粹理智或者绝对理智，它甚至不是某种纯粹的心灵，而是依赖于心灵，是理智和灵魂发出的光芒；理智和灵魂（即根据理智而设计的灵魂）生出这理性原理作为静静地包含某种合理性的生命。一切生命都是活动，即使是最卑微的生命也不例外。这种活动不同于火的活动，不是盲目的，即使没有知觉，也不是随意的运动。没有出现知觉的生物只要分有了生命，就同时被赋予理性，也就是被激活了，因为生命所特有的活动能够形成并驱动生物，使它的活动成为一种构成。所以，生命活动是一种艺术性活动，就像舞者被舞蹈激发出活力一样，因为舞者本人就像这样一种艺术性生命，他的艺术使他展现激情，甚至他的真实生活也多多少少带有这种艺术活动的色彩。这足以说明我们应该如何思考各种生命。要知道，这个宇宙的理性形成原理源于单一的理智和单一的生命，这两者都是完全的，但形成原理本身既不是单一的生命，也不是单一的理智，它无论哪方面都不完全，即使它确实要把自己赐给某些事物，也不是把自己的整体完全地给予。相反，它使各部分相互争斗，使它们匮乏，从而产生并维持战争和冲突，因此，尽管它不是单一的事物，作为整体却是统一的。虽然它在自己的各部分中与自身为敌，但它仍是一个事物，与自身保持协调一致，就如戏剧中的剧情那样；剧情虽然包含许多争斗，但仍然是统一的。当然，戏剧通过人物的相互冲突，演绎成一个完整的故事，也就是把相互冲突的各部分组成一个和谐的画面；而在宇宙中，冲突的各部分来自单一的理性原理，因此，我们还不如把它比作由各种不同声音构成的和谐旋律。那么有人会问，在（音阶的）理性比率中为何有不和谐的声音？在音乐中，理性比率的法则使高低不同的音符共同谱成一首乐曲——作为旋律的比率法则，它们融

219

入旋律本身之中，因为旋律是另一条更大的比率法，相比之下，它们是小的比率法，是属于它的部分。在宇宙中，我们也看到诸多对立的现象，比如黑—白，冷—热，有翼—无翼，有足—无足，理性—非理性，所有这一切都是宇宙这个单一生命体的组成部分，而宇宙这个大全与自身保持一致。虽然各部分在许多地方都相互冲突，但是大全与它的理性形成范式相吻合，而且这形成范式必须由对立各方构成，因为正是这种对立造成了它的结构，甚至我们可以说，也赋予了它存在。可以肯定，如果它不是多，就不可能成为大全，也就不会是宇宙的理性范式。既然它是理性范式，它自身中就包含差异，极端的差异就是对立。因此，如果它总是造出彼此不同的事物，那么它也会造出完全不同、极端对立的事物；在最大程度上使一物区别于另一物，就必然产生对立物。既然它不仅使自己成为各不相同的事物，而且成为彼此对立的事物，那么它必是完全的。

17. 既然它的本性与它的生产活动一致，它分化得越多，所创造的事物就越对立。感官感知到的宇宙比它的理性形成原理要少一些统一性，因此它更富有多样性，包含更多的对立面，在它里面的各个个体更具生命的冲力，也具有更大的追求统一的激情。但是，它们都是可灭的，所以那些在追求自己的善时充满强烈情欲的个体，往往会毁灭它们酷爱的对象。部分趋向整体的强大压力使部分尽最大可能激发自己。所以人有好人和坏人之分，就像同一种艺术激发舞蹈者做出相反的动作，我们会说他表演的这个角色是"好人"，另一角色是"坏人"，这样的表演才能成为好的表演。[①]那么，坏人是否不再是恶的了？不，他们的恶并没有消失，只是他们的存在并非源于他们自己。另外，如果不是理性形成原理决定我们是否产生同情，或许我们会对恶人也有某种同情；但是理性原理并没有叫我们同情这类人。如果它的一部分是好人，另一部分是恶棍，——

---

① 正如哈德（Harder）注意到的，这里的舞蹈者是位哑剧演员（pantomimus），他在单人芭蕾或哑剧表演中同时表现不同的角色，既演好人又演坏人。

其实恶人是大部分——那就好像创作了一出戏。作者分派给每个演员一个角色，同时利用他们本人已有的性格特点。他并不是事先指定他们作主角或者配角，而是给每个人适当的台词，安排适合他的位置。因此，每一个人都有一个位置，有的适合演好人，有的适合演恶人。每一类人都是根据本性和理性原理找到适合自己的位置，担当自己选择的角色，有的说渎神的话，做犯罪的事，有的说敬神的话，行良善的事。因为演员无论好坏，都在剧本之前存在，在表演时把他们本人带入戏剧之中。在人类的戏剧艺术中，作者为演员提供台词，但是每个演员要靠自己并从自身揣摩他们所演角色的善恶品性，因为他们并不只是机械地重复作者的台词而已。而且在更真实的诗歌作品中，角色由具有诗歌天赋的人模仿，灵魂接受并演绎诗歌作者分配的角色。正如演员在舞台上扮演角色要配带道具，穿上黄袍或者破衣，灵魂也接受自己的命运，而且不是偶然的，这些命运同样是根据理性原理产生的。它把这些命运纳入范式，就与自身相协调，再在戏剧和普遍的理性范式中为自己设置适当的位置；然后我们可以说，它将自己的活动完全展现出来，灵魂照着自己的特性产生的一切就像一首歌。演员发出的声音、做出的姿势有美有丑，或者如人们认为的，使诗人的作品栩栩如生，或者演员配上自己拙劣的声音，没有表现出剧本原有的魅力，只是展现了他自己的可笑风格，于是剧作者就要像高明的判官，断然把他打发走，让他蒙受应得的羞辱，而对好演员予以高度评价，如果他还有剧本，就让好演员在更重要的剧本中扮演主角，让坏演员去演无关紧要的作品。同样，灵魂在这个宇宙的诗歌作品中登上舞台，让自己扮演剧中的某个角色，在演绎中把它自身的善或恶补充进来。它一登场就被安置在适合自己的位置，接受除它自身及其工作之外的一切事物，并因此得到赏罚。然而 [这出宇宙戏剧中的] 演员[①]有他们的特别之处，因为他们在比舞台更广阔的空间里表演，剧作

---

① 即灵魂。——中译者注

者使他们成为大全的主人，他们有更多的机会去许多不同的地方，选择荣耀和耻辱，其实是他们自己决定享有荣耀还是蒙受耻辱。每一个地方都适合他们的特性，因为每个个体都是根据公正原理与他所接受的宇宙角色相吻合，因此与宇宙的理性原理相一致。正如每一根琴弦都是根据掌控音符发声的理性比率各就其位，各司其职，无论它发出音符的能力具有什么性质。只有每个个体都在其该在的位置上，整体才可能和谐和美，比如发出可怕声音的事物就呆在黑暗和塔尔塔罗斯（Tartarus）[1] 中，因为在那里发出这些声音是美的。这一整体是美的，不是因为每个个体都是利努斯（Linus），[2] 而是因为他们各自发出声音共同组成单一的旋律，他自己也发出生命的音符，尽管这种生命比较单薄粗糙，也不完全。正如排箫发出的并非只有一个音调，微弱沉闷的音符也是整首排箫曲的组成部分，因为旋律由不同音阶的音符组成，所有的音符都各不相同，旋律就是由所有这些各不相同的音符共同组成的。同样，宇宙的理性原理是一，但是被分成许多不同的部分，因此宇宙就有了不同的区域，有好的也有坏的，与这些不同区域对应的灵魂也各不相同，也就是说，宇宙中也同样存在彼此不同的地方，各不相同的灵魂占据各不相同的位置，正如排箫或者任何其他乐器，从不同音位发出各不相同的声音，组成了完整的和弦。从大全的角度来说，即使是暗哑的声音也是精心安排的，即使是做作的声音对大全而言也是合乎自然的，当然这种声音本身仍然糟糕。但是，发出这样的噪音并不会使整个旋律变差，正如（我们不妨再举个例子）行刑人虽是一个恶棍，但无损于治理良好的城邦形象。因为行刑人是一个城邦必需的角色——像他这类人往往 [因为其他目的] 是必须的——因此，他也是精心安排好的。

---

[1] 希腊神话中提坦神被囚禁的阴间。——中译者注

[2] 这里的意思显然是说，宇宙旋律需要发出可怕噪音的蹩脚歌唱家，也需要优秀的歌唱家，比如神话中的利努斯，这样整支旋律才能完全（参照《九章集》I. 6 [1] 1, 26-30）。

18. 灵魂有好有坏，有些是出于其他原因，有些是因为——我们可以这样说——它们一开始就是不平等的。它们也像理性原理一样，由于彼此分离，所以成了各不相同的部分。但是，我们也要思考灵魂的第二和第三部分，以及灵魂在同样的部分中并不总是活跃的事实。另外，我们也必须强调——这个问题需要作大量论证才能澄清。我们当然不应引入这样一种演员，他们在作者设计的台词之外添加另外的话语，似乎剧本本身不够完善，他们要补充所欠缺的内容，而作者也在字里行间留出了空白。这样，演员就不只是演员，而成为作者的一部分，而且是预先知道他们要说什么的作者，所以他很可能把戏剧的其他部分和他们插入的情节融合成内在相关的整体。可以肯定，在大全中，理性原理必定把由于恶行而导致的后果融入普遍联系的整体之中，使它们也合乎理性，比如因通奸或强奸出生的孩子可能会成长为优秀人才；在恶人洗劫的城市废墟上，也许会有其他更好的城市崛起。这样说来，把有些人作恶有些人行善的原因归于灵魂是荒谬的——如果我们取消理性原理对恶行的责任，就会同样剥夺它在善行中的作用——既然如此，就没有什么可以阻止我们作出这样的解释：这些"演员"的行为依据的是宇宙的理性原理分配的角色，就如同戏台上的演员根据剧本扮演各自的角色。理性原理本身既包含了好的表演，也包含不好的表演，是每个"演员"具体行为的根源，而且这出宇宙大戏更加完美，一切事物都源自于它。那么，这里的问题是：行恶的目的是什么？较神圣的灵魂在宇宙中是否不再有任何价值，它们不过是理性原理设定的角色？所有理性原理都是灵魂吗？或者，既然每一个理性原理都属某个灵魂，为什么有些理性原理是灵魂，有些却只是理性原理？

3. 二论神意

1. 那么，我们对这些问题持怎样的看法呢？宇宙的理性原理包含了善的事物和恶的事物，恶的事物也是它的组成部分。但这并不是说理性原理产生了恶，只是说它把它们包括在内。理性原理是宇宙灵魂的一种活动，其组成部分[①]就是灵魂各部分的活动。正如灵魂有不同的部分一样，理性原理也有自己的各部分，因而它们最终的产品也就是作品也各不相同。灵魂和作品之间彼此和谐一致，这种和谐使它们变成了统一体，尽管这是由相互对立的事物构成的统一体。因为一切从统一体中萌生出来的事物，借着本性的必然又聚集为统一体，因此，虽然它们得到了不同的发展，甚至成为对立的事物，但是它们仍将回到单一的共同秩序，因为事实上它们来自一个统一体。正如就各种具体的马来说，虽然它们相互争斗和嘶咬、嫉妒和仇恨，但是都属于同一个种，那就是马。这对于所有其他个别的种来说都一样，人自然也不应例外。然后，所有这些种又都必须归到"生物"这个类下，同样，不是生物的那些事物也要各从其类，然后再被囊括到"非生物"的这个类下。如果你愿意，必须把这两个类归到"存在"之中，然后再归到使存在成为可能的事物中。把万物都归入这最初的原因之后，我们又沿着下降的路线划分，看到这个原因不断分化成为万物，又把万物包含在一个共同的单一秩序中，因此，它就是包含各个部分的单一而复杂的生命物，它里面的每个事物都按自己的本性活动，同时又都存在于整体之中，例如，火燃烧，马干属于马的活，每个人按本性定好的方式各行其道，不同的人成就不同的事。无论成就了什么，无论活得好还是不好，都出于各自的

[①] 即善的事物和恶的事物。——中译者注

本性。

2. 偶然的环境不是产生美好生活的原因，但是它们也统一遵循在它们之先的原因，也是环环相扣的因果链条中的一环。支配原理把万物都编织在一起，同时个体事物都根据自己的本性提供这方面或那方面的合作，就如军队里指挥官一下命令，所有部下的行动就与他步调一致。① 宇宙是神意安排的，它就如一位将军，考虑了各种行动和经历，知道诸如食物、水这样的必需品，以及各种武器和装备都必须随时配备，对于所有复杂因素相互结合可能造成的一切后果都作了充分估计，以保证结果顺利成就，因此一切事物都按将军的精心安排一一出现，当然敌人的计划不在他的控制之内。但是，如果他甚至能指挥敌方的兵力，如果他是真正的"伟大领袖"，②一切都顺服于他，那怎么还会有混乱，还会有什么事物不在他的计划之内的呢？

3. 你也许会说，"我有能力选择这个或者那个"。然而，你要选择的事物全都包含在宇宙的秩序之中，因为你这一角色在大全中并不只是偶然的幕间插曲，你是作为你所是的那个人计算在内的。那么，一个人为何就是他所是的那种人呢？这里的讨论要解决两个问题：一是，如果有一位创造主决定个体的道德品质，那么我们是应当把责任推到他身上，还是应归咎于生成的存在者本身？③ 或者，我们根本不应该追究责任，正如不会有人指责植物的生长，因为它们没有感知觉，也不会追问动物为何长成这个样子，因为它们毕竟不同于人；同样，为此而指责人无异于说，"人为何不是神呢？"既然就植物和动物而言，指责它们或它们的创

---

① 用军事来类比宇宙秩序，出自亚里士多德，见《形而上学》A 1075a, 13ff.
② 柏拉图《斐德若篇》246E4。
③ 参照柏拉图在《法律篇》X. 904B-C 对同一问题的讨论。普罗提诺在本节的结尾也如柏拉图那样回答了这个问题，即责任在于个体的人自己，而不在于他们的创造者。但是他在这里和别的地方都表明，他比柏拉图更多更深地意识到由于在神安排的宇宙中存在着坏人而引发的难题；无疑，这是因为在他导师之后、在他之前出现了持续数个世纪的关于神意的争论。

造主是不合理的,那对人指责他没有成为比他自身更好的事物难道就是合理的吗?如果因为他能够成为比他现在更高贵的事物,如果他能够增加些什么以使自己更优秀,那么他就应该为能做而没有做负责;但是如果所要增加的东西并非来自他自己,而必然来自外部,来自他的创造者,那么要求他拥有比他所得到的更多的事物就是荒谬的,就如同对动物和植物提出同样的要求是荒谬的一样。我们不能质问一物是否不如另一物,而应该问它自身是否自足,因为万物不可能等同。那么这是因为创造者有意如此分配,叫万物不等同吗?当然不是,这是根据各物的本性而产生的不同。因为这个宇宙的理性形成原理遵循另一个灵魂,这灵魂则遵循理智,理智并不是下界事物中的某一个,而是一切事物;既是一切事物,就意味着很多事物,既然有很多事物,而非同一事物,那么有些必然要成为第一者,有些成为第二者,依次下降,在价值上也如此层层递减。同样,已经生成的生命造物不仅是灵魂,而且是依次递减的灵魂,随着生物离它们的本源越来越远,分有的灵魂也越来越少。因为生物的形成原理即使是赋有灵魂的,也只是另一种灵魂,[①]不是产生出形成原理的那个灵魂,[②]而这整个原理也因为加速趋向质料而变得更弱,从它生成的事物也就越加缺乏。看看所生成的事物离自己的源头有多远,然而这仍是个奇迹!如果所生成的是某一类特定的事物,这并不意味着在它之前的源头也是这类事物,因为源头比一切生成的事物都优秀,并且无可指责。我们倒是应该对它感到惊奇,因为它能赋予在它之后[产生的事物]某种东西,它的痕迹具有这样的性质。即使它给予的东西确实超过了它们所能使用的,它也仍然应当受到赞许。所以这样看来,应该责备的是已经生成的人,而属于神意的东西是更高层次的。

4. 如果人是单一的——所谓单一的,我的意思是说,他不是别的,

---

① 即较低的灵魂。——中译者注
② 即最高灵魂。——中译者注

就是被造的样子，他的行为和经历都与这个样子相对应——那就不会受到道德上的责备，正如其他生物不存在这个问题一样。其实，合理地说，唯一应受责备的是人，是坏人。因为他不仅是被造的事物，而且有另一种自由原理，这一自由原理不在神意之外，也不在整体的理性原理之外。因为那些高级原理并没有与这里的低级原理分离，好的要光照差的，这就是完美的神意。有一种理性原理是创造性的，另一种则把更高级的原理与已经生成的事物联结起来。这些更高的原理就是来自上界的神意，但是从那上界的神意又生出另一种神意，也就是与高级原理相关的另一种理性原理。整体的交织和总体的神意是上述两者的结果。因此，人还拥有另一种原理，但是并非所有的人都使用他们所拥有的所有原理，有些人使用这种原理，有些人使用另一种原理，或者毋宁说使用许多其他原理，不完全的原理。但是，那些高级原理始终存在，只是不对他们起作用，当然它们自身绝不是消极不动的，因为它们每一个都在从事自己的工作。有人很可能会说，它们既然存在，却对那些人不作为，这是否该受责备呢？或者是否可以说它们并不存在于那些人里面呢？我们坚持认为，它们无处不在，没有任何事物可以剥夺它们的存在。但是可以肯定，它们不在那些它们不起作用的人身上。这样说来，如果这些人也是属于它们——我是指这种高级原理——的部分，那它们为何不是对众生都起作用？就其他的生物来说，这种原理不是它们自身的；对于人来说，它也并不作用于所有的人。那么这难道不是唯一不作用于众生的原理吗？它为什么不能是唯一的原理呢？对只拥有这种原理的人来说，他们的生命完全遵照它的要求，其他力量只是出于必然性的要求才进入。不管是由于人的构造使他陷入困境，还是他的情欲主宰了他，我们都不得不说，原因在于基质（substratum）之中。但是这样说首先似乎意味着，原因不在于理性原理而在于质料，起主要作用的正是质料，而不是理性原理，至于基质则是形成的，就此而言，它在质料之后。事实上，自由原理的基质就是理性形式，它根据理性形式生成并依据它而存在，因此质料不是决定性的，形成是第二位的。① 此外，人们可能会认为，成为这样或那样的人是由于先前的生活，似乎由于先前发生的事，理性原理也比先前暗淡了，灵魂也似乎变得软弱了。但是它以后会重现光芒。理性原理必然被认为在自身中包含着质料的理性原理，它要使这质料与它自身相适合，或者赋予质料与它自身相一致的性质，或者查明质料已经与它相协调。牛的理性原理不会作用于别的质料，只可能施加于牛的质料。因此，柏拉图说，②灵魂进入了别的生命物，意思是说，灵魂变得不同了，理性原理也改变了。这样，原先是人的灵魂的，现在可能变成牛的灵魂，于是恶人就受到了恶报。但是，恶人最初是如何变坏的，又是怎样堕落的呢？我们常说，万物并非都在第一层级，一些事物属于第二层级，一些属于第三层级，各级本性依次递减，一点倾斜就足以使它们偏离正道。一物与另一物的交织就像一种混合；混合双方又产生出第三者，但是这种交织并不减少事物的存在（being）。低等的一开始就是低等的，它之成为低等的乃是本性使然，因此，如果它遭受了它的低等所导致的后果，那是它咎由自取。我们必须诉诸前世所发生的事，因为后世所发生的也都依赖于前世。

5. 因此，神意从上面降临自始至终影响万物，但是分配的量上不同等，而是按照相应法则在不同处所有不同的分布，正如一个单一生命物，从头至尾各部分都依赖于它的原理，但每一部分都有各自的功能，高级部分有高级部分的活动，低等部分也按自己的方式活动，从事它自己本性特有的且与其他部分协调一致的活动。没错，如果各部分受到某种特殊的敲击，发声部分就发出相应的声音，其他部分则静静地接受敲

---

① 这清楚地显现出普罗提诺心理学的一个重要观点，对他来说，人的二重性或分裂不是质料和精神或者肉体与灵魂之间的分离，而是高级自我和低级自我之间的对立。参照《九章集》I.1 [53]10; II.9[33]2; IV. 4 [28]18; VI.4 [22]14-15。自由意志只有在真正的高级自我中才能实施，这是因为它超越并使自己独立于低级的"复合"自我，后者是自然宇宙秩序中的一部分，并受其支配。参照《九章集》II.3 [52] 15. 17 ff.。

② 《蒂迈欧篇》42C 3。

击,并由此作出相应的运动,然后从所有这些声音、被动的经历和主动回应中产生出生命物的单一声音、单一生活和生活方式。各个器官都不同,各自的活动也彼此不同;脚有脚的活动,眼睛有眼睛的活动;推论的理性是一回事,直观的理智则是另一回事。但是一物总是源于全体,神意也只有一种。从较低的层次讲它是"命运";在高层则完全是神意。① 因为在可理知世界中,一切都是理性原理,或者高于理性原理;一切都是理智和纯粹的灵魂。从那里产生的,从理智产生的,包括在纯粹灵魂里的一切和从灵魂产生进入生命体的一切,就是神意。但是理性原理实际上被分成了不同等的各部分,因此它所成就的事也是不同等的,就如它在每个生命造物中也是不同等的。如果一个人所行的是诸神喜悦的事,那么从这一点来说,所做的事就都是有原因的,都遵循神意,因为神意的理性形成原理为诸神所珍爱。这类行为 [使我们对神意产生困惑的行为,即恶的行为] 与善的行为有关联,但是它们并非神意所为;已经发生的事,不管它们是出于人的行为,还是出于其他有生命或无生命物的行为,如果随它们而生的事物是善的,那它们被重新纳入神意的范围,因此美德的支配力量无处不在,使做错的事发生改变,得到纠正,就如一个躯体,健康是管理生命物的神意赋予的,即使被割伤,或者受到了其他伤害,支配躯体的理性原理仍会加入它,治愈伤口,使受伤部分恢复原有的能力。因此恶的行为也有因果,而且遵循必然性。它们出于我们自己(即我们导致它们发生);我们不是出于神意所迫,而是主动地把它们与神意的作品或者源于神意的作品联系起来;我们无法根据神意将后面的事物联系起来,只能根据行为者的意志或者根据宇宙中别的事物这样做,而这种事物本身行动或对我们产生某种影响也不是根据神的意志。任何事物并不是对所遇到的其他事物都产生同样的影响,对这个事

---

① 高层神意与低层命运之间的这种区分在中期柏拉图主义中很普遍。参照托名普罗塔克(Pseudo-Plutarch)*De Fato* 9. 572F-573B;阿蒲勒斯(Apuleius)*De Platone* I. 12; C. 维格尔(Vogel)*Greek Philosophy* III. 1279d (p. 343)。

物产生这种影响，对另一事物产生另外影响。比如，海伦的美对帕里斯（Paris）产生的影响与对伊多梅纽斯（Idomeneus）①的不同；两个生活放荡、相貌俊美的人相遇，与两个纯洁美丽的人相遇所产生的结果是不一样的。同样，纯洁的美人遇到放荡的男人产生的结果是一回事，放荡的美人遇到纯洁的男子所产生的结果是另一回事。放荡之人的一切行为既不是出于神意也非符合神意，而纯洁之人的行为虽非出于神意而出于他自己，却符合神意，因为它与理性原理一致，正如一个人为改善他的健康状态所做的一切，是他自己的行为，却也必然符合医生的理性计划。因为这就是医生根据他对健康和疾病的知识而开的药方。而任何人所做的不利于健康的事既是他自己的行为，也是违背医生之神意的行为。

6. 那么，占卜者为何要预言这些不好的行为，为何要通过观察天体的循环来预告这些以及其他各种预言？显然，这是因为一切对立面都相互交织在一起，例如形式和质料；就拿复合的生命物来说，就是由两者交织而成的，因此当人以某种方式沉思它的形式和理性原理，也在沉思已经包含了形式的质料（成形的事物）。因为他并不是以同样的方式沉思可理知的生命物和复合的生命物，在复合物中，他沉思的是形成生命物中低劣部分的理性原理。既然宇宙是一个生命物，那么我们沉思它里面形成的事物，同时也就是沉思它的本源和看护着它的神意。这当然也延伸至一切事物，包括生成的事物；所谓生成的事物就是生命物及其行为和混合意向——"理性和必然性的混合"。②因此，他沉思的是混合的并继续混合的事物。一方面，他自己不可能清楚地区分哪个是神意，哪个是合乎神意的事物，另一方面，也不能区分基质与它赋予它所生成之物的性质。这种区分非人所能为，除非他是智慧的、像神一样的人；或者我们可以说，"只有神享有这种特权"。③事实上，占卜者只能说出"其然"，

---

① 伊多梅纽斯时常造访梅内莱厄斯（Menelaus，海伦之夫）家，但并没有勾引海伦，参看《伊利亚得》III. 230-233。
② 柏拉图《蒂迈欧篇》47E5-48A1。
③ 西摩尼德（Simonides）语，出自柏拉图《普罗泰戈拉篇》341E3。

而不能说明"所以然",他的技艺是解读写在自然中的字,①宣告一种秩序,而决不偏离正道陷入混乱之中,或者解释天体循环,因为它揭示了每个个体的样式,每个人的性格特点,即使这些特点还未在人自身里显现出来。因为地上之事与天上之事一致,天上之事也与地上之事一致,两者共同构成宇宙的和谐与永恒,这种相应相似性使训练有素的观察者可以窥一斑而知全豹,事实上其他的占卜形式也都通过这种相应性发挥作用。无论如何,万物不可能相互分离,它们必然要成为彼此相似的,至少以某种方式相似。所谓的相似性将万物聚集起来,②这话所说的可能就是这个意思。相应性是这样的一种事物,它使坏的与坏的相关,好的与好的相应,比如眼对眼、脚对脚、此物对彼物;或者你也可以说,美德对公正、邪恶对不公正。如果大全之中存在着这样的相应性,那么预言是可能的;如果天体对下界事物有影响,那么这种影响就表现在使每个生命物的各部分相互作用,不是一物产生另一物,它们是一起被造的——但是,每个与本性相应的事物只经历与其本性相符的活动;因为是这一类事物,所以就有这一类经历,什么事物就有什么经历,因此形成范式始终是一。

7. 因为有好的事物,因此必然也有坏的事物。在一个包括多方面的事物中,如果没有好的方面,怎么可能有差的方面呢?同样,如果没有差的方面,也不可能有好的方面。因此,如果有人在好的事物中发现恶的方面,他不应该指责恶的,而应该赞美好的,因为它把自身的某种东西给予了恶者。同样,那些要求消除大全中的恶的人,是要彻底取消神意本身。因为如果没有恶,神意会成为谁的神意?它当然不是它自身的或者是善者的神意;当我们谈论上界的神意时,我们使用的其实是与下界事物的相关术语,因为将万物聚集在一起的就是这原理。在这原理中,一切合在一起,一切构成一个整体。个体事物从这个原理生发出来,

---

① 参照《九章集》II. 3 [52]7. 4-6。
② 《蒂迈欧篇》31C3 及 32C2。不过,柏拉图的 αναλογια 是指数学上的比例对称。如通常一样,普罗提诺对柏拉图的数学思想不太注意。

231

而它始终在它们里面，它们从它出来，就如同树枝从单一的树根发出，根部自身始终保持静态，[1] 但是它们化育而为相互分立的多种事物，每一个都包含那高级实在的形像，当它们抵达这个低级世界时，各自分布在不同地方，有些紧靠根部，有些远离根部，又分发出枝杈、嫩条、果实和树叶；那些靠近根部的永远存留，那些远离根部的永远处于生成之中，从叶子到果实，再从果实到叶子。那些永远生成的，在自身中拥有上界的理性形成原理，似乎它们想成为小树；如果它们在死亡之前生产，那么它们生产的只能是与它们相似的事物。树枝之间的空隙里填满了也是从根部长出的新枝，这些新枝也是以各不相同的方式长出来的，树枝上的嫩芽也受这些新枝影响，于是它们以为对它们有影响的只是它们身边的东西。然而事实上，作用和被作用都在于原理，而原理本身也是有所依赖的。[2] 相互作用的原理各不相同，因为它们的源头与它们相距遥远，然而它们起初毕竟都出自同一个源头，因此总有相似之处，就像兄弟之间总有相似之处，因为他们是同一对父母所生。

4. 论分派给我们的守护灵[3]

1. 有些实在的表现虽然进入了存在，实在本身却保持不动，但是，我们已经说过，灵魂是在运动之中产生感知觉，就是它的表达形式和生

---

[1] 用植物来比喻自然宇宙，参照《九章集》IV. 4 [28] 11.9-11。

[2] 这句话的意象非常模糊，也许普罗提诺是在思考，在一棵精心修剪过的果树的树枝之间，意外地长出了一些显然杂乱无章的新枝，它们对树枝的生长不利，但是这些新枝也是从根部长出，是由整棵树的生长原理决定的。

[3] 我们把 daimon 译为"灵"或"精灵"，是因为普罗提诺认为灵是低于神的存在。在另一个地方，普罗提诺说"神"是高级灵魂的爱，"灵"是混合灵魂的"爱"。（见《九章集》III.5.4）普罗提诺还提到，诸神是没有情感或情欲的，诸灵是有情感和情欲的。（见《九章集》III.5.6）——中译者注

参柏拉图《斐多篇》107D6-7。

长能力,甚至植物也有这种生长力。① 当灵魂存在于我们里面的时候也有生长力,但是这种生长力受灵魂支配,因为它只是灵魂的一个部分。而这种生长力一旦进入植物,就上升到支配地位,因为可以说在植物里它变成了唯一的东西。那么这种生长力是否什么都不生产呢?倒也不是,然而它生产的是一种完全不同于它自身的事物;因为在它之后再没有生命,它所生产的是无生命的事物。那么,这无生命的事物是什么呢?我们知道,在此之前产生的一切事物都是生来无形状的,唯有转向自己的生产者和是(being)才得形式,可以说,借着生产者得以成长成熟。同样,这里,那被产生的事物不再是灵魂的形式——因为它甚至连生命都没有——而是绝对的无限定性,即使在它之前也有无限定性。但是,这种无限定性还是属于形式里面的无限定性。也就是说,事物并非绝对无限定,只是相对于它的完全形式来说是未限定的。然而,我们现在所说的无限定乃是绝对的不确定性。一旦它得了完全,就变成一个形体,接受与它的潜能相适应的形式,接受创造了它并使它成长的那个原理。在下面这个世界的最深处,唯有形体里的这种形式才能代表上面的权能,不过所代表的也只能是最低级的权能。

2. 柏拉图所说的"大全灵魂关照所有没有生命的事物"尤其适用于这种 [生长力];其他灵魂则以其他方式 [关照无生命之物]。"它[②]在不同的时间以不同的形式穿越整个宇宙",[③]或者以可感知的形式,或者以理性的形式,或者以这种生长力的形式。它里面的支配部分创造与它自己相适应的事物,其他部分则无所事事,因为它们都在外面。然而,就人来说,低级部分虽然不是支配性的,但也是存在的。事实上,优秀部分并不总是处于支配地位,其他部分也都存在,并有一定的位置。因而,我们也像以感知觉为特点的存在物一样生活,我们也有感觉器官。在许

---

① 参见 V. 2 [11] 1. 18-21。
② "大全灵魂"。——中译者注
③ 这两句引文出自柏拉图《斐德若篇》246B6-7。

多方面我们还与植物相似，因为我们也有一个生长和生产的身体。因此各个部分都占一席之地，合力协作，但是整体形式是人，因为它的优秀（属人）部分占据支配地位。然而灵魂一旦离开身体，就成为它自己原来的所是。因此我们必须"逃向"① 上界，免得因为追求感觉印象而陷入感知觉的层次，或者因为屈服于生产的欲望和"对美食的贪婪"② 而降到生长力的层次。我们只有努力向上，才能上升到可理知世界，上升到理智和神。因此，那些在自身里面保守人的，就成为真正的人；那些靠感官生活的，就只能变得与动物无二；如果他们的感知觉还一直伴随着暴躁的脾气，那就成了野兽，他们在脾气上的差异决定这种动物之间的差异；那些感知觉呼应肉体欲望、追求灵魂里欲望部分之享乐的，就成为贪婪而暴食的动物。③ 如果他们享乐到甚至连感觉和欲望也没有了，完全麻木不仁了，那就完全成了植物。因为在他们里面发挥作用的正是植物的生长原理，并且唯有这种原理，或者主要就是这种原理，因此他们就是在刻意地使自己变成树木。那些沉迷于音乐但是在其他方面名声不错的人就变成鸣鸟；治国无方但此外完全没有别的恶行的国王就变成鹰；常常抬眼看天但从不作哲学思考的占星学家变成高飞的鸟。践行共同体德性的人还是变成人，但分有德性不充分的人就变成群居的动物，比如蜜蜂或类似的动物。

3. 那么谁成为灵呢？当然是那在此世中原本就是灵的。谁又成为神呢？当然是那在此世中原本就是神的。因为在人里面发挥作用的原

---

① 出自柏拉图《泰阿泰德篇》176A8-B1，也是普罗提诺最喜爱的段落之一。
② 短语出自柏拉图《理想国》VII. 519B1-2。
③ 关于相应的生命形式的轮回转世，见柏拉图《斐多篇》81F-82B，《理想国》X. 620，《蒂迈欧篇》91-92。在柏拉图看来，人的灵魂可能陷入的最低的生命形式是牡蛎（《蒂迈欧篇》92B6-7），但在恩培多克勒那里（Frs. 117, 127），最低形式是转世为植物。普罗提诺（象柏拉图一样）谈到愚君的来世（这里是否不太恭敬地暗示从火葬国王的柴堆放飞一只鹰的仪式？）和缺乏哲学头脑的占星学家，虽然语气轻松，但毫无疑问，他对柏拉图关于生命轮回的论述是认真而严肃的。参比如 VI. 7[38]6. 20ff.。坡菲利在这一点上不认同他的老师（奥古斯丁 De Civ. Dei X. 30）。关于普罗提诺主义者对生命轮回所持的不同观点，见 H. Dorrie *Kontroverse um die Seelenwanderung im kaiserzeitlichen Platonismus, Hermes* 85. 4 (Dec. 1957), pp. 414-435。

理引导人[死后的生活]，那原理是他的支配者，生前就一直引导他。那么这原理就是"他活着时分派给他的灵"①吗？不，这是在工作原理之前的事物，因为它支配人，自身却是不动的，它后面的原理才是活动的。如果工作原理就是使我们拥有感知觉的原理，那么灵就是理性原理。如果我们原本就按理性原理生活，那么灵就比理性更高，它不动声色地指挥，对工作原理表示赞同。因此"我们得自己选择"，②此话说得不错，我们得根据我们对生活的选择再来选择在我们之上的原理。那么，这灵是怎么"引导"③我们的呢？引导人生活的原理不可能在人死后还引导他，只能在死前，在人还活着时引导。一旦人死了，原理必然把自己的活动传到另外的人身上，因为人的生命原与灵的活动对应，如今生命既然已死，活动也就停止了。然后，新的原理努力想要获得对生命的支配权，如果它成功了，也就有了一个新的灵；如果由于它品性败坏而坠落，这种坠落本身就包含了惩罚。恶人也是这样，由于他身上运作的原理在他有生之年迫使他坠入邪恶，与邪恶原理对应，于是他（死后）就进入了兽的生命（形式）。但是，如果人能够跟从在他之上的灵，就能返回到上面的自我，过那种灵的生活，使他里面优秀的部分变得卓越，灵引导他就是要到达这一点。他跟随那灵上升，一直升到最高处。须知，灵魂是很多事物，是一切事物，既是上界的事物，也是下界一直到生命底线的事物；我们每个人都是一个可理知世界，通过灵魂的低级力量与下界接触，通过灵魂的高级力量以及宇宙力量与可理知世界接触。我们与我们的可理知部分一起留在上界，但是另一极把我们与下界相连，把它的一种流溢，或者毋宁说一种活动，给予低级的事物，然而我们的可理知部分本身并不因此有所减损。④

---

① 参注58。
② 柏拉图《理想国》X. 617E1。
③ 柏拉图《斐多篇》107D7。
④ 这段话非常清楚地表明，普罗提诺如何把灵魂看作一个丰富而复杂的统一体，能

4. 那么这低级部分是否总是在身体里呢？并非如此。如果我们转向上界，这一部分也随我们转向上面。那么宇宙灵魂怎么样呢？当它转身离开的时候低级部分会随之离开宇宙的形体吗？不，它从未带它的低级部分走向极地深渊。它从不曾出来或下来，因为它永远在上面保持静止不动，唯有宇宙的形体靠近它，从它获得光照，但是既不搔扰它，① 也不使它有任何忧虑，因为宇宙安然无恙地存在于它面前。那么宇宙没有任何知觉吗？柏拉图说，它没有视觉，因为它没有眼睛；没有耳朵，没有鼻子，显然也没有舌头。② 那么，它是否有一种内在固有的感觉，就像我们对自身里面的状态有一种内在感受一样？不，因为与本性完全一致的事物极为平静。它也没有喜乐。因而，生长原理在它毫无体现，感觉原理也是如此。关于宇宙，我们会在其他论文里讨论。至此，关于这个话题，与我们的问题相关方面我们已经全都谈到了。

5. 如果灵魂在另一世界选择自己的守护灵，选择自己的生活，那么我们如何还能[在这个世界]有决定的能力呢？事实上，柏拉图所论到的另一世界的选择是比喻灵魂普遍而永久的目标和倾向。如果灵魂的目标起决定性作用，它里面的那一部分，即因前世生活而展现在面前的部分，占据支配地位，那么身体就不再为任何可能影响人的邪恶负责了。因为如果灵魂的特性在身体之前就存在，并且是它自己选择的，并且如柏拉图所说，不会改变它的守护灵，③ 那么善人就不会生到地上来，这世上也不会有卑鄙小人。那么人在另一世界是不是这种或那种潜能，然后

够在多个层次上存在，在多个方面发挥作用，这些不同层次和不同作用是可以彼此区分的，但是绝不可彼此分离。后来的新柏拉图主义者完全不能接受这种思维方式，因为他们热衷于明确的区分和截然的分离，认为在是（being）的复杂等级中，人应当位于低处，这才是适合他的位置。普罗克洛（Proclus）在注释《巴门尼德篇》134A（V, p. 948, 14-20; ed. Cousin 1864）里尖锐地批判了普罗提诺的这段话。见 P. Henry *Etats du Texte de Plotin*, pp. 220-221。

① 灵魂。——中译者注
② 参柏拉图《蒂迈欧篇》33C。
③ 参柏拉图《理想国》X. 620D8-E1。

来到这个世界，变成了现实的好人或坏人？但是，如果一个本性良善的人恰好得到一个坏的身体，一个坏人却遇到好的身体，那会怎样呢？① 灵魂的两种力量或多或少能够创造相应的两种身体，其他外在偶性也会有一定影响，但是不可能改变灵魂的整个目标。柏拉图说，首先出现的是"命数"，然后是"生命的样式"，再是存在于生命时运中的事物，② 于是它们就根据自己的特点从那些向它们显现出来的事物中选择自己的生命。柏拉图这里其实是把决定权划归给了灵魂，灵魂接受并加工材料，使其适合各自的特性。事实上，这守护灵并不完全在我们外部，只是说他不受制于我们，不是我们自己的活动的发动者，然而他属于我们，属于我们的灵魂。不过，如果考虑到我们是过着比他低级的生活的人群，那就不能说他属于我们，因此柏拉图这话当然不是在这个意义上说的。这就是《蒂迈欧篇》③里所表明的守护灵与我们的关系。如果这样理解这段话，它就没有任何矛盾；如果不这样理解灵，就可能会有不能自圆其说之嫌。而且说灵是"实现人所选择之生活的力量"④ 也是与这样的理解相一致的。神灵位于我们上面，不会让我们过分下降到恶里，但是也只能使我们的行为在灵之下，不可能是高于他，也不可能达到与他同样的层次；因为他不可能变成其他事物，只能是与他所在的处所相适应的存在者。

6. 那么高贵的善人是怎样的人呢？就是按其良善部分（即灵魂的

---

① Stephen MacKenna & B.S.Page 译本插入"回答是"。——中译者注

② 这里的文本显然有讹误。普罗提诺是在评论《理想国》X. 617E-620D 里关于选择生命的描述。Creuzer 插入"επειτα <τα εν> ταις τυχαις"，如果接受这一点，那么可以看出，这句话里晦涩地暗示 619B-C，那个人选择了他所能找到的最大僭主的生活方式，但是他没有注意到这种生活方式里面包含着这样的命运，他要吃掉自己的孩子，还要遭受其他许多不幸；这个没有经验、缺乏才智的有德之人在作出错误选择之后又说了一些责怪的话。柏拉图的文本中似乎确实暗示，"生命的样式"与"存在于生命时运里的东西"有区别，一般的生活方式与它所包含的特定的幸或不幸是不同的。我基于这样的假设译出 Creuzer 的版本，但是完全不能确定这样处理是否正确。

③ 柏拉图《蒂迈欧篇》90A。

④ 柏拉图《理想国》X. 620E1。

高级部分）行动的人。如果他有守护灵作他行为的合作者，那就不可能成为一个善人。因为善人的活动原理是理智。① 这样说来，他本人就是一个灵，或者是与灵同一层次的，因此他的守护灵应该是神。那么他的守护灵甚至在理智之上吗？如果那在理智之上的是他的守护灵，那么他为何不是一开始就是高贵而良善的人呢？这是因为与生俱来的"干扰"。② 但是无论如何，即使在获得理性之前，他内心里就有一种本能活动，要奋力向前到达它自身。那么守护灵是否能常常并在各方面都成功地完成自己的任务呢？并非如此，因为灵魂具有这样一种秉性，在特定环境中成为特定类型的，因此有与它的类型和环境相对应的生命和目标。据柏拉图说，现在我们所谈论的这个守护灵最终引导灵魂走向阴间，③ 不再是原来的守护灵，除非灵魂重新选择同类的生活。但是在选择生命之前发生了什么？引向审判这意味着灵魂离开此生之后，它的守护灵重新接受灵魂出生之前它曾有过的形式。然后，似乎是从一个不同的起点，它又向在下一次诞生到来之前这段时间里遭受惩罚的灵魂显现，这一时间不是它们的生命阶段，而是赎罪阶段。那进入了兽体的灵魂又怎样呢？它们的守护者是否不是灵呢？灵倒是灵，不过是邪恶或愚蠢的灵。还有那些在上界里的灵魂又怎样呢？就那些灵魂而言，有的在可见领域，有的在这个领域之外。在可见领域的灵魂或者在太阳里，或者在另一个行星里，还有些在恒星里，每一个都与在世时的理性行为相对应。④ 因为我们必须认为，我们的灵魂里有一个宇宙，不只是一个可理知的宇宙，还具有类似于宇宙灵魂那种形式的秩序。⑤ 因此，正如宇宙灵魂按其不同的能

---

① Stephen MacKenna & B.S.Page 译本补充说，"这是灵魂的神圣部分"。——中译者注
② 参柏拉图《蒂迈欧篇》43A6-44B7。
③ 参柏拉图《斐多篇》107D7-E4。
④ 这里以及以下，普罗提诺的思想以《蒂迈欧篇》41D6-42D1 为蓝本。得穆革在最初造灵魂（它们都要进入这个世界）的时候分派给每一个灵魂一个星辰，并保证说，如果它们克服肉身生命的烦恼和秉性，就可以回到它们各自的星辰上。
⑤ 参柏拉图《蒂迈欧篇》41D4-7。

力被分派到恒星和行星领域,[①] 我们灵魂的能力也与这些能力类似,每一种能力都生出一种活动,一旦灵魂得了自由,就来到特定的星辰上,这星辰与灵魂的特性,与存留并运作在灵魂里面的能力相一致的;每个灵魂都会有一个这样的神作为自己的守护灵,或者就是星辰本身,或者是高于这种能力的神;这一点还需要更深入的考察。[②] 但是脱离了身体的灵魂已经超越了灵的本性和整个生育的命运,连同这个可见世界的一切都抛弃了。只要灵魂还在这个世界,它里面渴望出生的实体就与它紧密相连,如果有人说这实体就是"已经进入身体的可分灵魂",[③] 使自己与身体一起增加和分离,他说得一点也没错。但是这不是数量上的可分,因为它在任何时候都是同一个事物,同一个整体和统一体。由于这灵魂处在这样的自我分离过程中,因此一个动物常常可以生出许多动物,植物也是如此,因为植物灵魂在身体中也是可分的。有时灵魂保持在同一个生命物中,把生命赐给其他事物,比如植物里的灵魂就是这样。但有时它要离开生命物,于是就在离开前把生命分派给其他事物,比如被拔掉的植物或者死了的动物,腐烂之后可以从一个机体里生出许多个生命。大全里必有相应的灵魂来到我们的世界,与我们的生命合作,事实上这灵魂就是大全灵魂。

如果灵魂又回到此世,它或者拥有同一位守护灵,或者要换一位新的守护灵,这要看它为自己选择什么样的生活。它首先带着自己的这位守护灵进入这个宇宙,就如同登上一只小船,然后,冠有"转轴"[④]之名的自然接管它,把它安排好,就好像在船上,安排在某个命运的位置上。

---

① 参《蒂迈欧篇》38C-40B。
② 这里普罗提诺可能想到了柏拉图的《法律篇》X. 898E-899A,在那里,柏拉图没有进一步探讨支配太阳的灵魂与太阳的关系是否如同我们的灵魂与我们身体的关系,或者太阳灵魂以完全不同的方式引导太阳。
③ 柏拉图《蒂迈欧篇》35 A 2-3。《九章集》IV. 9 [8]; VI. 3 [27]19 也提到这一段落,并对灵魂的"可分性"作了更详尽的讨论。
④ 参《理想国》X. 616C4ff.

天体环行就像一阵风，吹动坐在船上或者运动着的人，于是就出现许许多多各种各样的景象、变化和意外，并且正如在真的船上一样，各种情形的发生是因为船上的人被推动，或者船颠簸，或者他自己冲动，不论他遇到的是什么，都是因为他恰恰以他自己的方式在船上。每一个人即使在同样的环境下也不会以完全相同的方式受动、立志或行事。因此，不同的人因同样或不同的条件遭遇不同的事；反过来，有些人即使在不同的环境里也会遭遇同样的事，这就是所谓的命运。

5. 论爱

1. 我们要探讨爱。爱是什么呢？是一个神，一个灵，还是灵魂的一种情感？或者有一种爱是神或灵，另一种爱是灵魂的情感？这神、灵和情感又是什么呢？鉴于这些重要问题，我们很有必要考察人们关于这个问题提出的各种观念以及种种哲学理论，尤其是神人柏拉图的所有观点，他在许多作品中都大量地谈到爱。他曾说，爱不只是灵魂里产生的一种情感，还是一个灵；他描述了爱的起源，爱如何产生，从何处产生。关于我们所说的因爱而产生的灵魂的情感，[1] 我想，没有人不知道它产生在渴望拥有某种美的灵魂中，而这种渴望有两种形式，一种是谦谦君子的，他与绝对的美相似；另一种则想要在某种恶行中成全自己。不过，由此进一步从哲学上思考每种欲望所产生的源头则很恰当。如果有人设想，爱起源于渴望原本就存在于人灵魂中的美本身，并认识它和亲近它，凭直觉知道那是属于他们自己的事物，那么我想，他很可能就揭示了爱的真正原因。因为丑与自然、与神相对立。[2] 自然创造万物时总是

---

[1] 那种爱是超乎人的实体性实在（substantial superhuman reality），是一个神或一个灵，负责在人的灵魂里产生爱的情感。

[2] 灵魂天然亲近美，天然排斥丑，这完全是希腊人的观念。参 I. 6 [1]2. 1-6。两段话都出自柏拉图《会饮篇》206D1-2。

朝向美，朝向限定的事物，就是"属于善者之列的"①事物；而未限定者则是丑的，属于另一列。自然的源头在上界，从至善而来，并且显然也从美而来。如果我们喜爱某物，与它相近，那么对它的形像也会产生亲密感。如果人们拒斥这种原因，就无法解释为何会产生爱的情感，它如何产生，就是对那些以交配为目的的配偶之间的爱也说不清楚。他们当然想要"在美中创造"，②因为自然若是想要创造美的事物，却又想在丑里创造，那岂不荒谬？可以肯定，那些渴望在世俗怀胎生育的人，满足于拥有这个世界的美，也就是显现在形像和身体里的美。原型虽然没有向他们显现，却是引发他们爱美的原因，即便他们所爱的只是这种地上的美。如果他们能从这下界之美开始回忆原型之美，那这下界之美仍可以作为美的一个形像使他们心满意足；但是如果他们不回忆，那么由于他们不知道自己所遇到的究竟是什么，就会幻想这是真美。如果他们仍然保持贞洁，那么即使亲近下界的美也没有任何过错，但如果陷入情欲之中，那就是错误的。人对美的爱如果是纯粹的，他就会只满足于美本身，不管他有没有回忆原型；但人的爱如果混合着另一种渴望，想要"尽必死者所能成为不朽的"，那就会去追求持久而永恒的美；他按照自然的方式，在美里播种和生产，播种是为收获永恒，在美里播种是因为他们与永恒和美相通。永恒者当然与美者相似，永恒的事物就是原初之美的事物，凡从它生的，也都是美的。因而，那不想生产的更能在美中获得满足，而那渴望创造的之所以想要创造美乃是因为缺乏美，因为其自身不自足。如果它确实创造了这类事物，只要是在美里面创造的，它就认为

---

① 这个短语取自亚里士多德《尼各马科伦理学》A6 1096B6，稍有变化，但这一变化意味深长。参《形而上学》A5. 986a22-26。根据亚里士多德记载，某些毕达哥拉斯主义者拟出了十对基本的相反者。

② 柏拉图《会饮篇》206C4-5。

它是自足的。① 但那些想要非法地、违背自然地生产的人，就使自己的出发点离开了与自然相合的正道。我们可以说，他们滑出了正道，跌倒了，没有认识到爱要把他们引向何处，不知道什么是生育的动力，应怎样正当利用美的形像，也不知道绝对美是什么。现在言归正传。那些爱形体之美而没有任何肉欲的人，是因为美本身而爱美；那些带着我们所说的混合之爱而爱的人也是如此。他们爱女人是为了传宗接代，使自己（的血脉）永久持续。然而，如果那女人并不美，他们的目的 [就是"在美里面生产"的目的] 就会落空，因此第一种人 [那些根本不考虑自我永恒，而是纯粹爱美的人] 更好。不过，两种人都是纯洁的君子。同样是爱美者，有些人甚至崇拜尘世的美，对他们来说，拥有这种美就足够了；有些人则能想起原初之美，因此敬慕更高的美，同时也不鄙视这尘世的美，因为他们能在这种美身上看到另一种美的影子和展现，因此，这些爱美者关注的是没有丝毫丑的美。另外还有些人却因为美而陷入丑恶。事实上，对善的欲求往往会使人陷入恶。关于灵魂里 [由爱产生的] 情感我们就谈到这里。

2. 但是，作为我们哲学探讨之主要对象的爱应当是这样的爱：不仅普通人，还有那些阐述诸神的人，尤其是柏拉图，都视之为神的爱。柏拉图在许多地方都论到"爱是阿佛洛狄忒之子"，② 说他的工作是"美少年的守护灵"，③ 推动灵魂趋向更高世界的美，或者使已经产生的趋向那个世界的心意更加坚定。我们也必须考虑《会饮篇》里所论到的那些话，他说，爱不是阿佛洛狄忒所生，而是由出席阿佛洛狄忒生日宴会的

---

① 综观这一段，尽管普罗提诺尽力忠实于柏拉图的理论（《会饮篇》206C 以下），但事实上，他引入了一点极为重要的改变，因为他明确区分了两种爱，一种是对美的纯粹之爱，这种爱没有生产的欲望，另一种爱混合了对永恒的渴望，因而寻求生产，他认为这种爱是较低级的。在柏拉图那里，对至高者的一切爱都具有本质上的生产性（参《会饮篇》212A）。在普罗提诺这里却并非如此。
② 柏拉图《斐德若篇》242D9。
③ 柏拉图《斐德若篇》265C2-3。

波瓦提（Poverty）①和帕兰提（Plenty）②所生。③看来，我们的讨论似乎要求我们说说阿佛洛狄忒，不管柏拉图是说爱由她而生，还是与她同生。首先，我们要搞清楚，阿佛洛狄忒是谁；其次，我们必须问，爱是如何从她产生，或者与她同生，或者在什么意义上对同一个爱可以说既是从她生，又与她同生？事实上，我们得说，阿佛洛狄忒有两个，一个是属天的，我们说她是"天的女儿"，另一个是"宙斯和狄俄涅（Dione）"④所生，掌管地上的婚嫁之事，作婚姻的守护灵。前一个"无母"，超然于婚姻，因为天上没有任何婚嫁之事。⑤属天的阿佛洛狄忒据说是克洛诺斯（Kronos）的孩子，而克洛诺斯就是理智，因此她必是最神圣的灵魂，直接源于理智，出自纯洁者，是纯洁的，高高在上，既没有缺乏，也不可能下降到地上这个世界来，因为下降不是她的本性，她是一个独立自存的实在，不分有任何质料的实体——因此之故，他们戏谑地说她是"无母的"；我们应当把她当作女神，而不是灵，因为她本身毫无混合，永恒纯洁。须知，凡本性直接源自理智的，本身也是纯洁的，因为它与理智的亲近关系足以使它自己强壮，而且，灵魂的渴望和居住地也非常靠近生它的原理，这原理非常强大，完全能够把它保守在上面。因此之故，直接依赖于理智的灵魂不会坠落。我们知道，太阳从自身放射光芒，普照大地。阳光既出自太阳，当然与太阳紧密相连，但灵魂对理智的紧密联结比它更甚。既然阿佛洛狄忒（也就是灵魂）紧随克洛诺斯——如果

---

① "贫穷"的意思。——中译者注
② "富足"的意思。——中译者注
③ 柏拉图《会饮篇》203B-C。
④ 狄俄涅是希腊神话中的女巨人。——中译者注
⑤ 用讽喻手法描述 Ουρανια 与 Πανδημος 以及在神话学上对阿佛洛狄忒的出生有不同叙述（这一点实际上并没有希腊宗教习俗的基础），出现在《会饮篇》180D 鲍萨尼亚（Pausanias）的发言中，也出现在色诺芬（Xenophon）的《会饮篇》viii, 9-10。柏拉图本人似乎并不把它当真，它在他在《会饮篇》里关于爱提出的思想也没有什么重要意义。但是普罗提诺发现它很有用，因为可以用它来阐述高级灵魂与低级灵魂的区分。

你愿意，也可以说克洛诺斯的父，天①——她使自己的活动就直接指向他，与他亲密无间，对他充满炽热之爱，怀着这种炽爱生出了爱；也就是说，她的活动创造了一个真实的实体，于是，母亲与这个实体——就是她所生的高贵的爱——一起凝视高处。这爱总是指向美的事物，在美中获得存在，可以说它就是渴望与渴望对象的中介，是渴望者的眼睛，借着它的力量使爱者能够看见所渴望的对象。但是爱本身总是勇往直前，在他（爱）还没有让爱者能够借着器官[肉眼]看见之前，就已经使自身充满凝视，在爱者之前看见，然而这种看与肉眼的看绝不相同，因为爱者要看见唯有凭借爱的能力，而爱本身凭着自己的活动可以捷足先登，当美迅速经过他时，他就先睹为快。

3. 我们应当相信，爱是实在，是源于实体的实体，虽然比创造它的母亲逊色，但是仍然是实体性的存在。那高级灵魂当然是实体，从先于它存在的活动中生成，出自包含真正存在者的世界的实体，这实体也凝视那第一实体，并且极其专注地凝视。这原是它最初的视觉，它凝视它如同凝视自己的善，在这样的凝视中喜乐无比。这是一种非常独特的凝视，凝视者不可能把这种看只当作次要的活动。于是，灵魂在一种喜乐而专注的凝视中，凭着这种热情似火的凝视从自身生出了某种与自己相匹配，也与这种视觉相匹配的事物。也就是说，灵魂里有一种深刻的凝视活动指向凝思对象，凝视对象就产生一种果子。这样，爱就产生了，这爱渐渐成为充满自己视线的眼睛，就像自身中包含自己形像的一种看。我想，他的名字很可能就源自于此，因为他是从看中获得其真实的存在。爱的情感必从爱的实体得名，因为实体先于非实体——毕竟这是一种被

---

① 这清楚地表明，在普罗提诺看来，神话以及对神话的比喻解释其实并没有多少真实意义。柏拉图特别不喜欢克洛诺斯生阿佛洛狄忒的故事（参《理想国》II 377E-378A），也许这是普罗提诺这里之所以要更改阿佛洛狄忒出生的一个原因。不过，最主要原因在于，克洛诺斯在他看来是理智在神话学上的对等者（参 V. 1[10]4），阿佛洛狄忒作为神圣灵魂必然紧随其后。

称为"坠入爱"的情感——我们可以说"对这个人的爱使他着迷",但爱若没有任何具体性质,就不可言说。属于高级灵魂的爱应该是这样的爱,他自己也凝视高处,因为他就是灵魂的跟随者,是从她并因她而生成的,并且不关心别的,只专注于对诸神的凝思。既然我们说,最初照亮天宇的高级灵魂是独立自存的,我们也当承认这爱是独立自存的——尽管可能没有像灵魂那样高悬于天,是"属天的"。同样,虽然我们说,我们人里最优秀的部分在我们"里面",但我们仍然承认它有独立的存在。[①]因此,爱必然只存在于上界,就是纯粹的灵魂居住之处。但是,由于这宇宙也得有一个灵魂,于是就有另一个爱立即随它一起到来,这爱也是这第二个灵魂的眼睛,其自身也由欲望产生。因为这个阿佛洛狄忒[②]属于宇宙,不是绝对或者单一的灵魂,因此她在这个宇宙生产出爱,他立即就掌管了婚姻;并且由于他还拥有对上界事物的渴望,这份渴望一分不少地传给年轻人的灵魂,使之激动,使与他同列的灵魂转向高级事物,因为灵魂本性上就有回忆上界事物的能力。每一个灵魂都追求善,混合灵魂这样,个体灵魂也是这样,因为每个灵魂都跟从高级灵魂,也都是从高级灵魂而来的。

4. 那么个体灵魂是否在自身中拥有爱本身,就是有真正实体性存在的爱?请问,宇宙灵魂和大全灵魂有真实的爱,而我们每个人的灵魂,以及其他所有生命物的灵魂难道会没有?这种爱是不是就是他们所说的伴随每个人的灵,也就是说,这爱是不是属于我们每个人?这种爱应该根植于与每个灵魂的本性相适应的各种欲望;个体灵魂渴望与它自己的本性相对应的事物,于是就产生一种适合它的价值、对应它的是的爱。我们不妨假定,宇宙灵魂有一种普遍的爱,每个部分灵魂各有其自己特

[①] 把高级灵魂称为"属天的",是因为它"照亮"可见的天(也就是可见世界里各种形式的直接源泉),但它并不内在于天,而是完全超越于物质宇宙的。同样,我们里面至高的理智元素也不是真正的"我们",而是独立自存,超然物外的。

[②] 第二灵魂。——中译者注

有的爱。不过由于每个个体灵魂里没有完全消除它与整体的关系,而是包含着这种关系,因此,所有的灵魂都是统一的,[1]个体的爱也与普遍的宇宙之爱相关。这样,部分的爱与部分灵魂相伴随,伟大的爱与宇宙灵魂相伴随,大全的爱与大全相伴随,爱无处不在。而且,这统一的爱变成许多爱,并且就是许多爱,在大全里他愿意出现在哪里,就出现在那里,随心所欲地塑造大全各个部分的形状和外观。由此,我们必须承认,大全里存在着许多阿佛洛狄忒,他们在大全里成为诸灵,与爱相伴,生自普遍的阿佛洛狄忒,众多个体性的阿佛洛狄忒都依赖于那个普遍性的阿佛洛狄忒,同时带有各自特有的爱——这就是说,如果我们认为灵魂是爱的母亲,而阿佛洛狄忒就是灵魂,那么应该说爱就是灵魂追求善的行为。因此,这爱引导每个个体灵魂走向至善,但是这爱有两重性,属于高级灵魂的爱就是一个神,使灵魂始终与至善联结,而混合灵魂的爱只是一个灵。[2]

5. 那么这灵的本性是什么,一般意义上的灵是什么——关于这个问题柏拉图在《会饮篇》里也有论述。他还论到其他灵的本性,以及爱的本性。为何说爱是阿佛洛狄忒生日宴会上由波瓦提和卡宁(Cunning)[3]的儿子帕兰提所生?如果认为柏拉图的爱意指这个宇宙,[4]而不是宇宙的一个部分,不是指在宇宙里自然产生、丰盈起来的爱,那么这种解释本

---

[1] 关于个体灵魂统一于一个灵魂,见 IV. 3[27]8, IV. 9[8], VI. 4[22]14。

[2] 普罗提诺通过这样的区分,把《斐德若篇》里所说的厄洛斯(Eros)是一个神,与《会饮篇》里说的他是一个精灵统一起来,同时保留柏拉图的洞见,即"eros"不只是欲求(欲望一旦得到满足就必然消失),而是某种即使爱者完全获得了爱之对象并与其合一也仍然保留的事物。

[3] "狡诈"的意思。——中译者注

[4] 厄洛斯神就是整个宇宙的观点见于卡莫图(Cornutus)(*Theologiae Graecae Compendium*, ch. 25 (p. 48, 5-9 Lang)),可能是斯多亚学派的。普鲁塔克(Plutarch)用它来解释《会饮篇》里的神话(De Iside et Osiride, ch. 57, 374D-E),他把爱的父母即帕兰提和波瓦提等同于可理知实在和质料,两者结合构成宇宙,并将这三者比作埃及的三位神:奥西里斯(Osiris)、伊西斯(Isis)和赫鲁斯(Horus)。普罗提诺虽然拒斥了爱与宇宙的同一性,但对这种关于爱之父母的古老比喻仍有所保留。

身包含了许多自相矛盾之处。一方面，柏拉图说宇宙是一个"福神"，是自足的，另一方面又承认这爱不是神，不是自足的，而总是有匮乏。另外，如果宇宙由灵魂和身体构成，阿佛洛狄忒在柏拉图看来就是宇宙的灵魂，那么阿佛洛狄忒应当是爱中最重要的部分，或者如果灵魂就是宇宙，如人的灵魂就是人一样，那么爱必然就是阿佛洛狄忒。再者，爱原本是一个灵，如果他就是宇宙，那么其他灵——显然他们都具有同一个实体——不也应当是宇宙吗？这样说来，宇宙不是别的，就是诸灵的联合体。一个被称为"美少年之守护灵"的存在者如何能是宇宙呢？柏拉图对爱的描述是"无床"、"无鞋"和"无家"，[1]如果把这些描述用于宇宙，岂非可笑？岂非完全不符合事实？

6. 那么，我们该怎样谈论爱，谈论关于他出生的描述呢？显然，我们必须明白波瓦提是谁，帕兰提是谁，他们为何可以是爱的父母？同样显然的是，这些必然也适用于其他灵，只要诸灵作为灵具有单一的本性和实体——否则，他们就只徒有灵的虚名。我们不妨先弄明白诸神与诸灵的区别（即便我们确实常把灵称为神），无论如何，我们有时也把他们作为各不相同的存在者谈论。[2] 我们论到和想到诸神时，认为他们没有情感或情欲，但我们认为诸灵有情感和情欲；我们说诸灵永远位于诸神之后，已经倾向于我们，处在我们人类和诸神之间。那么他们为何没有保持毫无情欲的状态，为何要降低本性，来到一个较低的层次？我们还要思考这样的问题，在可理知世界是否根本没有灵？相反，在这个宇宙则只有灵，没有别的；神是否只局限于可理知世界，或者"这里也有神"，宇宙则如我们常常所说的就是"第三个神"，[3] 每个落到月球上的存在者都

---

[1] 柏拉图《会饮篇》203D 1-2。

[2] δαιμονες 这个名称表示级别较低的超自然存在者，而把它用于诸神，可追溯到赫西奥德（Work and Days 122-126）。但是柏拉图，还有色诺芬和中斯柏拉图主义者吸收并发展了他的理论，确定这些中介存在者的特点，设计出一种常规的神灵论，普罗提诺在本章遵循它的主脉络。

[3] 这个词出于努梅尼乌斯（Test. 24 Leemans = Proclus, In Tim. 303, 27-301, 1）。

是神？不过，最好不要把可理知世界中的存在者称为灵，即使那里有灵的理念，而要称之为神。另外，要把降到月球上的感觉世界的可见神称为二级神，他们位于可理知世界的那些高级神之后，并与后者对应，依赖于他们，就像围绕每个星辰的光芒一样。那么诸灵是什么呢？他们是不是每个灵魂进入宇宙之后留下的痕迹？如果是，为何只是宇宙里的灵魂留下痕迹呢？因为纯洁灵魂生的是神，而且我们已经断言，他的爱也是神。那么首先，为何并非所有的灵都是爱？其次，他们为什么不像诸神那样不沾染质料？那些由渴望善和美的灵魂生出的灵是爱，宇宙中的所有灵魂都产生这种灵。而其他的灵，虽然也出于大全灵魂，却是另外的力量根据大全的需要生产的；这些灵都有助于大全的成就，与大全一同治理个体事物。大全的灵魂必须通过创造权能为大全提供足够的事物，这些权能就是诸灵的力量，都于整体有用。那么他们怎样分有质料？又分有什么样的质料呢？显然不是形体性的质料，否则他们就是属感知觉的生命物了。即使他们确实也取了气或火的形体，[①] 他们的本性必然已经不同于以前，这样才可能使他们分有身体；那完全纯粹的事物不可能直接与身体结合。然而，许多人认为，气或火的形体包括在灵作为灵的实体本性中。那么为什么一种实体与身体结合，另一种却不然？肯定有某种事物引起这种结合。那么原因是什么呢？于是我们不得不设想有一种可理知的质料，这样，分有这种质料的存在者就可以借此进入形体这种低级质料中。[②]

7. 因而，在爱降生的故事里，柏拉图说，"帕兰提喝琼浆喝醉了，因为那时还没有酒"，意思是说，爱在感觉世界出现之前就进入了存在。

---

① 关于精灵的形体由非常精细的气构成，见 Apuleius, De Deo Socratis, ch. 11（整篇文章就是粗俗的柏拉图神灵论的最好例子之一），坡菲利 De Abstinentia II. 39。2世纪及以后的柏拉图主义者普遍相信这些形体，这种信念可能基本上出于波西多尼乌斯（Posidonius）。

② 分有"可理知的质料"是介于完全无形体性与质料形体化之间的一个中间阶段，普罗提诺的这种思想是独一无二的。关于他对这个主题的常规思想特别见 II. 4 [12]3-5, 15。

与波瓦提结合的是一个可理知的本性,不只是可理知者的一个化身,或者它的一个幻影。她就在那里,在可理知世界中,与他合一,然后生出爱的实体,这实体由形式和未限定性构成。未限定性是灵魂还未获得至善之前所拥有的东西,同时她通过一种未限定和无界定的想象,推测关于实在的某种知识。因而,理性原理来到了某种不是理性的事物里面,这种事物是一种未限定的冲动,一种模糊的显现,也就是说,理性所产生的爱不完全、不自足、有缺陷,因为他由未限定的冲动和自足的理性原理形成。因此,爱不是一个纯粹的理性原理,他在自身中有一种未限定的、非理性的、无界限的冲动。只要他的本性里有这种未限定性,就永远不会满足。① 他依赖于灵魂,因为他从灵魂而来,灵魂是他的源头,同时他又混合了某种理性原理,但这种理性原理不能保守自己,因为它包含了未限定性——事实上,不是理性原理本身与他混合,而是出于理性原理的某种事物与他混合。因而可以说,爱就像一根"刺",② 自己的本性中没有任何资源;即使获得了自己的目标,也仍然贫穷匮乏。③ 他无法得到满足,因为混合的事物不可能满足;唯有那在自己的本性中已经获得了完全自足的,才能真正满足。爱因其本质固有的匮乏,不得不欲求,即使他有一会儿得到了满足,也不可能真正抓住已经得到的事物,因为他的这种无能出于他的匮乏;但另一方面,他又能为自己提供资源,这种能力出自他的理性本性。

我们必须承认,整个灵族就是这样的,出自这样的父母。每个灵都

---

① 这里的可理知质料的概念比最后一节讨论的观念更接近普罗提诺的常规思想。认为灵魂的爱包含一种根本的不完全性,因为它里面的"质料"成分,它永远不可能得到满足,这种思想在相当程度上超越了《九章集》里的其他观点(当然,如果在这个意义上解释《会饮篇》,那么得出这种思想是不可避免的)。不过,它与 III. 7 [45]11 描述的灵魂里产生时间的"永不安宁的力量"有某种共同之处。

② 柏拉图《斐德若篇》240D 1。

③ 另一方面,理智"总是欲求,总是获得";太一则既不欲求,因为它无所求,也不获得。

有指派给它的领域,在自己的领域都很强大,并在欲望驱使下孜孜以求。在这一点上它与爱相似。还有一点也很相似,即总不满足,总是欲求某种自认为是好的部分之物。由此,我们就可以明白,这个世界的善人所拥有的爱是对单一而真实的善的爱,而不是其他任何一种爱。其实,每个人都有自己的守护灵,但是如果他们无视自己的守护灵,而选择另外的灵来指导自己的行为——他们之所以选择这个或那个灵要看他们身上活跃的是灵魂的哪一部分——那么拥有自己的守护灵对他们来说徒劳无益,无法唤起他们对单纯善的爱。而那些立意行恶的人则把内心里所有的爱都投注于在他们灵魂里膨胀起来的淫欲,正如他们用后来在他们身上滋生出来的邪恶观念来束缚他们与生俱来的正当理性一样。这样说来,符合自然本性的爱都是美好和良善的;对低级灵魂的爱在价值和力量上要稍逊一畴,而对高贵灵魂的爱就有更大的价值和力量;两者都是实体性的爱。但是,爱如果违背本性,就是反常的被动情感,那么无论如何都不可能是实体,或者实体性实在的体现,也就不再是灵魂的产物,而与某个恶灵共在,这恶灵所生产的东西在性情上和状态上都与它自己相似。一般而言,真正善的事物,也就是与活跃在确定的、有界限的事物里的灵魂本性相吻合的事物,是实体,而恶往往不是灵魂从自身中产生的行为,而是消极的情感;它们就像虚假的思想,没有实体性的实在作为基础。真实正确的思想是永恒而确定的,完全拥有智慧、思考对象和存在,不仅在思的活动上体现为单一而绝对的,在每个个别活动上也关乎真实的思考对象以及每个个体的理智。事实上,我们必须承认,在我们每个人里面,思考和思想对象都存在于某种纯粹状态——然而它们并非共在,思想与思想对象合一的状态并不属于我们,我们的思不是单一的,因此我们的爱是对单一实在的爱,我们的思也是如此。如果我们爱上了某个不完全的事物,那是偶然的,就像如果根据几何定理,这个特定三角形的三角之和等于两个直角,那是因为它仅仅是一个三角形。①

8. 然而,这里的宙斯是谁呢? 柏拉图说帕兰提进入了他的花园,②这花园又是什么? 我们已经知道,阿佛洛狄忒就是灵魂,而帕兰提是万物的理性原理。但是,我们怎样理解这两者,如何理解宙斯和他的花园? 我们不可把宙斯理解为灵魂,因为我们已经把阿佛洛狄忒看作灵魂。当然这里我们也必须根据柏拉图的话来理解宙斯。柏拉图在《斐德若篇》里说,这个神是个"伟大的首领",③但在另一处又说,我想宙斯是第三类的。④他在《斐利布篇》里说得比较清楚,说宙斯里有"君王的灵魂和君王的理智"。⑤如果宙斯是伟大的理智和灵魂,属于原因之列,那么我们必须把他放在高级世界。除了其他理由之外,最主要的理由是修饰语"君王的"和"首位的"意思就是"原因",所以他必位于理智层次。⑥而阿佛洛狄忒作为他的女儿,出自于他,与他同在,因此应把她列为灵魂之列,之所以称之为阿佛洛狄忒,正是因为灵魂的美丽、聪慧、清白和高雅。如果我们把男性神放在理智层次,把女性神看作他们的灵魂,因为每个理智都有一个灵魂相伴,那么在这个意义上,阿佛洛狄忒也就是宙斯的灵魂。再者,这种解释得到了一些祭师和神学家的确证,因为他们把赫拉(Hera)与阿佛洛狄忒视为完全同一的,把天上的阿佛洛狄忒星称为赫拉星。⑦

9. 再说帕兰提,他既然是可理知世界和理智中的理性原理,并且

---

① 这个例子取自亚里士多德,他屡次用到这个例子,比如《形而上学》Δ 30. 1025a, 32。

② 柏拉图《会饮篇》203B5-6。

③ 柏拉图《斐德若篇》246E4。

④ 柏拉图《书信》II. 312E4(这段话是普罗提诺阐释柏拉图的根基之一,在按年代顺序排列的下一篇文章,即 I. 8 [51]2. 28-32 中有完整的引用)。

⑤ 柏拉图《斐德若篇》30D 1-2。

⑥ 这篇论文的第二节以及别的地方讲到克洛诺斯是理智。这一段又表明普罗提诺不认为神话解释有多少真正意义,也表明他时时预备把高级灵魂与理智紧密联系起来。

⑦ 参 [亚里士多德], De Mundo 392a 27-28.

更具有发散性，可以说，能散发出去，那么应该与灵魂有关，在灵魂里面。凡在理智里面的东西都聚集在一起，①没有什么是从他物来的；但是当帕兰提喝醉了，他的满足状态源自外面。这在可理知世界中饱饮琼浆的，不就是从高级世界坠入低级世界的理性原理吗，此外还能是什么呢？这理性原理在灵魂里，但出于理智，所以一听说阿佛洛狄忒出生的消息，就流入宙斯的花园。每座花园都是一种荣耀，是财富的装饰；宙斯的财产因理性原理而显荣耀，他的装饰品就是从理智本身进入灵魂的光辉。宙斯的花园能是什么呢，不就是他所喜乐所自豪的自己的形像吗？他的荣耀和装饰能是什么呢，不就是从他流溢出来的理性原理吗？所有的理性原理全是帕兰提（富足的），其丰富而珍贵的美已经显现出来。这就是琼浆喝醉了。诸神所喝的琼浆不就是其神圣本性所获得的事物吗，也就是从理智流溢出来的理性原理？理智饱足地拥有自己，但是并没有陶醉于自己的财产。它不拥有任何外部事物。理性原理作为理智的产物和体现，出于理智，一旦出来之后就不再属于理智，而成为另外的事物，因此说它进入了宙斯的花园，按故事的说法，当阿佛洛狄忒进入存在领域时，它正躺在花园里。

然而，神话若是真要成为神话，就必须及时把它们所讲述的事物分离，把许多放在一起但在地位或能力上有分别的实在彼此分开，理性的讨论还要讲述非生者的出生，它们自己要把合在一起的事物分开。如果说神话教导了什么，那么它所教导以及能够教导我们的，就是让理解了神话的人重新把它所分开的事物整合起来。对厄洛斯神话的整合就是：灵魂原是与理智同在，后来从理智进入存在，然后又充满理性原理；它本身是美的，装饰着各种美，饱含富足，因此它里面有许多荣耀，各种美好事物的影像。总的来说，这灵魂就如同整个阿佛洛狄忒，它里面的

---

① 理智的"聚集"或浓缩为一与灵魂的相对发散形成比照，参 III. 7 [45]11. 23ff., III. 2 [47]2. 17ff.。普罗提诺在这段话里一如既往地关注对纯洁的理智与灵魂里的智性部分作出区分，就像他在几乎同一时期写的文章 V. 3[49] 所作的那样。

理性原理是完全富足的，于是称之为"帕兰提"，那里的琼浆从上面的世界源源不断地流下；而灵魂所包含的种种荣耀被安排在生命里的，因此称之为"宙斯的花园"。柏拉图说，[①]帕兰提在那里"睡着了"，他所充满的原理把他给"压弯了腰"。既然生命已经出现，并且总在那里，在实在的世界里，因此柏拉图就说诸神"欢宴庆祝"，[②]诸神都处在名副其实的有福状态。而这个存在者，爱，则因灵魂渴望至高者和至善者就从永恒进入存在，只要灵魂存在，他就永远存在。他是个混合物，一方面有缺乏，因此有渴求，想要得到满足；另一方面并非完全缺乏，并非不分有一点富足，事实上他寻求的就是他已经拥有但还有所缺乏的事物。我们知道，如果完全不分有一点善，那就永远不可能去追求善。因此，柏拉图就说他是帕兰提和波瓦提，即富足和贫穷所生的，因为缺乏、渴望以及对理性原理的记忆全都一起进入了灵魂，产生出指向善的活动，而这就是爱。他的母亲之所以是贫穷，是因为渴望属于有缺失和需要的事物。贫穷是质料，质料就是在任何方面都匮乏；因为对善的渴求本身就包含了未限定性——渴求者没有任何形状、理性形成原理——因此，渴求者就其在渴求善而言更像质料，而善相对于渴求它的事物来说，只是形式，停留在自身中；那渴望接受善的事物准备了接受的容器就像为形式准备了质料，接受善的到来。因此爱在某种程度上是一种质料性的存在，同时是灵魂产生的一个灵，因为灵魂缺乏善，但渴求善。

6. 论无形体之物的不可灭性

1. 我们说，感知觉不是情感，而是与情感有关的活动和判断。情感属于别的事物，比如说，属于以某种特殊方式得到限定的身体。但是

---

① 《会饮篇》203B 5-7。

② 《会饮篇》203B 2。

判断属于灵魂，判断不是某种情感——否则，它如果是情感，就必须得有另一个判断，这样我们就得永远往回追溯，没有尽头。不过，我们在这一点上仍然有个难题，即判断就其是判断来说，是否不包含被判断的内容？如果它包含判断对象的印象，那么它就已经受了影响。但是它仍然有可能谈论被称为印象的事物，判断出它们的特性与人们所认为的[①]完全不同，倒有点像思想活动所体现出来的特点；也就是说，它们更可能是认知活动，不会受到任何影响的活动。一般而言，我们的理性意向绝不是要让灵魂像身体那样有冷热的变化。[②] 我们应当检查一下灵魂中被认为易受情感影响的那一部分，然后考虑我们是否应当承认这一部分也是不变的，或者应当承认灵魂里唯有这一部分是易受影响的。这个问题我们要稍后讨论。现在我们必须先思考关于灵魂的高级部分的一些难题。须知，这一部分先于易受影响的部分出现，先于感知觉存在，总而言之先于灵魂的任何部分，那么，当恶念、谬见和无知出现在灵魂中的时候，它怎么可能毫无变化呢？灵魂接受事物，把它看作本己的，或者拒斥事物，把它看作异己的；灵魂有喜乐、痛苦、忿怒、怨恨、嫉妒和欲望，总之从不安宁，无论遇到什么事物都会被触动，引起变化。[③] 倘若灵魂是形体，有广延，那么要表明它不受影响，无论里面发生什么事，都不会产生变化。这不但不容易，简直是不可能。相反，如果它是没有广延的实体，必然包含不朽性，那么我们就得小心谨慎，不可给它加上这类情感，免得不知不觉中使它成了可败坏的。[④] 再者，它的实体是不是一个数，或者如我们所认为的那样是一种理性形成原理。如果是，那么数或者理性原理中怎么可能出现某种情感呢？我们只能认为，非理

---

① 指斯多亚学派。参比如 *Stoicorum Veterum Fragmenta* I. 141, 484; II. 55。

② 这还是暗指斯多亚学派的观点。参 *Stoic. Vet. Fr.* I. 234; III. 459。

③ 普罗提诺关于所谓的灵魂里的"运动"和"变化"的观点非常接近于亚里士多德，本论文的这一部分就极为倚重他；参《论灵魂》A. 4. 408b1 ff. 及 B. 5. 417b5 ff。

④ 灵魂不是形体，否则就可能使它失去不朽性和不灭性，这一点在 IV. 7[2] 有详尽论述。

性的理性和未受感动的情感出现在它里面。我们必须明白，这些词都是从形体转引过来的，每一个都包含相反的含义，因此只能从比喻的角度把它们用来形容灵魂里相对应的事物，于是就说灵魂以不拥有的方式拥有它们，以不受影响的方式受它们影响。我们必须思考这种情形是怎么产生的。

2. 首先，我们必须解释灵魂中的德性和邪恶。当我们说出现了邪恶，此时究竟发生了什么？我们还会说，你必须把恶"赶走"，似乎灵魂里原先就有某种恶；又说必须在灵魂中"植入"德性，引入秩序和美，取代原先的丑恶。如果我们说"德性就是和谐"，邪恶就是缺乏和谐，那么我们是否肯定与古人的观点①一致，这话能否对我们的考察提供重要的价值呢？如果灵魂各部分彼此之间的自然和谐就是德性，它们的不和谐就是邪恶，那就不会有任何事物从外部或者另一个源头进来，每一部分或者如其所是，相互联合，那就是和谐，或者彼此分立，各自为政，那就是不和谐。就像舞蹈表演时合唱团伴唱，跳与唱彼此配合，尽管每个人都是独特的个体，但是每个声音都要与其他声音合拍，有时还需要一人独唱，其他人不唱；也就是说，每个人虽然都发出自己的声音，然而远不是各自放开喉咙一起唱就够了，每个人必须发挥他个人的音乐才能，唱出自己最优美的声音，同时必须与他人配合，把声音完美地合在一起。②同样，在灵魂中也有这样的和声，每个部分做它本分的事，然后合成和谐的状态。然而，在这种和谐之前各个部分必然还有另一种德性，不和谐之前也有另一种邪恶。正是这种邪恶使每个部分成为恶的，同样，也正是这种德性使各部分成为善的。也许有人会说，推论部分的邪恶就是愚蠢，愚蠢是否定意义的，因此不可能论断任何事物的存在。但是当谬见出现在灵魂中（这就是生产邪

---

① 毕达哥拉斯学派。参柏拉图《斐多篇》93C。
② 这里的思想与 I. 6 [1]1. 26-30 的相同。比照 III. 2 [47]17. 64ff

255

恶的最主要源头），我们怎能坚持认为它们没有出现，灵魂的这一部分没有因此而有所不同？属灵部分岂不是胆怯时处于一种状态，勇敢时就处于另一种状态？欲望部分岂不是情欲放纵时处于一种状态，控制自如时处于另一种状态？这样说来，它不是已经受了影响？对此我们要回答说，当每一部分处在德性状态时，就是在按自身真实的实体性之是活动，由此各部分都听从理性；[1] 推论部分从理智接受理性，其他部分从推论部分接受各自的理性。而听从理性就如同看一样，不是接受形状，一旦看的行为发生了，就看见了，看就真实地存在。正如视力既有潜能的存在，也有现实的存在，[不论它是潜能的还是现实的,] 它在本质上保持同一，它从潜能到现实不是一种改变，而是同时靠近它自身原来就有的事物，去认识它，认识[2]而没有受到丝毫影响。同样，推论部分也是这样与理智相关，也是这样看，这种看就是理智活动的能力。它里面没有留下任何印记，但它拥有所看见之物，在另一意义上又可以说没有所拥有之物；说它拥有所见之物，是因为它知道了，说它没有是因为视觉并没有在它里面留下什么，就像蜡块上留下印象那样。[3] 我们必须记住，我们在讲到记忆的时候也曾指出，记忆不存在是因为事物在我们心里已经消失，但是灵魂唤醒记忆的力量，竟然使它拥有已经没有了的事物。[4] 那么，灵魂在这样记忆之前与这样记忆之后是不是有分别呢？你愿意称之为分别吗？好，只要你不认为它根本上有了变化，除非你要把从潜能转化为现实这个过程称为变化。事实上，

---

[1] 这里普罗提诺很可能想到了赫拉克利特。参 fragments, DK, B1, 112。

[2] 也就是看。——中译者注

[3] 普罗提诺这里似乎想到了斯多亚学派关于"印记"的著名论证。克利安西斯（Cleanthes）认为，心理印象的产生就如同在蜡块上打上印记，克律西波（Chrysippus）早就纠正了这种过于简单的观点，并指出若是这样就不可能再有记忆。参 Stoic. Vet. Fragm. II. 55-56。

[4] 关于普罗提诺的记忆说，见 IV. 3[27].26-31。

它什么也没有增加，它只是因着本性是其所是。① 一般而言，非质料性之物从潜能变为现实不会出现任何改变，否则它们就要毁灭；更确切一点我们应当这样说，它们在实现过程中保持不变，包含质料的事物才会在实现过程中受到影响。要是非质料的事物也能受影响，那它就没有了永恒的根基。正如在视觉的例子里，看的功能活跃的时候，受影响的是眼睛；判断与看的行为类似。但是属灵部分怎么会有胆怯然后又勇敢这样的变化呢？它之胆怯或者是因为没有朝向理性，或者因为朝向了理性的低级状态，或者因为无法使用它的工具——比如根本没有某种身体器官，或者有但出了毛病——或者它的活动受到外力阻碍，或者并没有真的激发起活动，似乎只是轻轻地碰了一下；而在相反的情形下它就是勇敢的。（但是属灵部分）在这些情形中都没有内在的改变或影响。欲望部分一旦自发地行动，就会产生所说的不可控制的情欲；然而它总是独自行动，灵魂的其他部分并没有出现在它面前，如果其他部分也一起出现了，那就意味着要管治它，引导它。如果它看见了其他部分，那也会不同，它就不会恣意妄为，而是安静下来，尽其所能看着其他部分。然而，我们所说的这一部分的邪恶往往是身体的一种恶劣状态，德性则是相反的状态。这样说来，无论怎样，灵魂都没有任何增加。

3. 但是灵魂不是接受本己事物拒斥异己事物的吗，这怎么解释呢？可以肯定，忧愁、忿怒、快乐、欲望和恐惧这些情感就是出现在灵魂里并在那里活动的变化和影响。关于这些，我们当然也必须作出一定区分。否认灵魂里确实出现了那些变化，否认灵魂对它们有深刻的感知，似乎与明显的事实相矛盾。但是当我们接受这一点时，我们必须追问那变化的究竟是什么。当我们这样说灵魂,这样说理性时,就如同说灵魂脸红了，或者又转白了一样，是很危险的，没有考虑到这些情感是由灵魂引起但

---

① 参亚里士多德《论灵魂》B. 5. 417b5-9。

是发生在另一结构 [身体] 里。① 当然，如果灵魂产生某种不体面的念头，那它就有羞愧。而身体，灵魂以某种方式拥有的身体——不是用语言误导它——顺服于灵魂，因此不同于没有灵魂的物体，它是通过血液变化的，而血液的本性是易变的。至于所说的恐惧，开端在于灵魂，但脸色苍白则是由于血液回流引起的。幸福、快乐、轻松这些渗透到感知觉的东西都是这样，都属于身体，而属于灵魂的那部分快乐就不再是一种情感了。痛苦也是如此。就欲望来说，只要它的起点仍然留在灵魂里，就是无法感知的；唯有离开了灵魂的事物，感知觉才会知道。事实上，当我们说灵魂在欲望或推论或意见里运动了，我们的意思不是说它被它们摇动起来了，而是说这些活动是从它自身生发出来的。当我们说它的生命就是运动时，我们的意思不是说它变成了某种不同的事物，而是说每个部分的活动都是它本然的生命，不可能跑到它外面去。总而言之，如果我们承认活动、生命和冲动都不是改变，记忆不是打在灵魂上的印记，心理图像不同于蜡上的印记，那么我们就必须承认，灵魂在任何地方，在所有所谓的情感和运动中，都保持同样的基质和本质，德性和邪恶的形成不同于身体上的黑白或冷热的形成。事实上，如我们以上所描述的，在这两方面以及在任何方面，灵魂中发生的事与身体上发生的事刚好相反。

4. 现在我们要考察灵魂中所谓的易受情绪波动的那一部分。当然，在一定意义上，我们已经讨论了这个问题，因为我们前面讨论过出现在属灵部分和欲望部分里的种种情感，以及它们都是怎样产生的问题。② 然而关于这个问题仍然有些话要说，我们首先必须理解所谓的灵魂里易受感情影响的部分究竟是什么样的事物。不管怎样，人们认为那是各种情感聚集的地方。所谓情感，也就是紧跟着快乐和痛苦的事物。有些情感

---

① 这里以及以下的思想和语言都显示出斯多亚学派的某种影响。
② 第 2 节末。

是因为意见而产生的，比如有人因为作出判断说自己是要死的，因此就感到恐惧，或者想到某种好事要临到他头上，于是就感到快乐；意见判断属于一部分，而情感是在另一部分激起的，两者分属不同的部分。还有一些情感是先产生的，也就是在未有任何判断之前就有了，然后在灵魂的那一部分里产生判断——这一部分的本来功能就是形成意见。我们已经说过，判断行为不会把任何变化引入灵魂的判断部分，而源于判断的恐惧反过来以一定方式使我们对灵魂中所谓的恐惧部分获得一种领会。这种恐惧产生了什么呢？他们说，① 产生了对预期之恶的不安和惊慌。每个人应当清楚地知道，心理图像存在于灵魂，包括第一种，就是我们所说的意见或判断，以及从意见产生的那一种图像；这种图像已经不完全是意见，而是一种模糊的准意见，一种未经批判的心理图像，就像所谓的自然所固有的活动，因为它只产生个体事物，却没有任何明确的心理图像，如他们所说的。② 从这些心理图像产生的事物就是身体的不安，这种不安已经可以直接感知到，比如身体颤抖、脸色苍白、说不出话，这些当然不在我们所讨论的灵魂部分。如果这部分灵魂真的受到这样的影响，那么我们可以说灵魂是有形的；如果传送这些情感的因为被情绪所控，神志失常，无法履行自己的传送工作，那么这些情感就无法抵达身体。但是灵魂易受情绪影响的这一部分不是形体，而是形式。欲望部分自然是在质料里的，因此也是掌管营养、生长和生产的部分，③ 是欲望和情感形式的根基和原理。但是任何形式都不可能感到不安，或者受

---

① 斯多亚学派。参 *Stoic Vet. Fragm.* III. 386。在这一节，普罗提诺根据自己对始于柏拉图和亚里士多德的灵魂本性问题的理解，对斯多亚学派的理论作了批判性的修正。他接受斯多亚学派所说的情绪源于意见（参 *Stoic Vet. Fragm.* III. 385）的观点，但是坚持认为意见和情绪是互不影响的两个部分；把伴随灵魂里的某些意见产生的困扰和不安严格地划归给身体；而在斯多亚学派看来，这是灵魂的一种不健全的情感。

② 仍指斯多亚学派。

③ 普罗提诺这里把柏拉图的灵魂的欲望部分与亚里士多德的生长原理结合起来。参 IV. 3[27]23. 40-42。

到哪种影响，相反，总是保持静止不动，唯有它的质料进入受影响的状态，而形式只是显现出来，并因其显现而激发情感。因为生长原理当然只是引起生长，自己不会生长，只会引起增加，自己不会增加，总而言之，它引起运动，但是不会因任何它所引起的运动而变动，它要么就根本不动，要么是一种完全不同的运动和活动。① 因此，形式的现实本性必然是一种活动，它一出现，就如同拨动琴弦，奏出乐章。易受情感影响的部分就是情感的原因，因为运动从它开始，或者由于感知觉产生的心理图像激发开始，或者根本没有心理图像，是它独立产生的（我们必须思考这样的问题：情感是否由始于更高层次的意见产生的）；但是这部分本身是静止不动的，就如同音乐的旋律。运动的原因就像是演奏者，情感所影响的各部分对应于琴弦。就演奏乐器来说，受影响的不是旋律，而是琴弦。然而，如果没有旋律规定应当怎样拨动琴弦，即使演奏者想拨，琴弦也拨不出调来。

5. 既然灵魂从来就不受影响，那么我们为何要费尽心思通过哲学使它免受情感影响呢？② 因为心理图像（可以这么称呼）弥漫在它那被认为易受影响的部分，产生了不安的情感，并有所预料之恶的形象与这种不安成双结对，这种境况被称为疾病。理性认为应当把它彻底清除，不要让它出现在灵魂里。因为如果真的出现了，灵魂就不可能幸福，如果不出现，灵魂就自由自在，不受任何情感影响，因为此时引发情感的原因，也就是灵魂里的看，不再在它里面出现。这就好比有人想要消除梦中看

---

① 普罗提诺这里用亚里士多德的理论，即灵魂是一种形式，一种引起身体运动和变化但自己保持不动的形式，来驳斥斯多亚学派。他没有注意到，事实上，亚里士多德是为了反对柏拉图的灵魂观——灵魂并不是不动的，而是自动的——才提出自己的理论的。参《论灵魂》里的长篇讨论（A. 3-4. 405b 31 ff.）。

② 这句话清楚地表明普罗提诺是如何强烈地意识到他的哲学人类学中的核心道德问题。既然灵魂本质上就是"απαθης, apathes"（漠然），我们为什么一定要试图达到"απαθεια, apatheia"（这个问题在斯多亚学派没有，柏拉图本人也没有提出）？他在这一节简明扼要地作了回答，即达到"apatheia"就不会在灵魂里产生任何真正的变化。这只是一个从幻想里"醒过来"，使注意力从低级事物转向高级事物的问题。

到的心理图像——如果他所说的灵魂引发了情感的意思是指，灵魂里的情感就是从外部进来的视觉——就必须让形成这些图像的灵魂从梦幻中醒来。但是，如果灵魂根本就不曾受玷污，又如何叫它"洁净"，或者何来与身体分离？[①]灵魂的洁净应该就是让它独立自存，不与他者同在，或者不看其他事物，没有不属于它的意见——不论意见或情感的特性是什么，如我们前面所说的——不看种种影像，也不从影像形成情感。另外，如果（灵魂）转向另一个方向，离开下界的事物，转向上界的事物，这肯定（难道不是？）既是洁净，也是分离，因为有这种活动的灵魂不再住在身体里，不再受制于身体，就像光穿越了迷雾。然而，就算光还在迷雾中，也始终不受影响。而对易受影响的部分来说，洁净就是从不适当的影像中清醒过来，不再凝视它们；要实现它的分离，就不能过分下倾，不可有关于低级事物的心理图像。不过，分离也可以是消除它要剔掉的事物，因为它不再监视因贪欲和饱食不洁之食而变得混浊不堪的致命气息。于是，它的整个环境显得非常美好，它可以安静地环绕在里面。[②]

6. 我们已经说过，对可理知实在，也就是整个形式等级，必须认为是不受影响的。但是由于质料也是没有形体的事物之一，[③]即使它是不同意义上的无形体，我们仍然需要探讨这个问题，看看它有什么特性，是不是如所说的那样易受影响，任何方面都可随意改变，或者相反，必

---

① 柏拉图《斐多篇》67C, 5-6。

② 普罗提诺提到"气"体或"星"体的段落不多，这是其中之一。他相信这种形体是存在的，但发现它几乎没有哲学上的意义或兴趣。参 IV. 3 [27]15. 1-4; II. 2 [14]2. 21-2。关于普罗提诺之前和之后相信星体的历史，见 E. R. Dodds, *Proclus, The Elements of Theology*, Appendix II。

③ 质料没有形体，是同时代的漫步学派的思想，亚历山大的阿佛洛狄西亚（Alexander of Aphrodisias）在他的 De Anima 的前言部分说得非常清楚（特别参 p. 5; 19-22 Bruns）。前普罗提诺的柏拉图主义者更喜欢这样的说法，质料"既不是形体，又不是无形体，而是潜在的形体"（Albinus, *Eisagoge* Viii, p. 163, 6-7 Hermann; Apuleius, *De Platone* I. V. p. 87, 11-15 Thomas）。紧接着阐述了斯多亚学派的理论：质料是一个没有性质的形体，"易受影响，可任何改变"。参 *Stoic Vet. Fragm.* II. 309, 482。

须认为它也是免受影响的,以及是什么性质的免受影响。不过首先,如果我们要讨论这个问题,要阐述质料有什么本性,就必须明白是(being)、实体和存在这些东西与大多数人所认为的意思不一样。比如"是",我们能真正称为是的,就是真实的是,① 也就是存在中没有任何匮乏的事物。既然它是完全的,那么它自身的保存和存在不需要借助任何其他事物,而是其他事物的原因,也就是那些似乎存在的事物以及它们的表面存在的原因。如果这是正确的说法,那么"是"必然在生命之中,并且是在完全的生命之中;它若不是这样,它的存在就与非存在无异。它既在完全的生命中,就意味着它必然在理智和完全的智慧之中。因而它必然是被限定的和有界限的,必然不存在任何它的力量不能企及的事物,它的力量也不可能有数量上的限定;否则它就是有缺失的。② 因此,它必须是永恒的,始终如一的,不接受任何事物,也没有任何事物能进入它里面,因为如果它接受了什么,就意味着接受了不同于自身的事物,而这就是非存在。但是,真实的"是"必然在任何方面都是"是";因此它必须自身中拥有存在所需的一切;它必然就是万物的联合。如果我们这样来限定"是"——我们必须这样做,否则理智和生命就不可能源于"是",而要成为外加于它的事物(并且是从非存在来的),就会不存在,"是"就会变得毫无生命,缺乏理智,而那并非真是的事物倒要拥有这些 [生命和理智],似乎它们应当存在于低级事物和那些后于"是"的事物中;须知,

---

① 普罗提诺这里简述的"真是"(real Being)自然就是他的第二本体,即"nous"。它同时也被称为是(being)、智慧(intelligence)和生命。参 V. 1 [10]4; V. 5 [32]1。也许 Brehier 是对的,他把本节的这一部分看作对柏拉图《智者篇》248E 的一个注释。柏拉图的这段话非常著名,但对它的含义还有颇多争议。在那段话里,柏拉图强调指出,运动、生命、灵魂和智慧必定显现为绝对的是。Αποστατει 这个词出现在柏拉图《巴门尼德篇》144B2,但上下文与这里不同。

② 在普罗提诺看来,真是或理智的有限性在于形式的数目是有限的,其无限性在于它是永恒的,它的力量是无限的,它的外部没有任何事物可以束缚它或度量它,它包含一切,没有什么不在它里面,因此它本身就是尺度的绝对标准。参 V. 7[18]1; VI. 5[23]12; VI. 6[34]18

那先于是的事物只是引导生命和理智进入存在,其本身不需要它们——如果"是"就是这样的,那么它必然不可能是形体或者潜在的形体,否则,"是"就成为并不存在的事物的"是"了。

但是,形体的本性以及它们所基于的质料,怎么可能是非存在的呢?高山、岩石以及整个坚实的土地怎么能是非存在呢?[①]一切有硬度、有压力、受撞击的事物都证明它们存在。假若有人说:"不发出一点压力或重力,没有硬度,甚至看不见的事物,怎么可能是存在的,并且还是真正的存在?在各种形体中,为什么说活泼而轻盈的元素比稳定厚重的土元素具有更多的存在,上面的元素比下面的元素更真实?火怎么能是所有元素中最真实的,正在远离形体性?"[②]那该怎样回答呢?我想,越是自足的形体就越少需要其他事物,就越少引起他物的痛苦,而越是沉重属土的物体,相应地就越缺乏越易坠落,越无法自我提升,因为它们坠落是出于自己的弱点,是由于向下运动,重力引起碰撞。再者,无生命物体更难以相处,因为它们可能会产生最猛烈的撞击,造成最大的伤害。而有生命的物体,因为分有是,因此更能与周围和谐相处,越是包含这样的物体就越有益处。运动就像是物体中的一种生命,留有生命的印记;而形体性越少的事物包含的生命就越多,似乎正是因为"是"的缺乏使缺乏"是"的事物更加是形体。我们可以从所谓的情感中更清楚地看到这一点。一物越是形体,就越易受影响。土比其他任何元素更易受影响,其他元素也根据其形体性的多少不同程度地受影响。因为其他元素在分开之后,只要没有障碍物挡路,还能聚合为一,但是属土的物体一旦分开,每一部分就永远处于分离状态。正如那些本能力量即将消褪的事物,只要受到一点点打击,就大大受损,最后消亡;同样,几乎完全变为形体的事物,由于已经非常接近非是,因此非常虚弱,不可能再重新联合

[①] 这里普罗提诺很可能想到了柏拉图《智者篇》246A-B 的质料主义者。
[②] 火在其他形体中的特殊地位见 I. 6[1]3. 19-26,那里说火"相对于其他元素而言如同形式"(参亚里士多德),"接近于无形体者"。

为统一体。因此，形体与形体之间的猛烈撞击导致双方一同毁灭，一个弱小物体撞击另一个弱小物体是强烈的撞击，非存在物撞击非存在物也是猛烈撞击。

这就是我们对那些把真是与形体相提并论的人的驳斥，他们用感知觉获得的推挤、撞击和幻影作为证据来证明他们的说法是真的，这就如同人做梦，以为梦境中所看到的事都是真实存在的，却不知道它们仅仅是梦而已。须知，感知觉的活动就是灵魂入睡时的活动，而入睡的灵魂是在身体里的那一部分灵魂。但是真正的清醒就要真正地从身体里起来，而不是仍与身体一起。如果仍住在身体里，即使醒来也只是离开一个睡眠进入另一个睡眠，就像从一张床转到另一张床；而真正的起床就是完全离开身体，因为身体的本性与灵魂相反，与实在对立。身体是生成的、流变的和可灭的，实在则没有这些本性，这就是明证。

7. 由此，我们必须回到质料，就是潜在的基质，以及被认为以质料为基础的事物。通过对这个问题的考察，我们将会了解，质料就是非存在，它在任何影响之外。我们知道质料无形体，因为形体后来生成，是复合物；质料加上另外的东西就产生形体。就此而言，就质料是无形体的这一点而言，它获得了[是]的名称，因为"是"与质料一样都不是形体。质料不是灵魂，不是理智，不是生命，不是形式，不是理性形成原理，不是界限——事实上它就是无界限；① 质料也不是力量——它能创造什么呢？它既在这一切之外，当然就不应冠之以"是"的名称，而应称之为非是，这才是恰当的称号。并且这种非是不同于说运动不是"是"，或者静止不是"是"，② 而是真正的非是。它是体积的虚像，对实体性存在只有一种倾向，是静止的但毫无稳定性，它本身不可见，任何看它的努力都徒劳无益，它只在不看它的时候才出现，若要看它，无论如

---

① 关于质料是无界限者，参 II. 4 [12] 15。
② 《智者篇》256D-E。

何贴近，都不可能看见它。它的表面常常显现出相反的现象，既小又大，①既少又多，既缺乏又丰富，一个既不存在又挥之不去的幻影。它不包含一点力量，不曾从理智获得任何力量，所有是的它都没有。因而，无论它说什么，都是谎言；如果它显得很大，那就是小，如果显得很多，那就是少；看起来是存在，其实不是真的存在，只是一种转瞬即逝的无足轻重的活动；因此凡是看起来是它所有的，全不是真的，只是幻影中的幻影，就像镜像，与其真身完全是两回事。它看起来是充满的，其实却一无所有，唯有假象。"真是的摹本进去又出来"，②影子进入一个无形式的影子，正是因其无形式才显得可见。这些影子似乎作用于它，其实却一事无成，因为它们象幽灵一样，虚弱而无力；质料对它们也没有推力，它们只是轻轻滑过，如同掠过水面，没有留下任何痕迹，或者犹如有人放映影像，我们看到的只能说是虚幻的影子。再者，如果质料里看到的事物与它们的原型是同类，我们倒可以把某种源于它们原型的力量赋予它们，并且由于这种力量随它们进入了质料，我们也完全可以认为质料受到了这些事物的影响。然而，事实上，产生影像的原型完全不同于质料里所见到的影像，由此我们可以知道所谓的影响是虚假的，因为质料里所显现的事物就是虚幻的，与产生它的原型没有任何相同之处。这样说来，既然这事物是虚弱和虚假的，就是假象，如同梦中的幻觉，水中或镜中的影子，那么质料当然是不受影响的，尽管就我们刚刚提到的这些例子来说，所显现出来的事物 [水中的影子，等等] 与引起这种事物的原因之间多少还有相似之处。

8. 一般而言，受到影响的事物必然拥有一定的力量和性质，这些力量和性质是与那些作用于它并对它产生影响的事物所有的力量、性质相反。③ 比如，热的遇冷就会变冷，湿的遇干就会变干，也就是遇到性质

---

① 关于质料的这种柏拉图式的描述法，参 II. 4 [12]11. 33 以下。
② 柏拉图：《蒂迈欧篇》50C 4-5。
③ 这是亚里士多德的理论。参 *De Generatione et Corruptione* A. 7. 323b6 ff.。

相反的就要受影响，产生变化，因此我们说，当基质由热变冷，或者由湿变干的时候就是发生了变化。所谓的火的毁灭就是一个明证。我们认为，毁灭其实是从一种元素到另一元素的变化，因为火是灭了，但质料并没有消失；因此受影响的是那毁灭的事物，受影响就是毁灭的方式；毁灭也是由那引起影响的原因所产生的。但质料不可能毁灭，它若毁灭了，能变成什么呢？如何变呢？再说，如果质料在自身里接受冷热，接受成千上万，确切一点说是无数的性质，并被它们分割，又把它们合在一起，可以说，彼此一起成长，相互混合（因为个体性质在它里面不是独立的），那么它在这些事物中间怎么可能不受影响，当性质在相互混合中彼此作用，它怎么可能不与它们一起受影响？唯一能使它避免影响的做法就是让质料远远地在性质之外；但是它既然是基质，就意味着凡显现在它里面的事物总是或多或少地作用于它，加给它某种东西。

9. 当然我们首先必须明白，一物向另一物显现或者在另一物里面，并非只有一种方式，但是此物的显现引起另一物的变化，使其进步或退化的方式只有一种，在身体里所看到的就是这种显现方式，当然无论如何这是有生命的身体。还有一种方式是产生进步或衰落但没有使另一物受到影响，这就是我们所说的灵魂里发生的方式。还有一种类似于有人拿一个形状印在蜡上，并没有对蜡产生任何影响，因为形状加在蜡上，蜡并没有变成另外的事物，形状消失了，不在蜡上，蜡也没有任何缺失。可以肯定，光的显现就是这样，它照亮事物，但没有使被照之物产生任何形状上的变化。当一块石头变冷时，它从冷得到了什么呢？不是仍然是一块石头吗？一条线怎么会受颜色影响呢？[①] 我想，就是一个平面也不可能受颜色影响。也许作为平面之基础的形体会受影响？但是它又怎么受颜色影响呢？我们可不能把形状的出现或增加称为"受影响"。如果有人说镜子和透明的事物能照出事物的形像，但通常不可能受它们里面的形

[①] 参亚里士多德 *De Generatione et Corruptione* A. 7. 323b25-6。

像影响，那么我们得说，他这个例子非常恰当。因为质料中的事物也就是影像，而且质料比镜子更不易受影响。可以肯定，热、冷都出现在它里面，但它们都不能使它变冷变热；因为冷热都属于性质，性质使基质从一种状态到另一种状态。（这里我们应当考虑，冷是否并非一种缺席和缺失。）当性质聚集在质料中，大部分都会相互作用，或者确切一点说，那些彼此对立的性质会相互作用。但是香对甜，颜色对形状，或者属于这类的事物对属于那类的事物能产生什么作用呢？这可以使人更加坚定地相信，一物在同一个地方可以作为另一物，或者在另一物里面，它的出现不会引起与它同在的或者它所在的事物的麻烦。因此，正如一物不会遇到任何机会都要遭受伤害，同样，事实上，发生变化或受到影响的事物并非遇到任何事物都受影响，只是遇到对立的才会相互影响，遇到其他事物则保持不变。因此那些不包含对立面的事物就不可能受到对立面的影响。也就是说，如果有事物受到了影响，那不可能是质料，必然是复合物，或者一般来说是由多样性构成的事物。而那"单一而独立于万物"、[①]绝对单纯的事物不会受到任何事物的影响，任凭他物怎样相互作用，它自岿然不动，孤立独存；就像人们在同一个房子里彼此击打，房子并不受影响，空气也是如此。因此，以质料为基质的事物可以相互作用，这是它们的本性使然，但质料本身不受影响，比它里面的那些彼此不影响的性质更不受影响，这些性质不受影响是因为它们不相互对立。

10. 进一步说，如果质料受了影响，必然从影响中留下一点什么，或者是影响本身，或者所处的状态不同于受影响之前的状态。如果继第一种性质影响它之后，又有一种性质作用于它，那么接受这种性质的事物就不再是质料本身，而是被限定了的质料。而如果这一性质作用的结果也留下一点它的痕迹，那基质就变得更为不同。如果这样一直继续下去，基质就会完全变成另外的事物，成为一种以多种形态、多种样子存

[①] 话出自柏拉图《斐利布篇》63B6-7，但背景完全不同。

在的事物，而不再是质料。因此质料不可能接受一切，而必然阻止作用于它的许多事物进入自身里面——唯有这样，质料才不会变成多，唯有这样它才不会毁灭。这样说来，如果质料确实存在——事实上质料一开始就存在——它必然永远保持同一，因此不可把质料看作可变的。再者，一般而言，如果凡是变化的事物必然在变化中保持同样的本质形式，变化的只是偶性，而非内在性；如果改变的东西实际上仍然存在，受影响的不是它里面真正保存的，那么结论只能是以下两者之一：或者质料改变，脱离自己的本性，或者质料不脱离自己的本性，因而不变。① 如果有人说，它既然是质料，就没有变化，那么首先他必不会说质料在哪一方面会有变化，其次他也会承认，质料本身是不变的。正如形式，其本质存在是不可能改变的，因为它们的本质存在就在于永久不变。同样，质料既然存在的，就是完全作为质料而存在；就它是质料来说，它不可能有任何变化，必然如其所是，就像形式一样，形式本身必然保持不变，同样，质料本身也必然保持不变。

11. 我想，这就是柏拉图的观点，因此他才会正确地说："进去出来的都是真事物的摹本。"② 他之所以说进去出来是有目的的，希望我们明白并思考分有的方式。看来著名的关于质料如何分有形式的难题并非如我们大多数先辈所认为的那样是形式如何进入质料的问题，而是形式如何在质料里面的问题。显然，当这些形式向质料显现出来之后，质料仍然保持不变，不受形式影响，这实在是引人注目的。更何况进入质料的形式彼此影响，而质料岿然不动，岂不更令人惊异？同样显然的是，从外面进入的时时推动原本已经在那里的，于是复合物中就出现影响，但不是所有的复合物，只是在有需要事物进来或出去的复合物中才有影响，如果这所需之物没有出现，复合物就会有所缺陷，如果有，就得完全。但是无论什么加到质料上，质料都不会有所得，因为它并不是在有事物

---

① 参柏拉图《蒂迈欧篇》50B7-8。
② 柏拉图：《蒂迈欧篇》50C4-5。参第 7 节。

来的时候成就其所是，有事物走的时候就有缺失；它一开始就保持原来的所是。至于变美、进入秩序，应该在那些需要装饰和秩序的事物中才有这种需要，但变美和变成有序可以在毫不改变事物本质的前提下实现，就如我们打扮人一样。当然，如果有人变美、变有序之后，这美和秩序成了他的本性的一部分，那就说明原先丑的事物有改变自己的需要，因而变美和有序的事物必然与原先不同了，美取代了丑。如果质料原来是丑的，后来变美了，那它就不再是原来的所是了，即不是原来的丑。因此，如果是这样的变美，这样的有序，就会使它不再是质料，尤其是如果它原来的丑是其本身的，而不是偶性的话。但是，如果它的丑属于这种本性之丑，那它就是丑本身，不可能分有任何美和秩序；如果它是这种意义上的恶，那它就是恶本身，不可能分有任何善；因此它的分有不可能如人们所认为的那样是受影响的结果，而是另外一种性质的事物，因此它只是看起来受了影响。这样理解，也许就能解决既是恶怎么能达到善的难题，事实上它并没有因分有而失去原先的所是，因为如我们所说的，这所谓的分有只是表面上的分有，不是真正的分有，因此它保持自身不变，永远是其所是，这样，它既是恶如何分有善的问题就不再那么难以理解了。它其实并没有放弃自己，只是由于它必须分有，它就以一种仍然保存其所是的方式分有；但是因为这种分有使它保持自身不变，因此那分给它形式的虽然进入了它的存在，但并没有给它带来任何影响，并且由于它始终保持其所是，因此它的恶看起来也没有减少一点点。如果它真的分有了善，真的被善改变了，它的本性就不是恶了。因此，如果有人称质料为恶，而且这恶的意思是指它不受善的影响，那他说得一点没错；不过，这也就是说它完全不可能受影响。

12. 柏拉图关于质料的思想是这样的。[①] 在他看来，质料的分有并不

---

① 普罗提诺这里似乎是在思考《蒂迈欧篇》（47E-53C）讨论"第三类"的整段话，而不是其中的哪一特定部分。

是形式进入基质，然后赋予它形状，形成一个复合物，把形式和基质结合起来，或者说，让两者混合起来，相互影响；他想要表明他所说的不是这个意思，要表明质料如何能接受形式而保持不变，要找一个例子来说明分有而不受任何影响是怎么回事——无论如何，要解释事物如何进入基质却不改变基质，这不是很容易，因此他提出了很多难题，急于表达他想要说的意思，还想进一步表明一切感觉对象都是缺乏实体性存在的，表明表象的领域是非常巨大的。因此他一开始就提出这样的设想，赋有灵魂的身体里所产生的一切情感都是质料通过形状引起的，而质料本身保持不变。由此我们可以得出结论说，质料本身不经历任何影响或改变，甚至不受形状的影响。我们完全可以说，变化出现在这些一个一个地接受形状的身体中，也就是说，"改变"这个模糊的词包括"形状变化"的意思；但质料既没有形状，也没有大小，怎么能说它的哪种形状有了改变，即使在这个词的模糊含义上使用，也不能这样说。如果有人在这一点上引用"惯常的颜色和惯常的其他事物"，[①] 因为这潜在本性绝不是惯常所认为的那样，那么他的引用并非不恰当。但是如果说质料拥有形式作为形状这样的说法不能使我们满意，那么它还能怎样拥有形式？无论如何，柏拉图的设想至少尽可能清楚地表明了质料是不灭的，同时还表明质料里面有一类幻象，它们并非真正存在，只是表面看起来存在。

关于质料的不灭性我们还必须指出另一基本点，即按我们惯常的说话方式不可避免地使我们认为质料是受影响的，比如，我们想到质料就想到柏拉图所说的"火的焚烧"、"水的湿润"，但是紧接后面的话是"接受气和水的形状"。[②] 这句"接受气和水的形状"就取消了"火的焚烧"、"水的湿润"这些词的影响力。显然，柏拉图的"接受形状"并不是说质料本身获得了形状，而是说形状进入质料之后仍然作为形状存在那儿。另

[①] 德谟克利特 fr. DK, B9。

[②] 柏拉图：《蒂迈欧篇》52D5-6。

外，我们要明白，"火焚烧"这个词并不是在严格意义上使用的，事实上它的意思是说质料变成了火。显然，成为火与被火烧不是同一个意思；被焚烧是由另一物的动力作用引起的，这也暗示它受到了影响；何况质料本身就是火的一部分，它怎么可能在火上焚烧呢？如果有人说火穿过质料并且把它点燃焚烧，那就如同说雕像踩着常规的脚步穿越青铜！① 另外，如果进入质料的是一个理性形成原理，它如何能把质料置于火上焚烧？或者如果它是一个形状呢？② 置于火上点燃的事物是由质料和形式的复合物点燃的。既然如此，如果两者还没有形成复合物，那又如何点燃呢？即使复合物已经形成，它的两个部分也不会有相互之间的影响，而是共同作用于其他事物。那么这两个部分是否都在活动呢？更确切一点说，是一个阻止另一个离开。这样说来，如果复合的形体分离了，质料为何没有随之分离？形体因分离而受到影响，质料为何没有因同样的事受影响？我们为何不能按照这同样的讨论思路直接断定它毁灭了，而要追问形体毁灭之后质料为何没有随之毁灭？另外，我们必须指出，形体有量上的限定性，有大小，而没有大小的东西就不受制于大小的影响。一般而言，非形体的事物不受形体的任何影响。因此，凡是认为质料易受影响的人，都必须承认质料也是一个形体。③

13. 还有一个问题他们也应当注意，即他们所说的它试图逃离形式是指什么意思。须知，它如何可能逃离石头和岩石——就是包围并包含它的事物？他们当然不会说它时而想要逃离，时而不想逃离。因为如果

---

① 青铜和雕像是亚里士多德在讨论质料及其形式化时常用的例子，参《物理学》B.3 194b2 ff. 普罗诺这里所指明的是，把形式与质料的关系看作一形体进入并作用于另一形体是荒唐可笑的。

② Stephen MacKenna &B.S.Page 译本插入了"置于火上的不可能是质料"。——中译者注

③ 普罗提诺这里以及下一节显然是在反驳一些柏拉图主义者，他们引用《蒂迈欧篇》为权威，指出质料是易受影响的，而不是反驳斯多亚学派，他们非常肯定质料就是一种形体（参以上第6节的注）。

它拼命逃离是出于自己的意愿，那它为何不始终这样做？如果不逃离是出于必然性，那它永远不会有哪个时间不在某种形式之中。但我们必须找出理由解释为何每种质料并不总是拥有同样的形式，为何总是随着形式的不断进入而采取不同的形式？所谓的"试图逃离"①是在什么意义上说的？是出于它自己的本性，并且始终如此。果真如此，那么这话的意思不就是说它永远不离开自己，它以从来没有拥有形式的方式拥有形式吗？任何其他解释都不可能与他们自己所使用的"一切生成者的容器和保育员"②这句话有关。如果质料就是容器和保育员，那么生成就是它之外的事物，而改变的事物就是生成的事物，因此质料应该在生成和变化之前就已经存在；"容器"，还有"保育员"，这些词都暗示质料始终处在不受影响的状态；因此说它是"每个事物显现又消失的基础"③的话，以及所说的它是"空间"和"位置"④的话也是这个意思。还有那被指责为意指"形式的处所"⑤的话也不是指基质的某种影响，而是意在找到另一种分有的方式。那么这种方式是什么呢？由于我们正在谈论之物的本性必然不可能是任何真实之物，必然已经完全脱离真实之物的实在性，是与真实者完全不同的事物——因为那些真实存在者就是理性原理，是真正的实在——因此它必须借这种独特性来保护自己，这是它所特有的自我保存能力；它必须不仅不接受任何真实存在者，而且即使它里面有真实存在者的影子，它也不得分有，这样才是真正的它自身。在这个意义上它完全与众不同；否则，如果它采取某种形式，就会在与形式的结合中变成另外的事物，就不再与众不同，不再是万物之处所，万物之容器。因此当形式进来的时候，它必须保持同一，当形式离开的时候也始终不

---

① 参柏拉图《蒂迈欧篇》49E2。
② 参柏拉图《蒂迈欧篇》49A5-6。
③ 柏拉图：《蒂迈欧篇》49E7-8。
④ 参柏拉图《蒂迈欧篇》52A8-B1。
⑤ 参柏拉图《蒂迈欧篇》52B4-5。

受影响，任凭形式进进出出，它自无动于衷。其实，进来的也只能是幻影，是非真实的进入非真实的。那么至少这种进入总是真的吧？并非如此；那绝对不可能分有真实性的虚假之物，怎么可能真实地进入呢？那么它是不是虚假地进入虚假，就如同只要有人往镜子里看，就能看到映在镜子里的脸像？是的。因为如果你在下界取消了真实的存在者，那么我们现在在这个世界通过感觉看到的事物，没有一样可能在任何时候显现出来。当然这里的镜子本身是可见的，因为它也是一种形式；但就质料而言，因为绝不可能是任何一种形式，因此其本身也是不可见的。如果它是某种形式，就必然在形式进入它之前就是可见的。事实上，形式进入质料看起来就如同空气即使被照亮也是不可见一样，因为它原本就是毫无光线的不可见。同样，镜子里的形像不会被当成真的，或者不大会有人相信是真的，因为显现它们的镜子是可见的，当它们消失之后镜子依然存在。但是就质料来说，其本身是不可见的，无论里面有像还是没像。如果镜子里映现的影像有可能保留，而镜子本身不可见，那么我们不得不相信，映在镜子里的形像是真实的。如果镜子里真的有什么事物存在，那么我们也可以设想，感觉对象以同样的方式真正地存在于质料。但是如果镜子里没有真实的事物，只有映现出来的影像，那么我们也必须承认，在质料上的事物也只是显现影像，而这表象之所以存在，正是因为真实存在者的存在，这存在就是真实存在者真正分有的存在，也是非真实存在者并非真正分有的存在；假如情形相反，真实存在者并非真正存在，而非真实存在者倒是真实存在，那么它们的状态就会完全不同。

14. 那么是否可以说，如果质料不存在，就不可能形成任何事物？是的，就如同如果镜子或类似的事物不存在，也不会有任何影像形成。因为凡本性就是在另外事物中形成的，如果那另外事物不存在，它当然不可能进入存在，而影像的本性就是如此，必须依托于他物的存在。当然，如果某物脱离生产能力，它就可能不依托他物而存在。但是由于这些能力保持不动，因此如果它们的影像要显现在另外事物中，那这另外事物必须存在，为那没有进入它里面的事物提供基础。这另外事物借着自己的显现、自执、某种乞求和贫乏，产生一种强烈的获取意图，但总是没有抓住，总是受骗，因此它贫乏依旧，于是就可能始终处在乞求之中。既然它是一种贪婪的事物，神话里就把它变作一个乞讨的妇人来表示它的本性，这本性就是缺乏善。乞讨者并不是乞求给予者所拥有的事物，而是来者不拒，凡是可以得到的，不论什么，都一一接纳，因此这也表明在质料中成像的东西不是真实存在者。"波瓦提"这个名称表明质料是不满足的。柏拉图把它与"资源"结合，表明它不是与真实者或者丰富结合，而是与量上的富有，也就是与狡诈的影子结合。[1] 因为显然，任何事物，不论以什么方式，只要存在于"是"的外部，就不可能完全不分有"是"——因为作用于存在者，这乃是"是"的本性——而另一方面，由于绝对非存在的事物不可能与"是"结合，因此所发生的事乃是一个奇迹：非分有者如何分有，它怎么能拥有什么，好像从相邻的"是"取了什么似的？就它自己的本性而言，可以说，它不可能获得"是"的任何印记。事实上，就算它可能抓住了什么，它所抓住的东西也要逃离它，就像逃离异己的事物，如同回音逃离光滑的平面；因为它没有留在那里，正是这一现象使人产生了幻觉，以为它就在那里，并且就是从那里来的。如果质料真的如人们所认为的那样分有并接受"是"，那么进入它这里来的事物就会被它吞没和沉入它里面。但事实上，很显然，它并没有吞没什么，质料始终如一，不接受任何事物，倒像防御的地基挡住存在者的进路。它仅仅是存在者的容器，它们一起来到这里相会并混合；就像人们想要生火时把一些磨光的物体放在太阳底下（还在里面放一些水），

---

[1] 把柏拉图爱神诞生神话里的乞讨女波瓦提（贫乏）(《会饮篇》203B 以下）解释为质料，这是前普罗提诺的观点。普罗提诺在不同的地方对此有不同的用法，以适应他的哲学问题。在 III. 5. 6-9 里，他详尽地解释这个神话，把波瓦提解作可理知世界的质料。这里，以及 I. 8[51]14. 35 里，她是感觉世界的质料。而认为 Πορος（资源）这个词意指某种狡诈、虚幻的事物，则唯有这里一处。

这样，照进里面的光线受阻，穿射不过，就集中在外面。同样，质料也是这样为成生成物的原因，在它里面构造的事物也是这样构造而成的。

15．就吸收太阳的热量生火的事物来说，因为它们是从一种可见的火吸取光变得明亮，因此其本身也有可见的属性。同样显然的是，聚集到它们身上的光线在它们之外，挨近它们，与它们相邻，并触及它们，因此有两个边。进入质料的形成原理也在质料之外，但是以完全不同的意义在它之外。形成原理自己本性的独特性就已足够，不需要两个边；事实上，它与任何边界都完全不相容，①并且它之所以没有与质料混合，正是由于它的"是"与众不同，由于它与质料毫无关系；这也是质料始终独立自存的原因，进来的东西不会从它获得什么，它也不会从进来的东西获得什么。就像出现在灵魂里的意见和心理图像，它们都不与灵魂混合，各自来来去去，独来独往，既不带走什么，也不留下什么，因为它们原本就没有与灵魂混合。因此在外面的意思不是指形式停留在质料上，所谓基础和入口之间的区别不是感觉所能感知的，唯有理性才能把握。灵魂中的心理图像只是幻象，而灵魂的本性当然不是虚幻的；虽然心理图像在许多方面似乎引导灵魂，带灵魂到它自己想去的地方，但灵魂仍然能够利用心理图像，把它看作质料或者类似于质料的事物，并且心理图像肯定不会遮盖灵魂。相反，灵魂的活动还常常把它驱逐出去，即使它带着自己全部的成像力量来，也不可能把灵魂完全遮盖，代之以自己的图像，因为灵魂自身中有各种活动和理性原理，它就用这些活动和原理把攻击它的事物驱逐出去。但质料——就任何可发挥的力量来说，比灵魂要弱得多，而且不包含任何存在的事物，既没有真实存在的事物，也没有如其所是的虚假事物——没有任何可以借以显现出来的事物，因为它本身就是一切的匮乏，当然它是其他事物显现出来的原因，但仍然

---

① 普罗提诺从质料世界拿一个类比物并使它"非质料化"，用来说明非质料实在的真正本性和关系，这里是体现这种方法的一个显著例子。参 VI. 4 [22]7 使用这种方法描述属灵之物无处不在。

不能说"我在这里"。不过，如果进一步深入探究，还是会发现它，把它与其他存在之物区分开来，就会发现它乃是被一切存在之物以及它们之后形成的、看起来存在的事物所抛弃的事物，它被拖进万物，与它们一致，但只是表面上的一致，并非真正的一致。

16. 再者，如果某种理性形成原理进入质料，按自己的想法给它加上大小，那么理性原理就是从自身把大小强加给质料，使它成为一种大小；但质料并非大小，也不会因为就成为大小；否则，加给它的大小就会成为真实的广延。这样说来，如果有人取走这种形式，它的基础就不会再是也不会显现为具有大小的事物。但如果所形成的有大小之物是人或马，就马来说，马的大小加到了质料上，马若消失了，质料的大小也随之消失。如果有人说，马的基础就是包含一定大小的体积，这大小不会随之消失，那么我们要这样回答，留在质料中的不是马的大小，而是这体积的大小。这样说来，如果物体是火或土，那么当火消失时，火的大小（或土的大小）也随之消失。因此，质料不会从任何形状或大小获得什么；否则，它成了火之后就不可能再成为别的，即使变成了另外不是火的事物，也仍然是火。即使是现在，当质料——看起来似乎如此——变得极其巨大，大到这个宇宙的尺度，如果天及其包含的一切消失，那么这大小就随着所有这些事物从质料离去，而且显然，所有其他性质也是这样，于是质料就剩下它原来的所是，原先曾在它里面存在过的属性全都消失不见。当然，就那些易受他物影响的事物来说，就是其他事物消失了，仍然会有东西保留在那已经接受它们的事物中。但是在不受影响的事物中，就不会再留有什么，比如，空气就是这样，当光射进来又消失之后，空气中没有留下什么痕迹。假设有人提出质疑说，质料毫无广延，如何能变成大小？那么请问，它不包含一点热，为什么会成为热的？显然，质料的存在与广延的存在是不同的两回事，当然前提是必须承认广延是非质料的，就像形状是非质料的一样。如果我们要让质料是质料，就得承认它唯有通过分有才会成为万物；而广延也是它所能成为的万物中的一个。因此，在复合物中，广延是与它们的其他限定性一起显现的（它当然不能与它们分离），因为广延也是对形体的一种限定；但是在质料中，就是这种不可分的广延也不存在，因为质料不是形体。

17. 再者，质料也不是绝对的广延。因为广延是一种形式，而不是像质料那样是一种容器，具有接受能力；广延是独立自存的，不是在这种特定关系中的广延。但当它栖居在理智或灵魂中的时候，就想变大，[①]因此就使那些在一定意义上渴望它、靠近它和模仿它的事物有能力去影响他物。大小在[②]造像过程中奔走，使质料随着它由小奔向这种尺度，通过扩展——尽管没有充满——显现为大。这就是假大小的本质，因为它不拥有真实的大小，因此只能靠伸展出去使自己扩大。所有真实存在者都在他物身上产生自己的映像，因为每个活动的存在者都有大小，因此它们的总体也有大小。每个形成原理的大小是其独特性质的结果，比如马的大小或者其他事物的大小，所有这些大小合起来就是绝对的大小；质料作为一个整体变成一种大小，由绝对大小照亮，它的每一部分成为各个具体的大小；所有的大小共同显现出来，从整体形式——大小就是其中一种形式——从各个 [部分] 形式显现出来，似乎是向整体形式和所有形式伸展，但不得不成为形式和体积中的这种大小，因为形式的能力使自身里什么都不是的事物成为一切事物，比如显现出颜色的，源自那自身不是颜色的，所见的性质源自那本身不是性质的事物，拥有与之同样的名称，源自它们的理智原理，同样，广延也出自那本身不是广延的事物，或者只拥有同样名称的事物，因为质料中的那些形式表象在质料本身与形式本身之间向我们的凝思显现出来。它们显现是因为它们来自更高的世界，但它们的表象是假的，因为供它们显现的基础不存在。

[①] 参关于时间起源的论述（III. 7[45]11. 20ff.）。这两节非常清楚地体现出普罗提诺的动态形式观。形式尽管非常抽象（相对于我们的思的方式而言），在他看来，像大小这样的形式仍然是一种活泼有生命的实在。

[②] Stephen MacKenna &B.S.Page 译本插入了"理智或大全灵魂的"。——中译者注

个体事物得到广延是因为显现在质料中的形式的力量把它们引伸出来，然后为自己设立一个处所；这些形式可以毫不费力地向一切事物延伸，因为宇宙借着质料而存在。每种形式都靠自己各自的力量伸展，而它们的力量是从更高的世界得来的。使质料变大（看起来如此）的事物出于对绝对大小的反映，而被映在它里面的就是这个世界的大小；质料不得不与映在它身上的大小保持一致，把自己完全交给它，处处服从它，因为它是质料，属于这种大小，但不是这种大小；自身什么都不是的事物可以通过别的事物变成相对者，但是就算它变成了相对者，其本身并不是那个相对者，否则它就是静态的。

18. 假设某人有大小的思想，如果他的思想不仅有能力在自身中存在，还能够伸向外面，那么它就可能抓住某种并不存在于思想者心里的事物，它没有形式，没有大小的痕迹，也没有其他别的东西。那么它能用这种能力创造什么呢？肯定不是马或牛，那是另外的事物创造的。既然它出于大小之父（也就是原初的大小），另外一物①不可能获得大小，但可以让大小印在自己里面。当然，对一个没有好运完全获得大小从而成为大小本身的事物来说，所能做的就是尽其所能在其各个部分显现出大小。而这意味着不缺乏，意味着不分散在各个部分，而是在自身中拥有彼此相关的部分，并且不缺乏任何事物。对大小的形像来说，既然它只是一个形像，就不可能忍受静止在一个比它小的空间里，而是要相应地渴望达到真实的大小，因此它尽可能地前进，带着与它同行、不能留在后面的事物，②把大小给予那没有大小也没有显现出大小的事物，也把大小给予那显现在体积里的大小。但是质料依然如故，保持着自己的本性，把这种大小当作一件外衣，当大小引着它向前跑的时候就带着这外衣一起跑；如果把这外衣脱掉了，质料仍然是它原来的所是，或者是形

---

① 质料。——中译者注
② 质料。——中译者注

式呈现给它的大小使它成形的样子。我们知道，灵魂拥有真实存在者的形式，其自身也是形式，它把所有的形式聚合在一起，把每个形式聚合在自身之中；当它看到感觉所感知的事物的形式又转回来向它靠近，它无法容忍它们的多样性，不能接受它们，只是看着它们剥离体积，因为它就是它的所是，不可能变成别的。而质料没有硬度，没有活动，只是影子，因此被动地等候，无论什么东西作用于它，无论它们希望它接受什么，它就接受什么。因此，凡源自更高世界之理性原理的，都已经拥有将要生成事物的痕迹，因为当理性原理进行造像运动时，或者它所发出的运动是一种分离，或者如果它仍然保持同一，就不会被推动，只是保持原先的状态；而质料不能像灵魂那样把所有事物聚合起来放在自己身上；如果它能这样做，它就该属于更高的世界了。它当然会接受万事万物，但不是整体地接受它们。① 由于它是万物的一个处所，② 它必然自己来到它们面前，迎合它们，对任何一种尺度都感到满足，因为它本身并不限于某一尺度，而是张开大口接纳一切进来的事物。那么，当某种特定的形式进入质料之后，它为何并不阻止其他形式，让它们照常一个接一个进入它里面？答案是，没有哪个形式是首要的，要有，也只有宇宙的形式，因此，所有的形式就一同显现，每一种形式各就其位，因为生命物的质料是随着生命物的分割而分割的；③ 否则，除了形成原理之外就不会有其他任何事物了。

19. 形式进入质料，把质料作为自己的"母亲"，④ 这样的形式对质料既无坏处也没好处。它们的击打不是针对质料，而是相对于彼此，因为

---

① 这里，灵魂包含所有形式是非空间意义上的，因而是整体未分割的，而质料接受它们必然是有维度的，因而是分割的，由此形成对比。参 II. 4[12]11. 15 以下。

② 参《蒂迈欧篇》52B4。

③ 在普罗提诺看来，宇宙当然是一个单一的生命体，因此这不只是一个比喻而已。

④ 参《蒂迈欧篇》50D3 及 51A4-5。普罗提诺鉴于柏拉图的权威不得不接受"母亲"这个称呼，但发现这是个令人尴尬的词，因为这与他所认为的质料本质上是不育的观念相矛盾，因此他尽其所能要把这个词解释清楚。见下面。

它们的力量直接指向自己的对立面，而不是它们的基质（除非你认为这些基质也是包括在进来的形式里的），冷阻止热，白断开黑，或者两者混合起来，从中产生出另一种性质。因此，受影响的事物就是被征服的事物，它们的存在受了影响就在于它们不再是原来的所是。就赋有灵魂的存在者来说，一旦发生与其性质和内在力量相一致的变化，受影响的是它们的身体。当各个组成部分联合成整体，或者整体分解为各个部分，或者它们的自然结构发生了变化，与它们相关的灵魂只能获知比较极端的变化，如果变化不是非常之大，灵魂对它们就一无所知。但是质料永远存在，冷的去了，热的来了，它绝不会因之受影响，因为它们既不是与它亲密友好，也不是与它格格不入。因此，"容器"、"保育员"这样的词对它比较适合，而"母亲"只能用作一种表达方式，因为质料本身不生产任何事物。但是有些称之为"母亲"的人认为，母亲相对于孩子来说具有质料的地位，理由是她只接受[种子]，对孩子的形成没有任何别的贡献，① 而且孩子出生之后，整个身体还要依赖于食物。然而，如果母亲确实对孩子有所贡献的话，不是因为她是质料，而是因为她还是形式。须知，唯有形式才能生育孩子，质料是不育的。我想，正是出于这样的原因，古代的圣贤用充满奥秘的谜语和仪式来表达，说古代的赫尔墨斯生育能力很强，随时准备交配，由此表明，可理知世界的形成原理是感觉世界之万物的生产者；又用伴随她[大全母亲]的那些阉人表示始终保持同一的质料是不育的。② 当他们称质料为万物之母时，他们使用这个名称是把它理解为具有基质功能的原理；他们赋予质料这个名称是为了表

---

① 这种观点盛行于公元前5世纪的希腊，阿那克萨戈拉和其他人都持这种观点（亚里士多德 De Gen. An. Δ 1. 763b32-34）。埃斯库罗斯（Aeschylus）笔下阿波罗提出这个观点为俄瑞斯忒斯辩护（Orestes）（Eumenides 658-661。亚里士多德本人对它作了一些改进和修正（普罗提诺下一句话里或许暗指这一点）。参 De Gen. An. A. 20 729a10ff.。

② 对阴茎形像的赫尔墨斯作寓意解释源于斯多亚学派，但如通常那样，普罗提诺对它作了改编，使它与他自己的哲学体系一致。这里所说的围绕大全之母的阉人的比喻解释似乎没有对应者。这个比喻过于牵强（普罗提诺自己也承认），但又完全适用于普罗提诺自己关于质料绝对不育的独特理论，因此这很可能是他自己的发明。

明他们的希望所在，不是希望质料在各方面真的像母亲一样，而是为了使那些想要知道得更确切的人了解它在何种意义上是母亲，而不只是作表面的考察。他们虽然用了这样一个有点牵强的比喻，但仍然尽其所能地表明质料是不育的，不是任何方面都是阴性的，只是因为它接受形式，因此说它是母亲。至于阴性的生育特性，则与它无关。他们解释说，靠近它的事物既不是阴性的，也不能生产，全然没有任何生育能力。唯有保持阳性的事物才有这样的能力。

7. 论永恒和时间

1. 我们认为永恒和时间完全不同，一个具有永远持续的本性，另一个属于生成和这个宇宙的领域。同时，我们又在不断地使用这两个概念，似乎正是在这样的使用中认识到，我们自己的灵魂对它们有非常清晰而分明的经验，因为我们每时每刻都在说着和使用着它们的名字。但是，当我们试图集中思考它们，并且可以说想要更深入了解它们时，我们又发现我们的思想陷入了重重困难。于是，我们开始思考古代哲学家关于时间与永恒的论述，发现他们众说纷纭，各持己见，甚至对同一个理论也会有不同的解释。我们就把它们一一收集，感到心满意足，认为如果有人问我们这个问题，只要我们能够说出古人的意见就足够了，因此觉得没有必要再进一步研究它们了。诚然，我们必须相信，有些古代著名的哲学家确实已经找到真理，但我们仍应考察哪一位最完全地获得了真理，我们自己又如何理解这些问题。① 首先我们应当探讨永恒问题。

---

① 这一段比《九章集》中其他地方更清楚地阐述了普罗提诺的哲学方式。他先反思自己的经验，想方设法澄清它。在这样做的过程中，他对传统的尊重引导他很自然地求助于古代哲学家，但他绝不满足于只是简单地复述他们的观点；他们只是帮助他进一步反思，作出更清晰的理解。当然，这里以及其他地方，那"最完全地获得真理"的人就是柏拉图。

那些认为永恒不同于时间的人究竟把它看作哪一类事物呢？因为我们一旦知道了原型是什么，就可能会对它的形像也有清晰的认识——哲学家说时间就是这样的形像。①当然如果有人在凝思永恒之前，在自己心里勾画出时间的图画，那么他也可能通过回忆、凝思时间的原型——如果时间真的是永恒的一个形像的话——从这个世界走向另一世界。

2. 那么我们应该给永恒下怎样一个定义呢？我们是否可以说它就是可理知实体本身，就好像有人说时间就是整个天和普遍秩序那样？——人们说，有些哲学家对时间就持这种观点。②因为我们设想并认为永恒应是某种极为高贵的事物，而最高贵的莫过于可理知的本性，不可能想到比这更高贵的了——它之外的甚至不能说是高贵的——因此我们可以由此得出结论说，永恒和可理知的本性是同一的。此外，可理知的宇宙和永恒都是包容性的，并且都包容同样的事物。但是当我们说一类事物[可理知实在]存在于另一者——永恒中，当我们说可理知实在是永恒的存在——因为柏拉图说，原型的本性是永恒的③——此时，我们其实又把永恒看作另外的事物，但同时认为它与可理知本性有关，或者在它里面，或者向它显现。这样说来，二者都高贵并不表明二者就是同一的，也许一者的高贵源自另一者。至于包容性，可理知世界有包容性是指整体包容各个部分，而永恒的包容性则指同时把整个大全包括在内，不是把它看作部分，也就是说，凡永恒的事物都因为与永恒一致才永恒。

人们把时间对应于运动，那么，是否也可以说永恒对应于静止？④对此，我们完全可以合理地追问，当人们这样说的时候，他们的意思是不是说永恒就是静止，或者不是简单地等同于静止，而是等同于属于实体

---

① 参柏拉图《蒂迈欧篇》37D7。
② 毕达哥拉斯学派。参亚里士多德《物理学》IV. 10. 218B1-2 以及辛布利奇（Simplicius）的注释（In Phys. IV. 10. p. 700, 19-20）。
③ 柏拉图：《蒂迈欧篇》37D3。
④ 这里的静止和运动是柏拉图"可理知世界的范畴"。

的静止。如果永恒就是静止，那么首先我们不应把静止称为永恒的，正如我们不会把永恒称为永恒的一样，因为要成为永恒的就必须分有永恒。其次，如果永恒就是静止，那运动又怎么能成为某种永恒的东西？如果承认运动是永恒的，那运动也就变成静止了。再次，关于静止的观念如何在自身里包容"永远"，我不是说时间中的"永远"，而是我们在论到永恒之物时心里所想到的那种"永远"。如果永恒等同于实体意义上的静止，那么我们就会再次把其他实体放在永恒之外。另外，我们不能只是在静止方面，也必须在统一方面思考永恒；并且这统一体还必须被认为没有广延，也没有间隔，这样才可能与时间区别；而静止就其是静止来说，自身中不包括一的观念，也没有不伸展的观念。最后，我们说永恒是"永远住在一中"的；① 这样说来，它可能会分有静止，但不可能绝对静止。

3.那么我们究竟凭什么把那里的整个世界② 称为永恒的和持久的呢？所谓的持久是什么意思？是它与永恒等同，还是永恒与它一致？我们思考它的时候是否应把它看作这样一个观念，它对应某个对象，同时集中了来自多个信息源的信息；或者应理解为这样一种东西，它是另一世界的存在者产生的，或者是与它们共存的，或者在它们中体现出来的？所有这些存在者是否都有那样的性质，即既是一又包含许多能力，且是许多事物？当我们深入地观察这种多重能力的时候，如果把它看作一个起因，一种基质，就可以称之为"实体"；如果把它看作生命，就称之为"运动"；此外还可以称之为"静止"，因为它在任何方面都始终保持不变；至于"异"和"同"，是因为这些 [不同的] 实在其实是统一的。③ 以我们又把它的多样性再次复合成一，使它成为唯一的生命，把这些可理知实在的异都浓缩，于是就看到它们的活动永不停止，自我同一，它绝不是异，不是从

---

① 柏拉图《蒂迈欧篇》37D6。
② 指可理知世界。——中译者注
③ 出自柏拉图《智者篇》254D-E 的"柏拉图范畴"全表。关于普罗提诺更详尽地解释他将它们用于可理知世界的段落，见前一节的注。

一物到另一物的思想或生命，而是始终自我同一，没有任何广延，也没有间隔；看到一切就是看到这个一，看到始终保持同一的生命就是看到了永恒，它的所有多样性都始终向它显现，不会时而这个显现，时而那个显现，所有一切都同时显现，并且没有部分之分，完全是个统一的整体，似乎它们全都在一个点上，不曾从这一点出来变成线；它始终如一地住在自身里，不会有任何变化，总是处在当前状态，因为它里面没有任何事物过去，也没有任何事物将要形成，它所是的事物就是它"是"；因此永恒不是基质，就其所谓的同一性来说，可以说，它是从基质本身放射出来的事物，由此表明它不是将来所是的，而是已经是的，它就是如其所是，不是别的所是——试想，将来的所是，也就是它现在不是的，将来能给它带来什么呢？它所不是的，以后也不会成为它的所是，因为它现在的所是不是从什么事物获得的，它的所是不是别的，就是现在的所是。它现在在自身里不包含的，将来也不会成为它的所是。在它，必然不可能有"曾是"，试想，在它有什么事物是曾经拥有现在已经消失了的？在它，也没有任何"将是"，它能有什么将是呢？在它，唯有如其所是。那不是曾是，不是将是，唯有"是"①的事物，那拥有静止的存在，不会变为"将是"，也不曾有过变化的，就是永恒。这样说来，那现在存在并在是之中，全面合一，完全充满，没有广延或间隔的生命，就是我们正在寻找的东西，就是永恒。

4. 不过，我们可不要以为永恒是从外部偶然地进入了那种可理知的本性，事实上，它就是那种本性，从它而来，与它同在。因为永恒的本性是在可理知的本性中被凝思的，是从可理知本性中产生的，因为我们看到可理知世界的所有其他事物都存在于这种本性之中，我们说它们全都源自它的实体，与它的实体同在。拥有原初存在的事物必然与原初者有共同的存在，并存在于它们中间，比如美在它们中间，从它们产生，

---

① 参柏拉图《蒂迈欧篇》37E6-38A2。

真理也在它们中间。其中有些似乎是在存在之整体的某一部分中，还有的在整体中，正如这个真正的整体，它并非由各个部分组合而成，而是从自身生出各个部分，这样它才可能是真正的整体。在可理知世界，真理并非对应于另外某物，而是真正属于每个个体，它就是每个个体的真理。就这真实的整体来说，如果它真的是一个整体，那么它的整体性必然不只是说它就是一切，还必须是不缺乏任何事物。若果真如此，在它，就没有任何事物是将来所是的，如果有什么要在将来成就，那只能说它原先就有所缺乏；那就不是整体。然而事实上，任何与它本性相反的事物都不可能出现在它身上，因为它无论如何都不受影响。这样说来，既然在它不可能发生任何事，就自然不会有过去的所是，同时它不是将来的所是，也不是形成的所是。就形成的事物来说，如果你把"将是"拿掉，其结果只能是使它们即刻停止存在，因为它们原本在不断地获得是；但就非生成物来说，如果你给它们加上"将是"，其结果是使它们从是的位置上跌落。① 因为很显然，如果它们处在一种脱去"是"的状态，成为生成的，以及将要生成的，那么它们的是与它们就不是同质的。生成物的实体性存在似乎就是它们从其源头获得的存在，它们处在生成之中，直到它们的时间终点，到了那时，它们就停止存在。这就是它们的"是"；如果有人把这"是"拿走了，它们的寿命就要缩短，它们的存在也同样减少。宇宙也是如此，必然有一个将来，因此不停地向将来运动，它就是这样的"将是"。因此它迅速向将来所是的事物靠近，不愿意静止不动，它在成就一件又一件的事并在渴望实体的冲动中作环行运动，吸取自己的是。于是我们偶然地发现了宇宙运动的原因所在，就是借着将来的所是迅速地趋向永恒存在。② 然而原初的、神圣的存在者根本没有对将来所是的渴望，因为它们已经是整体，已经拥有属于它们的生命的全部所是；

---

① 这里的文字是对柏拉图《斐利布篇》24D2 的回忆，但思想上没有真正的关联。
② 关于宇宙的环行运动及其原因更详尽的讨论，参 II. 2 [14]。

它们无所求,因为在它们,不存在任何将来的所是,事实上,也没有能够使将来所是得以产生的土壤。这样说来,实在之完全而完整的实体,不在部分之中,而在于不可能有任何将来的减少,并且不可能有任何非存在外加于它——因为大全和整体必然不只是拥有全体真实存在,还必须不包含任何非存在的事物——完全实在的这种状态和本性应该就是永恒。事实上,"永恒"这个词 [aion] 就源自"永远存在" [aeion]。①

5. 现在,只要我集中精力思考一个(永恒的)事物,我就能对它说这样的话,或者可以把它看作这样的事物,即有关它的任何事物都不是生成的——它若是生成的,就不可能是永远存在,至少不可能作为一个整体永远存在。那么它自身的这种非生成性是否足以构成它的永恒?是否不再需要包含另外一种性质,一种使我们相信它肯定保持如其所是的状态,绝不会变成另外事物的性质?这样,当我再次专心看它的时候,必然会发现它是原来的所是?(答案是否定的。)如果有人须臾不离开对它的凝思,始终与它相伴,探索它的本性,凭着一种永不衰弱的本能力量如此孜孜以求,那又会怎样呢?可以肯定,他必能走向永恒(难道不是吗?),永不偏离,在凝思永恒以及拥有永恒本性的事物中渐渐与凝思对象相似并同化,最后自己也成了永恒的。这样说来,如果我们承认处在这种状态的事物——无论哪一方面都不偏离自己变成另外的事物,拥有的生命是已经作为整体而拥有的,过去不曾接受任何添加,现在和将来也不会接受任何添加——是永恒的,永远存在的,那么我们就找到了永恒的状态,这种永恒必然是与基质一致的状态,由它而来,存在于它里面,永恒就是显现出一致状态的基质。因此,永恒是高贵的,思想称之为与神等同的;②宣称永恒就是我们所描绘的这位神。我们完全可以说,永恒就是这样一位神,他宣称并表明自己是如其所是,即不可动摇

---

① 关于 αιων 的这个词源,参亚里士多德 De Caelo A. 9. 279a25-28。
② 这神就是理智或真是,第二本体。

的自我同一，永远如其所是，坚定地根植于生命。如果我们说它由许多部分组成，那也无须惊讶，因为可理知世界中的每个存在者都因其无限的力量而是多，无限性也是不可能衰弱的。在严格而适当的意义上，永恒就是无限，因为它从来不耗费自己的任何东西。如果有人在这个意义上说永恒就是此时此地无限的生命，因为它是整体，从不耗损自己，它没有过去，也没有将来——否则，它就不可能是此时的整体生命了——那么他就近乎是在给它下定义了。[因为"它是整体，又不耗费任何东西"可以说就是对"此时此地无限"的一种解释。]①

6. 上述的这种事物，这样的优美而恒久，源于太一，指向太一，绝不会离开太一，永远围绕着太一，在它里面，按它的律法生活。我想，柏拉图正是在这个意义上才说"永恒停留在太一中"，②这话说得好，含义深刻，也不是没有目的，其含义不只是说永恒带着自身的关系进入统一，而且是说它就是真是的生命，永远同一，围绕太一。这就是我们要寻找的东西，像这样的持久不变就是永恒。这样的事物，这样的永久不变，永远是其所是，是自身永久不变的生命的一种活动，指向太一并在太一里面，它的是或生命中没有任何虚假，这样的事物所拥有的就是永恒的实在。真正的是绝不是非是，也不会是另外的是，而是永远同一的是，没有任何差异的是。因此它没有任何"这和那"；你也不可能把它分离出来，或者铺展开来，或者延伸，或者拉长；你也不可能看到它有任何以前或以后的事物。既然它没有以前，也没有以后，它的"是"就是它的最真实的事物，就是它自身，也就是说，它就是自身的本质所是，或者自己的生命所是。于是，我们又想到了我们正在讨论的主题，就是永恒。但是我们为了表达上的方便起见，往往使用"始终、永远"这样的词来表示某物并非在某个时间存在，在另一个时间不存

---

① 括号里的句子显然是对前一句的极其拙劣的注解。
② 柏拉图《蒂迈欧篇》376D。

在，而是永远存在。须要注意的是，"总是"可能不是在严格的意义上使用，由于用它来解释不朽坏之物，很可能会误导灵魂，使它以为不朽是某种生成物的扩展，又以为是某种永不衰落之物的扩展。因此，也许只使用"存在"这个词会更好一些。不过，虽然"存在"是表达实体的适当词汇，然而，由于人们以为生成是实体，因此要求加上"始终、永远"，以便理解"存在"的真正含义。事实上，存在与永远存在并不是不同的二者，正如哲学家与真正的哲学家并非不同的两回事，但因为存在着妄言哲学的人，因此要在哲学家前面加上"真正的"。同样，把"永远"用于"存在"，也就是把"aei"加给"on"，于是我们就说"aei on [aion]"，所以必须把"永远"理解为"真正地存在"，必须把它包括在未分的整体能力中，除了它已经拥有的，绝不会对他物有所需，而它所拥有的就是整体。

　　因此，这类事物是全面的，存在的，它的整体无所缺失，不会在这一点完满而在另一点不足。而那在时间中的事物，即使看起来是完全的，比如，与灵魂相适应的身体是完全的，在时间上也是缺乏的，需要有将来的时间，它之所以需要时间是因为它与时间同在，而时间向它显现，又与它一同奔跑，因此它不完全。这种意义上的存在，若称为完全，那只是名称上的巧合而已。而那不需要将来的时间，不是靠另一个时间或者靠一种没有终结的无限时间来衡量，只拥有应当有的，就是我们所要探索的事物，它的存在不是来自一般时间的延续，而是存在于时间之前。因为它本身不包含任何时间性的延续，在它，以任何方式与任何短暂延续之物接触都是不恰当的，这样，它的生命才不会被分解成部分，不会破坏其纯粹的整体性，才能保证它的生命和实体是无部分的。但是柏拉图曾说："他[1]原是善"，[2]这使我们回到对大全[自然宇宙]的思考；他指出，

---

[1] 得穆革。——中译者注
[2] 柏拉图：《蒂迈欧篇》29E1。

由于大全是超验的，因此没有时间的开端；因此宇宙也不曾有时间性的开端，要说有什么事物在它之前，那只是表明它获得是的原因是什么。①柏拉图说这样的话，只是为了便于解释，因此说完之后又马上纠正这种说法，认为对于分有我们所谈论、所思考的永恒的那些事物，这样的说法并不非常恰当。②

7. 那么我们这样说是不是在为其他事物作证，是不是在谈论不属于我们自己领域的事物？若是这样，又如何可能呢？如果我们不接触永恒，怎么会有对它的领会呢？但我们又如何能接触不属于我们自己领域的事物呢？这样说来，我们必须分有永恒。但是我们既在时间中存在，又怎么可能分有永恒呢？等到我们知道什么是时间之后，我们就会知道在时间中是指什么意思，在永恒中又是什么意思。因此，我们必须从永恒的话题转向对时间问题的探讨。至此我们的讨论一直是向上的，但现在我们必须向下，但不是下到最低层次，而是从永恒下到时间。如果古代的圣人对时间没有任何论说，那么我们就得从永恒开始，把我们随后关于时间的描述与永恒联结起来，阐述我们对它的思考，努力对根据我们的内在时间意识表达的观点作出评判。但事实表明，我们最好还是先浏览一下前人在这个问题上的最重要观点，然后思考我们自己的解释是否与它们一致。首先，我们也许可以把现存的时间观分为三类：时间就是运动，事实上我们就是这样说的；或者可以说时间就是被推动的东西；或者说时间是属于运动的东西。③因为如果说时间就是静止，或者是处在静止中的东西，或者是属于静止的东西，都是与我们内在的时间观完全背道而驰的。就那些说时间是运动的人来说，有的似乎认为它是一切运

---

① "宇宙确实有一个先在，但只是意指它有一个原因。"（E. R. Dodds 致 H. R. Schwyzer 的一封信）

② 这里普罗提诺非常突然地回来把永恒的是描述为"永远"存在，指出柏拉图也反对使用那些暗示有时间性含义的表达（参《蒂迈欧篇》37E）。

③ 时间是宇宙（或者其中某一重要部分）的运动，这种观点盛行于早期学院派。

289

动,① 有的认为是宇宙的运动；那些说它是被推动之物的人则似乎认为时间就是整个宇宙大全；那些说它是属于运动的事物的人认为时间是运动所经过的距离,② 或者（其中有些认为）是尺度,③ 或者（还有一些认为）是一般意义上的运动结果④——这运动可以是大全运动,也可以只是规定的运动。⑤

8. 时间不可能是运动,不论这运动是指全部运动的总和,还是从中挑选出来的一类运动,或者所谓的规定运动,因为我们所称为的运动,不论是哪种形式,都在时间之中。但是如果有人说,它不在时间中,那么它当然就更不可能是时间了,因为运动所在的处所与运动本身是不同的。我们虽然可以提出许多其他论证,事实上也提出了许多论证来驳斥以上这种观点,⑥ 但只要指出以下这一点就足够了,即运动可以完全停止,或者中断,而时间却不可以。当然也许有人会说,宇宙的运动没有被中断,⑦ [如果他指的是天体环行,] 那么这也是在一段时间里的运动；⑧ 并且自转运动的时间不等同于公转环行的时间,这个是那个的一半,那个是这个的两倍；两种运动都是宇宙的运动,但这种运动已经从此点出去又回到了同一处,那种运动还只到达半途。人们说,最外层的空间运动速度最迅速最快,这就证明了我们的观点,即运动是不同于时间的事物。显然,最外层星辰之所以是所有星辰中最快的,是因为它在更少的时间内跨过更大的距离,事实上是最大的距离；其他星辰都慢于它,因为它们在较长的时间只跨过最外层空间所经过的距离的一部分。这样说来,如果时

---

① 有些斯多亚学派哲学家。参 *Stoic. Vet. Fr.* II. 509-510。
② 斯多亚学派哲学家（芝诺 [Zeno] 和克律西波）。参 *Stoic. Vet. Fr.* II. 509-510。
③ 亚里士多德提出并发展的一种学园派观点。
④ 伊壁鸠鲁学派。参 *Stobaeus Ecl.* I. 8[I]103. 6。
⑤ 参 *Stoic. Vet. Fragm.* II. 509-510。唯有斯多亚学派把大全运动与有序运动（宇宙运动）区分开来。
⑥ 即时间就是运动。——中译者注
⑦ Stephen MacKenna & B.S.Page 插入 "因此可能就是时间"。——中译者注
⑧ Stephen MacKenna & B.S.Page 插入 "严格来说,是不连续的"。——中译者注

间不是空间的运动，当然也几乎不可能是空间本身，之所以原先认为它可能是时间，就是因为它是运动的。

那么时间属于运动吗？如果它是运动所经过的距离，那么首先这距离并非对所有的运动都一样，甚至是匀速运动，因为运动有快有慢，空间中的运动亦如此。无论是快的运动还是慢的运动，其所经过的距离都可以由另外的事物来衡量，这事物更确切的称呼就是时间。那么这两种运动[快的运动和慢的运动]中，或者所有速度各一的运动——数量上是无限的——中，哪一种运动所经过的距离才是时间？如果时间是有序运动所经过的距离，那么应该不是所有的有序运动，也不可能是某种特定的有序运动，因为有序运动也有很多种，否则，时间就不会只是一种，而是同时有许多种。如果它是宇宙运动所经过的距离，而这距离是指运动本身中的距离，那它不就是运动吗？运动在量上当然是确定的，但这确定的量也可以由空间来度量，因为它所经过的空间是一定量的空间，这一定量的空间就是运动所经过的距离。但这不是时间，而是空间；或者因为运动是连续的，不会一下子停止，而可以一直持续，因此其自身必然包含距离。但这样就会出现运动的多样性。如果有人看着运动，指出它是多样的（就如同有人说有大量的热一样），那么时间必不会出现或者进入他的意识，唯有运动一次次地显现，就像水源源不断地流淌，从中则可以看到距离。"一次次"是个数字，就像二和三一样，而距离则属于广延。这样，运动的幅度就会像数字十或者从这端到那端的距离，你可以称之为运动的大小，但这并不包含我们所要的时间观念，而这个确定的量必是某种在时间中生成的事物，否则，时间就不可能无处不在，而只能是属于运动的东西，也就是在运动中作它的基质，这样我们就又回到前面所说的时间就是运动的观点，因为运动所经过的距离不在运动之外，就是非时间性的运动。当然要比较非霎时性运动和霎时性运动，只能在时间中进行。非霎时性究竟在什么意义上区别于霎时性？在时间上。因此经过一定距离的运动和运动所经过的距离实际上不是时间，只

291

是在时间之中。当然，那些主张运动的距离是时间的人会解释说，这不是指运动的距离本身，而是指决定运动能经过多少距离，并与运动一起奔跑的事物。但是这究竟是什么，我们不得而知。不过有一点很显然，时间是运动在其中发生的事物。我们的讨论一开始就力图要找出时间的本质是什么，也就是说，我们提出的问题是"时间是什么"，而我们得到的回答是：时间就是时间中的运动距离。那么，你称为时间并且放在专门的运动距离之外的这种距离是什么呢？另外，如果有人把距离放在运动本身里面，那他就会面临极端的困惑：该把静止的间隔放在哪里呢？因为有些事物可以像运动的事物一样静止在一定空间里，这样你就得说两种情况下时间都是一样的，尽管很显然一个是静止的，另一个是运动的。那么这种距离究竟是什么，它的本质是什么？它不可能是空间的，因为空间也在运动之外。

9. 现在我们必须探讨，时间在什么意义上是运动的数或尺度[①]——称之为运动的尺度更好，因为运动是连续的。首先，这里必然会产生一个疑惑，如果说有一种数或尺度是一切运动的尺度，那是否说时间就是任何一种运动和一切运动的尺度，正如它是一切运动的距离那样？一个数怎么可能使运动变得混乱和不规则？它的数或尺度会是什么，或者它的衡量标准是什么？如果我们把同样的尺度使用于规则的和不规则的两类运动，以及一般意义上的一切运动，不论快的还是慢的，那么数和尺度就会像数字十一样，可以数算马和牛，或者类似于可以同时测量液体和固体的尺度。如果它是这样的一种尺度，那么所说的时间确实是一种尺度，是运动的一种尺度。但是我们仍然不知道它本身究竟是什么。正如即使没有具体的十匹马，我们也可以想到数字十；尺度作为一种尺度，即使还没有测量，也必然具有一定的本性；同样，时间作为一种尺度也必然有自己的本性。但是，如果时间就是这样一种类似于数字的东西，

---

① 亚里士多德对这两个词没有区别。

它又如何区别于我们所说的十,或者其他任何一个由抽象单位构成的数字呢?如果时间①是一种包含一定连续性的尺度,那么它必包含一定量的大小,比如有一肘尺那么长。这样,它就成了一种量,就像一根线,显然是要跟着运动一起走的。但是这线如何跟着尺度一起走呢?它们两个中为什么是这个衡量那个,而不是那个衡量这个呢?这样设想似乎更恰当更可信:它并非所有运动的尺度,而是它跟着一起跑的那种运动的尺度。但这就必然要求运动是某种连续的事物,否则跟着跑的线就会中断。但我们不可把测量的尺度看作某种从外面来的,或者是独立的事物,而应把它与被测量的运动看作一个整体。那么测量者是什么呢?被测量的是运动,测量者是大小,是量值。那么它们中哪个是时间呢,是被测量的运动,还是测量的量?要么被量值测量的运动是时间,要么测量的量是时间,也有可能是使用这量值,就像用肘尺来量运动之大小的人。但是在所有这些情形中,我们必须承认运动是统一和连续的(我们说过这样比较合理),因为只要我们认为时间是一种尺度,不论何种意义上的尺度,就得承认运动是统一的,而且应是单一的,是整体的一种运动,②不然证明之路仍然会非常困难。现在我们不妨假设时间是一种被测量的运动,而我们是用量值来测量的。就运动来说,我们知道,如果它要被测量,不可能用自己来测量,只能由别的东西来测量,因此运动必须有自身之外的另一个尺度,这就是我们需要连续尺度来测量它的原因——同样,也必须要有一种尺度来测量用来测量的这个量值本身,这样运动才能得到测量,也就是用固定的一个长度来量出它有一定的长度。而我们正在探讨的时间就是与运动伴随的量值,但不是与运动伴随的量。时

---

① Stephen MacKenna & B.S.Page 译本插入"不是这样一种抽象的数,而……"——中译者注

② 亚里士多德指出,唯有统一的运动才能被认为是一种单一的运动(《物理学》E4. 228b15 ff.);但在他看来,时间绝对是任何一种运动的尺度(《物理学》IV. 14, 223a20 ff.);不过最统一的运动,即天体的环行运动,事实上就是我们用来衡量其他运动以及时间本身的标准(223b)。

间不是别的,就是由抽象单位构成的数。这里必然会产生这样的问题,这抽象的数如何测量。就算你确实发现它能测量,你也不可能看到时间在测量,只能看到一段时间;而这一段时间当然不同于时间本身。说"时间"是一回事,说"一段时间"则是另一回事。我们在说"一段时间"之前,应当先弄清楚它所分有的是什么。当然也许从运动之外测量运动的那个数就是时间,就像在马之外的数字十就是用来数算马数的一样。如果采纳这样的解释,那还有一点没有说明,这数字,就像十,在它开始测量之前,它究竟是什么。① 也许它是跟着运动一起奔跑并用"前"、"后"顺序来测量运动的数目。但是,这用"前"、"后"顺序测量运动的数究竟是什么,这一点还是不甚明了。任何人若用"前"、"后"顺序来测量,无论是用一个点,还是用其他东西,都毫无疑问是根据时间来测量的。这样说来,他们的这种时间,就是用"前"、"后"测量运动的这种时间,是与时间相连的,为了测量,必须与时间相关。因为我们要么在空间意义上理解"前"、"后",比如"跑道的起点",否则就必须在时间的意义上理解它们。一般而言,"前"、"后"的意思是这样的,"前"指停止于"现在"的时间,而"后"指从"现在"开始的时间。这样说来,时间不同于用"前"、"后"来测量各种运动——甚至有序运动——的数。那么,为什么只要把数加给运动,不论加给被测量一方,还是测量一方——因为同一个数可以既测量又被测量——时间就产生了,尽管只要运动存在就有"前"有"后",却可以没有时间?② 这就如同说,一种量若不是有人把它理解成一种大小,就不是那种大小本身。再者,时间本来就是无限的,并且也被认为是无限的,它怎么可能有一个数目呢?当然除非有人截取它的一段,测量它,但时间在被测量之前就已经在那段时间里面。这样说来,我们

---

① 普罗提诺这里提出他自己的观点,数在它所数算的事物之前有一种独立的实体性存在。见 VI. 6[34]5。

② Stephen MacKenna & B.S.Page 译本插入"认为数是时间所必不可少的"。——中译者注

为什么不能设想时间在测量它的灵魂（或心灵）之前存在？除非有人说，时间源于灵魂。但无论如何这绝不是因为测量它，就是没有人测量它，它也完整地存在。我们可以说，灵魂就是拿量值去测量时间的主体；但这如何能帮助我们形成关于时间的概念呢？

10. 至于把时间称为运动的伴随物，这根本不能解释时间本身是什么，在我们还没有弄明白这伴随物本身是什么之前，这话也没有任何内容，因为有可能这伴随物正好就是时间。因此我们必须思考，这伴随物是在运动之后产生，还是与运动同时存在，抑或在它之前就存在——如果有哪种伴随物在运动之前产生，无论称之为什么，都可以说是在时间中的。若果真如此，时间就成为在时间中的运动的伴随物。

但我们不是要查明时间不是什么，而是要知道它究竟是什么。我们的许多先辈已经对它的本性问题提出了各种理论，每种理论都有大量论述，但我们如果一一去考察这些理论，那就是在做历史考察，而不是哲学研究了；其实我们已经对他们的一些论述作了粗略的概述，并且从我们的概述完全可以反驳那位哲学家，用我们关于运动之尺度的论述来反驳他关于时间就是运动的尺度的观点——因为除了不规则论之外，所有我们用来反对他们[①]的其他论述，都可以用来反驳他——这样是为了说明我们应当怎样认识时间之所是。

11. 我们必须回到前面所说的存在于永恒中的那种特性（disposition），回到宁静的生命，那是单一的整体，无拘无束，完全没有一点偏离，栖息在永恒之中，指向永恒。那时，时间还未存在，至少对那个世界的存在者来说还不存在；我们得靠后来出现之物的形式和本性才能产生时间。如果这些存在者原本栖息在自身里面，那我们几乎不可能靠缪斯（Muses）——当时还不存在——告诉我们"时间最初是怎样

---

① 即那些简单地认为时间就是运动之尺度的人。

产生的"。①但我们完全可以（即使缪斯当时已经存在）在时间已经进入存在之时请它告诉我们，它是怎样进入存在，怎样显现出来的。它可能会这样讲述自己：以前，事实上，它还未造出这"以前"或者感到有必要有"以后"的时候，它与永恒一起住在真正的是中；那时它还不是时间，只是安安静静地停留在那里。但有一种不安宁的活动本性想要控制自己，作自己的主人，并且不满足于现状，决定寻求更多的东西，这种本性开始运动，时间也就随之运动；于是，我们②一直就向着"下一步"和"以后"以及不保持同一而是不断变化的事物运动，经历了一次长长的旅行，构造了作为永恒之象的时间。因为灵魂有一种永不宁静的力量，总是想要把自己在那里看到的传送到另外的地方，它不愿意大全一成不变地呈现在它面前。我们知道，种子原本安静不动，但里面包含的形成原理促使它破土发芽，如它所认为的那样渐渐长大，长到一定程度，就开始不断分裂，它不是在自身里保持统一的整体，而是扩散到自身之外，从而走向一种越来越弱的扩展。③同样，[大全] 灵魂④模仿可理知世创造出感觉世界，产生一种运动，这种运动并不就是上界的运动，但与它相像，并有意成为它的一个形像，因此首先灵魂就把自己放入时间里，以时间来代替永恒，然后把那生成的事物交给时间管理，如同它的奴隶，使整个生成物存在于时间中，让它的一切方面都包围在时间中。由于感觉世界在灵魂里运动——除了灵魂，（在这个宇宙中）它没有别的处所——因此，它也在灵魂的时间中运动。灵魂的活动一个接一个按着顺序不断出

---

① 按柏拉图的目标改编荷马 (Homer) 的话，这是其中最奇妙的例子之一。
② "我们"：因为推动并产生时间的是灵魂，而我们就是灵魂，宇宙灵魂的一部分，并且当宇宙灵魂从永恒运动出来时已经存在于它里面。
③ 普罗提诺在《九章集》里阐述了他的一个深刻而不变的信念，即发展的开端比终端更完全，单一、集中和静止比大规模地扩展成多样性的活动更高级。这里就是对这种信念的最形象的表达之一。
④ 这里使用的是大写的"灵魂"，当指"普遍的"或"大全的灵魂"，因此在前面加上"大全"，以示区别于个体的灵魂。——中译者注

现，随着活动产生出连续性，从先前存在的思向前推出另一个原先不存在的思，因为推论之思原本静止不动；而灵魂展现出来的生命就不同于它之前存在的生命。因此这生命同时是不同的生命，这种"不同"必然包含一种不同的时间。因此生命的伸展必然包含时间；生命的连续过程必然包括时间的连续，过去的生命包含过去的时间。那么是否可以说时间就是处在从一种生命方式向另一种生命方式的运动过程中的灵魂的生命？是的，如果如我们所说的，永恒就是静止、不变、同一和无限的生命，而时间必定作为永恒的一个形像存在（就如同我们这个大全是可理知大全的形像一样），那么我们必然可以说，确实有另一种生命，它不同于那种高级生命，但在某种表达方式上与灵魂的这种力量同名；它没有理智的运动，但有灵魂运动的一部分；它不是不变的、自我同一的和永远的，而是不断运动的，它的活动一个接着一个；它不是毫无距离，没有分隔，而是统一体的形像，是连续性的一；它不是完全无限的整体，而是连续无限的顺序；不是完全作为现在是的整体，而总是将来是，将要一部分一部分地生成。它就是这样模仿那已经是大全，已经是一和无限的生命，立志要不断提高自身的是，因为这样它的是才能保持与可理知世界的是相似。但是我们绝不能以为时间就是外在的灵魂，就像不能把上界的永恒设想为外在的真是一样。它不是灵魂的伴随物，不是后来产生的（就如上界的永恒一样），而是与灵魂一同显现，存在于它里面并与它同在的，就如上界的永恒与那里的真是同在一样。

12. 由此我们还必须明白，这就是时间，它是生命的延伸。这种生命在稳定而均匀的变化中安静地向前推进，并且拥有活动的连续性。现在，如果我们在思想中把这种力量重新扭转回去，让这种生命就此停止——当然事实上它现在不会停止，并且永不停止，因为它是一种永远存在之灵魂的活动，这种活动不是指向自己，或者在自身里面，而在于创造和生产——但是如果我们设想它不再活动，而是就此打住，灵魂的这一部分转向可理知世界，转向永恒，并且宁静地栖息在那里，那么除了永恒，还会有什么呢？既然一切事物都停留在统一中，所谓的"一个接一个"还会有什么意义呢？"以前"、"以后"或"将来"还会有什么意义呢？此时，灵魂若不凝视它所在的事物，还能凝视什么？事实上，它甚至根本不凝视什么，因为它若要凝视，首先得离开被凝视者，这样才可能凝视。其实，天球本身原本并不存在，因为它的存在不是原初的，不可能在时间之前，只能是在时间中存在并运动，如果它渐渐停止了运动，只要灵魂在永恒之外，我们就要根据灵魂的活动[①]来测量它停止不动的持续时间。这样说来，如果灵魂离开这种活动，返回到一，时间就废除了。因此显然，正是有了朝着这个方向的这种运动，[②]以及这种形式的灵魂生命，时间才得以产生。这就是为什么有人说时间与这个宇宙同时存在[③]的原因，因为灵魂是在创造宇宙的同时生出时间的。宇宙正是在这种活动中形成的。这种活动就是时间，宇宙就是在时间之中。但是如果有人想说，柏拉图也把星辰的运行过程称为"时间"，那么他也该知道，柏拉图还说它们生成是为显示并"划分时间"，[④]还说"这样才可能有一种明显的尺度"。[⑤]因为灵魂不可能给时间设定界限，人也不可能靠自己去测量它的各个部分，因为它原本不可见和不可知，尤其是他们本来并不知道如何计算时间，神造了白天和黑夜。借此，并由于这两者的不同，才有可能产生二的概念，柏拉图说，由此就有了数的概念。[⑥]然后，我们就取两个日出之间的间隔长度——因为我们据以估算的运动是匀速的——作为具有一定长度的时间单位，这样我们就可以用这种单位作为一个尺度，不过，这是包含时间的一个尺度，因为时间本身并不是一种尺度。它如何能测量？它在测量的时候能怎么说？难道它会这样说："这

---

① Stephen MacKenna & B.S.Page 译本插入"这是时间的本质"。——中译者注
② 感觉世界由此产生。——中译者注
③ 参柏拉图《蒂迈欧篇》38B6。
④ 参柏拉图《蒂迈欧篇》38C6。
⑤ 参柏拉图《蒂迈欧篇》39B2。
⑥ 参柏拉图《厄庇诺米篇》(Epinomis) 978D1-6。

个事物像我自身的如此这样的一个部分那样大？"这里的"我"是谁呢？假设就是据以测量的事物。那么可以肯定，如果它是用来测量的，它本身就不是一个尺度。因此，它必是由时间来测量的宇宙运动。时间本质上必不是运动的一种尺度，它首先是另外的事物，但偶然地也可以清楚表明运动持续了多长的量。我们取持续一段时间的某种运动，一次又一次地数它，这样就会知道究竟过去了多少时间。因此，如果有人说，运动和天体环行很大程度上以一定方式在测量时间，因为环行以其范围显示了时间的长度，否则，时间就不可能把握或理解，那么他的解释不见得有什么不合理。因此，环行运动所测量的——也就是说，所显示的——就是时间，这时间是环行运动显示的，但不是它产生的。而运动的尺度就是某种有限的运动所测量的事物，由于它是被这种运动测量的，因此就不是这种运动，即使它正在测量，也是另外的事物，它作为被测量的对象，与它作为测量的尺度不可能是同一本质的（当然它只是偶然才被测量）。这就如同有人说用肘尺量出来的就是长度，但对长度本身是什么并没有解释，只是断定它有多长。同样，即使我们由于运动的未限定性不能解释它本身是什么，仍然可以认为它就是空间所测量出来的事物，因为我们可以取一个运动所经过的空间，说运动就是这空间那么长。

13. 因而天体环行显示时间，它就在这样的时间之中。但是时间本身不可能在某种事物之中，它必然首先是其自身所是的事物，其他事物就在这样的时间均匀而有规律地运动和静止。它可以通过某种有序的事物向我们显现出来，展现在我们的思想中，这样我们就形成关于它的一个概念，但是它不可能是由有序的事物引入存在的，不论这事物是静止的还是运动的。当然运动中的事物可以使我们产生关于时间的更贴切的观念，因为运动比静止更能有效地推动我们的思想去认识时间，通过分析形成时间观念，知道某物运动了多长时间比知道它静止了多长时间更容易。因此人们才会把时间称为运动的尺度，而不是说它是运动所测量的，然后说明那运动所测量的事物本身是什么，不仅提到某种偶然地应用于它的部分的东西，还颠倒了真实的顺序。也许他们并没有颠倒顺序，只是我们不明白他们，当他们清楚地把"尺度"解释为"被测量的事物"时，我们没有抓住他们的思想要点。我们之所以没有理解的原因在于，他们没有清楚地说明那在他们的作品中或者作为尺度或者作为测量之对象的东西究竟是什么，因为他们所写的作品是针对那些了解他们、听过他们讲课的人的。然而，柏拉图既没有说时间的本质属性是测量，也没有说它是另外事物测量的对象，而是说，为显示时间，天体环行把自身最小的部分与时间最小的部分相关联，由此我们可以知道时间的质和量。[1] 但是当他想要说明它的本质属性时，他说，它照着永恒的样式与天一起形成，[2] 是永恒之运动的形像，[3] 因为时间不是静止不动的，就像在它的进程中与它保持同步的生命不是静止不动的一样。它与天一起形成并存在，因为也是这种[4]生命创造了天，同一种生命既创造了天，也产生了时间。因此，当这种生命——如果它能——转回到一，时间就会与它一同停止，因为时间就存在于这种生命之中。同样，天若没有了这种生命，也不复存在。但是如果有人把它在这里[5]的这种运动的"前"、"后"称为时间——根据就是这是某种真实的事物——但否认更真实的[灵魂]运动也有"前"、"后"，那么他完全没有道理，因为他承认无生命运动有"前"、"后"，有时间伴随，却否认另一种运动有"前"、"后"。须知，无生命的运动唯有模仿那种运动才可能存在，所谓的"前"、"后"也正是最先从那种运动生成的，因为那种运动是自主的，生产自己的个体活动，因此也产生它们的连续性、生产性，以及从一个到另一个的传递性。那么，我们为什么要把大全的这种运动的源头追溯到那包围它的事物，并且说这种

---

[1] 参柏拉图《蒂迈欧篇》39B-C。
[2] 柏拉图《蒂迈欧篇》38B6-C2。
[3] 柏拉图《蒂迈欧篇》37D4-C7。
[4] 指神圣灵魂的生命。——中译者注
[5] 指感觉世界。——中译者注

运动在时间之中,而不说灵魂的运动——一种运动在灵魂里永远进行着——也在时间之中?这是因为在灵魂运动之前的是永恒,永恒不跟着这种运动一起跑,也不随它伸展。这种灵魂运动首先进入时间,并产生了时间,与它自己的活动一起拥有时间。那么时间为何无处不在?因为灵魂在宇宙中无处不在,就像我们里面的灵魂在身体中无处不在一样。如果有人说时间是在某种毫无实体性或不真实的事物中,①那么必须指出,无论何时,只要他说他"以前"如何或者"将来"怎样,那就是在说谎,因为"以前"和"将来"所指示的事物的真实性依赖于其所在的时间的真实性。不过,要反驳这样的人,我们需要另一种形式的讨论。

除了以上所说,我们还必须思考另外一点。拿一个行走的人来说,当你观察到他向前移动的距离,你也就观察到他运动的量,当你观察到他的某种运动,比如他迈腿的运动,同时也必注意到,发出这种运动的人自身的运动具有一定的量,当然先肯定他的身体运动保持在一定的限度之内。运动了一段时间之后的身体将把我们带到某种长度②——这就是原因——和它的时间,时间再把我们带回到灵魂的运动,这种运动被分成同等的间隔。那么灵魂的运动又能带我们回哪里呢?我们想要让灵魂的运动回到它的源头,那源头就没有任何间隔了。这样说来,这种灵魂的运动就是原初存在并且让其他事物存在于其中的事物。但它并不在任何事物里面,没有任何东西可以容纳它。这对大全的灵魂也是一样。那么时间也在我们里面吗?它在每一个属于大全灵魂的灵魂里,并且以同样的形式在每个灵魂里,也就是说,所有的时间都是一样的。因此,时间不会被分开,就像永恒一样,只是永恒以另一种方式存在于一切拥有同一形式的[永恒的]存在者中。

---

① 或者说时间是毫无实体性存在的、不真实的事物。——中译者注
② 指运动的一定量。——中译者注

8. 论自然、凝思和太一

1. 假如在正式讨论之前，我们开玩笑地说，[1] 万物都渴望凝思，它们的凝视都指向这个目标——不仅理性的生命物如此，非理性的生命物也如此，[2] 还有植物的生长力，以及生育它们的大地都莫不如此——一切事物都按照各自的本性，尽其所能地实现这个目标，但是，不同的事物以不同的方式凝思，以不同的方式实现目标，有些是真实的，有些则只是模仿，只是真实目标的影像——那么，有谁能容忍这种古怪的思想呢？由于讨论完全是在我们自己中间展开的，因此与我们自己的思想开开玩笑并不危险。那么，当我们开玩笑时，我们就在凝思吗？是的，我们和所有开玩笑的人都在这样做，或者无论如何，这就是他们玩笑时所渴望的。完全可以认为，无论是孩子的游戏还是成人的严肃，一个是为了凝思而游戏，另一个是为了凝思而严肃，无论哪个行为，都是为着凝思而认真努力。强制性的的活动使凝思更多地趋向外在世界，而我们称为自愿的活动，较少与外界相关但仍是自愿的活动，同样源于凝思的渴望。这一点我们将在后面讨论，现在我们要谈论大地本身，还有树木，以及一般的植物，我们要问：它们的凝思是什么，我们如何把大地所创造和所生产的与它的

---

[1] 在这导论部分，普罗提诺或许想到了柏拉图《法律篇》IV. 712B1-2（在那里，那几位老人想象他们的城市被称为 παιδες πρεσβυται）和 VII 803C-D（人是神的玩物，人的最高尚最严肃的活动就是在神面前游戏。对这一段话的另一回忆见 III. 2[47]15）。不管怎样，用这种带着申辩式的幽默语调来谈论普罗提诺非常认真地引进的一个思想，完全是柏拉图精神的再现。

[2] 参照亚里士多德，《尼各马可伦理学》K.2 1172b10（Eudoxus 认为快乐是善，因为万物，不论理性的，非理性的，都渴求它）。普罗提诺把亚里士多德的 θεωρια 概念（K. 6, K. 7）作为他讨论的起点，也许，他以这个词语来审慎地表明他对这个概念构想要比亚里士多德宽泛得多。

凝思活动联系起来。人们认为自然并不具备形成心像的能力[①]或者推论的能力，那它怎么可能既包含凝思，又能借凝思创造出它所没有的事物？

2. 我想，自然显然没有手或脚，也没有可借用的或天生的工具，它只需要质料就可以运作并构成事物。此外，我们也必须排除自然有机械运动。哪一种投掷或杠杆运动能产生如此丰富的色彩和万千的形态？[②]制蜡者——人们一看到他们，便认为自然的工艺与他们的相同——自己并不能制造颜色，他们只有从其他地方拿来颜色用到要制作的东西上。提出这种类比的人也应当想到，即使是从事此类技艺的人，自身中必然拥有某种东西，某种不动的东西，匠人据此才能用双手从事这项工作。他们应将这一思想贯彻到自然界的同类事物中，从而明白，在自然中也存在那种不需要借助于双手进行创造的力量，它也必然保持不变。因为可以肯定，它没有必要拥有某些不动的部分和某些运动的部分——质料就是处在运动中的事物，而自然没有哪个部分处在运动之中——否则，它的不动部分就不可能是原初的推动者，自然也不可能是，在宇宙中作为整体不受感染的事物才是。有人也许会说，理性形成原理是不受感染的，但自然不同于形成原理，它处在运动之中。如果他们想说作为整体的自然处在运动之中，那么形成原理也是；如果说自然的任何部分都是不受感染的，那么形成原理也如此。事实上，自然必是一种形式，而不是质料和形式的复合；它为什么需要冷的或热的质料呢？因为质料构成形式的基础，形式作用于质料，正是质料带着这种性质[热或冷]来到形式面前，或者毋宁说，由于理性原理赋予质料形式，它变成了这种性质（尽管它本身并无任何性质）。比如，质料要变成火，必须要有一个理性原理，而不

---

① 斯多亚派用 φυσις αφανταστος 和 νοερα φυσις 来区分亚里士多德的"自然"与他们自己的自然，亚里士多德的自然是指生长原理，他们的自然则全然渗透神圣的理性。参 Stoic. Vet. Fragm. II. 1016。

② 斯多亚派用 φυσις αφανταστος 和 νοερα φυσις 来区分亚里士多德的"自然"与他们自己的自然，亚里士多德的自然是指生长原理，他们的自然则全然渗透神圣的理性。参 Stoic. Vet. Fragm. II. 1016。

是必须有火；这有力地表明，在动植物中，形成原理是创造者，而自然就是一种形成原理。它创造了另一原理，它自己的产品，这种原理赋予基质某种东西，而自身保持不变。这个形成原理，运行在有形世界中，是最末的原理，是死的，再也不能创造他者。而那具有生命的理性原理，与那创造外形、自身拥有不变的能力并且在形成之物中创造的理性原理是兄弟。

3. 那么，当这种理性原理创造并且以这种方式创造时，它如何能够获得某种凝思呢？如果它创造时保持不动，在自身之中，又是一种形成原理，那么它自身就是凝思。因为活动必依据理性原理发生，并显然不同于这一原理，而伴随并指导着活动的原理本身不可能是活动。因此，如果它不是行为而是理性原理，那么它就是凝思。每个理性原理的最末最低部分的显明都源自凝思，并且就它被思而言，也是凝思。但是，在这之前显明的原理是普遍的，是以一种不同方式显明的。这一部分是灵魂而非自然，另一部分则是自然中的理性原理，也就是自然。那么这本身就是凝思的结果吗？是的，它完全是凝思的结果。那么它之所以如此是由于它的自我凝思吗？它又怎样自我凝思呢？它既是凝思的结果，必有某物一直在凝思。但是，这个自然如何拥有凝思呢？它拥有的当然不是源于推论的凝思。① 我说"推论"是指深入探索事物本身的性质。但是，它既然是一种生命、理性原理以及创造的能力，那它 [为何不应拥有这种推论的凝思呢] ？是因为探索意味着还不拥有吗？但是自然拥有并且正因为它拥有，它才创造。就它而言，创造意味着它之所是的存在，它的创造力与它之所是具有同样的范围。它就是凝思和凝思的对象，因为它是理性原理。因此作为凝思、凝思之对象以及理性原理，它创造出了这些事物。自然的创造活动已经向我们揭示了它就是凝思，因为它是凝

---

① Λογος 这个词在普罗提诺那里有着丰富的含义，这里就是一个最好的例子。这个句子的逻辑主语是 λογος，它在《九章集》中往往具有特定的含义，结合了悟性、智性以及形式活动等观念，我把它译为"理性原理"或者"理性形成原理"。这个意义上的 λογος，并不具有凝思 εκ λογος，即通常意义上的"推理"、"推论性思考"。

思的结果，而凝思本身保持不变，除了通过凝思进行创造外，自然不做任何别的事情。

4. 如果有人问自然为何要创造，如果自然有兴趣听这样的问题并回答提问者，那么它会说，"你不应发问，而应静静地领会，就像我终日静默，没有说话的习惯，你也要学会这样。那么领会什么呢？你得领会，那生成的事物就是我在沉默中看到的，是自然生成的一个凝思对象；我因为源自这种凝思，所以具有凝思的本性。我的凝思活动创造出它凝思的对象，正如几何学家在凝思中画出各种图形。但是我不绘制，在我凝思的时候，限定物体的各种线条自然形成，似乎它们是从我的凝思中流溢出来一样。① 我的一切就是我母亲的一切，也是生育我的存在者的一切，② 因为它们都源自凝思，并非它们的哪个行为导致我出生，它们是更大的理性原理，在它们的自我凝思之中，我生成了"。

这是什么意思呢？意思就是说，那被称为自然的事物是一个灵魂，是有强大生命力的先在灵魂的产物；它在自身中静静地拥有凝思，既不向上也不向下运动，而是栖息在它之所是当中，栖息在它自己的静止和某种自我感知中；在这种意识和自我感知中，它尽其所能看清它之后产生的事物，有了精彩壮观的视野，它就不再寻找其他事物。如果有人想把理解或感知归于它，那么要知道，它不是我们所谈论的其他存在者里面的理解或感知，否则就如同把某个沉睡者的意识比作某个清醒者的意识。自然栖居在对自己视野的凝思之中，这种视野来自它的自持、自居以及自我观照，它的凝思静默却有点模糊不清。因为存在着另一种对视力来说更清晰的凝思，自然只是那种凝思的影像。出于这个理由，自然

---

① 尽管这并没有明确影射柏拉图的任何思想，但是普罗提诺想到某种类似等边形结构的物体，这种结构就是《蒂迈欧篇》53C-55C 中的最初物体的形状。但是，这里的思考过程是直观、自发的，而柏拉图在比喻描述中包含严谨而精妙的数学理性，对比一下，两位哲学家在思想上的重大区别就显而易见了。

② "我的母亲" = 高级灵魂；"生育我的存在者" = 灵魂中的 λογος，即理智中的形式的直接表达。

所产生的一切在任何方面都是软弱的，软弱的凝思只能产生软弱的对象。同样，当人的凝思能力变弱，他们的行为就只是凝思和推理的影子。因为他们的灵魂软弱，所以他们的凝思不够充分，他们无法充分理解这一视野，因而也就没有被它充满，但是他们仍然渴望它，他们付诸行动，以便理解他们的理智所无法理解的事物。如果他们创造什么东西，那是因为他们想看到他们自己的对象；当他们的计划完美地得到实施时，他们也希望他人能够意识到它，凝思它。在任何地方我们都可以看到，行为和活动或者是凝思的一种削弱，或者是凝思的一种结果。[①]如果行为者或创造者只能看到所造之物，看不到超越的东西，那就是一种软弱；如果他拥有另一种优于他所造之物的先在的凝思对象，那就是一种结果。因为人如果能够沉思那真正的真在，谁还会刻意去追求它的影像呢？脑子较为迟钝的孩子也是这方面的证据，他们不善学习，不善沉思性研究，就转而去做工匠，从事手工活动。

5. 在谈论自然时，我们已经说过在什么意义上生成就是凝思，现在我们必须接着讨论先于自然的灵魂，谈谈它的凝思，它对学习的钟爱，对研究的热衷，开始获取知识时的痛苦，它的完全，以及当它自身完全成为一种视野的时候，如何生产出另一种视野。[②]这就如同技艺创造的方式。如果某种特定的技艺是完全的，它就生产出另一种体现在玩具中的小技艺，这种玩具拥有这种技艺的全部痕迹。但是这些视野，这些凝思对象仍然是模糊和无能的事物。灵魂的第一部分，也就是在上界的、始

[①] 作为凝思的替代物的活动与从凝思自然而生的活动，两者之间的区别是富有意义的，而且，对软弱的凝思如何穿越令人不满的事物而代之以活动的这一描述（《九章集》II33-36）是一则优秀的心理学观察报告。但是文中有着某种思想上的混乱。作为凝思的一种结果的活动为何应该隐含凝思本身的软弱（虽然它呈现的凝思是不完全的），这里没有指出真正的理由；形成物质世界的自然活动就是这样一种活动。但是，普罗提诺深信物质世界是低劣的，因此，他必然认为形成物质世界的灵魂活动是灵魂最低形式的活动，并将此归咎于它在凝思中的软弱；因此把它与非凝思状态的人的替代性活动相比较。

[②] 即宇宙视野。——中译者注

终为上界的实在充满、光照的部分，一直留在那里；而另一部分由于分有了第一部分灵魂而发展，灵魂总是在发展，从生命溢出生命。因为现实性到达每一地方，它无处不在。但是不管灵魂如何发展，它总是让它的先在部分留在原处，如果它抛弃了它先在的部分，它就不可能无处不在，而只能存在于它所到达的终点。当然，发展的部分不等同于静止不动的部分。如果灵魂必然要出现在每个地方，那么无处不有它的活动；如果在先部分总是不同于它之后的部分，如果活动源于凝思或者行为，而行为并不存于在这个阶段——因为行为不可能先于凝思——那么灵魂的整个活动必然就是凝思，只是在每个阶段依次递减变弱。因此，凡是根据凝思呈现为行为的，其实是较弱形式的凝思，因为被生产者与生产者必同一类型，只是由于它在下降过程中失去美德而变弱了。一切都进行得悄无声息，不必有明显而外在的凝思或行为。在凝思的是灵魂，它创造出了它之后的事物，这事物以一种更外在的不同于它之前的方式凝思。凝思创造凝思。凝思与视野没有分界。① 这就是灵魂无处不在的原因，有哪个地方没有灵魂存在呢？每个灵魂里都有同样的视野，视野没有空间的限制。当然，视野不是以同样的方式呈现在每个灵魂中，甚至在灵魂的各个部分中，也不是以相似的方式呈现的。因此驾驭者让两匹马也分享他的所见。② 显然，它们一旦分有了他的视野，就会对所见的对象产生渴望，因为它们并未完全得到它。如果它们因渴望而采取了行动，那么它们行动是为了他们所渴望的东西，这东西就是视野和凝思。

6. 行动是为了凝思和视野，人的行动也是如此，目标是凝思，对于他们不能直接获得的东西，他们就努力通过迂回的途径实现。同样，

---

① θεωρια 的含义在这里获得充分的扩展，远远超出了作为本书讨论开端的亚里士多德概念。对普罗提诺来说，与灵魂的完整活动不可分离的另一面就是生产，与柏拉图一样，他也认为，如果没有灵魂活动的产物，就不可能有万物。

② 《斐德若篇》神话 (247E5-6)，御夫用仙馐和琼浆喂养他的双马，这被解释为灵魂中的低级部分能够从高级部分获取神圣视野。

当他们获得自己想要的事物,也就是他们希望存在的事物。① 不是说他们就可以不了解它,而是为了知道它,看见它呈现在他们的灵魂中,显然,它就是为凝思而设置的对象。之所以如此,也是因为他们为善而行动,但是,这并不意味着产生于他们行为的善是在他们之外的,或者他们本来不应拥有它,而是说他们本就应该拥有它。那么,他们从何处得到它呢?在他们的灵魂中。因此,活动又一次趋向于凝思,因为人在自己的灵魂,也就是理性形式里接受的是什么呢?除了静默的理性形式还能是什么呢?这一点越确定,理性形式就越深入灵魂之中。灵魂保持安静,不追求任何事物,因为它是充满的,处在这种状态中的凝思安息于其中,因为它对自己的领地充满信心。这种信心越清晰,凝思就越静默,因为它越统一;而那认知的,由于它能认知——现在我们必须严肃认真——因此就与认知对象合为一体。如果它们是二,认知者是一事情,被认知者是另一事情,那么就有一种并列存在,凝思还未使这一对存在者相互近似,因为此时呈现于灵魂中的理性原理无所作为。因此,理性原理不能是外在的,必须与学习者的灵魂统一在一起,直到它发现灵魂就是它自身。即使灵魂已经变得与理性原理相似,并按照理性原理行事,它仍然还要言说和思考理性原理——因为它并非原本就拥有它——并彻底研究它,借它的建议变成新的东西,凝视它,思考它,就像一物看着另一物。无疑,灵魂也是一种理性原理,甚至也是一种理智,不过是看见其他事物的理智。因为它不是完全的,与它之前的事物相比有欠缺,然而它自身也静静地看着它所发出的东西。它已经完全发出的东西,它就不再继续发出;它之所以要发出,是因为它有所缺乏,它发出东西是为了检验它,试图完全了解自己所拥有的东西。但是在行动的人身上,灵魂使自己拥有的事物与外在事物相符。因为灵魂比自然更完全地拥有自己的内容,所以也比自然安静;因为它比自然拥有更多内容,所以也比自

---

① 即善。——中译者注

然更趋凝思，但是因为它毕竟是不完全的，因此它渴望更完全地了解它所凝思的内容，获得更完全的凝思。当它离开自身，来到其他事物中间，然后又重新回归自身的时候，它借着所离弃的它自身的那部分进行凝思。当然，安居在自身之中的灵魂很少做这样的事。因此，真正良善的智慧人，当他向别人宣告他自身中所拥有的事物时，他已经完成了推论；相对于他自身来说，他就是视力。因为他已经转向那是一的事物，转向安静不动者——它不仅相对于外部事物是安静的，相对于他自身也是如此。于是，万物都在他里面。

7. 一切事物皆源于凝思，并且就是凝思。所谓一切事物，包括真正存在的事物，也包括当这些事物凝思的时候，以及成为凝思对象的时候所产生的事物，有些通过感知觉产生，有些通过知识或意见产生；各种活动都有知识的目标，它们的驱动力就是对知识的欲求；凝思的产物使另一形式和凝思对象得以完全。一般而言，一切活跃的事物，就是显现出来的事物，都产生凝思的对象和形式；已经生成的实在作为真正存在者的显现，说明它们的创造者在创造时有自己的目标，这目标不是创造或活动，而是实现凝思的目的。这就是推论过程想看到的东西，甚至是它们之前的感知觉活动想要看到的，感知觉的目标是获得知识。在感知觉之前，自然就在自身中创造了凝思的对象和理性原理，完善另一个理性原理。我想，以上这些观点都是很清楚的，有些是自明的，有些是经过我们的讨论得出来的。由此推论的结论也是清楚的，既然最初的原理都参与了凝思，那么一切其他事物必然都渴望这种状态，承认它们的有创造能力的原理就是万物的目标。① 同样，当生命物生产时，推动它们

---

① 这是希腊哲学思想的基本原理之一，这里作了特别的应用。通过把 θεωρια 设立为一切感知和行为的目标，普罗提诺无疑有意且是刻意地取消亚里士多德在 πρακτικη 与 θεωρητικη επιστημη 或 διανοια 之间所作的区分（参照《尼各马可伦理学》A.3, 1095a5; Z.2, 1139a21-b4; K.10, 1179a35ff.），从而使整个生命，不仅是人的生命，也包括整个宇宙的生命，都成为亚里士多德意义上的哲学。

生产的是它们里面的理性原理，这就是一种凝思的活动，生产就是凝思的一种表现，它创造许多形式和许多事物，使万物都充满理性原理，这是一种不懈的凝思，因为创造就是把一种形式融入是之中，就是使万物都充满凝思。在所生成或者所成就的事物上的失败也就是凝思者的失败，他们没有从其凝思对象中解脱出来。拙劣的工人就是造出丑陋形式的人，而爱美的人则热切地向往并追求形式。

8. 这个问题就谈到这里。但是，随着凝思从自然上升到灵魂，又从灵魂上升到理智，凝思与凝思者总是越来越亲密，最终联合为一。在良善且智慧之人的灵魂中，认识对象总是与认识主体趋于一致，因为它们都追求理智。显然，在理智中两者是一，而不是像在善的灵魂中那样只是变得相似，两者是实体上的一致，因为"思与是同一"。① 这里还不存在一物和另一物，如果有，就必然还有其他的事物，那就不再是一物与另一物的问题了。所以，在这样的灵魂里两者必然是真正的一。而且在这里，凝思是活生生的凝思，而不像在其他事物中那样是凝思的对象。在其他事物中的凝思也有生命，但这生命依赖于他物，而非在于它自己。所以，如果凝思和思想的对象拥有生命，那必是它本己的生命 [绝对而未限定的生命]，而不是生长的或者感知觉的或者属于灵魂其他部分的生命。因为别的生命都是某种方式上的思想，有的是生长—思想，有的是感觉—思想，有的则是灵魂—思想。那么，它们为何都是思想呢？因为它们都是理性原理。每一个生命都是一个思想，只是有的敏锐，有的迟钝，就像生命有的清晰有力，有的暗淡软弱一样。但是这个生命是清晰的，它就是在一里面的第一生命和第一理智。因此，第一生命是思想，第二生命是第二等级的思想，最低一级的生命也就是最低一级的思想。一切生命都属于这一类，都是思想。也许人们会谈及不同种类的生命，

---

① 普罗提诺这里影射巴门尼德（Parmenides）fr. B3DK，他在《九章集》V.1[10]8.17 中精确地引用这话，并清楚地使用它，这里则只是一种暗示，意在支持他所谓的可理知对象不是在理智之外的思想。

但不谈及不同种类的思想，而只是说有些是思想，有些则根本不是，因为他们根本没有考察生命是哪一类事物。不管怎样，我们必须指出这一点，我们的讨论再次表明，一切事物都是凝思的副产品。如果最真实的生命是思想的生命，并且就是最真实的思想，那么最真实的思想就是活生生的，而凝思和凝思的对象在这个层次上也是活生生的生命，它们合二为一。既然两者合二为一，那么这一如何又是多呢？因为它凝思的对象不是一。当它凝思一时，也不是把它作为一来凝思，[①] 否则它就不会成为理智了。开端是一，但这一并不停留在起初，而是在不知不觉中变成了多，似乎[因沉睡]而变重，它又充分展现自己，因为它想拥有一切——如果它不追求这些，那不知要好多少，因为它由此变成了二级存在！——它变成了一个自我展开的圆圈，形状、表面、周长、圆心和半径，有些部分在上面，有些部分在下面。优秀部分是"出处"，低级部分是"去处"。"去处"与"出处—去处"并非同一类型，同样，"出处—去处"与"出处"本身也不一样。换句话说，理智不是个体的理智，而是普遍理智；即普遍理智，就是万物的理智。因此，如果它是普遍的和万物的，那么它的部分也必然拥有一切和万物，否则它便会拥有一个并非理智的部分，也就成为由非理智因素构成，成为随意堆积起来的大杂烩，并期待着由大杂烩变成理智。因此，在这个意义上它是无限的，即使有什么事物从它产生，也不会有任何减损，被产生的事物不会有所减损，因为它就是万物，生产的事物也不会有所减损，因为它不是由各个部分堆砌而成的。

---

① 理智在凝思太一时，必然把它看为多，并因此成为一个包含多样性的统一体。这一思想可参照《九章集》V. 3[49]11; VI. 7[38]15。不过，这里所说的理智的生育由于渴望自我表现而坠落到一个低级层次（参看 1. 34-36）的观点，包含着一种悲观的语调，这对普罗提诺来说是罕见的。虽然他总是认为理智低于太一，但是他在思考谈论它时，通常认为它是良善的，并没有强调它的生育是一种堕落或者降落，如他在谈论灵魂源于理智时所认为的那样。

9. 这就是理智，因此，它不是第一者，必然有超越于它的事物存在，[①]我们的所有讨论都指向那个事物。首先，因为多样性来自统一性；理智则是一个数，而数的原理以及这类数的原理，则是真正为一的东西。它是理智与可理知对象的合二为一，因此它同时是两个事物。既然它是二，那么我们必须了解在二之前存在的事物。它是什么呢，是单独的理智吗？但是任何理智都伴随着可理知的对象，如果没有可理知对象伴随，它就不是理智了。如果它不是理智，而是要超越于二之外，那么这在二之前的事物必然超越了理智。那么，是什么阻止它成为可理知的对象呢？就是因为可理知对象也总是伴随着理智这一事实。如果它既非理智也非可理知对象，那么它会是什么呢？我们会说，它就是产生理智和与之相伴随的可理知对象的源头。那么这究竟是什么，我们能把它想象成哪一类事物呢？可以肯定，它或者是一种思想的存在者，或者是非思想的存在者。如果它是思想的，那么它必然是一个理智；如果它是非思想的，它就甚至对自身都一无所知。那么，它的高贵会是怎样的？即使我们认为它就是至善，就是绝对的单一，并且即使我们说的是真理，但是，只要我们在谈论中没有预设推论的基础，我们就不可能清楚明白地说出什么。同样，因为我们对任何事物的知识都来自理智，我们只有借理智才能了解理智的对象，那么，我们要通过怎样的单一的直观才能把握这种超越理智本性的实在？对于那些必须向之解释这何以可能的人，我们要说，那是因为我们身上的相似性。因为我们分有它的存在，或者毋宁说它无处不在，它存在于一切分有它的事物里面。无论你在哪里，你都要拥有从这无处不在的事物分有的东西，倾注于它，就能分有它。正如空谷足音，或者不但充满空地而且充满于人当中的声音，无论你在空地的哪个角度倾听，都会接收到整个声音，但这还不是整体。那么，当我们对它倾注以理智时，我们会听到什么呢？可以说，理智必然返回源头，并以

---

① 参柏拉图《理想国》509B9。

某种方式归顺于它背后的事物（因为它面临着两种方向）。如果它想看见第一原理，那么它不可能是完全的理智。因为它是最初的生命，是一种显明在万物生发方式中的活动。发出的意思不是说它现在正在发出过程中，而是说它已经发出。既然它是生命，是发出，使拥有的万物各自有别，而非模糊一团——因为 [如果是后一种情形]，它就只能不完全和不清晰地拥有它们——那么它本身必然是从另外事物中生出的，那另外事物就不再显现在生发方式中，而是生发的源头，生命的源头，理智的源头，一切事物的源头。因为一切事物加在一起 [包括"是"的总体] 都不是源头，它们都来自一个源头，而这源头既不是万物，也不是万物中的一个。①[如果是这样，它就不是一种] 能够创造万物的事物，它也不是多样性，而是多样性的源头，因为创造者总是比被造者更加单纯。因此，如果它生育了理智，它必然比理智单纯。如果有人认为太一本身也就是万物，那么它或者是万物中各别的一，或者是所有事物合起来的整体。如果它是万物的集合，那么它就后于万物；如果它在万物之先，万物就不是它，它也不是万物；如果它与万物是同时发生的，那么它就不可能是一个源头。但是，它必定是一个源头，存在于万物之前，这样万物才可能在它之后存在。至于把它理解为万物中各别的一，果真如此，各物之间就没有区分，那么一切必会合在一起而 [相互] 毫无区别。因此，它不是万物之一，而是先于万物的存在。

10. 那么，它是什么呢？是生产万物的力量。② 如果它不曾存在，那么万物也不会存在，理智不会成为第一者和普遍的生命。在生命之上的

---

① 在这段话中，普罗提诺清楚地表明他不是一个泛神论者。这里，他或者反对斯多亚主义者，因为对他们来说，有形的宇宙既是存在的总体，又是至上的统一和神性，或者反对柏拉图主义者，因为他们认为存在的总体与理智是一致的，而没有看到需要超验的一。

② 用 δυναμις 这个词来指作为万物原理的一，参看《九章集》IV. 8[6]6. 11; VI. 9[9]5. 36。不能把这个词误解为亚里士多德意义上的"潜能"，毋宁说是（如这里所译的）"生产的力量"的意思，它是绝对主动的，而不是被动的，是生产形式的无形式，而非隶属于形式的无形式。

是生命的因，因为生命的活动也即万物不是第一者，相反可以说，这活动本身是从泉源流出来的。想象一个没有外在源头的泉源，它把自己整个献给江河，但又未被江河使用殆尽，而是保持自身安然不变；源于它的江河在它们各自还没有流向四面八方之前曾经是合而为一的，尽管它们都知道，它们总要以一定方式流向各自的方向。或者我们也可以设想大型植物的生命，它的源头遍及整棵植物，同时又保持自身不变，没有被植物的各部分分解，因为可以说，它始终坚定地立足于根部。因此，这源头以多的形式把自己的整个生命输送给植物，自身并没有变成多，而是多样化生命的源泉。这样的现象没有可惊奇之处。或者这确实是一个奇迹，生命的多样性如何源自非多样性的事物，如果那非多样性的事物不是在多之前存在，多就不会存在。因为源头并不会分解到大全之中，不然，它也会毁灭大全；如果源头不能保守自身，大全就不可能成为有别于它的存在。因此，我们从任何地方都可以回到"一"。在任何事物中都存在着某种形式的"一"，你可以追溯到它的源头，但它不是绝对的一，我们只有通过这些相对的一才能到达那绝对的一。那绝对的一就是终极，不可再向前追溯。如果我们拿植物的"一"——这就是植物的不变源头——动物的"一"、灵魂的"一"以及宇宙的"一"来说，我们是在谈论它们各自中最富力量且具有真正价值的东西，但是如果我们拿真正存在的存在者的"一"，也就是它们的源头、源泉和生产能力来说，我们会失去信心而认为它微不足道吗？它当然不是它所生出的事物中的一个，它是这样一种东西，虽然没有什么可以称谓它，它不是"是"，不是实体，不是生命，不是以上所说到的任何事物，但是如果你通过剥离"是"来领会它，你就会充满惊奇。如果你倾身于它，栖居于它，就会越来越理解它，通过直观了解它，通过它所产生并以它为基础的事物了解它的伟大。①

---

① 此句中不断重复的 συν- 无法翻译，它表示一与源自于一的形式和凝思的心智形影相随。

11. 同样，也可以这样思考，既然理智是一种视力，一种正在看的视力，那么它就是一种付诸行动的潜能。因此，在它里面存在质料与形式的区别，但是质料将成为可理知世界中的存在物，[①] 因为现实的看也包含着一种双重性，在看之前它肯定是一。因此，一成为二，二又成为一。看需要感觉对象来充满和完成，但是使理智之视力充满的是至善。如果它就是至善本身，那它又何必再去看，何必成为活跃的？万物的活动都关乎至善，都因着至善，而至善则完美无缺，因此它就是它自身。当你说"至善"时，不能在心里加上其他事物。你给它加上任何事物，都会使它有所缺乏。因此，你甚至不能附加上思想，这样可以保证你对它无所增加，免得使它成为二，成为理智和善。理智需要至善，但是至善不需要理智。因此，当它获得至善，它就与至善一致，[②] 并借至善而完全，因为它接受了来自至善的形式，从而使它与至善相符。在它里面可以看到至善的痕迹，我们正是在这种相似性中看到自己真正的原型，从它作用于理智的形像中形成关于它的真实存在的观念。因此，至善已经将自己的痕迹印在了理智上，使它通过看而拥有，因此理智中存在着欲望，它始终处在欲望之中并始终追求欲望的满足。但是至善无欲，它还欲求什么呢？它也无所取，因为它不渴望获得任何东西。因此它甚至不是理智。因为理智中存在着与它的形式一致的欲望和运动。当然理智是美的，是万物中最美的。它处在纯洁的光和清澈的光芒之中，[③] 它包含着真实存在物的本性。我们这个美丽的宇宙只是它的影子和形像，它置身所有的荣耀之中，因为它里面没有任何非理智或黑暗或混乱的事物，它过着幸福的生活，凡看到这一切的人都会感到惊奇，[④] 并渗透到它里面，成为它的一部分。当人们仰望天空看到星光时，就会思考它们

---

① 关于可理知世界中的质料可参看 II. 4[12]3-5。
② 参《理想国》509A3。
③ 《斐德若篇》250C4。
④ 对《伊利亚得》III. 342 的不恰当叙述。

的创造者并追求他，因此凡凝思可理知世界，深入观察它并对它啧啧称奇的人都必然要追寻它的创造者，研究是谁创造了这样的世界，他又是如何创造的，是谁生出了像理智这样的儿子，一个印满了他自己之特征的美丽的孩子。他绝不是理智，也非充满，而在理智和充满之前。因为理智和充满源自于他，它们都有所缺乏；它们需要进入圆满和智性中。它们非常靠近那完美无缺者，无须思考就拥有真正的圆满和真正的思想，因为它们是首先获得的。而那在它们之先的，既不缺乏也不需要，否则它就不是至善了。

9. 多种考虑

1. 柏拉图说："理智看见存在于真实生命物中的理念"，然后又说，"创造者筹划好了，理智在真实生命物中所看见的，这个宇宙也应该拥有"。① 那么他是不是说，形式在理智之前已经存在，理智在它们已经存在之后思考它们？首先，我们必须考察那个实在（我指的是生命物），看它是否不是理智，而在理智之外？因为凝思它的才是理智，所以我们得说，这生命物不是理智，而是可理知的，同时理智拥有在其自身之外的看的对象。② 这样说来，如果真正的实在存在于那里 [生命物中]，那么理智所拥有的就只是形象，而不是真正的实在。然而，柏拉图说，真理也在真正的是中，那里的每个事物都如其所是。③ 须知，即使两者④彼此不同，它

---

① 柏拉图《蒂迈欧篇》39E7-9。

② 这种观点是普罗提诺这里以及其他地方一直反对的，却是坡菲利（参《生平》18, 11; 普洛克罗 *In Tim.* I. 322. 22-4）一度主张的。它不同于朗基努斯（Longinus）的观点，朗基努斯认为形式不仅在得穆革之外，而且在得穆革之后（普洛克罗 1. c.）。

③ 参柏拉图《斐德若篇》247C-E。

④ 理智和可理知对象。——中译者注

们并没有彼此分离，只是不同而已。再说，这话里并不包含反对两者同一的意思，其实，它们只是在思想中是有分别的，并且这种分别只是意味着一个是可理知的对象，另一个是理智的主体。柏拉图并没有说，看的对象在完全不同的事物里面，其实它就在看的主体里面，也就是说可理知者在自身里面拥有可理知对象。或者我们也可以这样来解释。理智的对象也就是一种静止、统一、安静的理智，而看见这对象——就是始终停留在自身里面的理智——的理智则是源于理智的一种活动，这种活动就是看见那[静态]的理智。由于它看见那种理智，因此在一定意义上它就是理智的理智，因为它思想它；但那思想的理智本身既是理智的主体，也是另一种意义上——就是模仿的意义上——的理智的对象。这就是那"筹划"者要在这宇宙创造的四种生命物，① 也就是它在可理知者中看到的对象。然而，柏拉图似乎隐晦地指出筹划原理不同于那两者。但是，在其他人看来，在自身中存在的生命物、理智以及筹划原理，这三者似乎是同一的。正如在许多其他问题上一样，不同的人对"这三者"会有不同的理解，因为他们建构问题的方式各不相同。我们上面已经讨论了前两者，至于第三者，就是"筹划"自身去建构、创造并把理智在生命物中所看到的事物分成部分的，它究竟是什么呢？一方面，它可能就是分离者的理智，但是另一方面，分离者也可能并不是理智。因为被分离为部分的事物源于它，就此而言，它本身就是分离者。但是它本身始终未被分离，被分离的是源自于它的事物——这些事物就是众灵魂——正是灵魂（Soul）② 分离出许多灵魂。因此柏拉图也说，这样的分离属于第三者的工作，并在第三者之内，因为第三者做着"筹划"，这种筹划不是理智的工作，而是灵魂的工作。

---

① 柏拉图《蒂迈欧篇》39E10-40A2。"四种生命物"指诸神、鸟类、鱼类和陆上动物，分别对应四大元素：火、气、水和土。

② 这里，普罗提诺使用大写的灵魂来表达与个体灵魂有区别的总的灵魂，或者说大全的灵魂，也被称为普遍的灵魂。——中译者注

灵魂的本性就是可分的，因此包含一种分离活动。①

2. 正如一门学科作为整体不会因为分成了各个单独的研究主题就四分五裂，不再是整体，因为每一个研究主题都潜能地包含着整体，有同样的原理和目标；同样，一个人也必须这样要求自己，使他里面的原理成为他的目标，每一个目标都是一个整体，所有的目标共同指向他的最好本性。一旦他真的成了这样子，他就上升到了那里 [上界]。因为他既拥有自身中最高贵的本性，就必能领会那 [更高的实在]。

3. 普遍灵魂不曾成为任何处所，也没有进入哪个地方，因为在它没有任何空间概念。因此是身体来到它旁边，分有它。出于这样的原因，柏拉图并没有说灵魂在身体里的哪个部位，而是说身体被放到灵魂里面。②但是，其他灵魂（即个体灵魂）既有来处——它们来自 [普遍] 灵魂——也有去处，即向下坠落，或者环行，最后还有上升。而 [普遍] 灵魂始终在上面，在那里是它的本性使然；在它之后出现的是大全即自然宇宙，是紧挨着它的部分，也是太阳下面的部分。③如果部分灵魂趋向自己之前的事物，它就得到光照，因为那样它就遇到实在；如果趋向后于它的事物，就是趋向非存在。当它趋向自身的时候，走的就是这样的步骤，即趋向非存在。因为它想要引向自己，就造出自己的一个形像，这像即非存在者，于是就好像行在虚空中，变得更加无限定；这种未限定的形像任何方面都是黑暗的，因为它全然没有理性，缺乏才智，远离实在。只要它一直保持在中间状态，它就处在自己独特的领域。但是如

---

① 这里，普罗提诺非常随意地解释《蒂迈欧篇》35A。坡菲利认为普遍灵魂就是得穆革，并且相信这种理解与普罗提诺的观点一致（Proclus, *In Tim.* I 306. 32-307, 2），这段话为他提供了一定佐证，但是在别的地方（II. 3[52]18. 15; V. 9[5]3. 26），普罗提诺把得穆革等同于理智，明确指出，实际创造可见宇宙的是大全灵魂。理智作为"真正的得穆革和创造主"只是说它为灵魂提供了形式，灵魂就根据它所提供的形式进行创造。

② 参柏拉图《蒂迈欧篇》36D9-E1。

③ 这话极为令人困惑，本义可能是想把字面、空间意义上的"上面"排除在外，从而指出宇宙的各个部分，无论是上面部分，还是下面部分，都"紧挨"在灵魂之后。

果它再次凝视形像，可以说，再次把注意力转向它，那就会形成形像，并欣然进入形像里面。

4. 那么，一为何能生出多？因为它无处不在，任何地方都有它。因而，它充满于一切事物，由此它就是多，或者更确切地说，它就是一切。但是，如果它自身只是无处不在，那它本身就是一切；然而事实并非如此，它除了无处不在外，还不在任何一处。万物借着他而形成，是因为他无处不在，但万物并不就是他，因为他其实不在任何一处。那么他为什么不仅无处不在，同时还不在任何一处呢？因为万物之前必然有一。因而，他必然充满一切，创造万物，同时其自身不是他所造的万物。

5. 灵魂本身必然类似于视觉，它所看见的就是理智；在它看见之前，是未定型的，但本性上是适于思想的。由此可见，相对于理智而言，灵魂就是质料。

6. 当我们思考我们自身的所是时，显然，我们所凝视的是一种思的本性，否则我们所说的思就是虚假的。既然我们思，并且思我们自身，那么我们就是思一种正思着的事物。在这种思之前，还有另一种思，可以说，那是一种静止的思。可以肯定，存在一种关于实体和生命的思。由此，在这种生命和实体之前，必然有另一种实体和生命。总而言之，所有这些活动是看的活动。如果这些参与思的活动本身都是理智，那么我们真实的自我就是它们可理知的对象。但它们的思 [只] 产生它的形像。

7. 第一者是导致运动和静止的力量，因此它自身超越了运动和静止；第二者则环绕第一者既运动又静止；理智就属于这第二者，④ 因为它是此物，它的思指向彼物，⑤ 而太一不思。因此思者是双重的，即使它思的是自己；同时也是有缺乏的，因为它的善在于它的思，而不在于它的是。

---

① 参柏拉图 *Second Letter* 312E3。
② 也就是说它思的对象不同于它自身，因为理智所思的是太一。——中译者注

8. 就一切从潜能到活动（现实）的事物来说，其现实性就在于只要这事物存在就始终保持同一。因此，身体也有完全，火就是一例。但它们不可能永远存在，因为它们是质料的混合体。唯有非混合的并且活动的事物才永远存在。不过，活动中的事物同时也有可能在另一方面处于潜能状态。

9. 第一者超越了是，是不思的；理智是真实的存在者，有运动和静止。第一者本身不与任何事物相关，其他事物则与它相关，静止时环绕它静止，运动时也环绕它运动。运动就是欲求，但是它无所欲求，因为它就是最高者，还能有什么欲求呢？那么它难道甚至不思自身吗？我们岂不是说，一般而言，拥有自身就是思自身吗？事实上，说某物是思的，不是因为它拥有自己，而是因为它凝视第一者。但是思自身还是最初的活动。这样说来，如果思是第一者，那在它之前就不可能有任何事物。但产生思的必然在思之前。因此，思是后于其生产者的，是第二的。思也不是最可敬和最神圣的，当然也并非一切思都是高贵可敬的，唯有对至善的思才如此。但是至善并没有关于自身的意识。不然，它若有关于自己的意识，那会是什么呢？关于自己作为善或非善的意识？如果是关于自己是善的意识，那么善在意识之前已经存在；但如果是意识使它成为善的，至善就不可能在意识之前存在。这样，意识本身就不可能存在，因为它就是关于至善的意识。那会怎样呢？是不是意味着它甚至不是有生命的？是的，我们不能说它是有生命的，如果能，那也只是指它给予生命而言。那意识到自身并思自身的事物是其次产生的，因为它意识到自身是为了在这种意识的活动中理解掌握自身。因此，既然它要了解自身，这只能说它原先必是不认识自身的，也就是说它自身的本性中是有缺失的，通过它的思才能使自身完全。因此，必须把思排除在至善之外，至善不思，加上思就会导致减损和缺失。